HUMANO DEMAIS

Rodrigo Alvarez

HUMANO DEMAIS

A BIOGRAFIA DO PADRE FÁBIO DE MELO

O homem que desafia regras, canta, filosofa,
faz humor, tem milhões de seguidores na internet e atravessa
os muros da Igreja para falar a todos os brasileiros

GLOBOLIVROS

Texto fixado conforme as regras do Acordo Ortográfico da Língua Portuguesa
(Decreto Legislativo nº 54, de 1995).

Todas as citações bíblicas foram retiradas da *Bíblia Sagrada Ave-Maria da Editora Ave-Maria*.
Todos os direitos reservados.

Editora responsável: Amanda Orlando
Editora assistente: Elisa Martins
Reportagem, transcrições e revisão de conteúdo: Marcos di Genova
Pesquisa, transcrições e revisão de conteúdo: Ana Cristina Alvarez
Preparação de texto: Jane Pessoa
Revisão: Carmen T. S. Costa
Diagramação: Crayon Editorial
Tratamento de imagens: Diego Lima e Carlos Fernandes Soares
Capa: Renata Zucchini
Ilustrações: Mauricio Negro

1ª edição, 2016

CIP-BRASIL. CATALOGAÇÃO NA PUBLICAÇÃO
SINDICATO NACIONAL DOS EDITORES DE LIVROS, RJ

A475h
Alvarez, Rodrigo, 1974-
     Humano Demais : a biografia do Padre Fábio de Melo : o
homem que desafia regras, canta, filosofa, faz humor, tem milhões
de seguidores na internet e atravessa os muros da Igreja para falar a
todos os brasileiros / Rodrigo Alvarez. – 1. ed. – São Paulo: Globo,
2016.
     il.

     ISBN 978-85-250-6234-5

     1. Melo, Fábio de, 1971–. I. Padres da Igreja – Biografia. II.
Título.

16-37322   CDD: 232.91
                                                CDU: 232.931

Direitos de edição em língua portuguesa para o Brasil
adquiridos por Editora Globo S. A.
Av. Nove de Julho, 5229 — 01407-907 — São Paulo — SP
www.globolivros.com.br

Sumário

Prólogo

Um dia pediram a uma costureira que viajasse duas horas pela estrada para buscar um jovem religioso que estudava para ser padre e chegava do Sul para fazer um retiro espiritual. A costureira acabava de perder o marido. Era católica, mas raramente ia às missas. Sempre foi muito acolhedora e sentiu que deveria cumprir a missão que lhe havia sido pedida por uma pessoa próxima. Buscaria e hospedaria o religioso sem lhe pedir nada em troca.

O jovem chegou todo magrinho e branquinho, sorridente e tímido, parecendo um menino, agradecido por saber que aquela desconhecida fazia tamanho esforço por ele. No percurso de volta à cidade onde morava com as filhas, a costureira viúva, agora ao volante, perguntou ao menino religioso se eles poderiam ouvir uma música que não fosse religiosa. Ouviram Chico Buarque.

Na hora do jantar, rompidas as barreiras que aquele primeiro encontro impunha, percebendo que o visitante era bom ouvinte, a viúva começou a falar de seu sofrimento, pois seu marido havia sido assassinado durante um assalto, deixando um vazio tão enorme que a viúva acreditava que jamais seria feliz outra vez. Entretanto, o menino que sabia ouvir também sabia falar, e falava muito bem. Falava coisas que faziam sentido, que tinham suas bases na fé católica, mas que jamais ignoravam que, sendo humanos, era como humanos que deveríamos resolver nossos problemas. Quando foi dormir, a viúva sentia-se muito melhor.

No ano seguinte, como havia novo encontro católico na cidade, o menino que já não era tão menino voltou. A costureira fez questão de buscá-lo e hospedá-lo mais uma vez. Na hora da conversa, diante da mesa, o jovem religioso lhe fez um pedido que para ele era muito especial. Queria que a viúva, a quem todos chamavam de Zezé Procópio, desenhasse e costurasse a roupa que ele usaria no dia mais importante de sua vida religiosa, quando se tornaria padre. Escolhida a cor azul para a casula e para a estola, e o branco obrigatório para a túnica, o traje foi cortado pelas mãos de Zezé e usado no fim daquele ano numa cerimônia que muitos jamais se esqueceriam, muito maior do que a costureira poderia imaginar.

No ano seguinte, sempre na mesma época, o padre que gostava de ouvir e falar se hospedou outra vez na casa da costureira. Voltou mais uma vez no outro ano. E nunca parou de viajar a Campina Grande para pregar e visitar a viúva que o recebia como filho. Mas começaram a aparecer pessoas curiosas demais na porta da casa. Gente que prometia ficar até que tivesse a chance de ver, nem que fosse por um instante, aquele padre que a costureira escondia detrás do muro.

Nos outros anos, além de falar sobre os ensinamentos de Jesus Cristo, ele fez shows falando das coisas de Deus e dos homens. As quadras esportivas das escolas e os auditórios foram ficando pequenos. Foi preciso levar o padre a uma casa de shows tão grande que 10 mil foram lá para vê-lo.

Mas a casa também ficou pequena para tanta gente, que vinha de tantos lugares, e o prefeito resolveu convidar o padre a fazer sua apresentação na Praça do Povo, durante a festa religiosa dedicada a São João, a festa do forró e das fogueiras, que havia muito deixara de ser puramente religiosa. O prefeito não estava seguro de que o povo que ouvia forró gostaria de ouvir um padre e, para não arriscar, ofereceu-lhe o dia da semana em que a festa ficava mais vazia.

Naquele mês de grandes eventos, a Praça do Povo ficava quase sem povo nas segundas-feiras. Mas, ao saber da visita do menino que sabia ouvir, e que contava também histórias que lhes falavam ao coração, o povo de Campina Grande, e o de João Pessoa, e o de Recife, e o de um monte de lugares foi todo para a Praça do Povo. No ano seguinte, o padre recebeu um dia melhor, e a praça lotou outra vez. Até que, uma década e meia depois da primeira visita, chegou 2016.

O menino que sabia ouvir e que também falava muito bonito, aquele que os amigos chamavam de Fabinho, era conhecido no Brasil inteiro. O padre Fábio de Melo estava mais uma vez na casa de Zezé Procópio experimentando uma roupa de veludo verde que ela terminara alguns dias antes. Bem pesada, como ele gostava. Era uma visita curta, pois, por causa da inconveniência de certos curiosos, fazia dois anos que a costureira perdera o direito de hospedar o padre, que passou a dormir muito longe, num hotel.

O padre precisava se esconder porque vinha de uma crise de pânico e continuava assustado com o assédio cada vez mais violento de fãs que, nos momentos mais desesperados, lhe arranhavam a pele até arrancar o sangue. Agora é numa van de vidros escuros, sem qualquer indicação de quem viaja em seus catorze assentos, que eles seguem até a Praça do Povo.

Os assessores são a única garantia de que o padre ficará inteiro até chegar ao palco. Ele nunca quis seguranças por entender que o afastariam das pessoas, mas precisa de alguém que o proteja nos poucos metros que separam a rua da estrutura enorme montada para o show. Mesmo lá dentro, ainda há os convidados da prefeitura e de alguns camarotes, igualmente ansiosos para chegar perto do padre. A assessora Mônica tenta explicar que *"agora, o padre não pode parar"*, pede que o povo o fotografe enquanto caminha. O padre finalmente chega ao camarim, bebe um copo d'água e precisa sair.

Do lado de fora, num pequeno espaço isolado entre a multidão que o aguarda e o camarim que o protege, há um batalhão de repórteres com suas câmeras e microfones que parecem armas apontadas para Fábio de Melo. O que ele disser ali será manchete nas tevês, sites e rádios da região. A repórter da afiliada da TV Globo, equilibrando-se entre equipamentos e colegas, faz a primeira pergunta. É sobre a religiosidade da festa. Um outro jornalista pergunta sobre os jovens. E um repórter de brincos brilhantes e microfone lilás quer saber sobre a atuação do padre na rede social Snapchat. Todos, aliás, querem saber sobre o "Snap". Querem que ele fale sobre os personagens cômicos criados no último ano, refletindo uma ironia fina que o acompanha desde os tempos em que era muito pobre e passava as tardes imitando vizinhos na casa de amigos em sua cidade natal, Formiga, Minas Gerais. O Pequeno Príncipe de cachecol vermelho e o narigudo Cléverson Carlos agora povoam o imaginário popular brasileiro.

Falando à Praça do Povo lotada, dizendo que há ali mais de 100 mil pessoas, o prefeito da cidade comemora, eufórico, o que acredita ser o maior show da história do que a Paraíba chama de maior São João do mundo. Nos bastidores, alguém diz que o padre se tornou mais popular até do que Wesley Safadão, o astro do forró que há pouco tempo era, indiscutivelmente, a maior atração da festa. Mas agora, coisa rara, o padre é o cara. Os organizadores constatam também que desde que Fábio de Melo cantou ali pela primeira vez, três anos antes, a festa voltou a ter um caráter religioso, como acreditavam que deveria ser, pois, afinal, era para um santo que havia sido inventada.

O padre acaba de vestir uma calça jeans clara e uma camisa que parece do mesmo tecido. É seu lado sertanejo falando alto. Está subindo as escadas, ouvindo os berros do povo, pois sua banda começou a tocar. Ainda protegido pelos assessores, Fábio de Melo para à beira do palco, começa a cantar ainda escondido atrás do cenário, faz o sinal da cruz e, ao finalmente chegar ao centro do palco, sob aplausos eufóricos, levanta os braços e canta os primeiros versos da canção que abre o que dirão ser o maior show da história de Campina Grande.

A vibração e os gritos dos paraibanos, pernambucanos e de todos aqueles que enfrentaram aviões, ônibus e um terrível engarrafamento arrepiariam os cabelos até do mais sonolento dos espectadores. O menino de Minas Gerais é recebido como se fosse filho daquela terra. E assim se sente, como também se sente filho do Pará e de outras paragens que o acolhem tão bem. Sobe ao palco apressado e, sorrindo muito, dispara a cantar "Disparada".

Prepare o seu coração
Pras coisas que eu vou contar
Eu venho lá do sertão
E posso não lhe agradar.

Depois do começo galopante, baladas religiosas embalam a multidão que sabe cantar quase tudo sem errar a letra. Agora ele está pregando. E muita gente ouve com as mãos levantadas, os olhos fechados. Um show de Fábio de Melo não existe sem esses momentos de reflexão, exercitados semanalmente em sua participação na tevê, quando mobiliza multidões e consegue mudar vidas até de quem está tão longe quanto o angolano Miguel ou a portuguesa Alice, ambos profundamente tocados pelas palavras de Fábio de Melo, que também mudaram a vida de Zezé Procópio e de milhares de pessoas que o acompanham nas missas, pelos livros que o mercado literário classifica como de autoajuda, pela internet, nas peregrinações e também pelas inúmeras entrevistas que fazem parte da rotina desse padre que pediu permissão à Igreja para renunciar à vida paroquial e, como ele mesmo diz, *"evangelizar pela arte"*.

Na hora em que o padre está mais concentrado, pregando como se o palco da Praça do Povo fosse um altar, o *drone* que transmite tudo ao vivo praticamente estaciona sobre sua cabeça. Atrapalha o momento em que Fábio de Melo está pedindo àqueles milhares de pessoas que reflitam sobre suas atitudes e sejam mais compreensivas com os erros de quem está próximo. O padre não aguenta o erro do operador de *drone*, interrompe a pregação e pede que ele dê um tempo, que volte com aquela câmera invasiva apenas durante as músicas.

Quando o show está quase terminando, alguém atira um chapéu e Fábio de Melo fica parecendo um boiadeiro, como um dia o foi seu avô Chico Bia, como o foi também seu pai, Dorinato, antes de ir morar na cidade. O padre agora canta e dança com um gingado novo, conquistado nos últimos anos, depois que a timidez foi lhe dando trégua e abrindo espaço para que o lado divertido, antes reservado aos amigos, se tornasse uma marca reconhecida em todo o território brasileiro. O repertório pega carona no jumento do gigante Luiz Gonzaga, viaja pelo sertão sofrido sem jamais perder a ternura e volta a falar de coisas religiosas, ou inspiradas na Folia de Reis que levava o pai de Fabinho a sair pelas ruas com o violão, e que agora parece uma síntese do padre que é também popular, sertanejo, filosófico, conselheiro, humanista e, acima de tudo, humano demais.

E da flor nasceu Maria
De Maria, o Salvador
Oiá, meu Deus!

"Até breve, Campina Grande!"

O padre Fábio de Melo deixa o *backing vocal* repetindo os últimos versos da canção enquanto ele desce apressado pelas mesmas escadas mambembes que o trouxeram ao palco, e que agora o levam de volta à van. Precisa sair logo para não correr riscos desnecessários, orientação que a empresária Leozinha deu à equipe de produção e aos organizadores do show. É a disparada final.

O menino que duas décadas antes chegou a Campina Grande sozinho, recebido apenas pela costureira viúva, agora vai embora da Paraíba deixando uma praça inteira na esperança de que ele volte no ano seguinte. Mas o descanso será breve, pois em dois dias o padre Fábio de Melo estará praticamente repetindo a jornada paraibana em outras terras. Num show, num congresso ou num evento religioso, em algum pedaço pequeno ou enorme do Brasil, dos Estados Unidos, de Angola, Moçambique, Portugal ou até mesmo da santa e distante Jerusalém. Onde quer que haja pessoas querendo ouvi-lo, sendo católicos, evangélicos, muçulmanos, judeus ou ateus, onde for possível se expressar com palavras, o padre Fábio de Melo estará.

Ordenação
Presbiteral
✝
Fábio de
Melo, SCJ

PARTE I

Um passo gigante em Formiga

À ESQUERDA Os bordados e os panos de linho foram doados por uma fábrica de tecidos, mas o que pagou mesmo a ordenação foi a rifa de um burrinho. (Foto: Arquivo Heliomara Marques)

Falta pouco para a ordenação de Fábio de Melo. Parece um milagre! Seus melhores amigos desistiram, mas ele... logo ele... está prestes a celebrar seu casamento com a Igreja.

Renan deveria ter sido ordenado no último sábado. Marcou a data um pouco antes da que foi escolhida por Fábio justamente para que pudesse ir à cerimônia em que seu melhor amigo se tornaria padre. Mas, apenas duas semanas atrás, no começo deste dezembro de 2001, Renan jogou tudo para o alto. Decidiu se casar com uma moça que apareceu na porta do seminário pedindo autógrafos num disco. Se apaixonou por Simone e, depois de dezesseis anos como seminarista, desistiu de ser padre. Não é o único, muito pelo contrário.

Do grupo Chama Que Eu Vou, a banda de seminaristas que tocava em missas e agitava casamentos, só Fábio manteve seu compromisso. Verdade que desobedeceu aos votos de castidade quando era fráter em Brusque, mas reencontrou o caminho do altar, sua noiva é a Igreja, e ele está agora em Formiga, sua cidade natal, preparando-se para a cerimônia. Renan, Zé Walter, Zé Luís, William, Cidão, Reginaldo e até Alessandro, que viajou no Fusquinha com Fábio quando eles se mudaram para o seminário, todos haviam desistido.

Alessandro trabalha como contador. Nos fins de semana, canta músicas de Fábio de Melo em casamentos, exatamente como fazia com o amigo nos tempos em que eram adolescentes, franzinos e eufóricos. O ex-seminarista tem uma filha pequena em casa e outra a caminho. Alegando um compromisso de trabalho, avisou que não vai à ordenação.

Renan também não vai. Recebeu o convite das mãos do amigo em seus últimos dias na faculdade de Taubaté, mas está destruído emocionalmente.

Não tem a menor condição de assistir à cerimônia. Anda extremamente envergonhado, pois, apenas quinze dias atrás, distribuiu bênçãos numa igreja paulista no dia de São Judas Tadeu. Naquela mesma noite, voltou a Taubaté e começou a fazer as malas. Seguindo a orientação do padre Zezinho, que lhe emprestou dinheiro para recomeçar a vida, Renan cortou o relacionamento com todos com quem convivera até então. Desapareceu também da vida de Fábio, em quem se inspirou por mais de uma década, exemplo de um cara bem resolvido, moderno, por quem começou a sentir uma certa dependência, de tão grudados que os dois andavam. Renan está com a futura esposa em São Paulo, e não vai sair de lá.

Fábio esteve perto de seguir pelo mesmo caminho de Renan e Alessandro. Se apaixonou duas vezes. Na última, o namoro terminou por decisão daquela mulher belíssima que morava na frente da igreja, incomodada com a indecisão de Fábio entre se ordenar ou casar. Mas depois do sofrimento que foi aquele fim de relacionamento, e principalmente depois de conviver intensamente com o padre Léo Tarcísio, Fábio retomou o rumo que havia sido sonhado por sua mãe e traçado por Tia Ló, a vizinha que vira no seminário a melhor maneira de afastá-lo do lugar inseguro que era sua casa em Formiga.

Faz mais de uma década que ele não se envolve com mulheres nem tem qualquer dúvida sobre o caminho que pretende seguir. Sobram exemplos. O padre Léo, o padre Joãozinho e, muito antes, o padre Zezinho, todos da mesma congregação que agora vai ordenar Fábio, pavimentaram a estrada que mudou até mesmo a ideia do que é ser católico no Brasil, a estrada por onde Fábio já começou a viajar.

Fábio José de Melo Silva quer exercer suas funções de padre através da música e com pregações cativantes como aquelas que o Brasil começou a ver em aparições esporádicas nos canais religiosos de televisão ou em pregações nos encontros da Renovação Carismática por todo o país. Aliás, por causa da exposição pública que teve nos últimos anos, depois de três discos solo e três participações em outros discos que fizeram sucesso no meio católico, a TV Canção Nova decidiu transmitir ao vivo a ordenação daquele diácono encantador que, muito em breve, será um dos padres mais famosos do Brasil.

O caminhão que vai fazer a transmissão via satélite já está estacionado perto da matriz São Vicente Férrer, a mesma onde o bisavô Acácio se casou com a bisavó Maria da Anunciação, onde o avô João Valadão se casou com a avó Mariquita, onde os pais de Fábio se casaram, onde ele e seus irmãos viveram toda a história religiosa de uma família em que as coisas boas e más da vida são atribuídas à vontade de Deus. É a mesma igreja onde Fábio cantou durante missas e casamentos antes mesmo de entrar para o seminário, onde em breve, como sua mãe contará para sempre, se deitará homem para se levantar padre.

Os hotéis da cidade estão lotados e os amigos de Fábio resolveram oferecer suas casas para hospedar os visitantes. Suas irmãs Cida e Zita continuam extremamente pobres e ganharam vestidos de amigos que Fábio fez pelo Brasil inteiro naqueles últimos anos. Lourdes veio de Uberlândia, acaba de chegar. Os irmãos Geraldo e Camilo também se preparam. Vicente, o mais velho, não chegou a receber convite. Saiu de casa ainda adolescente por causa das brigas com o pai e praticamente perdeu o contato com o irmão.

No mês passado, a casa de Marina, uma das organizadoras da cerimônia, se transformou num estúdio. Robinho, Deninho, Zé Ronaldo e Frederico incomodaram os vizinhos ensaiando, ao ar livre, as canções que vão tocar esta noite, na véspera da ordenação de Fábio de Melo. Como têm a enorme responsabilidade de fazer aquele show ao vivo pela tevê, ensaiaram incessantemente duas canções de Eros Biondini... duas de Ziza Fernandes... duas de Celina Borges... e assim, enquanto Marina lhes oferecia água e pão de queijo para que não parassem, foram montando o grande show.

Fábio de Melo chegou poucos dias antes e os amigos estranharam o que viram. O fráter apareceu musculoso como nunca. Fez apenas dois ensaios com os amigos, pois eles, afinal, já são muito entrosados, participam dos shows do futuro padre quando ele toca em Minas e São Paulo.

Os músicos não são profissionais, mas formam a melhor banda que Fábio teve até agora. Ensaiaram tanto que vão deixar alguns cantores maravilhados, perguntando a Fábio onde ele os havia encontrado.

Na quarta-feira, fez-se a primeira missa dedicada ao futuro padre. Na quinta, mais uma. E, agora que finalmente chegou a sexta-feira, depois da terceira missa, o povo está indo para o colégio das freiras. Robinho dá os primeiros acordes na guitarra, Zé Ronaldo está no teclado, Deninho no baixo e Frederico na bateria. Só naquela banda já tem afeto suficiente para emocionar o futuro padre. Mas logo em seguida sobe ao palco o padre Joãozinho, a quem Fábio de Melo será eternamente grato pela ajuda com a carreira musical. Depois, vem a avalanche. Ziza, Celina, Eros, Adriana Arydes, Eugênio Jorge, Nelsinho Corrêa, Maninho, Ricardo Sá e Walmir Alencar, cada um a seu modo, fazem belíssimas homenagens ao amigo. A quadra do Colégio Santa Teresinha está lotada. Mais do que isso, parece haver algum encanto neste lugar onde se apresentam os maiores cantores da música católica brasileira.

Além de todas aquelas vozes falando de Deus, a expectativa pela ordenação do dia seguinte traz uma carga emocional tão grande que Ana Maria Elias sente que é *"uma noite de bênção, agraciada"*. E Tida, uma das melhores amigas na adolescência de Fábio, percebe ali a presença do sobrenatural.

Enquanto o grande amigo se ilumina no palco, Tida sente algo estranho, um fenômeno que vai mudar sua forma de perceber a vida. Da maneira como ela relembrará esse dia, se sentirá quase como um milagre. E, talvez, para ela, realmente seja. Acabou de adotar uma criança e, como ela e o marido estão desempregados, Tida precisou pedir dinheiro emprestado para pagar a passagem de ônibus que a levou de Divinópolis a Formiga. Pediu também um vestido a Valéria, sua irmã de criação, pois não tinha uma roupa bonita à altura daquele momento importante.

No meio do show, Tida começa a ter visões. Fecha os olhos e vê um riacho de água turva. Conforme a música segue, o volume de água aumenta. Depois que tudo isso passar, quando contar a Fábio o que aconteceu na véspera de sua ordenação, Tida concluirá que foi *"batizada pelo Espírito Santo"*. Mas ainda naquela noite, a amiga não consegue dormir. *"De repente virou um rio enorme... e eu passei a noite inteira com aquela imagem na cabeça... chorando de alegria."* Tida amanheceu com a sensação de que algo havia se resolvido em sua vida.

Naquele fim de semana, muitas pessoas próximas a Fábio viverão experiências inesquecíveis. Muitas acharão incrível também a galinhada que comerão daqui a pouco na casa da Marina. Mas antes, muito antes destes dias em que cada minuto será lembrado, Formiga viveu meses de expectativa com a organização de um dos acontecimentos mais importantes de sua história.

Alguns meses antes...

Quando faltavam três meses para a ordenação de Fábio de Melo, Formiga não falava mais em outra coisa. A cidade sempre teve tradição de preparar bem as cerimônias de seus futuros padres, mas, ainda que o pároco insistisse que todas fossem feitas do mesmo jeito, aquela era diferente. *"O Fábio tem uma espiritualidade exacerbada"*, diria Ana Maria Elias. *"Eu nunca vi uma ordenação assim!"*

Um comerciante encantado com as pregações do fráter quis ajudar. Telefonou a Ana Maria sabendo que, no papel de madrinha e chefe da comissão de organização da ordenação, ela passou dois anos pensando num jeito de conseguir dinheiro para fazer uma cerimônia bonita.

"Ana Maria... se você quiser eu posso dar meu burro... será que ajuda?", o comerciante Paulo Couto falou ao telefone, sem fazer ideia do tamanho da ajuda que oferecia. Ouviu, imediatamente, um sonoro *"muito obrigada!"*.

Ana Maria correu para a paróquia, chamou Neisa, Marina e Lourdinha, afinal eram todas da comissão organizadora, e pediu que elas a ajudassem a fazer uma rifa para vender o burrinho. Verdade que uma parte do dinheiro daquela ordenação já tinha vindo de doações. Inúmeras. A professora Rosângela arrecadara dinheiro na escola. Uma fábrica de tecidos havia doado o linho para as toalhas e para as alfaias bordadas com linha dourada. Jaqueline das Flores, como era conhecida a dona da floricultura, oferecera um desconto enorme nas flores brancas que seriam colocadas na igreja. Trabalhadores de uma fábrica de cimento nos arredores de Formiga tinham dado algum dinheiro. Senhoras católicas do Paraná também haviam doado o que podiam, a pedido de Rita Cattani, outra madrinha de ordenação. E, assim, com pequenas ajudas, resolveram-se inúmeros detalhes. Mas, falando a verdade, mesmo, o burrinho é que foi a salvação.

A popularidade de Fábio de Melo em sua terra natal fez com que aquele exército de organizadoras vendesse mais de mil rifas para o sorteio do burrinho que, palavras de madrinha, *"valeu a ordenação!"*.

Na semana tão esperada, a paróquia praticamente se transferiu para a casa de Ana Maria Elias. Neisa, Lourdinha e Marina passaram os dias indo e vindo, resolvendo detalhes, recebendo os visitantes e decidindo quem ficaria na casa de quem.

Zezé Procópio percorreu de carro os 2.233 quilômetros que separavam Campina Grande de Formiga. Chegou na sexta-feira trazendo quilos e quilos de roupa desenhada e confeccionada em sua casa. Trouxe a túnica, sempre branca, a casula, feita com o tecido de crepe azul que Fábio escolhera um ano antes, e a estola também azul que o diácono receberia no dia seguinte, no momento em que já pudesse ser chamado de padre.

Assim que acordou, no sábado, 15 de dezembro, Fábio saiu apressado da casa da Neisa. Passara as últimas noites lá para fugir do assédio na casa de sua mãe. Acordou e foi nadar na lagoa com alguns amigos. Disse que chegaria para o almoço, mas passava de três da tarde e Neisa não tinha notícia do futuro padre. Não podia imaginar que ele estivesse na casa da Marina, com o padre Mário Marcelo, com Frederico e outros amigos, sem qualquer preocupação na cabeça. A madrinha Ana Maria saiu atrás e encontrou o diácono sentado no chão, rindo sem parar. Disse que ele precisava ir à igreja assinar a papelada da ordenação. Ainda rindo, Fábio respondeu que não precisava ter pressa, que assinaria depois, e voltou a conversar. *"Fábio do céu..."*, Ana Maria lhe disse, *"a Neisa já me ligou... ela tá desesperada!"*

Quando Fábio finalmente voltou à casa de Neisa, faltando pouco mais de uma hora para a ordenação, percebeu que não tinha meias. Uma amiga foi correndo comprar. Depois que ele colocou a túnica e ficou praticamente pronto, percebeu que também não tinha sapatos. Neisa conseguiu que um vizinho fosse buscá-los na casa de dona Ana. Na igreja, o padre Felipe telefonava querendo notícias de Fábio.

O diácono demorou tanto que Neisa decidiu ir embora sem ele. *"Não adianta correr... se eu não chegar não tem ordenação!"*, ele brincou, mas não adiantou. Neisa pediu desculpas e deixou o dono da festa para trás. *"Você tem lugar pra ficar na igreja... eu não tenho, não!"*, ela disse antes de sair apressada com uma amiga, pedindo à moça que trabalhava em sua casa que chamasse o namorado para, enfim, levar o diácono para a missa em que se tornaria padre.

ESTE 15 DE DEZEMBRO DE 2001 FICARÁ NA HISTÓRIA. SERÁ LEMBRADO POR TODOS AQUELES QUE CONVIVERAM COM FÁBIO DE MELO. AFINAL, COMO DIRÁ UM AMIGO, "VOCÊ FOI FEITO PARA ESTE DIA!".

O CÉU DE FORMIGA está tão escuro que algum supersticioso certamente dirá se tratar de um mau presságio. Bobagem. A chuva pesada só cairá mais tarde, quando todos estiverem jantando e comemorando a ordenação mais esperada da história desta cidade mineira.

São quase cinco da tarde e está muito quente. Ainda não começou a chover. Fábio e sua mãe estão na porta da matriz de São Vicente Férrer, a igreja que desde 1906 faz parte da história da família. Dona Ana já casou duas filhas ali mas, como este dia, não haverá nenhum. Nada, jamais, lhe parecerá tão bonito.

Fábio segura a mão de dona Ana com força. Sente-se como noivo em dia de casamento. Ainda que seu lado racional entenda que a missa é apenas o desfecho de uma longa caminhada, está ansioso, sente que viveu para aquele dia. *"Mãe... é a última vez que tô do lado da senhora sem ser padre... quando tudo aquilo ali acontecer, minha vida vai mudar pra sempre!"*

No momento em que entrar na matriz de São Vicente Férrer, Fábio de Melo terá quase um apagão de memória. Quase não guardará lembranças daquela missa histórica, ainda que algumas poucas lhe fiquem profundamente marcadas. Mas, as centenas de pessoas que viajaram de praticamente todo o Brasil para testemunhar aquela ordenação reviverão as memórias daquele dia nublado e quente por muitos anos, com inúmeros detalhes.

Quando Fábio e dona Ana entram na igreja, no momento em que todos os olhares se voltam para o futuro padre, na estrada, Évila e o professor

James olham para o relógio. Faz mais de uma hora que os dois saíram de Lavras, e ainda faltam alguns minutos para chegar. *"Cê imagina se ele tivesse desistido por sua causa?"*, James especula. Os dois se lembram de momentos bons que viveram com Fábio quando ele era apenas um seminarista magrinho no colégio de Lavras. Riem. Ligam o rádio. Évila é motorista cautelosa e não bota mais do que cinquenta por hora no Corsinha azul do professor. Será que não quer ver o Fábio se tornar padre? Évila já sabe, com certeza, que não chegará a tempo de vê-lo entrar na igreja.

A cidade está lotada. Nunca se viu tanto visitante de uma vez só em Formiga. Teve ônibus chegando do Paraná, de Santa Catarina, de São Paulo e de outras partes de Minas. Tem engarrafamento nos arredores da matriz, e muita gente está atrasada. Enquanto um grupo de amigas desembarca do táxi, o motorista que se diz primo de quinto grau do futuro padre reclama indignado por não ter sido convidado. Fez-se uma pequena confusão na porta. Demasia de gente. Como a igreja só comporta quatrocentas pessoas, muitos convidados estão de pé e ainda tem uma turma que não conseguiu entrar, assistindo ao que pode, debaixo da marquise, pelo vão da porta, pelas frestas. Quem teve sorte está sentado no parapeito das janelas, ou pegou os últimos lugares na parte de cima da igreja, onde está Eniopaulo com outros amigos da época em que Fábio abandonou a escola e quase desistiu da religião. As vizinhas Valéria, Tida, Tânia e dona Alaíde, assim como Lourdinha e Marina, os amigos de Formiga, Giuliana Leão, os amigos de Pato Branco, de Taubaté, de Belo Horizonte, católicos que o acompanham de pregação em pregação, estão quase todos reunidos e espremidos. E nem seria preciso dizer que está uma suadeira danada, pois é gente demais para pouca matriz. No altar, algumas figuras marcantes na história de Fábio começam a se posicionar. Mas, tenhamos paciência, pois elas ainda vão dar os ares de suas graças.

Em Araxá, o irmão Vicente, que se afastou da família ainda muito jovem, estava em casa quando chegou uma vizinha gritando: *"Corre, corre, o teu irmão tá ordenando!"*. Como não tem televisão, o caminhoneiro correu com a mulher para a casa da vizinha. *"Não é que é meu irmão mesmo?"*, Vicente gritou, e agora que a cerimônia começou vai sentindo uma alegria lhe tomar conta do peito. Vicente chora. Pensa que o sonho de dona Ana, que não foi possível com ele nem com Camilo nem com Geraldo, obrigados a trabalhar muito cedo, está finalmente realizado.

Agradecendo a Deus o privilégio de estar sentada numa das primeiras filas, Lourdes, a mais velha das irmãs, não se aguenta de tanto orgulho. Zita ficou bem na roupa de seda que ganhou de presente. Cida vestiu uma camisa estampada com uma sandália de salto *"zerinha"*, comprada com ajuda de uma amiga do irmão. Camilo trabalha como enfermeiro e conseguiu comprar o sapato preto que tanto queria. Queria estar bonito, e está. Queria também estar sóbrio. Prometeu que não beberia uma gota de álcool naquele dia importante e está cumprindo a promessa, impressionado, pois *"nunca tinha visto tanta gente famosa"* no mesmo lugar.

Um desses famosos, o cantor Eugênio Jorge, está agora de terno e gravata, cantando no altar. É o mestre de cerimônias de uma ordenação em que cantores, padres e diáconos superlotam o altar.

"Aleluia... aleluia... a minha alma abrirei."

André Luna não chega a ser famoso, mas é parte da história de Fábio de Melo. Gravou um disco com o colega seminarista e é um dos poucos que resistiram no seminário. Na semana que vem, Fábio vai viajar dezoito horas de ônibus para ver sua ordenação em Mato Grosso. Vendo seu desempenho agora, um diácono com a maior pinta de padre, ninguém imagina que André Luna vai, um dia, desistir da batina.

"Zaqueu desce depressa, hoje preciso ficar na sua casa", Luna cita um episódio da vida de Cristo que foi escolhido criteriosamente por Fábio de Melo, e que em pouco tempo estará nos versos de "Humano Demais", aquela que será uma das canções mais marcantes e emblemáticas de sua história. E Fábio, ainda diácono, ainda de branco, aguarda pelo grande momento em meio aos convidados, na primeira fila, ao lado da mãe. Não demora para que ele seja chamado ao altar. Dá um beijo em dona Ana, e sobe.

"Presente!", é tudo o que ele diz, cumprindo a formalidade da ordenação, antecedendo as palavras do pároco, padre Felipe, que confirma perante todos que Fábio é *"digno"* daquela ordenação.

Em seguida, dom Alberto Taveira, arcebispo de Palmas e também o diretor espiritual do movimento de Renovação Carismática, quer saber dos convidados se eles consideram que Fábio José de Melo Silva está preparado para se tornar padre. Todos concordam, obviamente. E aplaudem. No meio daquela comoção, quando Évila finalmente consegue entrar na igreja lotada e se ajeita com James numa das laterais, não tem como evitar o pensamento: *"Agora não tem mais jeito... é como um casamento!"*.

O homem que ela um dia sonhou que pudesse ser seu marido está agora cumprindo o que lhe havia explicado nas últimas cartas enviadas do seminário: casando-se com a Igreja, e não com ela. *"Agora ele tá longe... A gente vai se afastar cada vez mais"*, Évila continua pensando.

Ainda que tenha acontecido um único beijo entre os dois, aquele amor por cartas mexeu tanto com Évila que ela teve dificuldades com outros namorados. Não tem marido nem filhos. E agora, de pé, ao lado do amigo professor, distante do altar, assiste ao momento que não se realizaria se Fábio tivesse insistido naquele amor platônico. Ninguém está notando a presença de Évila, mas o próprio Fábio, quando for padre, vai desfazer essa injustiça.

Dom Alberto lembra que começou a preparar aquela homilia meses antes, enquanto ouvia Fábio de Melo cantando pela televisão. O diácono quase não pisca os olhos, nem quando engole em seco diante das palavras fortes do arcebispo, falando agora sobre o carisma daquele que, em poucos minutos, vai se tornar padre.

"Deus te deu essa graça, essa graça de compor com tanta unção, profundidade nas letras... Que você evangelize muito através desse carisma! Você tem uma forma muito bonita de reconhecer o magnífico serviço do ministério de música. Use mais esse dom!"

Uma lágrima escorre devagar e Fábio sente um riozinho descendo pelo rosto. A homilia termina, e dom Alberto lhe faz as perguntas que sempre têm que ser feitas a um candidato a padre. Fábio de Melo promete que sim, cumprirá o que lhe é pedido.

É quando chega o momento tão esperado e ele se deita no chão, com o rosto sobre um travesseiro branco, no que a Igreja entende como um gesto de humildade diante de Deus. Enquanto ouve a ladainha de Todos os Santos, que seu amigo Maninho canta acompanhado praticamente por todos naquela igreja, Fábio vê passar o filme de sua vida religiosa. Relembra o dia em que chegou a Lavras morrendo de saudades de dona Ana, a escuridão rigorosa e os padres carrancudos de Rio Negrinho, o estágio em São Bento do Sul, os primeiros votos em Jaraguá, os tempos inesquecíveis com o padre Léo em Brusque, a garrafa d'água que mudou sua vida, o sofrimento que veio com a morte de Heloísa, a gravação do primeiro disco nos tempos de Terra Boa, as discussões sobre teologia na faculdade de Taubaté, o diaconato e, recentemente, a turnê do disco CANTA CORAÇÃO com Renan, que se casou e sumiu, com o padre Joãozinho e com André Luna, agora diante dele no altar.

Enquanto o diácono Fábio de Melo reza em silêncio, ajoelhado, dom Alberto coloca as mãos sobre sua cabeça, num gesto que vai sendo repetido, lentamente, por dezesseis padres. Fábio confidenciou aos amigos mais próximos, e também a sua mãe, que não via a hora de se *"deitar homem e levantar padre"*. Dona Ana está chorando, emocionada, mas também sentindo falta do marido, pensando *"meu Deus, por que que o Natinho não tá aqui comigo?"*. Dona Ana se lembra também da Tia Ló, a vizinha de quem teve ciúme por causa de sua relação com Fabinho, mas que, ela sabe, foi fundamental para que ele chegasse até ali.

"É um presente de Deus pra nós... Eis padre Fábio de Melo!", são as palavras do cantor Eugênio Jorge, que está ao lado de dom Alberto, que abre caminho para que o novo padre se vire na direção dos fiéis e abra seus braços como quem acaba de renascer. Enquanto a matriz se comove, Celina Borges diz, cantando, que *"o Espírito Santo repousa"*... sobre todos eles.

As vestes sacerdotais confeccionadas por Zezé Procópio finalmente chegam ao altar. Chegam com os padrinhos e logo depois vestem o novo padre pelas mãos de Maurício Leão, o diretor de seminário que treze anos antes foi praticamente arrancá-lo do barracão da escola de samba para ter certeza de que o menino seria padre.

Impossível não reparar na beleza da roupa azul com bordados. Impossível também não reparar na beleza do homem que veste uma casula pela primeira vez. No mezanino de Matriz, a empresária Leozinha, que ainda não assumiu a missão de cuidar da carreira de Fábio, também repara na beleza do amigo. *"Por que é que todo mundo acha que padre tem que ser feio?"*, ela se pergunta. A professora Rosângela pensa que Formiga só ficou agitada desse jeito quando caíram mísseis perto de uma escola. Dona Alaíde, lembrando de quando deu a Fábio a responsabilidade de liderar o encontro de adolescentes, chora em silêncio, sem conseguir parar.

Carregando os inúmeros significados que se confundem e às vezes se repetem nos pensamentos de cada um naquela matriz, o padre tem as mãos untadas com o óleo que representa o poder que elas agora têm. Em seguida, numa cena que muita gente vai guardar na memória, dona Ana rompe o tecido que amarra as mãos de seu filho. O protocolo dizia que a mãe deveria beijar as mãos de Fábio, mas ele faz questão de beijar as mãos de dona Ana primeiro.

Quando Fábio recebe os cumprimentos da irmã Cida, de quem foi tão próximo na infância, o choro desce com força, e ele brinca: *"Pode beijar a mão do padre!"*. Chora ainda mais quando abraça o sobrinho Konrado, pensando em como gostaria que Heloísa estivesse ali. A irmã a quem foi tão ligado na adolescência morrera cinco anos antes num acidente de ônibus, deixando aquele menino. Depois de abraçar também Camilo, Lourdes e Geraldo, Fábio recebe o abraço de sua mãe, e os aplausos de todos.

No meio daquela alegria toda, o passado volta à cabeça de dona Ana. Ela se lembra de quanta gente duvidou de seu filho, lembra também que, dos nove formiguenses que entraram com ele no seminário, *"o único que o povo não punha fé era Fábio"*. A mãe sente uma pontinha de vingança em seu coração aliviado. *"Todos foram embora do seminário, menos ele"*, dona Ana está pensando, triunfante. *"O povo caiu do cavalo!"*

Enquanto os fiéis seguem o ritual da missa e se abraçam na igreja, Fábio percebe a presença de Évila e abre um enorme sorriso. Não há mágoas entre os dois, de jeito nenhum. Ficou tudo muito bem resolvido. Évila dirá mais tarde que não estava triste ao vê-lo se casar com a Igreja, pois *"não era um amor egoísta"* o que sentia por Fábio. Queria tê-lo por perto, mas *"não necessariamente como marido"*. Sentia falta dos tempos em que os dois viviam grudados na sala de aula, ou sonhando por cartas, e sabia que daquele momento em diante o veria cada vez menos.

Padres e diáconos que participaram da cerimônia se apresentam aos convidados. Até que, por fim, o novo sacerdote assume o microfone pela primeira vez.

"Eu sou o padre Fábio de Melo", ele mesmo ri, enquanto ouve a chuva de aplausos. *"Não poderia perder a oportunidade de me apresentar assim pela primeira vez na minha vida, porque quando Daniel me cumprimentou, ele disse: 'Fábio, tenha consciência, você nasceu para este dia'... uma palavra que não consegui esquecer durante a cerimônia e que jamais esquecerei."*

Daniel Cattani é um dos padrinhos. Só na hora em que beijou a mão do novo padre viu o quebra-cabeça se completando, a ficha caindo. *"Fábio foi escolhido, preservado e preparado por Deus, para o exercício do sacerdócio"*, Daniel continua pensando, enquanto Fábio de Melo reflete, agora, sobre seu passado.

"Em mim está sintetizado o menino, a criança... em mim está sintetizado o adolescente que o padre Maurício algumas vezes desejou mandar embora do seminário."

Por mais que a brincadeira tenha fundo de verdade, padre Maurício está pensando que Fábio poderia ter contado que ele foi o responsável por sua ida ao seminário, ou qualquer outra coisa. Fábio não percebeu o desconforto de um de seus primeiros mestres, um homem de quem sempre falaria com imenso respeito. Estava brincando, e seguiu em seu discurso emocionado, falando de Évila.

"Me sinto muito feliz de ver aqui uma mulher que eu verdadeiramente amei na minha vida e que poderia ter sido a minha esposa!"

Quando Fábio termina, está ao mesmo tempo sorrindo e com a voz embargada. O povo fica procurando, querendo saber quem é afinal aquela sortuda, mas a moça se esconde atrás do professor James. Évila sairá desta cerimônia pensando que ali estava o homem com quem poderia ter se casado. Curiosamente, assim como Fábio, terá um apagão de memória. Não se lembrará nem mesmo da festa que vai acontecer em seguida.

As lembranças que Évila levará serão só suas. Em seu apartamento, na mesma Lavras onde os dois se conheceram, guardará uma coleção de cartas e fotos do único homem que realmente amou em sua vida. Ficará feliz a cada vez que for citada por ele em shows e palestras, ainda que seja só uma espectadora na plateia.

Mas a cerimônia continua. Fábio agradece às irmãs Paulinas, que gravaram seus primeiros discos, vira-se para a câmera e agradece à comunidade Canção Nova, agradece também à congregação dos Padres do Sagrado Coração de Jesus que, ninguém imagina, dentro de cinco anos o perderá. O padre agradece, por fim, a todos os que contribuíram para que ele estivesse ali. Mas não é dia de falar muito. Não é pregação, é ordenação.

"Obrigado pela presença... e que Deus nos faça cada vez mais abertos à ação desse espírito que move aquilo que nós somos... levando-nos a crescer... De maneira que a gente vai se tornando síntese... Gente feita de passado, de presente... prontos para viver o futuro."

Padre Fábio passou mais de uma hora recebendo cumprimentos, suando em bicas debaixo da túnica branca que ainda carregava por cima a estola azul com seus seis metros de tecido. Ao receber o abraço de Valéria, sentiu como se abraçasse também a mãe dela, Tia Ló, a mulher valente que fizera de tudo para "expulsá-lo" de sua casa violenta e mandá-lo com padre Maurício para o seminário.

Quando saiu da matriz, o novo padre passou rapidamente na casa de Neisa para tomar banho e trocar de roupa. Dessa vez, a solteirona apressada resolveu esperar. *"Eu deixei o diácono aqui em casa, mas o padre eu não vou deixar sozinho, não!"* O padre foi dirigindo o carro até o clube onde era esperado por algumas centenas de amigos. Nem percebeu que estacionou ao lado da escola que abandonou quando não tinha juízo nem livros, um ano antes de começar os estudos para ser padre.

Depois de uma festa em que não conseguiu dar mais do que quatro garfadas no jantar porque sempre aparecia alguém com tapinhas no ombro, abraços ou beijos, quando finalmente saiu do clube, às duas da manhã, descobriu que uma chuva lascada havia lavado Formiga e sujado seu carro.

Tinha tanta lama nos arredores do clube que o carro ficou cheio daquele barro vermelho que os formiguenses conhecem muito bem. Quando chegaram à casa de Neisa, ela trouxe a mangueira e o padre começou a lavar o carro.

"Não tô acreditando que um padre tá lavando um carro às duas da madrugada!", ele mesmo disse e continuou jogando água até deixar o carro limpo, pois às nove da manhã rezaria sua primeira missa. Seria mais uma sessão de cumprimentos e choro, com mais surpresas, como a chegada inesperada do carnavalesco Miguelito, que por acaso passou na porta da igreja e, ao entrar, descobriu que seu ajudante no barracão havia se tornado padre. Miguelito virou eletricista, conserta máquinas de lavar. Está tremendo no banco da igreja porque ao receber a hóstia foi reconhecido por Fábio de Melo, emocionado ao pensar que aquele moço que o ajudava no carnaval agora é padre.

O padre recém-ordenado passaria os próximos dias tão tocado pelo que havia vivido que não pararia de chorar. Nem ele, nem ninguém, conforme Leozinha contaria muitos anos depois. *"Ele falava alguma coisa, a gente chorava... ele chorava, a gente chorava... a dona Ana chorava, alguém chorava... aí um chorava porque o outro tava chorando."*

Quando finalmente parasse de chorar para começar o mestrado de Teologia em Belo Horizonte, o padre Fábio de Melo deixaria para trás uma quantidade enorme de pessoas chorosas. Deixaria também os presentes que ganhara pela ordenação. Esqueceria tudo, inclusive suas vestes sacerdotais, sobre a cama do quarto de hóspedes da casa de Neisa. E jamais ficaria sabendo que, ao longo dos meses seguintes, formiguenses fizeram uma espécie de peregrinação para rezar diante das roupas sacerdotais daquele homem iluminado, que vinha de uma família com raízes profundas naquela cidade. Uma história que, por causa de confusões enormes criadas por alguns de seus antepassados, ele passaria a vida tentando entender.

PARTE 2

ANTES DE FÁBIO

ÁRVORE GENEALÓGICA PADRE FÁBIO DE MELO

				TATARAVÓS
Maria da Anunciação de Castro (1883 †1968)	Percília Cândida de Jesus		Elias de Souza Rego	
Acácio Gonçalves de Araújo (1880 †1963)	Antônio Valladão de Mello		Maria Roza de Jesus	
			Antônio Ribeiro de Mendonça	
			Anna Candida de Jesus	

				BISAVÓS
	Percília Cândida de Jesus	**?**	Antônio Elias Roberto de Souza	
	Antônio Valladão de Mello		Felisbina Cândida de Jesus	

AVÓS			
Maria do Rosário Araújo (1908 †1973)	João Valadão de Melo (1908 †1971)	Francisco "Bias" Zeferino Pacheco (? †1950 aprox.)	Sebastiana Maria Cândida de Jesus (? †1944)

TIOS-AVÓS MATERNOS	MÃE	PAI	TIOS-AVÓS PATERNOS
Sebastião Antônio Raimundo Salvador Maria Dulce	Ana Maria de Melo (1937)	Dorinato Bias da Silva (1929 †1991)	Sebastião Lázaro Lourdes Manoel Divina

REPRESA DE FURNAS

Fábio José da Silva
(03/04/1971)
Em 1995 passou a se chamar
FÁBIO JOSÉ DE MELO SILVA

IRMÃOS

Vicente (1955)
Maria de Lourdes (1956)
Cida (1957 †2016)
Zita (1959)
Geraldo (1961)
Camilo (1963)
Heloísa (1965 †1996)

OESTE DE MINAS GERAIS

NEOLÂNDIA

FORMIGA

ITAPECERICA

RIO POUSO ALEGRE

ROÇA DE POUSO ALEGRE

ALBERTOS

TIMBORÉ

PANELEIROS

CAMACHO

ROÇA DO BUGIO

CANDEIAS

ROÇA DOS BORGES

CRISTAIS

CAMPO BELO

DE UMA "BREGANHA DE MUIÉ" VÃO NASCER CINCO FILHOS. O TERCEIRO, PAI DE FÁBIO DE MELO, CARREGARÁ, PARA SEMPRE, UMA DÚVIDA TERRÍVEL SOBRE QUEM ERA REALMENTE SEU PAI.

A HISTÓRIA DO PADRE Fábio de Melo começa meio século antes de seu nascimento, na década de 1920, num pedaço de Brasil que nasce no rio Formiga e se espalha pelas plantações de milho e café em direção ao sul, cortando o rio Pouso Alegre e a roça de mesmo nome, passando por Albertos ou Timboré, por onde passava também o trem, onde uns italiano de nome Bonaccorsi tinham uma fazenda e um armazém. Dependendo do caminho que se queira, segue-se pelas vilazinhas de Baiões ou Paneleira. E, depois, pela roça do Bugio, que já está nos arredores da maiorzinha Candeias, de onde se chega aos Borges.

Mas a história mesmo, para além da geografia que é seu cenário, começa com Chico Bia, numa barganha. *"Uma breganha de muié que teve de vórta um capado"*, como a família sussurrará, fazendo de tudo para que as crianças não escutem tamanha vergonha, sem ter certeza se foi mesmo um porco gordo e sem bolas, por isso chamado capado, se foram dois bois, ou ainda um carro de milho.

Dizem que Chico Bia era um roceiro branco de olhos claros, com o calcanhar rachado de tanto pisar em chão duro, uma vara enfiada na traseira da calça para tocar os animais, chapelão de palha na cabeça e cigarro também de palha na boca, entre aceso e apagado. O nome que aparecia oficialmente no único registro que se sabe que ele fez era Francisco Zeferino Pacheco. Mas era bem provável que o correto, se é que essa palavra existia naquelas roças, fosse Francisco Bias Zeferino Pacheco, pois coisa mais comum era padre abreviar nome nos livros da igreja. Contam que Chico Bia vivia na roça de Pouso Alegre, incomodado, pois sua mulher *"não era boa pra criar"*. O nome dessa mulher imprestável, no entanto, ninguém soube dizer.

Bastiana, que era Sebastiana Maria Cândida de Jesus, nasceu de Elias e Filisbina, numa família muito pobre daquela mesma roça de Pouso Alegre. Casou-se com Antônio e morava perto de sua irmã Olívia, onde acabava de ser inaugurada a usina elétrica, para onde muita gente dessas roças e povoados resolveu se mudar. Enfim, deve ter havido um bom motivo para que Antônio decidisse entregar Bastiana ao outro homem.

Será que Chico Bia precisou dar milho, boi ou capado a Antônio porque a mulher que lhe dava na troca era feia? Ou não era trabalhadeira como a Bastiana que o outro lhe oferecia? Indiscutível é que aquele que nascesse nas terras do Zé Luciano, pai das Lucianas, lá na roça dos Borges, só precisava crescer um pouquinho para ficar sabendo que a tia Bastiana não era casada com o tio Chico Bia. Naquele tempo, casamento na igreja era o que contava, e aquela história de "breganha" era "fofocaiada" que jamais terminava. Muitos anos depois, vivendo naquela mesma roça dos Borges, as irmãs Lucianas contariam que *"a mãe falava que a primeira mulher do tio Chico não criava filho"*.

Bastiana, no entanto, não tinha esse problema.

E, logo depois da barganha, apareceu a barriga.

O primeiro menino foi batizado Sebastião, em homenagem à mãe, e logo chamado como o pai, ficando conhecido para todo mundo como Tião Bia, ou Bias, pois "s" em fim de palavra é coisa que sempre sumiu por esses lados de Minas. Conforme seus descendentes diriam muitos anos depois, Tião Bia *"era escravo de fazendeiro"* e, de tanto apanhar de boi, morreria *"praticamente aleijado... as perninha tudo torta de tanto levar coice"*.

Quando Tião Bia ainda era pequeno, ganhou o primeiro irmão. Viveu tão pouco que quase ninguém ouviu falar em Lázaro Bia. Comia terra e pequenas pedras, e agonizou deixado à míngua, abandonado pelo pai e pela mãe. Será que Chico Bia suspeitava que Lázaro não fosse seu filho? E Bastiana? Por que é que não fez nada para salvar o menino? Lázaro morreria aos doze ou treze anos por causa de uma doença que ninguém saberia explicar, pois os pais não o levariam nem mesmo ao curandeiro que tratava das doenças naquela roça. Conforme a ciência explicaria depois, a vontade de comer terra, ou pedras, ou mesmo fezes, a picamalácia é um transtorno que normalmente vem da falta de nutrição e pode estar associado a problemas psicológicos causados por punições severas ou pelo abandono.

Depois de Lázaro, chegou Dorinato, que mais de quarenta anos depois viria a ser o pai de Fábio de Melo. O menino, que quase todo mundo chamaria de Natinho, nasceu no dia 4 de março de 1929 e dois meses depois, em 5 de maio, o famoso padre Remaclo Foxius o batizou como filho de Francisco Zeferino Pacheco e Sebastiana Maria.

O padrinho era José Roberto de Souza, o Zé Elias, irmão de Bastiana. A madrinha era Mariquita, uma amiga de Bastiana, vizinha de Pouso Alegre, que, oito anos depois, teria uma filha chamada Ana Maria e faria de tudo para que ela se casasse com Natinho. Foi também Mariquita que insistiu com a comadre para não chamar o menino de Oscar. De jeito nenhum. Achava que ele devia ser Dorinato, como o médico famoso de Formiga. Escolheu o nome do marido da filha que ainda nem tinha.

Conforme anotado nos registros da Matriz de Formiga, no entanto, o nome do recém-nascido era Donato. Assim mesmo, com uma sílaba a menos. E Natinho ficaria sem sobrenome por muitos anos, pois, para andar por aquelas roças, não havia a menor necessidade de se fazer documento. Todos os filhos de Chico Bia sabiam disso: Tião, Dorinato, Lourdes, Manoel e também Divina, a menorzinha que nasceu em 1939, quando a família já tinha ido morar no Bugio.

Naquela roça ao sul de Pouso Alegre, Natinho passou a infância brincando com Tião e Mané, viu Lázaro agonizar até a morte e viu também sua mãe, Bastiana, se despedir deste mundo, provavelmente aos 42 ou 43 anos, em 1944.

Quando Bastiana morreu, Chico Bia arrancou a família da terra mais uma vez. Foi aí que resolveu ir lá para os lados do Borges, onde Olívia, uma irmã da falecida, vivia numa condição bem melhor do que a deles. No sítio de Zé Luciano, as irmãs Lucianas viram os Bias pela primeira vez.

As quatro moças que moravam na casa principal do sítio ficaram conhecidas assim por causa do pai, Zé Luciano. As duas que chegaram aos nossos tempos, Marta Olívia e Adelina Luciano, contam que *jamais conheceram homem*", lembram-se de datas e histórias que ninguém mais lembra, e Marta jura que, mesmo aos dois ou três anos de idade, viu o dia em que Chico Bia chegou com os filhos na casa do pai.

Zé Luciano, como as filhas diziam, *"era preto, preto"*. Homem de coração grande. Alguns anos antes, abrira a porta da casa a uma mulher branca que chegara ali com quatro crianças, passando fome, depois de fugir do marido que queria abusar de uma das meninas. Por seguir o que lhe determinava o pároco da igrejinha de Nossa Senhora Aparecida, Zé Luciano esperou que o desgraçado do ex-marido morresse e, já depois de fazer mais um monte de filhos em Olívia Cândida de Jesus, casou-se com ela. Desde o dia em que Chico Bia chegou viúvo, trazendo Divina ainda pequena, Olívia cuidou da sobrinha.

Enquanto Divina foi para a casa-grande, Zé Luciano abrigou Chico Bia e os meninos num quartinho improvisado dentro do curral, perto das vacas, ao lado das desnatadeiras de leite. Uns meses depois, mandou construir uma casinha de pau a pique, pois Chico Bia, Tião Bia, Dorinato e Mané Bia iriam ficar de vez ali no sítio. Haviam sido contratados por Zé Luciano para trabalhar a terra e os animais.

Na fazenda do concunhado que virou patrão, Chico Bia cuidava de vinte ou trinta porcos, comandava os dez bois que puxavam o carro de um lado para o outro, transportava milho, feijão ou café, e muitas vezes ia com os filhos levando toras de madeira para a construção de mais um trecho da estrada de ferro. Tião Bia, por ser o filho mais velho, também puxava um carro de boi. Dorinato era ajudante de carreiro, e Mané, o menorzinho, candeeiro — levando a lamparina de querosene quando o trabalho seguia noite adentro. A irmã Lourdes logo se casou com um primo, e a pequena Divina vivia grudada na tia Olívia, causando o maior ciúme nas priminhas Lucianas.

Dorinato passou quatro, cinco ou, talvez, seis anos de sua adolescência trabalhando e vagando por aquela roça, como uma alma triste, sem mãe, e quase sem pai. Por mais que estivesse perto de Chico Bia, vivia largado e desnutrido. O pai não lhe dava atenção nem quando ele aparecia doente. A negligência era tanta que um dos homens daquele sítio resolveu botar Chico Bia na parede, querendo saber o que era que o menino havia feito para ser tão desprezado.

"Eu trato diferente dos ôto porque Natinho num é meu fio", as crianças ouviram por trás da parede, quando Chico Bia fez a confissão, possivelmente ao compadre Zé Elias, padrinho de Dorinato, comprovando suas graves dúvidas sobre a honestidade da falecida Bastiana. E essa história de bastardia, assim como a da "breganha", entrou para o imaginário da família. Mais de oitenta anos depois, o próprio padre Fábio continuaria se lembrando do dia em que ouviu falar que Natinho, seu pai, era bastardo, filho de um italiano

de sobrenome Bonaccorsi. No momento em que um oficial de imigração do aeroporto de Israel lhe perguntasse quais eram os nomes de seus avós paternos para ter certeza de que ele não era um terrorista, o padre simplesmente não saberia responder. Quando um biógrafo começasse a revirar sua história, Fábio de Melo voltaria a se questionar sobre o assunto, em conversas com o próprio escritor, com dona Ana e também com o amigo Maninho.

Maninho percebeu que o assunto vinha mexendo com o padre e se deu conta de que jamais soubera nada sobre o pai de seu grande amigo.

— *Tu imagina que a gente é amigo há quase vinte anos e... pô, cara... eu não sei direito de onde é que tu vem!* — Maninho disse depois de ouvir as primeiras descobertas.

— *Pois é, meu amigo, mas pra você saber... eu primeiro teria que saber... e ainda não sei tudo.*

Se Dorinato realmente fosse filho de um italiano, mesmo para o padre Fábio, que sempre ouviu aquela história, a surpresa seria enorme. Pois todos na família sempre disseram que os filhos de Chico Bia eram muito parecidos entre si, e parecidos com o pai. *"O tio Chico era os fio escrito! Não tem dúvida que eles era fio"*, diria Marta Olívia, a mais velha das Lucianas sobreviventes.

Por outro lado, levando-se em conta que a história resistiu por tantos anos, não seria improvável que o avô do padre Fábio fosse um Bonaccorsi, pois aqueles italianos andavam por ali, eram ricos e poderosos, donos de fazenda em Timboré, donos de armazém em Candeias, e com pelo menos uma história de envolvimento com uma empregada que, como Bastiana, era também Maria, e tinha o sobrenome de Cândida de Jesus.

O nome dos Bonaccorsi vai ficar para sempre na cabeça do padre Fábio de Melo. Sua avô Sebastiana realmente traiu Chico Bia com um italiano?

Pietro Giovanni Bonaccorsi nasceu em 1885 na cidade medieval de Barga, região da Toscana, na Itália, e se mudou para Minas, ainda criança, com o irmão mais velho. Os irmãos moraram em Candeias, mas, depois de ganhar dinheiro negociando café, Pietro comprou uma propriedade em sociedade com outros Bonaccorsi e se mudou para o Timboré, do lado da roça de Pouso Alegre, onde Chico Bia fez aquela "breganha de muié", onde vivia com Bastiana.

Em terras brasileiras, Pietro passou a ser chamado de Pedro. Além de fazendeiro era dono da venda que ficava perto da linha do trem, um lugar muito movimentado porque ali se vendiam roupas, arroz, feijão, farinha, café, gasolina e o que mais fosse preciso para manter uma casa funcionando. Dá para imaginar Bastiana saindo da roça de Pouso Alegre para comprar comida para a família, encontrando-se frequentemente com Pedro Bonnacorsi, o italiano que na época do suposto adultério estava em boa forma, com 43 anos. Podemos até imaginar, mas não comprovar.

Nos arredores de 1928, logo depois que a mulher de Chico Bia apareceu grávida de Dorinato, provavelmente só por coincidência, algo fez com que Pedro voltasse à Itália, onde se casou, teve dois filhos e ficou por alguns anos. Será que a história correu as roças de Formiga e Pedro Bonaccorsi temeu pela própria vida? Teria sido ameaçado de morte por Chico Bia? Mais uma vez, sem provas, apenas imaginamos.

Na matriz de Formiga, em 1929, o menino Dorinato foi batizado como filho de Chico Bia. O homem, no entanto, nunca ficou muito satisfeito, duvidando da mulher. E ali em Candeias, perto da roça dos Borges, por onde Chico Bia andou muitas vezes quando Bastiana ainda era viva, havia um outro armazém, comandado por outros Bonnacorsi.

O dono era Celestino, mas vivia por ali também o jovem Giuseppe, cheio de hormônios e poderes, rodeando as moças da terra como onça no galinheiro. Conhecendo um pouco a história do Brasil não é difícil de imaginar o sobrinho do poderoso italiano convencendo a empregada da casa-grande a satisfazer seus desejos, ou sendo seduzido por ela. Não sabemos. Não há relatos que nos permitam afirmar se Sebastiana Maria realmente traiu Chico Bia ou se foi só minhoca debaixo daquele chapéu de palha.

O que os testemunhos revelam é que, em 1938, seis anos antes da morte de Bastiana, o italiano Giuseppe Bonaccorsi foi mais uma vez de Candeias para o Timboré, onde engravidou uma empregada de seu tio Pedro, uma mulher casada, chamada Maria Cândida de Jesus. Era só coincidência que a empregada grávida tivesse quase o mesmo nome de Sebastiana Maria Cândida de Jesus, a Bastiana do Chico Bia? Provavelmente, sim. Eram nomes muito comuns naquele lugar, Cândida de Jesus, então, era um complemento de nome mais comum que Aparecida para as mulheres. E, no mesmo ano em que nascesse o filho de uma, nasceria a filha da outra, com diferença pouca, de apenas cinco meses.

Será que Giuseppe se envolveu com mais de uma mulher casada naquele tempo que passou no Timboré, tão pertinho da roça de Pouso Alegre onde Bastiana vivia? Por que é então que a história de que Bastiana traiu Chico Bia com um Bonnacorsi viajou por décadas e décadas a ponto de chegar aos ouvidos de Fábio de Melo quando ele ainda era criança?

Fumaça tem.

Fogo? Ninguém viu.

No Timboré, quando a empregada Maria Cândida de Jesus apareceu com aquele menino com cara de italiano, não teve discussão nem perdão. O marido de Maria, que ninguém sabe o nome, prometeu matar o garanhão italiano. E Giuseppe Bonaccorsi achou melhor se mandar dali.

A bondade de Pedro Bonaccorsi fez com que o fazendeiro levasse a empregada Maria Cândida e seu filho José Cândido Pacheco para dentro da casa-grande. A história ficou conhecida entre os Bonaccorsi e foi brevemente registrada no livro de memórias de Armando Bonaccorsi, um descendente que fez longa pesquisa sobre a história de seus antepassados. E era mais curioso ainda que o filho de Giuseppe Bonaccorsi com Maria Cândida de Jesus tivesse o mesmo sobrenome de Francisco Zeferino Pacheco, o Chico Bia, avô do padre Fábio. Zé Pacheco só ficou sabendo que seu pai verdadeiro era Giuseppe aos 77 anos, durante as pesquisas para esta biografia. Quando Armando lhe contou, derramou-se em lágrimas.

Zé Pacheco passou a infância na fazenda, chamando Pedro Bonaccorsi de pai. Ele se lembraria muito bem de quantos Pachecos trabalhavam ali. *"Zé Fausto, João Fausto, Antônio Pacheco, Sebastião Pacheco..."* Esse último tinha exatamente o mesmo nome e sobrenome de Tião Bia, o irmão mais velho de Dorinato. Ou será que era o próprio Tião Bia? Será que, então, Bastiana, os filhos, e talvez até o marido, trabalhavam na fazenda dos Bonaccorsi? Não sabemos, nem especularemos.

Sebastião Pacheco, segundo a lembrança de Zé Pacheco, *"trabalhava na roça lá... fazia de tudo, serviço de fazenda, né!?"*. E por que foi mesmo que o filho de Maria Cândida de Jesus com Giuseppe Bonaccorsi recebeu o sobrenome de Pacheco, exatamente o mesmo de Chico Bia? *"Não sei que rolo que eles arrumou quando eu nasci... ficou assim, José Cândido Pacheco, mas o meu irmão que mora em São Paulo assina Bonaccorsi."*

Confirmando o que Zé Pacheco diz, depois de seu nascimento, morando na casa de Pedro Bonaccorsi, Maria Cândida de Jesus teve três filhos ilegítimos, um deles, mais tarde, reconhecido por Pedro. Maria morreu em 1961.

O corpo do velho Chico Bia irá a Candeias na padiola, nos ombros dos homens, para ser enterrado
como passarinho. Dorinato vai embora dos Borges.
Em Formiga, vai se registrar com um sobrenome que
nem seus filhos saberão explicar.

No dia em que Chico Bia morreu, talvez em 1949, talvez 1950, mulheres
que viviam no sítio de Zé Luciano e nas vizinhanças prepararam um pano
branco e o entregaram aos homens. O corpo foi enrolado no pano, que foi
amarrado com cordas num pedaço de pau, e, assim, balançando naquela
haste que todo mundo ali conhecia como padiola, o corpo do avô que padre
Fábio não conheceu saiu daquele sítio carregado no ombro.

Ora era Zé Elias com Tião...

Ora era Zé Luciano com Mané...

E assim, de ombro em ombro, os homens foram se revezando, as mulheres os seguindo, em três horas de caminhada até o cemitério de Candeias.
Não se sabe se Dorinato acompanhou a procissão, nem se teve vontade de
carregar o homem a quem, por costume ou falta de palavra mais própria,
chamava de pai. Caixão de madeira não existia em Candeias. O corpo foi
colocado numa armação de bambu, como se fosse uma gaiola gigante envolvida por um pano roxo. E assim, Chico Bia, homem bravo, trabalhador e
desconfiado, foi enterrado como passarinho.

Depois daquele dia, como as irmãs Lucianas testemunharam e contaram, *"esparramou tudo!"*. Lourdes já tinha casado. Tião Bia se casou com
uma prima de primeiro grau e foi viver numa casa ali mesmo nos Borges.
Dorinato, Manoel e Divina foram morar longe da roça, pela primeira vez
numa cidade. Encontraram uma casinha no bairro da Laginha, perto da

igreja de Santo Antônio, onde tinha uma mina d'água, onde morava a madrinha Mariquita.

Em Formiga, aqueles três irmãos finalmente fizeram suas certidões de nascimento, e optaram juntos por não usar o sobrenome Pacheco do falecido Chico Bia. Não o reconheciam como pai legítimo? Queriam esquecê-lo? Ou escolheram ficar só com o Bias que era, como tudo leva a crer, um dos sobrenomes do pai? Os três filhos de Francisco Zeferino Pacheco tornaram-se Dorinato Bias da Silva, Manoel Bias da Silva e Divina Cândida da Silva. Alguns anos depois, em 1954, quando um escrivão fez a certidão de casamento de Dorinato com Ana Maria, não escreveu nada no lugar reservado ao nome do pai.

Se na família de Bastiana, sua mãe, os pais e os irmãos tinham o sobrenome Souza, de onde foi que apareceu o Silva? Mais de sessenta anos depois daquele registro, a mãe do padre Fábio pensaria que havia sido coisa da cabeça de Dorinato. *"Aquele povo da roça era tudo doido... eles não olhava isso, não... Foi ele que colocou o Silva"*, dona Ana diria.

Dorinato era tão silencioso que nunca contou muita coisa sobre o tempo em que viveu nos Borges. E é provável que dona Ana não soubesse que o sobrenome de Zé Luciano, o dono do sítio que acolheu Chico Bia quando ele mais precisava, era "da Silva". Dá para imaginar que, não sendo reconhecido por Chico Bia como filho, Dorinato resolvesse se registrar com o sobrenome da figura masculina que, com seu coração gigante, o acolheu ainda menino. Até o dia em que morresse, aos 62 anos, Dorinato Bias da Silva jamais falaria sobre esse assunto com os filhos.

Certo é que aquele homem negligenciado pelo roceiro a quem chamou de pai, possivelmente filho de uma aventura amorosa de sua mãe com um italiano, enfim, esse homem de poucas palavras chegou praticamente sem passado à casa de sua madrinha em Formiga. Qualquer coisa que tivesse havido na roça de Pouso Alegre, no Timboré, no Bugio, em Candeias ou nos Borges, era melhor que ficasse tudo para trás.

O problema na casa de dona Mariquita não era traição ou "breganha". A maior dificuldade dos Melo, que também eram Araújo, Valladão, de Jesus e de Castro, era a pobreza que vinha desde os tempos em que seu Acácio trabalhava na usina de Pouso Alegre.

Acácio Gonçalves de Araújo tinha os olhos tão azuis que mais de cem anos depois de seu nascimento, sua neta, a mãe do padre Fábio de Melo, falaria deles com encantamento. Acácio quase foi padre, chegou a se mudar para o seminário com o irmão Inácio, mas, como o pai deles morreu e a mãe viúva precisava de ajuda, os dois tiraram cara ou coroa para decidir o futuro. O ganhador seguiu nos estudos até se tornar padre e Acácio, derrotado, voltou para casa. Quando estava prestes a completar 26 anos, em março de 1906, o homem de bigode fino se casou com Maria da Anunciação de Castro.

Foi na matriz São Vicente Férrer, em Formiga, Minas Gerais. Provável que durante o dia, mas pode ter sido também num entardecer à luz de velas, pois o povoado só receberia iluminação pública no ano seguinte. E Acácio se mudaria para o povoado de Pouso Alegre, perto de onde Bastiana morava com Chico Bia, justamente para trabalhar na usina de geração de energia que iluminaria Formiga. Conta-se que às dez da noite de cada dia, Acácio era o responsável por apagar as luzes da cidade onde nasceria seu bisneto famoso.

No livro paroquial Baptizados dos filhos de mulher escrava foram registrados os batismos dos filhos legítimos e ilegítimos dos escravos de Formiga entre 1871 e 1888. Pelo menos oito mulheres cujos nomes terminavam em Cândida de Jesus foram à matriz de São Vicente Férrer batizar os descendentes dos escravos de suas fazendas, de onde saía muito café, uma das maiores riquezas do Brasil naquele século XIX. Apesar da coincidência dos nomes, não há registros históricos que nos permitam afirmar que alguma dessas Cândidas de Jesus fosse parente de Percília Cândida de Jesus, essa sim, temos certeza, bisavó do padre Fábio de Melo. O que entrou para o imaginário dos Silva é que Percília era a *"baronesa pobre"*, o que nos leva a pensar que algumas de suas irmãs, tias e mesmo sua mãe poderiam estar entre as baronesas ricas, donas de terra e escravos de Minas Gerais. Mas Cândida de Jesus era complemento de nome tão comum nas mulheres que apareceria também em Sebastiana Maria Cândida de Jesus, mãe de Dorinato, o futuro esposo da neta de Percília.

Depois do casamento, a descendente de holandeses, que mais tarde diriam ser parecida com a atriz inglesa Elizabeth Taylor, passou a se chamar Percília Jesus de Melo, pois se casou com o português Antônio Valladão de Mello.

O rapaz que viera de Portugal muito pequeno morava em Arcos, onde viveu com Percília pelo menos durante os primeiros anos do casamento, pois, pelos registros, sabemos que a filha Maria, tia-avó do padre Fábio, nasceu na igreja de Arcos, em agosto de 1896. Os Melo tiveram outros filhos. E é provável que a chegada do trenzinho maria-fumaça os tenha animado a mudar a residência para o centro de Formiga, pois, doze anos depois, em 1908, foi ali que nasceu o menino João. Foi batizado na matriz de São Vicente Férrer, perto de onde cresceu, onde arrumou emprego na prefeitura e se casou com Maria do Rosário, a Mariquita, que era filha do quase padre Acácio e Maria da Anunciação.

Do casamento de João Valadão com Mariquita, em 1932, nasceram sete descendentes com o sobrenome português do pai. Os Melo viveram a vida difícil que lhes permitia o salário de um homem que trabalhava como varredor de ruas, funcionário da prefeitura de Formiga. E será uma de suas filhas, Ana Maria, nascida em 28 de novembro de 1937, quem trará ao mundo o menino cujo nascimento será lembrado naquelas terras mineiras como um grande acontecimento. Mas não nos apressemos. Ana Maria ainda é uma criança e nem conheceu Dorinato.

A menina que conversa com Deus precisa trabalhar para ajudar os pais. Jamais terá uma boneca, a menos que alguém leve em conta aquele Judas de papel. Ana Maria vai cantar no coral da igreja e pajear neném. Até que chegará Dorinato.

Muitos anos depois, dona Ana, mãe do padre Fábio de Melo, se lembraria com tristeza do dia em que seu pai deixou a família para ir ao Rio de Janeiro limpar esgotos. *"Eu tenho certeza que ele tá bem agora, num lugar muito santo, porque era um homem de Deus"*, ela diria, relembrando as dificuldades que as diversas gerações da família Melo enfrentaram e continuavam enfrentando, apesar do padre bem-sucedido que nascera entre eles.

O dinheiro que a prefeitura pagava a João Valadão era pouco, e Mariquita precisava colaborar. Trabalhava lavando e passando roupas. Quando dava a sorte de ter muito trabalho, pedia a Ana Maria que a ajudasse, que ensaboasse as calcinhas e os sutiãs, pois eram peças menores e mais adequadas ao tamanho das mãos da menina de pouco mais de dez anos. Muitas vezes, Ana Maria saía pelas ruas vendendo chouriço ou sabão caseiro. Mas, se Mariquita ficava doente, a filha precisava lavar tudo o que estava no tanque. Um dos serviços mais pesados da avó do padre Fábio era lavar as roupas dos meninos de uma escola que ficava a uma longa caminhada de casa.

Certa vez, depois de ir à escola receber o pagamento que era devido à mãe, Ana Maria se cansou de tanto andar e resolveu esperar um pouco. Parou no alto do morro, no lugar que de tão íngreme era conhecido como Beco dos Aflitos. Sentou-se no chão, pegou um graveto, começou a fazer rabiscos na areia e ficou ali pensando na vida. Depois de mais um tempo, se esqueceu de tudo. Do mundo e do dinheiro. Voltou para casa ainda distraída, e só depois de fechar a porta é que se deu conta de que tinha deixado o pagamento da mãe no Beco dos Aflitos.

Correu, aflita, como era de se imaginar, *"num carreirão só"*, enquanto rezava, pedindo a Jesus que guardasse o dinheiro de sua mãe, pois, ainda que fosse pouco, faria muita falta à família. Quando atravessou o Beco e chegou de novo ao topo do morro, encontrou o dinheiro embrulhadinho no chão, exatamente onde o havia deixado.

Quando chegou a adolescência, Ana Maria foi trabalhar numa perfumaria, sem jamais ter usado um perfume. Dona Mariquita dizia que não tocasse em nada, que não quebrasse nada, pois ninguém naquela casa teria dinheiro para pagar por um único vidro que fosse. Ana Maria ficava com medo de fazer alguma coisa errada, mas sempre procurava a alegria que certamente existia no meio de tanta dificuldade. E, de alguma forma antecipando o futuro do filho que ainda viria a ter, começou a cantar. Foi na igreja onde uma tia sua cantava antes mesmo dela, até se mudar de Formiga.

"Um pouco depois que ela foi embora eu comecei a frequentar o coral." Ao ouvir aquela voz agradável, o padre percebeu algo de familiar, e arriscou. *"O quê que cê é da Ritinha?"*

Era sobrinha, uai!

"Logo vi... sua voz é idêntica à da sua tia."

Ana Maria ganhou papel de destaque no coral da igreja e se tornou a voz principal nas cerimônias de coroação de Nossa Senhora. Passava às vezes o mês de maio inteiro cantando. Ana Maria saía da igreja e continuava a cantoria em casa. E o gosto pela música era tanto que, mais tarde, quando estivesse casada com Dorinato, acordaria um dia sonhando alto, imaginando que os dois pudessem formar uma dupla de cantores, mesmo que quase nunca se ouvisse a voz do marido caladão.

— *Vamos fazer uma dupla... nós dois!* — ela insistiria com Dorinato.

— *Dá não... não tenho voz.* — Era a resposta dele.

— *Uai, e por que é que ocê não tem voz?* — Ana Maria não desistia fácil.

— *Minha voz é igual à de urubu!* — Dorinato apelava até para o pássaro que não canta para que não ficasse nenhuma dúvida de que não queria nada com aquilo.

— *Credo, e urubu tem voz!? Sabia não...*

Ana Maria passaria a vida quase toda cantando. Só pararia muito mais tarde quando um calo nas cordas vocais lhe deixasse a voz tão frágil que muitas vezes sumia. A religiosidade que herdou dos pais, essa sim, não teria fim, sendo mantida ao longo da vida com uma rotina de longas rezas, *"quatro terços todo dia"*, ainda que Ana Maria sempre pensasse que *"a gente não pode ficar só em cima de oração porque, se não, a cabeça fica fraca... Tudo tem as medida!"*. Queria ser freira porque gostava das roupas que elas vestiam, mas, *"graças a Deus"*, desistiu.

Talvez tenha sido um modo de pensar aprendido dentro de casa, talvez seja só coisa dela mesmo, mas na vida de Ana Maria, os bons acontecimentos seriam sempre atribuídos à bondade divina. E se Deus nunca lhe faltava, a comida era um problema. Pois, na casa de Mariquita e João Valadão, o cardápio era quase sempre arroz e feijão. Às vezes, muito às vezes, tinha carne com macarrão.

"Carne era de vez em quando que tinha." E a situação só não era mais difícil porque Mariquita mantinha boas amizades. Mulheres ricas da cidade ajudavam a lavadeira doando aquilo de que já não precisavam. Mandavam para os filhos dela os sapatinhos que haviam ficado pequenos nos pés de seus filhos.

Ana Maria não se lembraria de ter calçado um sapato novo na infância. Também nunca ganhou uma boneca como as que via nas lojas. Nem nova nem velha. E, na falta, ela mesma fazia as bonequinhas usando toalhas que, ao serem torcidas, tomavam a forma de cabeças e corpos que, no fim, eram os seus brinquedos. Aliás, houve uma vez, sim, em que ela e as irmãs receberam bonecas de verdade. Quer dizer, quase.

Era véspera de Natal e a fábrica de brinquedos que havia perto de casa estava doando bonequinhos de papelão que, por serem defeituosos, não seriam vendidos. Eram tão feios que o próprio fabricante os chamava pelo nome de Judas.

Empolgada com a novidade, Dulce, a caçula, organizou um batismo coletivo para os bonecos de papel. O primeiro foi o de Ana Maria. Ao receber a água que as meninas supunham santa, o pobre Judas se desfez. Mas, na falta de um boneco ou boneca para brincar, Ana Maria logo teria a oportunidade de pegar nos braços um bebê de verdade. Muitos, aliás.

Como dona Mariquita andava doente, no começo da adolescência, a menina se viu obrigada a arrumar um trabalho mais firme. Foi, como se dizia em Minas, *"pajear neném"*. Dava banho, comida, trocava fraldas e esperava que a mãe dos bebês voltasse do trabalho. Quando terminava o serviço, caminhava de volta para casa e ainda precisava lavar a louça do jantar da família, pois dona Mariquita, doente, não tinha forças.

O dinheiro que ganhava pajeando era *"uma miserinha"*, mas ajudava, principalmente quando se somava à contribuição dos irmãos. Os meninos de dona Mariquita foram todos fazer bico como vendedores da doceira Maria do Martinho. A vizinha tinha uma produção grande e precisava que a garotada batesse de porta em porta oferecendo pés de moleque, doces de leite e os famosos doces de rapadura que ela fazia.

Foi nesse tempo que bateu na porta de casa um homem chamado Dorinato, recém-chegado da roça, querendo aprender alguma profissão na cidade.

A MADRINHA MARIQUITA TRAÇOU O PLANO: DORINATO VAI SE CASAR COM SUA FILHA. MAS E SE ANA MARIA NÃO QUISER? A MENINA VAI PEDIR AJUDA A SÃO VICENTE FÉRRER. O CASAMENTO VAI TER UM LUXO RARÍSSIMO EM FORMIGA.

QUANDO SE MUDOU PARA Formiga, com dezoito, dezenove, ou talvez vinte anos, Dorinato ficou muito amigo de Sebastião José de Melo, filho de sua madrinha Mariquita. Na casa deles, passou a conviver com Ana Maria, sua futura esposa, ainda sem pensar em namoro ou casamento. Arrumou trabalho como ferreiro, mas não deu muito certo. Num dia que ninguém sabe direito quando foi, Dorinato se despediu daquela família emprestada e foi para os lados de Maringá, no Paraná, trabalhar numa madeireira. Passou alguns anos sem dar notícias. A madrinha, o amigo e Ana Maria chegaram a pensar que ele tivesse morrido. Até que, aos 23 anos, Dorinato bateu na porta outra vez. Com as mãos vazias como antes, mais uma vez sem falar do passado.

Dona Mariquita conhecia bem os pais de Dorinato. Se lhe perguntassem, responderia sem hesitar: *"Chico Bia e Bastiana, uai!"*. Afinal, eram vizinhos quando Mariquita viveu com os pais em Pouso Alegre, no tempo em que seu Acácio era trabalhador da usina e acendia as luzes de Formiga. Ainda que o filho de Bastiana fosse oito anos mais velho que Ana Maria, ainda que ela tivesse corpo de menina e ele fosse um rapagão comprometido com outra namorada, dona Mariquita não tinha dúvidas de que Natinho seria bom marido, e resolveu decidir pela filha.

"O Natinho... ele é muito honesto, serve pra casar... vou ajeitar ele pra Ana", ela teria dito ao marido João Valadão, como quem encontra a solução para um grande problema. *"Nós é tão pobre que se eu casá a Ana já fico tranquila!"*

Ao comunicar a decisão, dona Mariquita foi questionada pela filha.

— *Mamãe, pelo amor de Deus... como é que eu vou casar com uma pessoa que eu sou só amiga... eu gosto do Natinho é como amigo!*

— *Ah, não se preocupa não... depois, com o tempo, cê vai gostar dele.*

Ana Maria conhecia a história da troca, a famosa "breganha de muié", e tinha medo de que o Dorinato resolvesse fazer com ela a mesma coisa que Chico Bia havia feito com a antecessora de Bastiana.

— *Mãe, eu não vô casá, não!*

— *Mas por quê, minha fia?*

— *E se o Natinho quisé me trocá com outra muié?*

— *Não, minha fia* — dona Mariquita foi incisiva. — *Isso não existe mais não!*

Incomodada com aquela história toda, mas sem querer arrumar desavença com a mãe, Ana Maria foi à matriz de Formiga, chegou perto da imagem de São Vicente Férrer e chamou o santo para conversar.

— *Ôoo, São Vicente... cê ta vendo a minha situação? Minha mãe qué casá eu com um homi que eu num gosto... que eu não tenho amor por ele... e eu não quero!* — começava a explicação, que logo logo terminaria com um pedido de ajuda.

Ana Maria prometeu que se gostasse do marido, e ainda por cima não fosse trocada nem traída, batizaria o primeiro filho com o nome do santo.

— *Eu vou casá com ele!* — Ana Maria disse, terminando a conversa.

Depois da promessa, sentindo-se aliviada, Ana Maria resolveu levar adiante o desejo de sua mãe, e arrumou um jeito de apressar as coisas.

Seu irmão mais velho, Sebastião, organizara um piquenique com alguns amigos. Um deles vivia dando em cima de Ana Maria e, para se livrar do incômodo, a menina perguntou a Dorinato se ele podia acompanhá-la. Diriam a todos que eram namorados. Foram fingindo, voltaram sem fingir. Mas o namoro na sala de casa e na frente dos pais não durou muito. *"Eu nunca peguei nem na mão dele e ele já tava avançando o sinal"*, Ana Maria confidenciaria mais tarde, lembrando que Dorinato um dia lhe roubou um beijo e, naquele beijo, o padre Fábio de Melo começou a nascer.

O casamento de Ana Maria e Dorinato, no dia 29 de julho de 1954, foi uma cerimônia simples que teve como grande luxo o carro que eles conseguiram para levar a noiva. Era um Ford Modelo T, conhecido na época como Ford Bigode. Como não cabia a família inteira, os irmãos e irmãs de Ana Maria, todas bem-vestidinhas e com lacinhos na cabeça, a mais nova chorando porque não pôde nem entrar no Ford Bigode, se juntaram aos outros parentes e vizinhos e foram correndo atrás do carro no caminho até a igreja. Dá para imaginar a cena: uma menina de branco indo se casar com um homem que ainda não amava, seguida por algumas dezenas de convidados em festa, pois além de verem a filha de Mariquita arrumar um marido, estavam tendo a raríssima oportunidade de ver um carro naquele pedaço pobre de Minas.

O casamento foi na mesma igreja São Vicente Férrer, a matriz de Formiga, onde a bisavó Maria da Anunciação se casara com o bisavô Acácio, onde a vó Mariquita se casou com o vô João Valadão, onde todos os filhos daquele novo casamento seriam batizados, onde, mais tarde, o diácono Fábio de Melo faria seu casamento com a igreja, numa cerimônia de ordenação que, *"depois da queda das bombas do avião da Força Aérea Brasileira"*, conforme diria sua professora Rosângela, seria o fato mais importante da história da cidade.

Mas no dia do casamento ninguém imaginaria nada daquilo. Nem as bombas apavorantes nem o menino iluminado que nasceria daquele casal pobre, sem estudo e sem nenhuma ambição. Aliás, Ana Maria tinha, sim, um grande sonho e o carregaria ainda por mais três décadas como uma mistura de esperança infinita e frustração que só se resolveria, como já se dizia naquela época, aos 45 do segundo tempo. Queria um filho padre. Mas, antes, precisava resolver um problema de natureza biológica: se casou tão nova que não tinha nem menstruado. Dona Mariquita levou a filha a uma farmácia e saiu de lá com remédios que, supostamente, fariam a menina virar moça. Não se sabe se foi o remédio ou se foi um efeito psicológico, mas, pouco depois, Ana Maria menstruou. Passaria a vida atribuindo sua menstruação à sabedoria do farmacêutico.

Se o plano de fazer um filho padre agora dependia apenas de Dorinato, ele não perdeu tempo. O casal foi morar num puxadinho arranjado pelos pais de Ana Maria na casa onde moravam. Ali, dividindo o teto com os outros filhos de João Valadão e Mariquita, o casal fez a encomenda. E apenas nove meses depois do casamento comemorou o nascimento do primeiro menino, batizado com um nome apropriadíssimo para qualquer candidato a religioso naquela cidade.

Além de ser o nome do santo a quem Ana Maria fizera a promessa, era também o nome daquela igrejona que guardava um século de história da família Melo. E o bebezinho Vicente Férrer era agora a esperança de Ana Maria de ter um filho padre.

Passaram-se mais quinze meses e veio a primeira menina. Só depois de adulta, ela passaria a gostar de ser chamada Maria de Lourdes, em homenagem a Nossa Senhora de Lourdes. Mais um ano, entre um emprego de Dorinato numa obra e o desemprego de toda hora, veio Aparecida Vitória. Batizada com o nome da santinha Aparecida, como a imagem grande que o pai trouxera de uma viagem ao santuário, no interior de São Paulo. Àquela altura, Ana Maria começava a gostar do marido, fazendo surgir um amor tão grande que, depois que ele morresse, sentiria *"um engasgo"* toda vez que alguém falasse em Dorinato.

Dois anos depois, quando Zita Aparecida nasceu, em 1959, o pai estava novamente desempregado e o primeiro nome da segunda filha foi em homenagem a uma santa pobre e muito bonita. Santa Zita foi tão religiosa que construiu um altar dentro de seu quarto e fez o milagre de converter um patrão descrente em católico fervoroso. Seria um recado ao patrão que demitiu Dorinato logo antes do nascimento da filha?

Depois dos quatro primeiros, o intervalo entre os filhos aumentou. Foi nessa época que Dorinato teve uma briga feia com seu cunhado Raimundo, que o acusava de não sustentar os filhos. Sumiu por sete dias. Voltou com as compras e um pedido de desculpas, dizendo que ia ser *"outro homem dentro de casa"*.

Ao quinto filho do casal, segundo na linhagem dos possíveis padres, deram o nome de Geraldo, pela devoção de Ana Maria a São Geraldo. O que veio depois foi Camilo de Leles, por causa do santo de mesmo nome, que era enfermeiro, como Camilo também o seria mais tarde. Camilo nasceu doente e a mãe entrou em depressão pós-parto. Só naquele ano de 1963, depois de seis filhos e quase uma década de casamento, Dorinato e Ana Maria foram morar numa casa só deles, ainda que alugada, ainda que sem água encanada, sem eletricidade, sem quase nada. O que tinha ali dentro, conforme Ana Maria passaria a vida contando, eram fantasmas.

Ela ouvia barulhos durante a noite. Pensava que os fantasmas estavam enchendo baldes com água ou jogando areia no telhado sobre a cabeça deles. Quando ouviu os tais fantasmas pela primeira vez, Ana Maria começou a rezar, passou a dormir agarrada aos filhos e fez promessa. Foi, inclusive, à casa de uma mulher que dizia ter acesso às coisas divinas e poderia lhe arranjar uma visita de Nossa Senhora. Ana Maria pediu uma graça. Queria que Nossa Senhora das Vitórias lhe conseguisse uma casa nova para se livrar daquela assombração. Em breve, fosse por obra da santa das Vitórias ou do santo Natinho, seria atendida. Mas antes, em 1966, veio Heloísa Inês.

Ganhou esse nome porque Ana Maria sempre se sentiu próxima de Santa Inês. E, assim, parecia quase tudo resolvido ou encaminhado. O casal pobre dera sete filhos a Deus, e a todos eles os nomes dos santos escolhidos pela mãe. Eram quatro meninas e três meninos que — Jesus os ouvisse! — fariam surgir pelo menos um padre naquela casinha para onde eles acabavam de se mudar.

Natinho pegou um adiantamento com o compadre Zé Luís e comprou uma casinha de telha na rua Marciano Monteserrat 450. Ana Maria vira ali um milagre, e o atribuía à intercessão da santinha Nossa Senhora das Vitórias. A casa onde nasceria o padre Fábio de Melo parecia *"grandona"*, mas exigia que cada cama servisse a dois meninos ou duas meninas ao mesmo tempo.

Os cobertores eram finos, reforçados com sacos de batata bem lavados, emendados para não deixar ninguém descoberto. E como ainda assim era preciso que duas crianças usassem o mesmo cobertor, nos dias frios, Ana Maria acordava diversas vezes à noite para cobri-los. Não ter eletricidade em casa não era lá nenhum absurdo. Mas, como a família Silva não tinha água encanada, também não tinha chuveiro. Por muitos anos o banho dos irmãos mais velhos do padre Fábio foi com a água que dona Ana trazia em latões e despejava na bacia onde, um por um, eles se lavavam. Na mesa de jantar, o casal e os sete filhos comiam em cima de folhas de jornal recortadas por Ana Maria como se fossem toalhas de renda. Coisa mais comum era comerem ovo com couve por falta de outro alimento.

Dorinato trabalhava muito, mas a maior parte do dinheiro ia para pagar o empréstimo feito para comprar a casa, e as crianças tinham que trabalhar. Repetindo o caminho dos tios maternos, os rapazes saíam para vender doces e ajudavam a completar o salário do pai. Uma das muitas maneiras que Ana Maria encontrou para ajudar nas contas foi comprando bucho, estômago de vaca mesmo, para fazer dobradinha para os meninos venderem. Ainda que ganhassem alguns trocados com a buchada e os doces, cada um tinha só um par de sapatos, a comida era na quantidade que fosse possível a cada dia e Dorinato, que todo mundo agora chamava de seu Natinho, resolveu que era preciso tentar a sorte numa cidade maior.

Em 1969, juntou a família, botou todo mundo num caminhão e partiu para Uberlândia. A viagem foi na caçamba, no pau de arara. Cada um em seu poleiro, ocupando qualquer espaço que houvesse, pois não tinha banco naquele caminhão que, afinal, não tinha sido construído para *"carregação de gente"*. Sorte que a distância não era muita.

Seis horas depois, Natinho, Ana Maria e os sete filhos desembarcaram na cidade onde pretendiam melhorar de vida. O trabalho dele era o mesmo. Pedreiro. Mas a casa que alugaram em Uberlândia não era grande coisa e ainda tinha na frente uma cisterna que, na imaginação deles, chegava a trinta metros de profundidade. Fato é que era um perigo terrível para as crianças. Heloísa, então, não tinha nem completado dois anos, podia acabar desaparecendo naquele abismo.

Depois de três meses, Natinho foi conversar com Ana Maria. *"Olha, Ana, cê sabe... ruim por ruim, pouco por pouco... vâmo ficá lá em casa mesmo?"* Ana Maria seria sempre cordial. *"É isso que nós devia ter feito, Natinho... mas nós tinha esperança de que se viesse pra cá ia ser bom, né!?"* E botaram as crianças de novo no pau de arara para voltar à casa que tinham deixado trancada em Formiga.

Sempre que tinha oportunidade, Ana Maria tentava convencer os filhos homens a se tornarem padres. *"Vai ser padre, Geraldo... vai pro seminário, meu filho"*, ela dizia para ouvir a mesma resposta de sempre. *"Mas, mãe... eu não quero ser padre!"* Camilo só queria saber de futebol, mas depois de chorar muito porque o pai não deixou que ele entrasse para o time juvenil do Cruzeiro até pensou em aceitar a oferta da mãe. Desistiu. Quando dona Ana tentava convencer Vicente, ele respondia com alguma piada. *"Eu não sirvo nem pra coroinha, mãe!"* E era verdade: quando foi coroinha, Vicente bebeu o vinho que encontrou na sacristia e caiu embriagado no altar.

Como ficava óbvio que nenhum dos três meninos tinha vocação para o sacerdócio, Ana Maria queria ter mais um filho. E Natinho escorregava, entre evasivo e conciliador. *"Ana, vâmo dá um descanso, minha fia... que nós não tem nem onde pôr mais menino."* Pensava que assim convencia a mulher de que seria uma irresponsabilidade colocar mais uma criança na vida quase miserável que eles levavam. Mas apesar da pobreza que fazia os filhos se amontoarem nas camas, apesar do fracasso da mudança para Uberlândia e da volta à rotina pobre de Formiga, o coração de Ana Maria tinha suas prioridades. E uma mulher tão sensível, perceptiva como ela, jamais deixaria de ouvir sua intuição ou alguma outra voz que lhe viesse falar.

"Jesus, eu vou parar", ela dizia, como se tentasse provocar uma resposta dos céus. *"Por que o Senhor não me dá um filho que seja padre? Já não tô dando conta... vou encher a casa e não vou ter um padre... Acabou! Não tenho esperança mais não."*

Heloísa, a mais nova, completara quatro anos e todo mundo concordava que não cabia mais ninguém naquela casa. Sem falar que era certeza para a família Silva que com mais de trinta anos Ana Maria não deveria ter outro filho para cansá-la, para dividir a comida, e a água, e a roupa, e os dois quartinhos onde as sete crianças se apertavam naquela casinha da rua Marciano Montserrat.

Ainda que a questão parecesse resolvida e sacramentada, Ana Maria se orgulhava de dizer que parto nenhum lhe tinha dado trabalho... que estava inteira... que não se sentia cansada... que, apesar do conselho do médico, aguentaria tranquilamente outra barriga… que queria, e queria, e queria, e que ninguém lhe tiraria aquele sonho da cabeça. Mas, em outros momentos, quando botava a barriga no fogão, ou os pés no chão, até ela achava uma loucura engravidar outra vez. Vinha tomando pílulas anticoncepcionais, pois, tinha certeza, *"só aquilo que fazia evitar filho"*.

Até que lhe chegou um pedido que uma católica praticante fervorosa não podia negar. *"Eu quero mais um filho seu"*, disse uma voz que só Ana Maria ouviu, e que, ela não teve a menor dúvida, era a voz de Deus. Como a voz insistia, e o coração queria, foi conversar com Natinho para ver se ele mudava de ideia.

— *O que Deus tá querendo é com nós dois, Natinho, Deus quer mais um filho nosso!*

E o homem, que podia jurar que esse era assunto resolvido, quase pulou da cadeira.

— *Mas não pode ser... Deus não tá querendo tanto assim não, Ana... Ele tá vendo o tanto de filho que nós já tem aqui... Já tem dois menino dormindo na mesma cama... é sete menino pra mim dar de comer e beber.*

Ana Maria mal começou a responder e Natinho seguiu com o discurso, meio bravo.

— *Além de tudo, cê pode correr perigo de vida... pode morrer, o neném também pode morrer... cê não tem mais idade!*

Para conseguir o que queria, aquela mãe que se sentia incansável e imortal recorreu ao bom humor que nunca lhe caiu mal.

— *Olha, Natinho, se eu morrer, cêis vai arrumar gente para criar nossos nêgo... Mas eu vou assumir essa coisa, viu?*

Depois de muita insistência, o pedreiro não viu alternativa senão continuar sua obra. Era vontade de Ana Maria, a vontade de Deus.

Por pouco ele não foi o padre Fernando de Melo! Por pouco ele nem nascia... Pelo que sua mãe sempre contou, Fabinho chegou ao mundo ao som da música de Roberto Carlos, com unhas prontas e sobrancelhas bonitas.

Tudo bem que em matéria de gravidez e partos Ana Maria de Melo Silva era professora, catedrática, pós-graduada e doutorada. Mas dessa vez seria preciso muita atenção à saúde daquela mãe, e não daria para entregar o nascimento na mão de uma parteira, como aquele casal fizera tantas outras vezes. Fábio nasceria num hospital. Ainda que Ana Maria insistisse, Natinho não aceitava fazer mais um parto dentro de casa.

— *Não, Ana! Eu vou levá ocê pro hospital porque é mais garantido... cê pode passa mal lá, já tem os médico lá* — Era a bronca que ficaria gravada na memória de Ana Maria.

O parto seria entregue a um médico conhecido em Formiga por atender famílias pobres sem lhes cobrar fortunas. Afonso Braga se encarregaria do parto normal que traria ao mundo o oitavo filho de Ana Maria e Natinho.

O nome escolhido, mais uma vez, era para ser de santo. Naquela época, Ana Maria estava encantada com a história de vida de Santo Antônio de Pádua, um português intelectual do século XIII, lembrado por seu grande conhecimento dos livros sagrados e também das chamadas ciências profanas. Um franciscano tão respeitado em seu tempo que foi declarado santo logo depois de morrer.

Ana Maria passaria a vida inteira pensando que o nome de batismo de Santo Antônio de Pádua era Fábio. E, olhando para trás, com a vantagem que o tempo nos dá, poderíamos dizer que o padre inteligentíssimo era realmente uma bela inspiração para dar nome ao padre Fábio de Melo. Mas Ana Maria se confundiu.

O nome de batismo do padre português era Fernando. Se não fosse o engano, teria nascido, então, naquele 3 de abril de 1971, o menino Fernando José da Silva, o futuro padre Fernando de Melo? Tarde demais para especular. Se vale o consolo, no século II existiu um São Fábio, um mártir que morreu decapitado em Roma depois de desafiar os poderes do Império num tempo em que era proibido ser cristão. Numa coisa, Ana Maria acertou em cheio: quando se tornasse padre, o menino se pareceria muito mais com Santo Antônio de Pádua do que com o mártir Fábio.

No sábado de manhã, as contrações começaram, e o casal pediu carona a um vizinho para chegar logo ao hospital São Luís para o nascimento de Fernando. Quer dizer, Fábio. O menino crescera na barriga da mãe durante os nove meses de uma gravidez que nas palavras de Ana Maria foi *"bem esperada"*, mas que na visão do médico era, na verdade, perigosíssima. O doutor Afonso Braga havia detectado algo que acreditava ser um tumor no útero de Ana Maria. Recomendou que ela fizesse um aborto, que tirasse o tumor que a ameaçava e, junto dele, o feto. Para piorar, conforme se lembraria Lourdes, *"morreu um punhado de mulher no ano em que mamãe tava esperando"*.

Uma vizinha dos Silva havia morrido de eclampsia, doença que provoca hipertensão e convulsões em mulheres grávidas. A mulher do leiteiro morrera no parto. E Lourdes jamais se esqueceria de como chorou *"dia e noite, com medo de mamãe morrer"*. A hipótese do tumor parecia séria e ainda mais assustadora diante de todas aquelas mortes de mulheres conhecidas da família. O assunto foi discutido em casa e Ana Maria mais uma vez recorreu a Deus para decidir. *"Eu achava que nem ia engravidar mais... então, se veio foi porque Deus quis... Se o filho tiver de ser nosso, ele vai ser... se não tiver, Deus vai levar ele."*

Acompanhando o raciocínio de dona Ana, poderíamos concluir que Deus realmente estava do lado daquela mãe. Anos mais tarde descobriu-se que Ana Maria jamais tivera um tumor no útero. E, meses depois de quase ser vítima de aborto, Fabinho chegou a este mundo às 11h15 da manhã do dia 3 de abril de 1971, de um jeito que, se fosse para se escrever em tábuas um mandamento sobre como devem ser os partos, era para estar escrito lá que todo menino ou menina deveria nascer como Ana Maria contou que Fábio José da Silva nasceu: ao som da música de Roberto Carlos.

Jesus Cristo, Jesus Cristo
Eu estou aqui.

Pelo que a mãe se lembra, o doutor Afonso Braga cantava no momento em que Fabinho nasceu, e continuou cantando ao entrar no quarto do hospital, carregando nos braços o menino de mais de quatro quilos. A letra da música era quase uma premonição.

Olho no céu e vejo uma nuvem branca que vai passando
Olho na terra e vejo uma multidão que vai caminhando.

Ao som daquela melodia que, segundo as lembranças de dona Ana, era cantada à capela, estava nascendo o menino que seria um dos padres mais conhecidos do Brasil no começo do século XXI. Multidões como aquela de que falava a música de Roberto Carlos seguiriam Fábio praticamente a vida inteira, assim que ele avançasse pelo seminário e começasse a cantar músicas que falassem de Deus e dos seres humanos.

Em cada esquina vejo o olhar perdido de um irmão
Em busca do mesmo bem, nessa direção, caminhando, vem.

Pelas memórias de dona Ana Maria, que nos chegaram muito depois, quando ela já passava dos setenta anos, não ficamos sabendo se o doutor Afonso chegou a cantar a música inteira. Aliás, ela disse ter sentido um cheiro de uísque no hálito do médico, coisa que as enfermeiras também sentiram, e comentaram em tom de brincadeira. Mas se o médico realmente havia bebido antes de ser chamado às pressas para aquele parto, não podemos afirmar com certeza. E ele não está mais entre nós para relembrar o que o fez sair cantando da sala de parto, num episódio que se tornou famoso nas reuniões da família Silva.

Pelo que se conta, depois da música veio o choro. O menino berrou como se esperava que berrasse e foi surpreender a mãe com suas unhas já prontas, lábios grandes bem-feitos e sobrancelhas bonitas, sinais de uma beleza particular que se tornaria ainda mais evidente ao longo da vida. Os olhos eram azuis como também foram os de seus irmãos, mas, antes que ele completasse um ano, mudariam de cor.

"Nasceu fofinho, com quatro quilos novecentos e cinquenta gramas", re-lembraria dona Ana Maria ao contar mais uma vez a história do médico cantor, como se o parto tivesse acabado de acontecer.

"Ah, mãe, é por isso então que eu gosto de cantar né!? Porque na hora do meu nascimento teve música ao vivo!"

O bom humor típico do padre Fábio e a ironia fina que aparece em seus comentários no Twitter, no Instagram, no Snapchat, em participações na tevê e em outros meios de comunicação em grande parte foram herança de sua mãe. Mas, se com os três primeiros homens Ana Maria insistia que eles deveriam ser padres, agora, a estratégia mudaria. Não diria nenhuma palavra. Se Fábio quisesse, o seria pela própria vontade.

PARTE 3

DEUS NO ESCONDERIJO DA RUA MONTSERRAT

À ESQUERDA Fabinho fez esse desenho na sexta série, quando foi morar com a família na cidade de Piumhi. (Foto: Arquivo Ila Bueno)

AINDA NO HOSPITAL, O MENINO QUE NASCEU DE OLHOS CLAROS VAI PROVAR SUA SOBREMESA FAVORITA. EM CASA, VERÁ O PAI BATENDO NO IRMÃO MAIS VELHO, TENTARÁ CONSOLÁ-LO, E AQUELES PROBLEMAS O ACOMPANHARÃO PELA VIDA.

POUCO DEPOIS DO PARTO, seu Natinho seguiu a enfermeira pelos corredores do berçário com lágrimas escorrendo pelo rosto, sem tirar os olhos do filho. Chorava mas não tinha certeza se era mesmo Fabinho... Até que o menino que ia no colo daquela estranha virou a cabecinha e cruzou o olhar com o do pai. A enfermeira seguiu apressada, disse que o menino era mesmo o filho dele, seu Natinho chorou mais, e Fabinho dobrou a cabeça para continuar a vê-lo.

O pai do padre Fábio de Melo era conhecido pelo choro que nunca conseguia esconder, um choro melancólico que deixaria de herança para o filho mais novo. Era conhecido também por não falar quase nada, a menos que estivesse embriagado. E quando falasse, dali em diante, Natinho repetiria que Fabinho havia sido diferente dos outros filhos, o que ele atribuía, mais do que tudo, àquele encontro de olhares no corredor do hospital.

Ana Maria nunca tinha dado à luz fora de casa e não queria de jeito nenhum passar a noite longe de Fabinho. Não passou. Vó Mariquita era enfermeira e, além disso, sabia negociar.

— *Deixa o menino ficar com a Ana* — a avó disse à enfermeira responsável pelo berçário.

— *Posso não, dona Mariquita... se ele chorar as outras mãe vai saber.*

— *Mas... e se ele não chorar?* — vó Mariquita respondeu com segurança, pois tinha um plano muito bem arquitetado.

Vó Mariquita foi em casa, cortou uma fralda de pano em pedaços pequeno e fez um monte de trouxinhas com goiabada. Quando chegou a primeira noite, naquele 3 de abril de 1971, Fabinho provou pela primeira vez o que seria, por toda a vida, sua sobremesa preferida: goiabada com leite. Ora era o leite de Ana Maria, ora era a goiabada da vó Mariquita... e o menininho ficou quietinho, privilegiadíssimo por passar sua primeira noite nos braços doces de sua mãe.

No dia seguinte, na hora de voltar para casa, Fabinho desceu a rampa da maternidade no colo de sua irmã Aparecida Vitória. Cida, como todos a chamavam, estava orgulhosíssima, fazendo as irmãs morrerem de ciúmes e com um "egoísmo" que persistiu por todo o caminho do táxi, e depois em casa, quando finalmente deixou que as outras, Lourdes, Heloísa e Zita, tivessem o privilégio de segurar o menino no colo. *"A gente ficou chateada com ela"*, Zita continuaria reclamando, com sua voz doce e rouca, mais de quarenta anos depois.

A afinidade que nasceu nesse primeiro dia foi tanta que Cida se manteria por muitos anos no invejado posto de irmã mais próxima e querida de Fabinho. Por causa desse amor tão grande, Cida seria também a irmã que mais lhe deixaria marcas tristes, em consequência da vida de excessos que levaria nos anos seguintes quando descesse a ladeira do alcoolismo e da vida sem rumo. Fábio desenvolveria pela irmã um sentimento profundo, tão obsessivo que a vida desregrada da irmã repercutiria gravemente sobre ele, conforme o padre descobriria mais tarde em sessões de terapia. O auge dessa obsessão, desse amor triste por alguém que cometia erro atrás de erro, será uma tristeza profunda que o levará a procurar tratamento. Mas ainda estamos em 1971. Fábio é só um recém-nascido de futuro incerto e Cida ainda nem começou a beber.

Com poucas semanas de vida, Fabinho foi batizado na igreja de São Vicente Férrer, a matriz de Formiga onde mais tarde seria ordenado padre. Os irmãos acharam curioso que o bebezinho tivesse os olhos claros como os do bisavô Acácio.

— O *Fabinho é bonitinho, né, mãe!?* — Vicente provocou.

— *É...*

— *Os óinho dele é azulinho, né!?*

— *É... mas vai escurecer... Pode cêis tudo parar de brincadeira comigo... cêis tudo nasceu desse jeito!* — Ana Maria respondeu.

— *É mesmo, mãe???* — Vicente continuava provocando, de um jeito irônico, típico na família, o mesmo que Fábio teria ao longo de toda a vida com a mãe. De fato, com o passar dos anos, ao mesmo tempo que iam vendo os horrores dentro de casa, os olhos de Fabinho iam ficando castanhos, levemente esverdeados.

O menino de olhos que mudavam de cor passaria seus dois primeiros anos se alimentando nos seios de Ana Maria, como se precisasse comer muito para compensar a magreza inata, trocando de um seio para o outro, dependendo de onde encontrasse mais leite. *"Ôto... ôto, mamãe"*, ele balbuciava pedindo o outro peito. E a mãe, sempre ciumenta, não deixava que ninguém entrasse no quarto para atrapalhar o momento em que os dois estavam a sós.

Querendo tirar o que as irmãs chamavam de *"uns cascões que dava na cabeça dele"*, Ana Maria passava óleo de cozinha no couro cabeludo de Fabinho. Coisa pouca. O que mais atrapalhava a tranquilidade da mãe e de seu bebê eram as pancadas que o pai dava no irmão mais velho de Fábio.

Vicente Férrer, logo o primogênito... com nome de igreja e de santo... apanhava de seu Natinho desde que era bebê, pois o pai detestava o barulho do choro. Houve uma vez em que o tio Raimundo, ainda adolescente, foi para cima de Natinho querendo impedi-lo, criou algum constrangimento, mas não adiantou muita coisa. Conforme o menino foi crescendo, a força da pancada do pai foi aumentando. Dependendo do tamanho de sua fúria, Natinho escolhia um ou outro lado do cinto, e quase sempre optava pelo lado da fivela para bater no filho mais velho. Fábio era pequenininho, mas sentia que algo de errado estava acontecendo. Sofria. Via o irmão chorando, corria e se agarrava nas pernas dele. Quando foi crescendo e aprendeu a falar, passou a fazer perguntas a Vicente.

"Cente... cente... que que cê tá chorando?"

Ana Maria pensava em proteger o filho, mas quando Natinho estava injuriado, não havia força nem argumento que o fizesse parar.

"Meu pai, tadinho, ele era da roça... era uma pessoa que não teve muita educação", Vicente ponderaria muito depois, quando já se sentisse curado das feridas do passado, à sua maneira encontrando desculpas para os erros do pai. *"É triste, mas é a verdade!"*

Na época, no entanto, Vicente não sentia a menor condição de perdoar o pai. Afinal, Natinho também não perdoava qualquer erro do filho, de quem não suportara nem o choro. Depois de discussões terríveis, atordoado pela violência, sem jamais aceitar a imposição de ir trabalhar como ajudante de pedreiro, o irmão mais velho de Fábio praticamente fugiu de casa. Em mais uma temporada do Parque Intercontinental no centro de exposições agropecuárias que ficava perto de casa, Vicente ficou triste, inconformado ao ver seu pai mais uma vez traindo sua mãe, sem poder fazer nada.

Parou com o olhar perdido, diante dos carrinhos de bate-bate, começou a conversar com um funcionário do parque, contou a ele seu drama e foi convidado a se juntar à trupe. O menino que apanhara do pai quando ainda era bebê não aguentara a pressão de ser um patinho mais que feio dentro de casa e resolvera sair em busca de uma vida aventureira, em que mudaria de cidade em cidade trabalhando na bilheteria de um parque de diversões itinerante que, no imaginário da família, era como se fosse um circo.

"Vicente fugiu com o circo", diriam os irmãos por toda a vida. *"Nós não convivemos com o Vicente"*, resumiria Camilo sobre o irmão que voltaria para casa de tempos em tempos, algumas vezes quando estivesse desempregado, causando sempre uma enorme alteração no humor do pai e, em consequência, um desassossego enorme em toda a família.

Quando Fábio ainda tinha dois anos, Vicente chegou tarde batendo na porta da casa dos pais. Acabara de servir no Exército e saíra para comemorar com os amigos. Natinho dormia, Ana Maria foi quem atendeu. Enquanto tirava as botas, no quarto, de costas para a porta, sentiu uma pancada forte no pescoço. Era o pai. Vicente perdeu os sentidos e quando dona Ana foi acudi-lo, acabou sendo agredida pelo marido. Vicente passou a noite em claro e assim que amanheceu foi embora mais uma vez, consciente do mal que aquela fuga fazia à mãe e aos irmãos. *"Matei um pouco de mim, e matei mais um pouco da minha família"*, ele pensaria mais tarde, assumindo para si a culpa que, provavelmente, não lhe pertencia.

No futuro, Fábio e Vicente seriam irmãos tão distantes que não teriam nem o número do telefone um do outro, separados por dezesseis anos de idade e por histórias de vida completamente diferentes. *"Pode fazer um livro do mais velho e um outro livro do mais novo"*, Vicente diria ao recontar sua história para esta biografia, depois de chegar à cidade mineira de Araxá, ao término de mais uma viagem em seu trabalho de caminhoneiro.

Na infância, porém, houve momentos em que os dois eram muito pró-ximos e viveram juntos uma história bonita. Fábio era novo demais para se lembrar, mas Vicente jamais se esqueceu. Quando o caçula era bem peque-no e chorava muito, Vicente corria para acalmá-lo. *"Se ele caía, eu catava ele antes do meu pai ver ele chorando."* Vicente tinha medo de que o irmãozinho apanhasse como ele havia apanhado.

Antecipando uma característica que carregaria por toda a vida, Fabinho não gostava de nada que lhe tirasse a liberdade. Não queria ficar um único segundo no berço e adorava um colo. Mas quando o menino completou oito meses, Vicente decidiu que iria ensiná-lo a andar. Era cedo. Ana Maria não tinha pressa, mas o mais velho insistiu.

"Mãe, o Fábio vai andar!", Vicente dizia enquanto pegava nas mãos do irmãozinho para que ele ficasse de pé e, cambaleando, alguns passos adian-te, caísse sentado. *"Cê vai andar... dá a mão de novo"*. Vicente insistia, e in-sistiu tanto que Fábio foi perdendo o medo de cair. Dava um passo, dois, até três, e segurava nas mãos do mais velho. Até que um dia, com um ano e dois meses, começou a andar.

Se Vicente chegou a morar na casa dos pais de Ana Maria, conviveu com os dois avós maternos e com muitos tios, Fábio não se lembra de ne-nhum deles. Os pais de Natinho, Sebastiana e Francisco, morreram antes que o neto nascesse. O avô João Valadão de Melo morreu quando Fabinho tinha apenas cinco meses de vida. E agora, antes mesmo que o menino completasse dois anos, acaba de morrer dona Maria do Rosário de Melo, a vó Mariquita, mãe de dona Ana, de quem Fábio não guardará nenhuma lembrança além daquelas que lhe contarem ao longo da vida.

No dia do velório da vó Mariquita, deu-se o que se poderia chamar de "primeiro grande show de Fábio de Melo". Brincadeira, claro. Depois de mais uma rodada de mamá, para tirá-lo do ambiente de velório e também para trocar sua roupa, a mãe pediu a Cida que fosse com o menino para casa e lhe desse um banho. No caminho, a irmã, com quinze anos, teve que segurar a barra sozinha. Fábio gritava sem parar e chorava por causa de um carrinho. Ficou parado na porta da loja sem que nada pudesse acalmá-lo. Foi, de fato, um show. Mas, felizmente, os únicos espectadores foram os formiguenses que passaram diante da loja sem aplaudir. Cida não tinha dinheiro para com-prar o carrinho e ficou tão nervosa com aqueles berros que acabou dando *"uns tapas"* no bebê, que então passou a chorar com muito mais força.

Fabinho sabia que, de vez em quando, podia dar uns ataques de birra, pois conseguiria exatamente o que queria, e jamais apanharia como Vicente apanhara do pai. Mas o carrinho custava caro, e nem Cida, ainda adolescente, nem ninguém naquela casa teria dinheiro para comprá-lo.

"Ele foi dengoso mesmo", dona Ana Maria diria ao relembrar os primeiros anos do filho mais novo.

Fabinho está crescendo no meio da bagunça dos irmãos, do silêncio do pai e do amor imenso de sua mãe. Um dia vai precisar entender tudo isso, e voltará a essas primeiras memórias para escrever seus livros.

Mais de três décadas depois, num de seus livros, o padre Fábio de Melo se lembraria de momentos felizes em que era acariciado pela mãe na cabeça enquanto o pai fazia cócegas em seus pés. *"O humano daqueles dias tornou--se divino aos olhos de hoje"*, ele constataria, claramente tocado pela lembrança dos raros dias em que seu pai demonstrava algum tipo de afeto.

Ficariam em sua memória também alguns outros momentos simples, como a volta de Natinho para casa, depois do trabalho, abrindo o portão e gritando *"Ana!"*, como quem diz, *"estou chegando, pode preparar o jantar!"*. E, de fato, dona Ana passava longas horas diante do fogão a lenha preparando o feijão que, depois de fazer o sinal da cruz, Natinho juntaria ao arroz, e por fim às "misturas", à farinha e, às vezes, a um pouco de carne que, juntos, se transformavam em novas gastronomias nas mãos daquela mulher valente.

Fábio não se recorda de ouvir o pai dizer muitas palavras. As frases que ficaram guardadas em sua memória foram poucas, lamentos como *"ser pobre é triste demais"* ou tentativas de se consolar diante da vida difícil, como *"pelo menos tá todo mundo com saúde"*. Natinho era um homem simples em tudo, *"queria apenas trabalhar no dia seguinte, continuar erguendo outras casas para que a nossa não caísse"*, lembraria Fábio.

O irmão Camilo pensa que, mesmo sem ter sido muito afetuoso com nenhum deles, o pai não fora tão duro com Fábio quanto com os mais velhos. Lembra que até para lhe entregar o presente feito na escola era preciso que dona Ana ajudasse.

"A gente ficava rodeando o papai pra dar a lembrancinha... a mamãe tinha que falar com ele... aí era que ele sentava e às vezes saía um abraço", o irmão se recordaria muitos anos mais tarde, contando também que os mais velhos tinham ciúme de Fábio, pois só ele tinha o privilégio, por exemplo, de ver o pai lhe desenhar um relógio imaginário no braço.

Aquele pedreiro durão era tão desconfiado que quando finalmente conseguisse dinheiro para comprar uma televisão nova faria um risco atrás do aparelho que estava no mostruário da loja e devolveria o que lhe enviaram na caixa fechada. Exigiria que o vendedor lhe mandasse exatamente o mesmo que ele marcara para ter certeza de que funcionaria.

Natinho passava o dia na obra, chegava em casa morto de cansaço e dificilmente dava um abraço nos filhos. Só se despiria de sua armadura casca-grossa quando estivesse embriagado, o que começou a acontecer com enorme frequência justamente na época em que Fabinho nasceu.

"Eu só tinha carinho do meu pai quando ele tava bêbado... Não era natural ele me pegar no colo, me abraçar, me beijar", por toda a vida Fábio de Melo carregaria essa ausência. E se lembraria também do diálogo repetido, que chegava junto com a bebedeira.

— Você sempre foi um filho especial — Seu Natinho desabafava, depois de muitas doses de cachaça. — Só eu sei como foi que você me olhou quando tava no colo da enfermeira.

Se havia discussão com dona Ana, o olhar de Fabinho era o escudo de Natinho.

— Eu sei como esse menino me olhou!

E esse menino, que na imaginação de Natinho o olhara de maneira especial minutos após o parto, foi o único a quem o pai deu brinquedos comprados em loja, como um carrinho de corrida que Fabinho empurrou pelo chão da casa por um único dia, pois logo se quebrou. Seu Natinho dizia que a atenção especial era porque Fábio jamais lhe dera "contrariedade". A mãe dizia que as coisas foram mais suaves para Fábio porque os irmãos já trabalhavam, ajudavam a pagar as contas da casa e isso aliviava as tensões. Os irmãos atribuíam a vantagem do mais novo ao fato de seu Natinho já ter amadurecido, e amolecido um pouco, quando Fábio nasceu. Ainda assim, os rompantes de grosseria eram frequentes e deixariam marcas também no filho mais novo.

Fato é que, apesar do clima frequentemente hostil dentro de casa, com brigas assustadoras, principalmente quando o pai dizia aos filhos que se não trabalhassem ficariam sem comida... aconteceu alguma mágica naquela casa.

Não se sabe exatamente qual foi o motivo, e certamente não foi apenas um. Fato é que algo fez do temporão da família Silva o mais protegido e bem cuidado. Até os irmãos ajudaram a cuidar de Fabinho.

Camilo levava o irmão no carrinho de mão para procurar esterco, bosta de vaca mesmo... para servir de adubo às couves que dona Ana plantava. *"Pra ele, tudo era farra"*, Camilo se lembraria com saudade do tempo em que Fabinho era magrinho *"com cabelo tão lisinho que se ocê espirrasse na frente dele... fiiiiiiuuuuuu... voava tudo"*.

Nessa mesma época, Camilo era o bom de bola da rua. E quando aparecia uma pelada, o artilheiro do Quinzinho fazia de tudo para ir. Mesmo que fosse do outro lado do Formiga, rio tão perigoso que *"tinha lugar que encobria o homem... A gente aventurava mesmo... nadava e tudo"*.

Mas com Fabinho no colo, não tinha jeito. Só dava para atravessar onde o rio fosse rasinho. E assim foram, Camilo e os vizinhos, com Fabinho no colo do irmão, para o grande desafio contra o time de um tal de Mazinho, um garoto que, pela lembrança dos filhos de dona Ana, era mauzinho. Mas o problema foi que Camilo jogou bem demais, o time da rua deles ganhou e os parceiros do Mazinho quiseram briga. O time visitante disparou na direção do rio Formiga.

Camilo foi carregando Fabinho no colo, com a impressão, provavelmente verdadeira, de que vinha um time inteiro atrás deles. Até que chegaram perto do rio, numa parte muito funda, que os obrigava a passar por uma ponte perigosíssima, que era exclusiva da rede ferroviária, não tinha sinalização e o trem poderia chegar, sem aviso, quando eles ainda estivessem no meio da travessia.

"A ponte de ferro... moço do céu! Era o terror nosso."

Mas na falta de alternativa, com medo de tomar uma surra sem precedentes, Camilo correu na direção da ponte.

"O Fábio chorando... eu só falei: fecha os óio!... abracei ele e sai correndo."

Não veio trem, os dois correram um bom trecho por cima dos trilhos e chegaram inteiros do outro lado do rio. Mais importante que tudo era não ter um único arranhão no menino de apenas quatro anos, o queridinho dos pais.

Os parentes sempre disseram que a vantagem do mais novo foi por ter nascido num momento em que a família não enfrentava mais as terríveis dificuldades financeiras de alguns anos antes. Mas ainda que a situação tivesse melhorado, Fabinho passaria um aperto danado. O tratamento de príncipe entre os pobres pode ter sido também porque os irmãos já eram maiores e ele só precisava dividir as atenções com Heloísa, seis anos mais velha. Sem falar que Heloísa cresceria no mesmo ambiente, e não teria nem de longe as mesmas boas surpresas que o futuro reservaria a Fabinho. Lamentavelmente, o destino não seria nem um pouco justo com aquela menina doce. Heloísa morreria aos 31 anos, numa tragédia rodoviária.

Fato indiscutível nessa família mineira é que o caçula foi diferente dos irmãos e irmãs em praticamente tudo. Enquanto os mais velhos dividiam camas até mesmo quando já tinham seus corpos grandes de adolescentes, Fabinho era o único com o direito de dormir no meio de dona Ana e seu Natinho. Ninguém jamais questionou que ele recebeu uma atenção especial da mãe, e ao longo de toda a vida ela demonstraria sua predileção. *"Foi o maior presente que Deus me deu... Tenho mais filhos, todos são bons, trabalhadores, honestos, mas o Fábio veio pra fazer uma vontade que eu tinha de ter um filho padre".*

O amor ficaria tão grande que, no futuro, a cada vez que o padre Fábio de Melo viajasse para fora do Brasil, sua mãe adoeceria. E não seria apenas coincidência.

O menino era o queridinho também das irmãs, que não largavam dele. Dizem que mal deixavam o bebê dormir, pois a cada hora vinha uma das quatro pegar Fabinho no colo. Mas não imaginemos nenhum mar de rosas, pois as flores eram muito menos frequentes que os horrores naquela casa que se iluminava com o sorriso do temporão.

NATINHO ESTÁ DESEMPREGADO OUTRA VEZ E VAI ABRIR UM
ARMAZÉM. O ALCOOLISMO CHEGARÁ COM A FORÇA DE UMA
ENCHENTE. ARRASTARÁ ATÉ AS IRMÃS DE FABINHO.

A FAMÍLIA NÃO PERCEBEU, quis evitar o assunto ou realmente foi só depois dos quarenta anos que Dorinato começou beber e *"fracassar"*. Foi também nessa época que ele começou, finalmente, a ganhar um pouco melhor. Se o que veio primeiro foi a cachaça ou o dinheiro, ninguém sabe dizer. A história que a família conta começa com a impressão compartilhada por quase todos de que a vida daquela família não precisava ter sido tão difícil.

Natinho trabalhava para um compadre que era responsável por encontrar serviço e lidar com os patrões. Dependendo dos outros para arrumar serviço, por mais que o compadre Zé Luís tivesse até lhe emprestado o dinheiro para comprar a primeira casa da família, Natinho não ganhava muita coisa. Resolveu que era hora de se virar sozinho, e só assim a situação melhorou.

Subcontratando pedreiros e serventes, virou empreiteiro e chegou a ter vinte funcionários trabalhando com ele. Conseguiu comprar um terreno exatamente ao lado de onde a família morava no bairro do Quinzinho. E resolveu investir num novo negócio.

Quando voltavam do trabalho, mesmo que estivessem exaustos, seu Natinho, Geraldo e Camilo usavam suas habilidades de pedreiros para coar areia e preparar o cimento e, assim, às vezes até as onze da noite, construir um armazém do lado da casa da família. Camilo tinha só doze anos e uma série de dores pelo corpo. *"A gente já tinha mão de homem... ombro tudo calejado, queimado de sol."* E mesmo com tanto esforço, não havia praticamente nada que lhes fizesse merecer um carinho do pai.

"Chegava o aniversário, nós ficava doido pra dar um abraço nele... e minha mãe tinha que conversar com ele. A única que conseguiu foi a Heloísa... que ela agarrava ele à força", seria a lembrança de Geraldo, afirmando que, apesar de todos os defeitos, o pai havia sido um grande herói. Afinal, *"não havia homem correto como ele"*.

O armazém que os Silva construíram juntos ficava grudado na casa deles, no terreno que o pai acabara de comprar. Ali, por mais de um ano, Natinho e Ana Maria venderam alimentos aos vizinhos do bairro Quinzinho. Fábio era pequeno, mas se recordaria para sempre dos balcões de madeira que a seus olhos pareciam imensos, onde os pais vendiam comida a granel.

Mas ainda que sempre estivesse ocupada com o armazém e com a meninada, Ana Maria começou a sentir um vazio terrível. Percebeu que algo não ia bem e passou a desconfiar que o marido andava gastando seu tempo e o pouco dinheiro da família com bobagens que só serviam para entristecê-la.

"Ele fracassou muito comigo", ela pensaria ao longo de toda a vida, tendo certeza de que jamais fracassara com ele. *"Pessoas amigas minhas vieram me contar"*, dona Ana relembraria, chorando. *"Ele... mulherengo demais."*

O alcoolismo de seu Natinho chegou tarde, foi contemporâneo dos tais fracassos, e ficou ainda mais evidente para a família naquele período, quando surgiu a terrível ideia de usar uma parte do armazém como barbearia, onde por algum tempo o próprio pedreiro deu uma de barbeiro, e também como uma vendinha, com um balcão onde dona Ana e as filhas vendiam óleo, açúcar, café, arroz, batata... e o diabo da cachaça. Foi aí que o alcoolismo encarnou de vez na família Silva.

Há quem diga que Natinho se perdeu na bebida por causa de más influências. Há quem diga que foi porque faltava um trabalho que lhe pagasse decentemente, apesar de algumas temporadas melhores. E há também quem tenha certeza que foi por causa do armazém, que acabava atraindo as más influências que gostavam de beber com Natinho.

Fábio ficava no colo da mãe, ou das irmãs, enquanto elas atendiam aos poucos clientes. Cida e Zita ainda estavam nos primeiros anos da adolescência e gostavam muito dos dias em que o pai se reunia com amigos para tocar música ou jogar truco. E era uma combinação tentadora: conversa fiada, barulho, baralho, porco assado e cachaça.

Seu Natinho escolhia um porco no chiqueiro do quintal de casa, matava o bicho, mandava Ana Maria assar e durante o jogo compartilhava tudo com os amigos sem lhes cobrar nada pela gentileza. Quando as crianças não estavam brincando de garrafão, rouba-bandeira, passa-anel ou queimada, eram chamadas para ajudar o pai. Ele pedia às meninas que fossem à cozinha buscar comida, ou bebida. O jogo avançava, e volta e meia Natinho repetia o pedido: *"Minha filha, põe mais uma dosezinha lá pro pai!"*.

Zita fazia as vezes de garçonete, mas cobrava pedágio. A cada vez que servia a cachaça, tomava um pouquinho. Assim, de porco em porco, foi pegando o vício terrível que só largaria décadas depois, quando frequentasse o grupo Alcoólicos Anônimos e virasse sócia-evangelizadora do grupo de orações Mãos Ensanguentadas de Jesus.

Mas quem bebia mais do que Zita era Cida.

Começou naquela mesma época, aos catorze anos, também escondida, nos dias de baralho, e continuou viciada até depois do casamento, bebendo com o marido na roça em Piumhi. *"Eu fiz muita besteira na minha vida... estraguei muito a minha saúde"*, ela diria numa entrevista para esta biografia, um ano antes de sua morte.

Chegou um momento em que Cida acordava bebendo e só parava quando finalmente conseguia dormir. Tinha vezes que passava tanto do ponto que arrumava confusão na rua. Ficava em péssimo estado, gritava, xingava e saía quebrando o que via pela frente, até terminar a jornada no hospital. Bebeu e se destruiu tanto que, ainda na juventude, resolveu tentar o suicídio. Não conseguiu. Cida, por muito tempo a irmã mais próxima de Fábio, só se curaria do alcoolismo extremo depois que recebesse tratamento no centro de recuperação criado pelo padre Léo, quando ele já tivesse se tornado a referência mais importante para seu irmão.

Mas Fábio ainda era pequeno quando começou aquela mudança terrível no comportamento de Zita e Cida, as duas irmãs que, mesmo depois de todo o sucesso do padre, continuariam pobres e morando em Formiga, na mesma rua onde viveram com os pais.

Quando o álcool se espalhou como praga pela família Silva, os desentendimentos entre Natinho e Ana Maria se tornaram mais frequentes. E Fábio começou a servir como desculpa para as traições do pai.

Natinho botava o filho pequeno no carro, dizia a Ana Maria que ia passear com ele, mas na verdade ia se encontrar com outras mulheres. O pai comprava uma barrinha de chocolate para que Fábio se distraísse, pensava que o menino não entendia o que ele estava fazendo. Fabinho, no entanto, percebia tudo e se angustiava ao ver as traições, *"sem poder dizer a ninguém"*.

Foi um trauma tão grande que Fábio de Melo jamais se esqueceu. Uma vez, Dorinato foi a um boteco, deixou o menino sentado, tomando refrigerante, e foi se agarrar a uma tal Gersônia. *"Aí ele entrou pra uma espécie de cozinha, e eu vi ele se abraçando com essa mulher... ela era atendente do boteco. Me deu uma coisa ruim... uma sensação horrível"*, tão horrível que no momento em que relembrou aquele dia o padre Fábio precisou respirar fundo para seguir contando. *"Naquela mesma semana eu encontrei no bolso da calça dele uma foto dessa mulher... e eu corri, peguei pra minha mãe não ver... mas no meio desse caminho ela viu."*

Em mais um dia de "fracassos", seu Natinho levou a família para passear na exposição agropecuária que acontecia perto de casa. Passearam um pouco, mas logo ele deixou todos numa barraca e saiu sozinho sem muita explicação. Depois de um certo tempo, dona Ana viu alguma coisa na distância, saiu correndo e flagrou o marido bebendo com outras mulheres. Camilo era pequeno, mas foi atrás da mãe e decidiu enfrentar o pai quando percebeu que ele começou a ficar violento.

Numa outra briga, dona Ana resolveu esvaziar as garrafas de pinga na pia da cozinha, Natinho chegou de repente, lhe arrancou uma garrafa da mão e atirou na parede. Os estilhaços de vidro se espalharam pelo chão e cortaram os corações das crianças.

Era tanto problema que Fábio jamais se sentiu bem dentro de casa. Foi ficando inseguro. Sabia que a qualquer momento poderia surgir uma briga de Natinho com Ana Maria ou, ainda piores por serem muito violentas, as brigas com o irmão mais velho. Bastava que Vicente aparecesse em casa.

Numa dessas visitas, dona Ana precisou esconder do marido que estava entregando um prato de comida ao filho. Natinho descobriu, arrancou o prato da mão de Vicente e saiu gritando que ele era um vagabundo, pois não queria trabalhar na obra com o pai. Natinho não queria nem vê-lo naquela casa.

"Ele não mora mais aqui", o pai dizia, para ouvir Ana Maria argumentar que o filho estava ali apenas para visitá-los. Entretanto, o pai não tolerava o fato de que o filho estava mais uma vez desempregado. Exigia que ele trabalhasse e contribuísse com algum dinheiro se quisesse se hospedar e comer ali. E os dois se enfrentavam.

É curioso descobrir que cinquenta anos depois, quando fosse conhecido como Lobisomem, por causa do cabelo branco, da barba e do único dente que lhe restaria na parte da frente da boca sem dentadura, o caminhoneiro Vicente seria visto como um pai extremamente carinhoso e dedicado aos filhos. Lobisomem acompanharia o sucesso do irmão à distância e sempre gostaria de ouvir o disco em que Fábio de Melo canta "Graças, Pai", uma canção dedicada a Deus, mas que a Vicente pareceria feita para ele e para seu Natinho.

Naquela época, no entanto, Fábio ainda era pequeno e não entendia muito bem o que via em sua frente. Morria de medo do irmão que, no entendimento de Geraldo, era *"um desajuizado"*. Lourdes, que era uma das mais velhas e já morava com o marido, ia correndo até a casa dos pais quando sabia de alguma confusão, que muitas vezes havia começado porque Natinho aparecera bêbado em casa outra vez. Lourdes se lembraria de uma vez em que encontrou a casa vazia, com objetos espalhados pelo chão, e os dois mais novos, Heloísa e Fabinho, chorando pelos cantos.

Até que num desses dias de desespero, Lourdes escreveu uma carta dizendo tudo o que sentia ao pai. *"Eu amo você demais"*, com essas palavras, ou outras parecidas, começava a carta. Mas, depois de expressar seu amor, Lourdes escreveu suas mágoas, que eram também as dos outros irmãos, e que ficariam tão marcadas em Fabinho que ressurgiriam muitos anos depois quando ele já fosse padre e usasse de sua experiência pessoal para aconselhar os fiéis a fugir do alcoolismo.

Natinho prometeu guardar a carta de Lourdes *"como se fosse um documento"* que jamais sairia de sua carteira. Depois disso, no entanto, no meio de uma bebedeira, bateu com o carro no muro da exposição agropecuária e saiu derrubando as barraquinhas.

Num outro dia triste, se não fossem Fabinho e Camilo, a correnteza teria levado tudo o que ainda restava do pai. Depois de se encher de cachaça mais uma vez, seu Natinho não se aguentou sobre as próprias pernas e foi levado pela enxurrada que veio com a tempestade. Alguém chegou avisando: *"Natinho tá caído lá na ponte!"*. E os dois irmãos foram de bicicleta até a padaria onde o pai era apenas um corpo inerte, parecendo morto, abandonado na sarjeta.

Foi um episódio emblemático, mas apenas mais um, numa infância marcada pela sensação de que tudo poderia ser muito, muito melhor, como nos dias em que seu Natinho saía pelas ruas tocando violão na festa da Folia de Reis, sempre se emocionando com a vida. Não a vida que tinha, mas a que poderia ter tido.

Quando estava consciente, seu Natinho era exemplo de ordem e organização. Arrumava tudo o que desarrumava, lavava a louça que sujava, jamais largava roupas sujas pela casa, e assim deixava no filho mais novo a sensação de que, à sua maneira, estava sempre querendo consertar o mundo.

Mas o mundo, como sabemos, não queria ser consertado. Policiais iam quase todos os dias ao armazém, pediam bebida de graça, e Natinho fechava as portas para que o sargento e alguns policiais bebessem quando deveriam estar trabalhando. Era fácil arrancar alguma coisa de seu Natinho. Ele não podia ouvir a história comovente de alguma família que estivesse *"passando necessidade"* que logo lhes abria o coração mole, permitindo que levassem comida com a promessa de pagar quando a situação melhorasse. A situação dele e da família, no entanto, só piorava.

O ARMAZÉM VAI FECHAR. LONGE DE CASA, A VIDA DE FABINHO GANHARÁ NOVO SENTIDO. NA ESCOLA DE LATA, SERÁ PERMITIDO ERRAR E VIRAR A PÁGINA.

QUEM TEM TANTO PROBLEMA em casa e ao mesmo tempo consegue continuar entusiasmado diante da vida, normalmente, só tem uma saída: a porta da rua. Aos seis anos, Fabinho se apaixonou por uma menininha que chegara com o circo, a filha do trapezista que, coisas de circo, havia ficado pouquíssimo tempo na cidade e deixado o menino sonhando, e morrendo de saudade, pois aquela havia sido a primeira perda de sua vida, *"a primeira pessoa que eu vi ir embora... e me provocou o desejo de ir junto"*.

Era a primeira paixão, com um poder maravilhoso de deixar seu coração voando com o trapézio, querendo fazer alguma acrobacia que o levasse para longe da tragédia de casa. Pelo mesmo motivo, Fabinho andava com uma vontade enorme de frequentar a escola. Era tanta insistência que dona Ana precisou ir à Secretaria de Educação de Formiga resolver um problema danado que havia sido criado por uma diferença de três dias na idade do filho.

Pelas regras, a criança só poderia se matricular na primeira série primária se completasse sete anos até o dia 31 de março. E o filho de dona Ana fazia aniversário em 3 de abril, ou seja, três dias depois do prazo legal. A mãe argumentou o quanto pôde, mas não recebeu nenhuma garantia. Foi só porque na última hora sobrou uma vaga que Fábio José da Silva entrou para a escola aos seis anos de idade e se tornou o menino mais novo da turma. Novo, tímido e franzino.

A escola Aureliano Rodrigues Nunes ficava praticamente na esquina da casa da família Silva. Tinha sido a grande ideia de um governador construir escolas que pareciam caixas metálicas gigantes, tão quentes que nos dias mais sofridos do verão os alunos tinham a impressão de estar derretendo, como se uns fossem grudar nos outros nas carteiras conjuntas onde se sentavam. Era a Escola de Lata.

Por uma regra que poderia ser considerada discriminatória, as turmas eram montadas de acordo com a situação financeira das famílias. Pobres em turmas de pobres, famintos ou quase-famintos nas turmas dos mais-pobres--ainda. E esses mais-pobres-ainda eram conhecidos como "o grupo da caixa". Eram os meninos e meninas que dependiam da caixa com material que a escola dava, com lápis, cadernos e os livros É TEMPO DE APRENDER e CAMINHO SUAVE, reutilizados do ano anterior.

Em mais uma marca da separação que havia entre os pobres e os mais--pobres-ainda, os alunos do "grupo da caixa" recebiam um papelzinho que lhes dava direito de entrar na fila da sopa para comer de graça na hora do recreio. A sopa de ervilha servida pela Leninha era uma gororoba tão ruim que Fabinho a guardaria na memória como o pior cheiro de sua infância, tão desagradável que, depois daquela sopa, *o mundo perdia ainda mais seu encanto*. Mas, quando fosse já um homem maduro, ele desejaria fazer justiça, lembrando-se de que, apesar da sopa terrível, Leninha era boa cozinheira, *"fazia um mingau de milho verde excelente... minha merenda favorita."*

Quem não entrava na fila da sopa era porque levava comida de casa, porque os pais podiam gastar um mínimo que fosse para mandar uma fruta ou um sanduíche. Ainda que comesse a sopa, às vezes Fabinho levava uma merendeira em formato de elefante com um suco de groselha e o *"pão com molho"* que sua mãe preparava.

No armazém, a caderneta onde a família Silva anotava as dívidas dos clientes estava tão cheia de nomes que foi preciso fechar as portas. Fechar mesmo, com cimento. Seu Natinho, Camilo e Geraldo reformaram o lugar e fizeram ali a nova casa da família. O endereço não mudou muito. Continuou sendo rua Marciano Montserrat, só que passou do número 450 para o 460.

A casa nova não era muito maior que a antiga. Tinha também três quartos, uma salinha, uma cozinha com fogão a lenha, e até um quintal onde dona Ana plantava seus pés de couve, onde às vezes Natinho criava um ou outro porco, onde havia também um belíssimo pé de manga onde um dia Heloísa subiu, caiu e se machucou tanto que foi parar no hospital.

Anos mais tarde, a casa 450 da Montserrat, justamente aquela que dona Ana dizia ter conseguido comprar por causa de uma promessa feita a Nossa Senhora das Vitórias, a primeira casa própria dos Silva seria demolida para dar lugar a outra casa, apagando para sempre o cenário das primeiras lembranças do padre Fábio de Melo.

Mas, naquela época de dificuldades financeiras, Natinho alugou a casa velha a um irmão de dona Ana e com isso arrumou dinheiro para comprar alguns móveis. Conseguiu colocar cortinas verdes com flores esbranquiçadas ao lado da parede cor-de-rosa, onde havia um quadro que retratava um dia de céu limpo, um jardim com flores e uma mulher solitária na varanda de uma casa que parecia um palácio. Um sonho inatingível, principalmente se comparado com a casa nova dos Silva.

A única semelhança entre a pintura idílica pendurada na parede da sala e a realidade sofrida do resto da casa era a mulher solitária com olhar distante.

Por falta de serviço, seu Natinho foi trabalhar como carroceiro. Ganhava muito pouco transportando cargas na carroça movida por um pangaré. Sorte dele não ter recebido o apelido de Boa Vida que deram a outro carroceiro, pois em Formiga o povo era tão irônico que se diz que tudo era sempre do avesso: se chamavam alguém de Preto, era porque o sujeito era mais branco do que leite azedo; se chamavam de João dos Lotes, era porque o sujeito não tinha um lote nem para morar, nem para cair morto, como estava quase acontecendo com Natinho.

Em casa, a situação piorava. A carne de vaca que os Silva só comiam aos domingos teve que ser substituída por frango. Um frango para a família inteira, dividido de acordo com os critérios estabelecidos pelo pai. Os adultos comiam o pé e o pescoço e deixavam as partes melhores para as crianças. Havia, no entanto, uma enorme disputa pelas coxas do frango. Teoricamente, quem comesse coxa num domingo deveria comer peito no domingo seguinte. Mas sempre dava confusão. E apesar de praticamente passarem fome, as crianças se divertiam. Disputavam para ver quem ficaria com um pedacinho de osso em forma de Y, conhecido em grande parte do Brasil como "Santo Antônio". Era por causa de tudo isso e de mais algumas coisas que, na escola, Fabinho era do grupo dos mais-pobres-ainda, o famoso "grupo da caixa".

A segregação por classes sociais era assumida sem o menor constrangimento. E talvez tivesse algum propósito justificável, como o de evitar que um aluno se sentisse inferiorizado porque o colega ao lado tinha, por exemplo, muito mais comida ou lápis de cor, como frequentemente acontecia com Fábio. Ele só tinha um lápis preto, um lápis colorido, uma borracha, uma régua e um caderno de papel-manilha, uma espécie de papel reciclado grosso, transformado em caderno na máquina de costura de dona Ana. Mas, por uma coincidência, a segregação social foi interrompida justamente naquele ano, pela ideia de uma diretora que queria mudar os rumos da escola.

A diretora decidira fazer uma turma especial, só com os mais inteligentes, as grandes promessas daquele ano. Fábio José da Silva escrevia com uma letra terrível, uma professora reclamava com certo nojo dizendo que ele vivia com catarro escorrendo pelo nariz, e, além de tudo, era *"muito, muito pobre, não tinha nada"*. Mas isso não mudava em nada o fato percebido pela diretora: Fabinho era um dos mais promissores da Escola de Lata.

A escolhida para cuidar da turma batizada como "Nata do Aureliano" era quase uma menina. A professora Rosângela de Castro Santos estava com 22 anos, acabava de se casar e nem tinha terminado a universidade. Mas fizera um curso de especialização numa cidade vizinha e por isso fora convidada a implantar um novo método de alfabetização em Formiga. *"Voltei superentusiasmada e ganhei de presente aquela turma"*, Rosângela se lembraria quase quarenta anos depois.

Logo no primeiro dia em que pisou numa escola, Fábio chamou sua atenção. As crianças foram apresentadas a seus professores, entraram nas salas de lata e Rosângela começou a fazer brincadeiras para ver se os deixava à vontade. Minutos depois, Fábio fez xixi nas calças. Era normal. O primeiro dia na escola é tenso para qualquer criança, ainda mais porque era realmente o primeiro para quase todas, pois, como Fábio, não haviam frequentado nenhuma creche ou jardim de infância. Mas o que seria perfeitamente solucionável com uma troca de roupas, era um grande problema na Escola de Lata. Se faltava de tudo, também faltava uma roupa para trocar o menino molhado de xixi.

"Cê não pode ficar aqui na sala molhado, né!? Então cê vai ter que ir embora pra casa. Cê dá conta de ir sozinho?", a professora perguntou, sem deixar alternativa, ainda mais porque sabia que Fábio morava a pouquíssimos metros da escola. No dia seguinte, foi a mesma coisa. Fábio fez xixi e a professora disse que ele teria de voltar para casa. Mas Rosângela percebeu que não era exatamente por nervosismo que ele se molhava.

O xixi na calça era a manha que o menino de seis anos encontrara para voltar aos braços da mãe. Era também um ato de rebeldia contra a regra que o obrigava a conseguir uma permissão difícil para ir ao banheiro ou beber água. *"Os sanitários só deviam ser usados na hora do recreio. Mas que lugar é esse em que é preciso permissão para urinar?"**, Fábio de Melo questionaria mais tarde em seus escritos, confirmando o que muitos de seus amigos diriam, que Fábio jamais aceitara regras ou qualquer outra coisa que tirasse sua liberdade. A professora conversou com dona Ana e, juntas, elas montaram um plano.

"Vâmo pegá o Fábio!", Rosângela comemorou e, no terceiro dia, no terceiro xixi, sacou da manga uma cuequinha reserva que dona Ana tinha levado para a escola.

"Agora cê vai vestir... cê não vai voltar pra casa só porque tá molhado não!" O menino chorou muito, queria a mãe. Mas a professora não cedeu um fiapo. E assim, como o padre Fábio diria mais tarde, daria para dividir sua infância em antes e depois da cueca.

Aos poucos, o menino foi pegando gosto pelas aulas e se esqueceu do xixi. O salário era do tamanho de uma formiga, mas Rosângela não pensava nisso quando ficava até mais tarde, botando os meninos e as meninas para preencher cadernos de caligrafia. Foi tão bem-sucedida naquela lição que, anos depois, quando o padre Fábio lançasse mais um livro, lhe escreveria uma dedicatória em que a letra era praticamente igual à de Rosângela. *"Pelas marcas, pelo ensinamento e pelo amor, o meu obrigado."*

Para mostrar como as letras dos dois eram parecidas, a professora escreveu as mesmas palavras num outro papel. E, de fato, só checando a assinatura do padre um perito poderia ter certeza de que a própria Rosângela não havia escrito aquela dedicatória. *"A letra dele é igual à minha"*, ela diria, orgulhosa.

Mas Fábio aprendeu muito mais do que letras bonitas com sua primeira professora. No livro TEMPO: SAUDADES E ESQUECIMENTOS, enquanto afirma que Deus está presente nas pequenas coisas do cotidiano, o padre faz o reconhecimento justo àquela que teve papel decisivo em sua formação. *"Quem me ajudou a restituir as cores perdidas foi minha professora Rosângela."* Naquelas aulas e em outros momentos que poderiam passar despercebidos, o padre veria o que entende como *"presença de Deus"*.

---

* MELO, padre Fábio de. É SAGRADO VIVER. São Paulo, Planeta, 2012.

Bom entendedor perceberia logo que as cores perdidas para Fabinho eram perdidas em casa, com o ambiente cada vez mais escuro e trágico, com os desentendimentos entre seu Natinho e dona Ana, as bebedeiras do pai, as aparições turbulentas do irmão Vicente e as irresponsabilidades de Zita e Cida. Esta última, tão próxima do caçula, mas ao mesmo tempo longe demais do que se esperaria de uma mulher recém-casada com vinte e poucos anos, vivendo o que o padre Fábio relembraria como *"uma prostituição socializada, uma vida de muita promiscuidade"*. Zita estava prestes a dar à luz o filho de um homem que só reconheceria aquela paternidade trinta anos depois, quando Flavinho já tivesse se metido com drogas e cometido um assalto para pagar pelo vício. Cida se separaria do marido logo depois.

Foi ainda nos tempos da professora Rosângela que Fabinho testemunhou em casa outro episódio que ficaria para sempre marcado em sua memória. Em julho de 1978, as bodas de prata do casamento de Dorinato e Ana Maria começaram bonitas, com uma missa. Mas o segundo ato foi churrasco com bebedeira na casa da família Silva. Todos estavam se divertindo, bebendo como sempre, até que Gilmar, o ex-marido de Cida que seu Natinho detestava, parou o carro na frente da casa.

Cida se esqueceu da festa, ficou encostada no carro, conversando com Gilmar pela abertura do vidro. Quando o pai viu a cena, foi até o quarto procurar o revólver que escondia embaixo do colchão. Por sorte, Camilo tinha acabado de sair do quarto e Natinho não percebeu. O filho havia se antecipado ao pai, deixando a arma escondida atrás do armário.

Mesmo sem revólver, armado apenas de um ódio profundo, Natinho foi tirar satisfações, querendo saber por que era que aquele safado que abandonara sua filha tinha resolvido atrapalhar sua festa. Dizem que era puro ciúme, pois Gilmar não era o safado que Natinho dizia ser. Mas ali, num momento de discussão violenta entre os dois, quando Natinho estava quase dentro do carro, Gilmar acelerou e o ex-sogro foi arrastado pelo asfalto até que finalmente caiu na rua, acabando de vez com aquelas bodas de prata. Foi uma correria danada, com homens raivosos, mulheres chorando, e Zita desmaiando. Fábio jamais se esqueceu daquele dia triste em que percebia, mais uma vez, como sua casa lhe era insegura.

Se a vida em família não era nada convidativa, a escola recebia Fábio de braços abertos. *"Em tudo aquilo existia uma silenciosa presença de Deus,*

apresentando-me ao mundo e seus mistérios por meio de pessoas que seguravam
minha mão no momento em que o medo tomava conta de mim", ele refletiria,
muito mais tarde.

Nos dois anos em que ficou na turma de Rosângela, o menino
aprendeu o que era maior e menor, direita e esquerda — coisas simples,
que numa formação escolar adequada as crianças aprendem antes da
alfabetização. Aprendeu com sua primeira professora também coisas que
nem sempre os professores são capazes de ensinar, simplesmente porque
não sabem.

Convivendo mais com Rosângela do que com qualquer outra pessoa
naqueles dois anos, Fábio mudou muito. Desenvolveu habilidades com as
mãos a tal ponto que sua caligrafia, antes *"horrorosa"*, foi destacada no mural
da escola como uma das mais bonitas da turma. Começou a desenvolver
também naquela sala de amor e lata o talento com as palavras. As pequenas
redações assinadas pelo futuro escritor e compositor estavam entre as que
mais chamavam a atenção, ainda que fosse cedo para imaginar que dali
sairia uma coisa ou outra, muito menos, as duas juntas.

Tornou-se organizado, caprichoso e, dizem, vaidoso. Vivia com o cabelo arrumado e se por acaso suava ou se descabelava, logo passava no banheiro para lavar o rosto e se pentear. Quando algum trabalho seu merecia
destaque, fazia questão de levar para casa.

— *Não pode levar, Fabinho!* — a professora dizia.

— *Mas eu quero mostrar pra minha mãe* — ele insistia.

Fabinho era ao mesmo tempo ousado e quieto, comportadíssimo. Na
aula de teatro, a professora Rosângela pegava uma lata de extrato de tomate,
fazia um furo no fundo e passava um barbante. A lata era o microfone, o
barbante era o fio e Fábio era o cantor.

"Se o espírito de Deus se move em mim, eu canto como o rei Davi... eu
caaaantoooo, eu caaaaaaantoooo...", ele se apresentava com estilo, e a professora, empolgada, inventava um novo verso, mudando algumas palavras. *"Eu*
dançooooo... eu brincoooo" e, para arrumar problemas de uma vez por todas,
terminava cantando *"eu reboooolooo como o rei Davi!"*. Rosângela de fato
rebolava e enlouquecia a diretora com aquela ousadia aparentemente fora
de hora, no meio da canção religiosa. Mas, sem quebrar regras, não seria
Rosângela. E também não seria o futuro padre Fábio de Melo, que passaria
a vida testando limites e ousando ser diferente.

Às vezes, a grande lição de Rosângela era, simplesmente, recomeçar, "virar a página", como ele faria questão de contar, muitos anos depois, quando suas palavras se tornassem relevantes para milhares de seguidores.

A professora dava às crianças lápis colorido e um papel grosso. Fábio queria fazer desenhos perfeitos mas não conseguia. Ficava nervoso. Enfiava as duas mãos na cabeça deixando que os dedos escorressem pelos cabelos oleosos, num gesto de irritação que seria marcante, mesmo mais tarde, para quem o conhecesse na intimidade. Até que a professora se aproximava, trazendo alívio. *"Fabinho, cê não tá dando conta, né? Vâmo virá a folha? Vâmo começá tudo de novo?"*

O que a professora Rosângela ensinava era que não havia problema em cometer erros, pois era possível começar tudo outra vez. E, naquele momento, era exatamente aquilo o que o menino inseguro e preocupado precisava ouvir. Seria possível então virar a página e recomeçar a vida cada vez mais turbulenta na casa onde ele morava com os pais e os irmãos?

O gesto simples de sua primeira professora influenciaria a maneira como Fabinho e, depois, o padre Fábio de Melo, veriam o mundo. Se "virar a página" servia para um desenho de criança, serviria também para o alcoolismo do pai? Para os desenganos dos irmãos? Se não desse tempo de evitar a tragédia particular daquela família, serviria, certamente, no futuro, para apontar um caminho a muitos daqueles que parariam o padre no meio da rua pedindo ajuda para sair de alguma situação terrível como aquela que ele, menino franzino e ainda inseguro, enfrentava dentro de casa. Serviria também para trazer esperança para dentro da própria família, pois muitos de seus irmãos e sobrinhos se lembrariam daquele ensinamento, repetido pelo padre em suas pregações.

CHEGARAM OS ANOS 1980. O VENDEDOR DE DOCES MAIS DISTRAÍDO DO MUNDO VAI SOFRER CADA VEZ MAIS COM O DESTINO DE SUAS IRMÃS. SUA CABEÇA DE ARTISTA AGORA PENSA EM MALABARISMOS. E, NA VITROLA DE CASA, É SÓ PADRE ZEZINHO E MPB.

QUANDO TINHA DEZ ANOS, Fabinho apareceu em casa com a cabeça sangrando muito e deu um susto nos pais. Mais do que tudo, se apavorou. Naquele tempo, as ruas de Formiga eram quase todas de paralelepípedo. A rua deles até era asfaltada, mas a detrás ainda tinha chão batido, e Fábio resolveu construir cidadezinhas de terra com um amigo. Arrumaram uma enxada e no momento em que Edinho levantou o barro, Fábio levantou os braços para tirá-la das mãos do amigo e fazer mais um pedaço da cidade. O metal se soltou do cabo da enxada e foi parar na cabeça dele. Jorrou sangue para todo lado, e o menino correu para casa.

O sangramento só parou depois que Pascoal, o farmacêutico, lhe raspou parte dos cabelos e lhe fez um curativo. O padre Fábio de Melo jamais se esqueceria daquela brincadeira malsucedida, pois aquele corte profundo lhe deixaria um *"trauma de sangue"* por toda a vida.

Apesar disso, Élder Luís da Silva lhe deixaria ótimas lembranças. Fábio sempre se lembraria dele como seu melhor amigo de infância, com quem fazia um espetáculo memorável. No circo improvisado no quintal da casa de Edinho, os dois eram ao mesmo tempo malabaristas e equilibristas. A casa do amigo era um pequeno sítio, com diversos animais que serviam ao circo improvisado. Os dois amigos fizeram uma apresentação com o cavalo e prenderam um aro de bicicleta numa escada por onde o cachorro, treinado por eles, deveria saltar. Para garantir o conforto do público, Fábio e Edinho arrumaram latas de tinta vazias como se fossem cadeiras para que os vizinhos assistissem ao show.

Apesar dessa criatividade à flor da pele, naquela época em que a família Silva passava por dificuldades terríveis, uma cartomante preguiçosa poderia prever que Fábio seguiria pelo mesmo caminho de Vicente, Camilo e Geraldo. Aliás, não precisaria nem de cartomante. O caminho natural desenhado por seu Natinho previa que os meninos que terminassem o primeiro grau, depois de aprender o suficiente para ler e escrever, se juntassem ao pai como pedreiros na construção. Aos dezoito anos, os três mais velhos iriam para o Exército, numa modalidade de serviço militar conhecida como Tiro de Guerra, que era só o que havia para os moradores de Formiga. As filhas arrumariam maridos, mesmo que algumas fizessem péssimos casamentos.

Ainda que o tempo mostrasse que nem mesmo uma bola de cristal era capaz de prever o futuro de Fábio, quem fizesse apostas naquele momento seria naturalmente induzido ao erro. Os primeiros passos de Fabinho seriam iguais aos dos irmãos. Como Vicente, Geraldo e Camilo fizeram na década anterior, exatamente como os irmãos de dona Ana haviam feito, Fábio foi vender doces de porta em porta.

Depois que chegava da escola, pegava um balaio que seu pai confeccionara com bambu, o enchia com doces de leite e de rapadura, e saía pelas ruas. Quem se lembra da cena diz que o menino vivia de calça de malha azul, com seu cabelo escorrido que parecia o de um índio, e os pés muitas vezes sujos de tanto brincar de Rouba-Bandeira na terra vermelha que tinha perto do rio Formiga.

"Eu era o vendedor mais distraído do mundo", o padre Fábio de Melo relembraria muitos anos depois. O pequeno vendedor se encantava com algo que via numa vitrine e esquecia dos doces, esquecia da vida. Aos dez anos de idade, aquele que um dia falará para multidões era tímido como o pai. Um menino inseguro que falava pouco, mas, dizem, era danado de bom para vender.

Dona Ana conta que, em muitas lojas, as vendedoras deixavam os outros meninos passarem com seus doces porque só queriam comprar de Fabinho. Ele não fazia brincadeiras, mas era cativante, e muita gente só comprava rapadura se fosse com ele. A mãe diria que era porque ele cantava enquanto vendia, mas o padre Fábio jamais se lembraria disso.

Uma parte do dinheiro que Fabinho ganhava servia para ajudar em casa e a outra ia para uma latinha até ser suficiente para comprar o tão sonhado Kichute, um tênis preto, famoso na época, parecendo uma chuteira de futebol.

Alguns anos antes, o menino fez sua primeira participação formal num casamento. Foi pajem de Cida e Gilmar. A irmã preferida de Fabinho apareceu grávida e não quis contar para seu Natinho. Marcou um casamento às pressas, foi viver com o marido e mais tarde inventou que a filha havia nascido de sete meses. Se mudou para a roça mas nem isso desfez os laços fortíssimos que mantinha com o irmão caçula. Fabinho ia visitá-la nas férias, tirava leite das vacas com o borracheiro Gilmar e viveu momentos inesquecíveis com a irmã e o cunhado de quem gostava muito, ainda que a família jamais o perdoasse pelos problemas financeiros que levaram Cida a enterrar bruscamente aquele sonho da roça e enveredar por uma vida que Fábio entenderia como promíscua, namorando a cada hora alguém diferente, trocando beijos e abraços na frente do irmão pequeno nos fins de semana que eles passavam no lugar conhecido como "Praia Popular" — um parque à beira da Lagoa do Fundão, onde havia um restaurante, churrasqueira e brinquedos para as crianças. *"Eu ficava envergonhado com o que via",* Fábio de Melo relembraria anos depois.

Fabinho sofria com os problemas da irmã assim como havia sofrido com as traições do pai, mas era só um menino, e não podia fazer nada que não fosse sofrer. Quando tinha a chance de ficar em paz na sala de casa, colocava na vitrola do pai os discos do 14 Bis, Roupa Nova, Maria Bethânia, Chico Buarque ou, muito frequentemente, do padre Zezinho, com quem mais tarde gravaria um disco.

O casamento de Cida não durou muito. Só o suficiente para que ela engravidasse pela segunda vez e, no meio da gravidez, aos 25 anos, fosse surpreendida pela demissão do marido e todos os males que viriam em seguida. A mesa de jantar, a cama, os armários, e até o velocípede da menina... aquele luxo que chegara de repente havia se transformado numa grande dívida sem chance de pagamento. A loja mandou uma caminhonete buscar tudo de volta.

Cida perdeu os móveis e o marido, que se mudou para São Paulo. Seu Natinho jamais engoliu aquela história do casamento repentino que acabou com a filha abandonada no meio da segunda gravidez. Jurou que mataria Gilmar se algum dia o encontrasse pela frente. Mas, ainda que Fábio entendesse que o único erro de Gilmar havia sido sua incapacidade de ganhar dinheiro, toda vez que o ex-marido de Cida aparecesse, aconteceria alguma confusão.

FABINHO VAI COMEÇAR A SE VESTIR DE PADRE PARA BATIZAR BONECAS E ENTERRAR CACHORROS. SEU NATINHO, DESTRUÍDO PELO ALCOOLISMO, VAI SE MUDAR DE NOVO COM A FAMÍLIA, POIS NINGUÉM MAIS LHE DÁ EMPREGO EM FORMIGA.

OUVINDO AS PESSOAS QUE conheceram Fábio José da Silva nessa primeira fase da vida, poderíamos ficar confusos. Quando afinal lhe apareceu a vocação para ser padre? Haverá quem diga que o filho de dona Ana estava predestinado desde o dia em que chegou ao mundo, pois nasceu ao som de uma canção religiosa e sua mãe sempre desejou que ele se tornasse padre. Haverá quem diga que a vocação só apareceu depois que ele entrou para o seminário, pois antes estava muito mais interessado na arte de fazer carnaval do que nos ensinamentos de Jesus Cristo. Haverá também quem diga que foi naquele tempo, na infância, quando começou a batizar bonecas e enterrar cachorros.

Certo é que ele jamais se tornaria padre se não fosse uma vizinha que o receberia como filho e o orientaria como poucas mães seriam capazes de fazer. Mas, tenhamos paciência, Fábio ainda tem dez anos e está brincando de ser padre, o que não chega a ser algo de extraordinário no bairro do Quinzinho, onde as famílias são muito católicas, onde não há parques nem cinema, onde a maioria das casas, como a de seu Natinho e dona Ana, ainda não tem televisão.

Perto de casa, numa época em que havia muito mato naquelas redondezas, brotava uma flor amarela de aparência exótica com carocinhos vermelhos por dentro que os mineiros conhecem como melão-de-são-caetano. Fábio já vivia num turbilhão de criatividade e resolveu usar aquelas flores para fazer uma coroa para uma santinha.

Se tivesse se tornado carnavalesco, possivelmente encontraríamos aqui os primeiros traços de sua arte, pois fazia algo parecido a uma fantasia, colocando folhas verdes em volta das flores amarelas e enfeitando a Nossa Senhora Aparecida que os pais guardavam na sala de casa. Estava preparando uma cerimônia de coroação com tanto cuidado que muitos entenderam que assim nasceu sua inclinação para o sacerdócio. E para ficar mais convincente no papel de padre, o menino colocou um lençol branco sobre as costas, como se fosse uma túnica. Mais tarde, quando se tornasse famoso e celebrasse missas pelo Brasil e pelo mundo, Fábio de Melo teria grande cuidado com sua paramentação, praticamente só usando as vestimentas que fossem confeccionadas na Paraíba pela costureira Zezé Procópio.

Mas a cerimônia agora é de mentirinha. E vai se repetir muitas vezes. Assim como se repetirão também os batismos de bonecas das vizinhas e das sobrinhas, todas elas com idade para serem suas irmãs. Fábio improvisava um altar, mais uma vez colocava um lençol branco sobre as costas, celebrava a missa e batizava as bonecas de Ana Cristina, Patrícia e de quem mais aparecesse com filhas de mentirinha em sua igreja inventada. Em outros momentos, Fabinho saía pelas ruas, de casa em casa, rezando novenas.

Teve um dia em que a cadela da sobrinha Cristiane foi atropelada e o menino não parou de rezar. A reza compulsiva foi porque Fábio se sentia culpado, pois foi quando ele abriu o portão da casa de sua irmã Lourdes que a cadelinha fugiu e foi atropelada. E não havia carro nenhum por ali. Lili morreu pisoteada pelas vacas que passavam na rua bem na hora em que ela resolveu fugir. Ainda assim, Fabinho carregou por algum tempo aquela culpa.

Por causa de episódios como aquele, aos poucos, a família iria enxergando naquele menino um bom orador, capaz de conversar, acalmar e, desde cedo, aconselhar os parentes. Depois de mais de duas décadas de espera, enfim, dona Ana tinha um filho que pensava em ser padre, ainda que inúmeras outras coisas interessantes estivessem rondando sua cabeça.

Numa outra vez, na morte de outra cadelinha, Fábio cavou uma cova no quintal da casa e fez todas as cerimônias do enterro. Para não deixar o corpo do animal num buraco triste, resolveu pintar o caixãozinho improvisado. Foi ao mesmo tempo padre e coveiro. E ainda colheu flores para jogar sobre a terra onde a cadelinha descansaria em paz.

Enquanto isso, o alcoolismo de seu Natinho ficava cada vez mais fora de controle e a situação financeira da família piorava. O pedreiro decidiu que a solução, outra vez, era mudar de cidade. Antes de partir, vendeu uma das duas casinhas que tinha na rua Marciano Montserrat, colocou 900 mil cruzeiros na poupança, o que não era muita coisa, e foi à procura de um lugar onde seu nome ainda não estivesse manchado pelo diabo da cachaça. Para não cair no mesmo erro daquela outra vez em que se mudou para Uberlândia, Natinho escolheu um destino mais próximo, a setenta quilômetros de casa.

O QUE ERA RUIM FICOU AINDA PIOR. EM PIUMHI, FÁBIO VAI TRABALHAR NA LAVOURA, NA PADARIA E NA OBRA. NA POBREZA EXTREMA, A FAMÍLIA VAI PRECISAR DO ARROZ TRITURADO, QUE É A COMIDA DE PORCOS.

ERA O COMEÇO DE 1984, o Brasil passava por um momento de grande agitação, com a campanha das Diretas Já e a possibilidade de, enfim, se acabar com a ditadura militar que desde que Fábio nascera assombrava os brasileiros com opressão, tortura e assassinatos. O menino ainda não entendia muito sobre as coisas de Brasília e o que o apavorava mais do que general torturador era pensar que o pai saíra de Formiga porque ninguém mais lhe dava emprego, por falta de confiança. O alcoolismo destruíra até o maior bem de Dorinato e agora obrigava todo mundo a recomeçar do zero, literalmente do zero.

Sem dinheiro para ir a um mercado comprar comida, dona Ana foi com Fábio a uma casa empacotadora de arroz comprar as sobras, o arroz triturado que era vendido por um preço infinitamente mais barato para ser usado como alimento para porcos e galinhas. *"A senhora quer isso pra dar pros porcos?"*, lhe perguntou o vendedor. *"Não... é pra nós mesmo"*, a mãe do menino admitiu, sem graça, e foi para casa levando debaixo do braço um quilo do arroz bom que ganhou daquele vendedor comovido. Quando por acaso podiam comprar carne, era só meio quilo. Para que todos comessem, dona Ana misturava o pedaço de carne que houvesse com farinha de fubá.

Logo que a família chegou a Piumhi, Fábio foi para a escola João Menezes. Estudou por alguns meses, mas, pouco depois de completar treze anos, ainda que o pai não lhe cobrasse o que havia cobrado dos outros irmãos, vendo a pobreza extrema em que a família se encontrava, decidiu trabalhar. Ninguém mandou. O adolescente se sentia na obrigação de ajudar.

Primeiro, tentou trabalhar na colheita de café. Madrugou. Juntou-se aos lavradores. Esperou o caminhão passar às quatro da manhã e ficou o dia inteiro arrancando os grãos dos cafezais, sem luva ou qualquer proteção. Dormiu com as mãos ardendo, e no dia seguinte repetiu a dose. Terminou de arrebentar com a pele das mãos. Ganhou uns trocados. Muito pouco. Além disso, não conhecia nenhum dos colegas, se sentia um estranho na plantação e concluiu que aquele não era o melhor caminho para ajudar a família.

Desistiu de colher café, mas arrumou outro emprego. Pegou sua bicicletinha e foi ser entregador de pães numa padaria de Piumhi. Saía pedalando, às quatro e meia da manhã. Recolhia os pães na padaria e ia de casa em casa fazendo as entregas. Tinha que ser rápido para conseguir voltar, pegar a mochila e chegar na escola às sete.

O entusiasmo do menino entregador esbarrou em mais um problema que provavelmente estava relacionado à pobreza de sua família: Fábio era magro demais. Tinha só um metro e meio e não aguentava pedalar mais de uma hora carregando aquele balaio pesado com os pães. Em uma semana, concluiu que a vida de entregador também não era para ele.

Como suas tentativas fracassaram, resolveu, por fim, seguir pelo caminho da construção. E foi falar com os pais.

— *Mãe, não tem condições... eu preciso de dinheiro pra ajudar em casa... pra comprar uma roupa pra mim.*

Seu Natinho ouviu e deu a única resposta que sabia dar.

— *Uai... se ocê quiser ocê pode coar areia lá... que é o que eu posso arrumar procê.*

Coar areia, peneirar a matéria-prima para fazer cimento, era uma das muitas funções de um ajudante de pedreiro. Mas, em suas próprias palavras, Fábio foi ser *"servente do servente"*. O servente em questão era seu irmão Geraldo, num tempo em que andava completamente alterado pela maconha que usava, inclusive, no canteiro da obra. Naquela época, Camilo tinha outro emprego e o mais velho, Vicente, fazia tempo que não aparecia. Coando areia, como servente de um servente de consciência alterada, Fábio começou sua experiência na construção civil.

Começou e terminou em apenas duas semanas.

Pois, na escola, a orientadora educacional Ila Bueno quis saber onde Fábio andava, perguntou aos colegas dele e ficou sabendo que o aluno tinha trocado a escola pelo trabalho. Ila achou um absurdo. Bateu na porta da casa da família e ouviu de dona Ana a confirmação.

"Ele tá com o pai... na obra", um pouco envergonhada, a mãe contou que Fabinho havia desistido da escola porque estava com dificuldades e que, na família deles, aquilo era normal, afinal, os irmãos mais velhos também tinham deixado a escola para trabalhar. Ila Bueno descobriu onde era a tal da obra e correu até lá.

Encontrou o aluno ainda desajeitado, aprendendo o novo ofício que naquelas duas semanas consistia unicamente em peneirar areia para ajudar o irmão Geraldo. Ao ver a orientadora, Fábio ficou acuado, com se estivesse temendo uma terrível reprovação. Andava muito mal em matemática e contou que aquela dificuldade tinha sido um dos motivos para que abandonasse a sala de aula. Mas se Ila Bueno já tinha feito um aluno desistir de se matar, não haveria nada que a impedisse de apresentar seus argumentos cara a cara, por pior que falassem do temperamento de seu Natinho.

"O lugar do Fabinho é na escola, seu Natinho... ele teve uns probleminhas com a matemática, mas a gente já resolveu." O pai, como sempre, não disse muita coisa, mas seu mero consentimento, a permissão para que Fábio deixasse o trabalho, já representava uma enorme mudança de atitude com relação ao que havia feito com os filhos mais velhos.

Se Vicente, Geraldo e Camilo foram obrigados a largar suas escolas para ajudar na obra, Fábio era o primeiro com direito de escolher. Com a permissão do pai, a coordenadora foi outra vez conversar com o servente do servente. Disse a ele que, se voltasse à escola, ainda dava tempo de recuperar as notas ruins e passar para a sétima série. Com o dinheiro que ganhou na obra, Fábio ajudou em casa e ainda comprou um disco do Rod Stewart.

Ila jamais se esqueceu daqueles minutos importantíssimos na vida de quem um dia seria até professor, com duas faculdades, um mestrado e uma pós-graduação. *"Ele chorou, chorou... pensou que eu tava ali pra dar uma bronca nele, mas não era nada daquilo... eu sempre tive essa preocupação com os mais pobres. E Fábio realmente era muito educado... um menino discreto, com um bom currículo escolar."*

Depois de mostrar que o motivo da visita era apenas trazê-lo de volta à sala de aula, Ila Bueno saiu da obra com a certeza de que havia evitado mais uma desistência — coisa tão comum naquela escola onde a pobreza era a maior inimiga da educação, onde era preciso fazer campanha de doação de uniformes para evitar que meninos e meninas desistissem de estudar. E Fábio passaria a vida manifestando sua gratidão.

"Não tenho nem como avaliar o que essa mulher representou na minha vida!", refletiria mais tarde.

Depois daquele episódio, o menino parecia aliviado, principalmente por ter recebido a garantia de que não precisaria se preocupar tanto com a matemática. Por fim, a orientadora sugeriu que ele pensasse numa profissão que não exigisse muito conhecimento das ciências exatas. Padre? Artista? Escritor? Eram muitas. Muitos anos depois, ao ser lembrada pelo padre Fábio como uma das pessoas que mudaram os rumos de sua vida, Ila Bueno conseguiu recuperar dois desenhos que o adolescente fez em seu caderno durante um recreio, usando apenas um lápis preto.

Um dos desenhos traz o rosto de uma mulher triste, com cílios grandes, debaixo de um sol, ao lado de plantas e de uma flor bem grande. Em outro, endereçado a Neila, uma colega, o desenhista demonstrava também seu apreço pelas palavras bem escritas. *"Sem o trabalho da busca, é difícil a alegria do encontro"*, ele escreveu, antes de fazer a assinatura, que vinha acompanhada da turma e de seu número na chamada: *"Fábio José Silva, 6ª F, Nº 38"*.

Muito mais tarde, ao descobrir que Fabinho se transformara no padre Fábio de Melo, e ainda por cima lhe fizera uma homenagem ao vivo em seu programa na tv Canção Nova, Ila Bueno sentiu *"como se fosse assim, um troféu"*. Enquanto ela repetia a rotina de cuidar das plantas no quintal de sua casa em Piumhi, o padre Fábio de Melo falava da coordenadora como exemplo, valorizando ao mesmo tempo todos os educadores brasileiros.

"A gente começa a compreender a grandeza do nosso trabalho, percebe que muitas vezes o professor imprime marcas na vida do aluno."

O telefone não parou de tocar, e foi a vez de Ila Bueno chorar.

Não era a primeira nem seria a última vez que uma mulher interferia nos rumos de Fábio querendo ter certeza de que ele não abriria mão de sua capacidade intelectual em troca de tentar, inutilmente, resolver os problemas financeiros da família. Em abril do ano seguinte, quando não restava mais dúvida de que a experiência em Piumhi havia sido um fracasso, e o presidente Tancredo Neves estava à beira da morte no Hospital das Clínicas, em São Paulo, seu Natinho e dona Ana levaram a família de volta a Formiga.

Com 23 anos, Geraldo não quis mais morar com os pais e se mudou para o interior de São Paulo, onde se afundou livremente em garrafas de cachaça, mulheres sem compromisso e drogas de todos os tipos.

"Eu sou a ovelha negra, o perdidão mesmo... Sou o inverso do padre!", Geraldo diria muitos anos mais tarde, ainda solteiro, quando já tivesse abandonado as drogas, mas sem jamais deixar de pensar que *"não tem paisagem mais bonita do que uma mulher bem esculturada"*. Longe da família, o irmão de Fábio teria entre seus primeiros amigos alguns ladrões de meia-tigela e pequenos traficantes.

Em casa, sobravam só Fábio, Heloísa, Camilo e Cida, que depois do casamento terrível decidira voltar. Um dia depois que eles chegaram a Formiga, longe dali, em Brasília, o homem que representava a esperança de um Brasil democrático morreu, e deixou todos com uma terrível sensação de luto. O padre Fábio de Melo nunca guardou muito bem as datas, mas jamais se esqueceu dos grandes acontecimentos. Foi pela lembrança da morte de Tancredo que ele conseguiu se lembrar também do dia em que começou a renascer na casa de uma senhora que todo mundo conhecia como Tia Ló.

PARTE 4

EXPULSO DA SAGRADA TRAGÉDIA

À ESQUERDA Tia Ló — ao lado do marido Sebastião — foi uma visionária. Sem ela, muito provavelmente Fabinho não teria se transformado no padre Fábio de Melo. (Foto: Arquivo Valéria Marques)

DE VOLTA A FORMIGA, FÁBIO APRENDERÁ A RIR DA PRÓPRIA DESGRAÇA COM A AMIGA VALÉRIA. SERÁ A MÃE DELA, TIA LÓ, QUEM VAI LHE MOSTRAR QUE O MELHOR CAMINHO PARA SUA SALVAÇÃO É A ESTRADA PARA O SEMINÁRIO.

AINDA QUE SE VESTISSE de padre e promovesse batismos fictícios na infância, ainda que continuasse sendo visto como a grande esperança de dona Ana de ter um filho religioso, Fábio chegara à adolescência com os olhos abertos para as coisas comuns deste mundo pagão. Gostava de meninas. Adorava carnaval. E passava horas conversando sobre a vida com a vizinha Valéria.

Os dois se conheciam desde a infância. A mãe de Fábio amamentou o irmão de Valéria quando faltou leite nos seios da mãe deles. Mas foi só na adolescência, aos catorze anos, depois que voltou de Piumhi que Fábio descobriu na casa dos vizinhos um lugar seguro para escapar dos problemas de sua família.

Ainda que Valéria fosse três anos mais velha, os dois eram inseparáveis. Iam para a escola juntos, e voltavam juntos. Depois de almoçar em casa, Fábio vestia uma bermuda, ia para a casa da amiga, tirava os sapatos e logo os dois estavam na cozinha, conversando sem parar, enquanto Valéria lavava a louça do almoço. Gostavam de comer rapadura e mastigar gelo ao mesmo tempo. Ouviam uma fita cassete com as músicas de Paulinho Pedra Azul. E riam de tudo. Principalmente, um do outro. Ele achava graça de chamá-la de Valéria Marques e ela passaria a vida se lembrando dele como Fábio José.

Tinham em comum o fato de serem os novinhos das duas famílias no meio de dois batalhões de irmãos e, mais importante, moderadamente mimados pelos pais.

Eram melhores amigos, cúmplices como irmãos e quase tão íntimos quanto namorados, ainda que jurem que nada aconteceu entre eles.

"A gente podia falar pro outro qualquer coisa que a gente pensasse, acho que nem com meu marido fui tão aberta como eu fui com o Fábio", Valéria diria mais tarde, quando já estivesse vivendo em São Paulo, quando o amigo tivesse se tornado uma figura ausente que ela via muito mais pela televisão do que ao vivo. Enfim, quando aquela convivência com Fábio José fosse apenas uma lembrança maravilhosa que dava um aperto danado no coração de Valéria Marques.

A cada encontro, eles trocavam novidades sobre o bairro do Quinzinho. Fossem acontecimentos das famílias deles ou da cidade, falavam de tudo e de todos. Quando morria alguém, por exemplo, depois de lamentar, acabavam encontrando alguma coisa engraçada para voltar a sorrir. Se Tida, a prima que era também irmã adotiva de Valéria, estivesse junto, aí é que não paravam mesmo de gargalhar. Eram irônicos. Debochados, muitas vezes. Sempre bem-humorados. E, entre as duas amigas, Fábio perdia completamente a timidez.

Mais tarde, quando tivesse avançado em seus conhecimentos sobre filosofia, o padre Fábio de Melo analisaria o encontro daquelas três almas com base na teoria de Martin Buber, o filósofo judeu que relacionou o diálogo com a própria existência humana, e que dizia que a partir do encontro de duas pessoas nasce uma terceira. No caso daqueles adolescentes, o encontro já começava com Tida, Valéria e Fábio. *"A* QUARTA *pessoa que nascia desse encontro de nós três juntos... que mundo perfeito que nós formávamos! Se eu pudesse, teria passado o resto da minha vida ao lado das duas."*

O pai de Valéria, seu Sebastião, não pensava nessa filosofia toda. Achava que aqueles três eram *"críticos demais"*, que viviam *"numa fofoca danada"*. E tinha pena de alguns parentes e amigos que eram alvos das imitações que Fábio, Valéria e Tida faziam, levando a casa inteira a gargalhar. Mas a ironia não era só com os outros. Fábio, Valéria e Tida riam de si mesmos, com o mesmo estardalhaço. *"Essa liberdade de fazer graça comigo mesmo, da minha tragédia, foi com elas que eu aprendi"*, Fábio diria anos depois, quando seu bom humor já tivesse se tornado famoso no Brasil.

Se a amizade era tão boa e sincera, era também porque havia compreensão entre eles. Um conhecia muito bem o drama do outro. Se Fábio estivesse com problemas em casa, chegava com o cabelo em pé, de tanto coçar a cabeça. E uma das coisas que Valéria entendera sobre o amigo era que com ele não podia haver cobranças. Se Fábio sumia por uma ou duas semanas, quando os dois se encontravam ninguém perguntava *"o que houve"* ou *"por que você despareceu?"*. Era como se houvessem passado a noite conversando e gargalhando. Nem Valéria Marques criticava as atitudes de Fábio José, nem Fábio José criticava Valéria Marques.

Mas a mãe dela, uma senhora que se mostrará essencial na vida de Fábio, estava de olhos muito abertos. Pouca gente sabia que seu nome era Luzia de Carvalho, pois todo mundo ali conhecia aquela negra bonita, extremamente religiosa e trabalhadora pelo apelido de Tia Ló. Se Fábio passava algum tempo sem aparecer, Tia Ló dava um jeito de descobrir por onde ele andava, com quem estava e o que fazia. Quando ele chegava, não tinha nada que lhe desse mais prazer do que comer o feijão com louro da Tia Ló.

Aliás, foi naquela casa que Fábio ficou sabendo da existência do tempero que seria um de seus preferidos por toda a vida. Mas, muito mais importante que isso era o fato de que na casa de Tia Ló e seu Sebastião todo mundo estudava muito, além de trabalhar. Se em sua casa Fábio encontrava uma mãe amorosa e sensível como poucas, na casa dos vizinhos aquela mãe emprestada era exigente como ninguém. Determinava horários para os estudos e cobrava resultados. E aquela exigência passou a ser ao mesmo tempo um desafio e uma necessidade para Fábio.

"A Tia Ló tinha uma maneira muito diferente de educar os filhos, diferente de todos naquela nossa região. Pra nós, a coisa mais natural era largar a escola e ir trabalhar com o pai. Tia Ló nunca permitiu isso."

A relação de Fábio com Tia Ló havia ganhado força meses antes, naquele mesmo ano de 1985, quando ele ajudou dona Alaíde a ornamentar um andor para levar uma imagem de Nossa Senhora Aparecida numa procissão que sairia da rua onde eles moravam e se encontraria com outras procissões na igreja de São Judas Tadeu. Dona Alaíde era também moradora do bairro do Quinzinho, mãe de Tina e de Tânia, uma amiga que se transformaria em fiel escudeira e acompanharia Fábio até mesmo quando ele fosse morar com as galinhas e os cachorros em Taubaté.

Fábio achara o andor muito sem graça. *"A senhora não quer que eu ajeite melhor esse andorzinho?"* A resposta foi positiva, mas, como não havia dinheiro, Fábio teve que ser criativo, dando vazão ao que mais tarde entenderia como *"aptidão para o belo"*.

Na falta de pano, usou papel amarelo para forrar a almofada que ficava no centro do andor para receber a santa. Como flores verdadeiras seriam muito caras, pediu a dona Alaíde que comprasse margaridas de plástico e as colocou aos pés de Aparecida. Por fim, aproveitou apenas a estrutura e fez praticamente um novo andor, que encheu a vizinhança de orgulho, abrindo os olhos da Tia Ló para aquele menino que era ao mesmo tempo talentoso e interessado em religião.

Tia Ló começou a convidá-lo a participar das festividades religiosas, os dois começaram a conversar sobre as questões importantes da vida e ficaram tão próximos que a mãe de Fábio quase morreu de ciúmes. *"Meu filho, você gosta mais da Tia Ló do que de mim né!?"*, dona Ana perguntou, sem imaginar a resposta surpreendentemente honesta que viria em seguida. *"Não, senhora... eu gosto igual."*

Como se não fosse suficiente criar nove filhos e quatro sobrinhas adotadas depois da morte da irmã, Tia Ló queria ter certeza de que aquele filho compartilhado não seria prejudicado pelos problemas graves que deixavam uma nuvem pesada sobre a casa dele. Além da pobreza que atrapalharia até seus estudos, Fábio precisava lidar com o alcoolismo de seu Natinho e os contratempos que isso provocava. *"Era uma brigaiada só"*, resumiria Sebastião, de apelido Macioso.

Para afastá-lo da *"brigaiada"* e das tristezas, Tia Ló queria manter Fabinho ocupado com algo produtivo, algo que lhe desse mais educação e, se possível, algum dinheiro. *"Vamos salvar o Fabinho"*, Tia Ló dizia a Macioso. *"Vamos resgatar ele antes que aconteça alguma coisa!"*

Foi assim que surgiu a ideia de oferecer ao garoto o trabalho de vendedor de embalagens de plástico. Tia Ló trabalhava fazendo merenda numa escola pública, mas, nas horas vagas, era revendedora da marca Tupperware. E confiava tanto em Fabinho que lhe dera o número de sua conta bancária para que ele depositasse o dinheiro das vendas. O menino organizava reuniões, estudava o manual do produto e fazia a apresentação para as donas de casa. Com o tempo, passou também a fazer os relatórios de vendas.

Usando de sua lábia cada vez mais afiada, às vezes até fantasiando um pouco sobre as qualidades dos produtos, Fabinho se tornou o melhor vendedor do pequeno time da Tia Ló. Mas também arrumava umas confusões.

Teve um dia em que ele e Valéria foram juntos à cidade vizinha de Divinópolis fazer, mais uma vez, a cobrança de uma cliente que não queria pagar de jeito nenhum. Era tão famosa entre eles que, por sua rouquidão, recebera o apelido de Maria Rouca, e por algum tempo liderou a lista das pessoas que Fábio gostava de imitar.

Os dois bateram na porta e ouviram mais uma desculpa da tal Maria Rouca.

"Não posso pagar porque meu marido ainda não chegou", ela arranhou entre os dentes. Os dois ficaram desapontados, mas voltaram mais tarde, e Fábio partiu para o ataque.

"Dona Maria, seu marido já chegou, né!?"

O problema era que, precisamente naquela hora, Maria Rouca estava cozinhando o jantar.

"Mas a gente só veio receber o dinheiro", ele insistiu.

"Espera aí... espera aí... meu macarrão tá queimando!", ela tentou escapar. Num exercício de paciência, o futuro padre colocou as mãos na cintura e perguntou quando eles poderiam voltar. Reza a lenda que Fábio e Valéria ficaram insatisfeitos com a resposta, perderam a paciência e falaram algumas coisas impublicáveis. Perderam a viagem e o dinheiro, mas ainda passaram um bom tempo se divertindo com as imitações dos trejeitos e da rouquidão daquela caloteira.

Uma certa vez, querendo acabar com a monotonia de um dia sem acontecimentos, Fábio, Valéria e Tida resolveram sair para a rua batendo latas, como se fosse um desfile de carnaval. Convidaram os outros filhos da Tia Ló e fizeram a maior bagunça.

Apesar dos momentos divertidos com as duas amigas, quanto mais maduro Fábio ficava, mais sofria as consequências dos problemas financeiros e afetivos que iam destruindo sua família. Às vezes, ele e Valéria compartilhavam até uma certa revolta por serem tão pobres. Queriam ser sócios do clube da cidade para ir aos bailes, queriam comprar roupas, de preferência roupas de marca famosa, queriam andar bonitos como os mais ricos, mas não podiam fazer nada disso.

"A gente queria comer batatinha frita e bife todo dia", Valéria relembraria, contando que costumava dividir com o amigo um prato de arroz com ovo e queijo minas que ela fazia, tudo frito e misturado, um *"manjar dos deuses"*. Quando sobrava tempo e faltava assunto, Fábio ia para a cozinha da Tia Ló fazer um bolo-formigueiro, mistura de massa branca com chocolate granulado, que era seu preferido.

Assim, entre comidinhas, tristezas, gargalhadas e algumas discussões sobre coisas humanas, divinas e filosóficas, Valéria Marques e Fábio José viviam sonhando com a vida que teriam se pudessem ir à exposição agropecuária que começava mais uma vez no parque enorme que ficava a um passo das casas deles. Numa certa noite, sem dinheiro para comprar ingresso, Fábio e alguns irmãos de Valéria planejaram pular o muro para assistir aos shows que eram as grandes atrações da exposição.

Tia Ló estava costurando, mas continuava atenta. Falou baixinho para Fábio.

— *Se eu fosse você, eu não ia!*

Bastou.

Fábio ficou danado da vida, mas reconheceu que quando Tia Ló falava daquele jeito, ele tinha que obedecer. O mesmo não aconteceu com Paulo César, que resolveu desafiar a mãe, pulou o muro, se cortou e voltou para casa com a mão sangrando.

Seria naquele mesmo parque de exposições, mais de três décadas depois, que o padre Fábio de Melo faria um show que seria o evento mais disputado da história de Formiga. Mais até do que sua ordenação. Ainda falta muito, no entanto. Fábio e Valéria não têm ingressos e não podem entrar.

Na casa da Tia Ló havia menos liberdade do que em sua própria casa. Eram todos vigiados, mas Fábio gostava porque via nisso uma forma de fazer com que as pessoas tivessem vidas melhores. Era também um contraponto à desordem afetiva de sua casa, um equilíbrio tão necessário que se não fosse assim, aquele magricela que não tinha recursos nem para sonhar com uma faculdade não teria estudado Filosofia, Teologia e Pedagogia. Jamais teria se tornado o padre Fábio de Melo.

A MÚSICA VAI LHE ABRIR AS PORTAS DE FORMIGA E FÁBIO
NÃO PENSARÁ EM OUTRA COISA. CANTARÁ, FAZENDO O
MAIOR SUCESSO COM AS MENINAS. E A IDEIA DE SER PADRE
VAI FICAR EM SEGUNDO PLANO.

FOI JUSTAMENTE NAQUELE ANO de 1986, quando Tia Ló exercia enorme influência sobre Fábio e tentava guiá-lo para o caminho do seminário, que padres redentoristas levaram sua missão evangelizadora a Formiga. Tia Ló era católica fervorosa, educadora por natureza, e decidiu assumir o posto de coordenadora da comunidade, tornando-se responsável por organizar eventos religiosos com os católicos e, também, levá-los a participar das atividades da igreja.

Levou Fabinho para o Encontro de Adolescentes com Cristo e ali começou a pensar que além de inteligência, aquele garoto tinha de fato vocação para ser religioso. No Encontro, conhecido ali como EAC, Tia Ló ficou sabendo também do tamanho do sucesso que Fábio fazia com as meninas. Ele teve alguns namoros rápidos com colegas de Encontro, um deles com uma morena belíssima e simpática chamada Elen, mas sempre namoros discretos, pois, ainda que se preocupasse em andar bem-vestido, gastando seu pouco dinheiro para comprar roupas, jamais gostou de chamar a atenção para sua vida particular.

Foi também no Encontro que Fábio se aproximou de Alessandro Teixeira, um baixinho extrovertido que morava na rua detrás, com quem até então não tivera muito contato. Agora, Fábio e Alessandro eram como pescoço e estola. E um dia Fábio reconhecerá tanta importância em Alessandro que dirá: *"foi a primeira pessoa na minha vida que me motivou a cantar"*.

Alessandro era habilidoso com o violão e os dois se juntaram para formar um grupo de música para animar os Encontros de Adolescentes com

Cristo. *"Foi um reboliço na cidade"*, contaria Alessandro. *"Todo mundo queria fazer o Encontro, e as meninas queriam cantar com a gente."* Os meninos também queriam. E assim chegaram mais cinco cantores para formar o grupo musical mais animado da história do Quinzinho. O problema era que já tinha um coral na matriz de São Vicente Férrer, a igreja que eles frequentavam, e o jeito foi tocar um pouco mais longe, na paróquia do Sagrado Coração de Jesus.

Fábio, Alessandro, Eli, Gil César, Ramon, Paulo César e Zé Ronaldo faziam, primeiro, as missas mais bonitas, e, depois, os melhores casamentos de Formiga e das vizinhanças. Como não tinham dinheiro, e também não cobravam pelos casamentos, iam todos de lotação, uma espécie de ônibus-parador, que atravessava a cidade e parava praticamente a cada minuto. Os primeiros cantores que entravam no lotação eram Fábio e Alessandro, que moravam muito próximos, e iam carregando instrumentos e duas caixas de som. Depois vinha o Zé Ronaldo, o Gil César e assim, a cada um que entrava, eles começavam a cantar uma nova música.

Na viagem de uma hora dentro da própria cidade, iam esquentando as cordas vocais para o casamento. Quando paravam, algum passageiro gritava *"mais uma"*, e eles voltavam a cantar. A turma era conhecida apenas como o grupo do Encontro.

Os sete cantores iam juntos para as quermesses na frente da igreja, com seu "correio elegante" que mandava recados amorosos pelo alto-falante, e, segundo Alessandro, apresentava a eles *"o lado mais romântico da situação"*. Dizem que foi aí que as meninas começaram a *"pegar no pé"* de Fábio.

Ainda que o grupo tivesse surgido como um coral de igreja, eles também gostavam demais de músicas que não eram religiosas. E começavam a chegar pedidos para que cantassem músicas sertanejas, rock e MPB. Fábio e Alessandro compartilhavam uma admiração grande pelo grupo 14 Bis, pelo cantor Paulinho Pedra Azul, com frases poéticas como *"bem te vi, andar por um jardim em flor"*, e também por Flávio Venturini, com suas canções adocicadas que diziam coisas como *"te amo, espanhola, se for chorar, te amo"*. Noivas e noivos faziam pedidos que os sete cantores não eram capazes de negar. Nem queriam. E era de acordo com os pedidos, meio em cima da hora, que eles decidiam como cantariam.

Quando não era no estilo coral de igreja à moda antiga, com todos ao mesmo tempo e no mesmo tom, era Alessandro quem assumia a voz principal.

Foi preciso que um dia o amigo não conhecesse uma música para que o futuro padre Fábio de Melo estreasse como cantor solo.

O grupo do Encontro não dava atenção às listas de músicas que os noivos passavam com antecedência. Às vezes tinha pedidos de músicas de Chitãozinho e Xororó. Frequentemente, alguém queria Roberto Carlos. Pouco antes da cerimônia de casamento, eles analisavam a lista. Se o Alessandro soubesse cantar a música pedida pelos noivos, o grupo improvisava sem o menor problema. Mas, e se ele não soubesse?

Quando alguém pediu que os meninos tocassem a música mais famosa do disco novo de Fábio Jr., Alessandro não tinha a menor ideia do que fazer. Zé Ronaldo sabia a letra, mas não se sentia seguro para cantar sozinho. Nos fundos da igreja, enquanto o padre terminava a missa das sete, Zé Ronaldo ficou tentando ensiná-la para Alessandro. Fábio sabia a letra de "Vida" inteirinha, mas ficou quieto ouvindo o ensaio, até que Alessandro desistiu.

"Alguém vai ter que cantar isso, Zé!", Alessandro finalmente viu que não teria tempo de aprender aquela música.

"O Fábio sabe cantar... ele canta", alguém se apressou.

"Eu, sozinho...? Cê tá louco!", Fábio não se achava pronto para enfrentar as feras do casamento, mas acabou convencido ou, como é mais provável pelo que conhecemos de sua personalidade, se convenceu. E, assim, para agradar um casal de noivos, Fábio cantou sozinho pela primeira vez. No meio da música, Zé Ronaldo deixou a timidez de lado e o acompanhou. Ninguém sabe dizer se Fábio cantou mal ou bem. Não teve aplausos eufóricos, nem fãs querendo tirar fotografias, ainda que, conforme ele se lembraria mais tarde, *"nossos namorinhos eram todos por causa do status que a gente tinha ali"*. Eram outros tempos. Fábio pode até se lembrar dos bastidores de seu primeiro momento sozinho num palco, mas não se lembra de quem era o casamento em que fez sua estreia.

Só sabe que foi com "Vida" que ele foi o cantor Fábio de Melo pela primeira vez. E não será coincidência que, no momento em que decidir se abrir ao público não religioso, Fábio vai escolher aquela mesma música para dar título ao álbum que será um sucesso enorme, mudando os rumos da sua carreira musical. E assim, "Vida" marcaria a vida de Fábio por duas vezes.

Num outro casamento, por causa de um desses pedidos de noivos e convidados, os sete cantores quase enlouqueceram um padre. A noiva queria entrar na igreja ao som de "O amor e o poder", famosa na voz da cantora Rosana. E como não sabiam dizer não, os rapazes acabaram aceitando o pedido, mesmo que aquela letra pudesse soar estranha dentro de uma igreja.

Quando a jovem entrou vestida de branco, a banda de Fábio, Alessandro e companhia disparou o primeiro verso.

"Como uma deusa, você me mantém..."

A noiva se aproximava do altar. E o padre Olavo olhava bravo para a banda.

"Tão perto das lendas, tão longe do fim..."

O público se emocionava ao ver aquela noiva-deusa se casando com uma cerimônia tão bonita e atual.

"A fim de dividir, no fundo do prazer, o amor e o poder..."

E os versos que chegaram com enorme carga emocional no fim da música acabaram de vez com a paciência do padre que já estava vermelho de raiva, como disse Zé Ronaldo, *"botando fogo pelas ventas"*, se controlando para não expulsá-los do altar.

Mas, em vez de expulsá-los, o padre Olavo lhes deu apenas uma bela bronca e acabou por acolher o Encontro de Adolescentes com Cristo na igreja do Sagrado Coração de Jesus. Era a primeira vez que Fábio experimentava alguma dose de sucesso, de assédio, e também dos riscos de se misturarem as coisas "pagãs" e católicas deste mundo.

Como uma lagarta que entra no casulo para virar mariposa, de certa forma, foi naqueles casamentos que Fabinho começou a metamorfose que resultaria no padre Fábio de Melo. Foi quando se pode dizer que começou sua preparação para ser cantor, e, também, quando falou sobre religião, em público, pela primeira vez.

Depois de pesquisar, escreveu numas folhas de papel o texto que deveria ler aos quarenta desconhecidos que agora eram seus colegas de Encontro. Na hora prevista, quando Fábio começou a falar sobre Jesus Cristo, as mãos ainda tremiam e o discurso não vinha fácil como aconteceria no futuro. Assim mesmo, ele gostou da experiência.

"Foi lá que eu perdi minha timidez de falar em público", se lembraria mais tarde. E muitos colegas também gostaram do que ouviram. Fábio passou a ser uma espécie de apresentador do Encontro, usando de seu bom humor para provocar risos e gerando em alguns colegas um ciúme que seria, a partir de então, um problema para toda a vida.

Apesar disso, naqueles três anos em que os amigos do Encontro cantaram em missas e casamentos, Alessandro talvez visse no amigo, muito mais do que um padre, um artista, ainda que reparasse nele uma certa dificuldade em se manter afinado.

"Eu sempre notei que ele desafinava um pouquinho... E me lembro de ele fazer um sinal quando desafinava. Mas a voz dele era tão bonita, tão grave... e muito bem empostada... que isso superava tudo."

Certamente, Alessandro não enxergava a seu lado um grande pregador.

"Fábio era pessoa igual eu... igual todo mundo... igual qualquer um. Nunca imaginava que o Fábio fosse pro seminário, ninguém imaginava... E muito menos que fosse virar um padre famoso!"

Tia Ló via tudo aquilo de longe. Mas, se também não era capaz de prever o futuro, certamente tinha poder para influenciar os acontecimentos.

"A Tia Ló foi a primeira pessoa que me concedeu um olhar diferente... Todos os olhares de uma redondeza são viciados, concorda comigo? Eu posso olhar viciado pro meu filho, posso olhar viciado pro meu sobrinho, posso olhar viciado pro meu vizinho... O olhar dela não me enclausurava na mesmice que era a regra da minha casa... A Tia Ló começou a acreditar em mim... em tudo, ela sempre me estimulava."

Confiante de que havia ali um ótimo candidato a padre, Tia Ló começou a levar Fabinho para os eventos religiosos de que participava, atribuindo-lhe funções e responsabilidades.

— *Quero que você escreva uma ação de graças para a missa* — ela disse uma vez.

— *Mas, Tia Ló, eu não sei* — Fábio respondeu.

— *Sabe sim! Você escreve bonito que eu já tô sabendo.*

Como boa coordenadora — e controladora — de seus filhos, sobrinhos e agregados, Tia Ló mantinha espiões pelos quatro cantos do bairro do Quinzinho. Sabia muito bem que Fábio gostava de escrever poemas. Deu livros para que ele aumentasse seus conhecimentos sobre as questões da alma e foi, assim, a primeira orientadora intelectual do padre Fábio de Melo.

Só que, ao mesmo tempo que Tia Ló fazia o possível para manter Fabinho para dentro da igreja, havia uma série de forças que o conduziam a inúmeros outros lugares, igualmente convidativos.

Fábio é cantor e, mais que tudo, uma liderança entre os adolescentes do Encontro com Cristo. mas ainda é cedo para dizer que será padre. Graças a Tia Ló, vai conhecer a famosa piscina do seminário de Lavras.

Aos quinze anos, Fábio era um adolescente como muitos outros, com a mente fervilhando, cheio de ideias, desejos e dúvidas. Antecipando o que se veria mais tarde, quando chegasse a ter quatro cachorros de estimação morando em sua casa no interior de São Paulo, se sentia muito bem quando estava perto dos animais. Pensava que talvez pudesse se tornar um bom veterinário, desde que conseguisse chegar a uma universidade, o que parecia improvável. Gostava demais de cantar, e estava a todo vapor com o grupo que animava missas e casamentos, sem achar que realmente seria cantor, pois, naquele tempo, não era a voz principal. Gostava também de desenhar e sempre se destacara em tudo o que envolvesse produção artística. Adorava ajudar na preparação dos desfiles de carnaval e até havia desfilado na escola de samba do Quinzinho. Mas que profissão sairia daquelas inúmeras aptidões se não havia dinheiro que o levasse a uma escola decente, se a família não o amparava e se até livros lhe faltariam? Que futuro poderia esperar aquele adolescente magricela e cada vez menos interessado nos estudos?

"Meu mundo era tão pequeno que não cabiam muitos sonhos... não tinha muita perspectiva", ele refletiria mais tarde.

Quando pisava o chão duro da realidade de Formiga, Fábio achava que se conseguisse um trabalho no supermercado Kit Sacolão como empacotador de compras já estaria bom demais. Mas para quem vivia cercado de católicos fervorosos e tinha demonstrado uma inteligência acima da média, um outro sonho possível, concreto e muito atraente era ser padre.

"Desde menino", ele diria.

O caminho até o seminário lhe foi apresentado pela Tia Ló. Foi por causa dela que Fábio foi fazer o que os padres chamavam de "estágio", um fim de semana em que a meninada vai conhecer o seminário para ver se gosta e se realmente quer ingressar ali no ano seguinte.

A visita a Lavras ficou conhecida nas palestras do padre Fábio de Melo. Entrou para a história dele como aqueles momentos que o cinema chama de "ponto de virada", quando algo muito importante acontece e muda para sempre a história do personagem.

Era lá no seminário da congregação dos Padres do Sagrado Coração de Jesus que ficava a piscina que Fábio de Melo costuma dizer que foi o motivo para ter se tornado padre. Como bom mineiro, vivendo a inúmeros quilômetros do mar, Fábio sempre fora fascinado por água. *"Aí, no dia que eu vi lá os meninos seminaristas, todos nadando..."*, ele relembra sorrindo para logo em seguida entregar a estratégia de seus colegas padres para atrair os adolescentes. *"No estágio, os padres criam uma atmosfera muito diferente para receber os candidatos, né!?"*

Durante três dias, foram festas e mais festas para convencer a meninada de que o seminário era um lugar de muita alegria e diversão. Fábio se juntou a seus vizinhos Alessandro e Paulo César e os três posaram para uma foto embaixo de um Cristo enorme que havia no seminário. Depois, tocaram violão e cantaram com os veteranos. *"Se vocês vierem pra cá, vão tocar com a gente"*, Alessandro lembra de ter ouvido de um veterano para, logo em seguida, tomar a decisão. *"Nossa, eu quero ficar aqui, esse trem é muito bom!"*

Fábio também estava encantado com as possibilidades que se ofereciam naquele lugar de sonhos e, pelo menos naquele fim de semana, de muito pouca reza. Foram dois dias de atividades ao ar livre, num ambiente acolhedor e divertido que ajudaria muito na decisão que seria tomada mais de um ano depois por aquele adolescente que não tinha muita ideia do que era a vida de um padre.

O plano, fosse ele humano ou divino, estava sendo muito bem traçado. Mas acabamos de terminar 1986, estamos nos primeiros meses de 1987, e neste momento é arriscado demais dizer que Fábio realmente será padre, pois anda cheio de distrações, tentações, chamados profanos que podem afastá-lo do seminário e da vida religiosa. Começando pela turma de bagunceiros do primeiro ano colegial da escola Jalcira Santos Valadão.

O MENINO QUE SEMPRE FOI BOM ALUNO AGORA NÃO QUER SABER DE NADA. SE JUNTOU A UMA TURMA QUE FAZ ARRUAÇA, MAS FAZ TAMBÉM SERENATAS E ADORA FILOSOFAR NA PRAÇA. FÁBIO VAI ABANDONAR A ESCOLA.

ERA O ATUAL ENSINO médio, num tipo de escola que antigamente se chamava de Normal, um curso para a formação de professores. Mas a turma da bagunça não queria nada com nada, e Fábio estava em todas. *"Foi o pior ano da minha vida de escola"*, ele diria, sempre que olhasse para trás.

Com a distância que o tempo permite, vê-se claramente que, em 1987, Fábio era um adolescente questionando seu futuro. Se por um lado dedicava seu talento e sua inteligência aos interesses artísticos e religiosos, por outro, passava grande parte de seu tempo com aquele grupo que ele mesmo veria depois como de *"arruaceiros"*, no qual ele era o mais tímido mas não por isso menos empenhado em *"zoar"* os outros e, o pior, sem tocar nos livros.

Pobre da professora Inaura. Sempre antes do começo das aulas, Fábio dobrava as duas extremidades de uma das orelhas e enfiava no buraco do ouvido. Ficava parecendo um daqueles personagens bizarros de GUERRA NAS ESTRELAS. E fazia questão de passar diante da professora o mais lentamente possível para que ela pudesse ver sua "deficiência". Até que depois de algumas semanas de aula, numa dessas exibições, a orelha saiu de dentro do ouvido e a professora finalmente percebeu a safadeza. Não teve o menor pudor.

"Filha da p... desgraçado! Eu tinha dó docê porque achava que ocê era aleijado", ela descascou em cima de Fábio para, obviamente, arrancar uma gargalhada geral.

Saía a professora Inaura, entrava outro sofredor. Fábio, Eniopaulo, Zé Ronaldo e mais uns cinco zoneiros desarrumavam todas as carteiras da sala. Quando chegava, o coitado do professor ficava completamente enlouquecido. Fábio e os amigos tinham feito uma pirâmide de carteiras que ia até o teto da sala.

Foram seis meses atordoando a vida dos professores. Fábio fingia que estudava quando, na verdade, passava a maior parte do tempo com o Eniopaulo, que todo mundo chamava de Sapão, e a turma da bagunça. E havia ainda uma outra pedra no caminho da escola: Fábio sequer tinha livros. Era mais uma vez a situação financeira da família interferindo nos caminhos daquele que um dia seria uma personalidade tão carismática que teria seguidores pelo Brasil e pelo mundo.

Mas sejamos justos. Fábio era um adolescente cheio de problemas em casa e, com essa válvula de escape, estava finalmente descobrindo os prazeres da vida. Prazeres inconsequentes também, como trocar a placa de uma avenida pela da outra, da rua Barão de Piumhi pela João Menezes, ou escolher um carro ao acaso, arrastá-lo para o meio da rua só para criar um caos no trânsito, sem se preocupar com o prejuízo que aquilo causaria a todo mundo. *"Éramos um grupo quase que de delinquentes... era uma coisa assustadora."*

As quase-delinquências e também algumas pequenas delinquências que aquele grupo de adolescentes faria ao longo dos anos seguintes dariam uma lista enorme, aqui resumida. Baixar as cancelas da linha do trem para deixar os carros parados à espera de nada; roubar um latão de cal numa construção e fazê-lo rolar ladeira abaixo só para ver a rua ser pintada de branco; arrumar um carro emprestado e sair pelas ruas dando aquelas freadas bruscas que a garotada conhece como cavalos de pau; roubar a lanterna de um carro para trocar a lanterna quebrada no carro deles depois de um desses cavalos de pau; e, ainda, sair de Formiga à meia-noite para dar uma voltinha em Belo Horizonte e só voltar com o dia amanhecendo.

Não é difícil perceber que, aos dezesseis anos, Fabinho não estava nem aí para os estudos. Tinha praticamente decidido que 1987 seria o último ano escolar de sua vida, e ainda por cima seria um ano incompleto. Mas, como assim? O menino que fizera questão de entrar para a escola quando ainda tinha seis anos e que sempre fora um ótimo aluno agora desistiria de tudo? Depois de tanto esforço para se livrar da regra "alfabetizou-virou-pedreiro" instituída por seu Natinho, o filho preferido de dona Ana jogaria a toalha?

Fábio ficou seis meses fingindo que frequentava a escola e deixava em todos a impressão de que, apenas com alguns anos de atraso, seguiria o rumo dos irmãos, como eles mesmos diziam, *"criados do jeito que nosso pai foi criado"*, logo cedo trocando livros por carrinhos de mão. Foi vender sanduíches num trailer que era ao mesmo tempo lanchonete e barzinho, na beira do rio Formiga.

Fábio não vendia nem propriamente fazia os hambúrgueres do Lanches Sayonara. Era uma espécie de garçom que levava os pedidos de casais e grupos de amigos dentro dos carros estacionados como se o trailer fosse um daqueles antigos cinemas *drive-in*. Algumas vezes ficou até depois das quatro da manhã servindo os baladeiros, muitos deles bêbados e famintos, tocando suas buzinas, piscando os faróis, apressados, ou apenas tirando sarro, exigindo que Fábio fosse rápido na entrega das cervejas e dos hambúrgueres que por decisão da dona do trailer haviam sido batizados com nomes de atores de novela.

A dona do Sayonara (com y) era a Saionara (com i), que de japonês só tinha o nome. Conhecera Fabinho durante a preparação do carnaval, quando ele ainda torcia para a escola do bairro Quinzinho. Saionara queria jovens para lidar com seus clientes jovens e convidara o menino bonito para trabalhar no que se orgulhava de ser um dos primeiros trailers de Formiga.

"Ele ia pros carros... e começava a conversar muito... e eu gritava: Fábio, vem logo porque tem mais gente pra você atender!", Saionara relembraria, contando que depois dos gritos Fábio corria para anotar os pedidos no próprio cardápio e trazê-los de volta ao balcão onde Saionara trabalhava com o marido. Quando havia calma, Saionara e Fábio começavam a falar de coisas à toa, debochando de tudo e de todos de um jeito parecido com o que ele, Valéria e Tida faziam na casa da Tia Ló.

Mas o que marcou Fábio naqueles meses no trailer foi uma certa melancolia de fim de noite. *"Me lembro daquela madrugada, assim... já vazio... tocando 'Eduardo e Mônica' no rádio."* Quando o trailer esvaziava de vez e finalmente fechava as janelas, Fabinho pegava sua bicicleta e disparava para casa. Algumas vezes, quando era tarde demais, ele subiu na garupa da moto da Saionara, sem capacete mesmo, e foi de carona para casa.

A música estava em quase tudo o que Fábio fazia. Os mesmos bagunceiros, *"quase delinquentes"*, com quem ele tocava o terror tinham seu lado romântico e saíam juntos à noite para fazer serenatas. Bastava que um deles se apaixonasse ou achasse uma menina mais bonitinha que as outras para que Sapão, Juninho, Michel, Alan, Zé Ronaldo e Fábio fossem até a frente da casa da eleita cantar músicas de amor.

Se a menina amada não os ouvisse, logo alguém jogava uma pedra em sua janela. Eram românticos com tanto requinte e desprendimento que não viam problema algum em roubar flores nos jardins das casas vizinhas para que o apaixonado as segurasse enquanto cantava. Uma vez, roubaram as rosas de uma senhora que os conhecia, e os denunciou à polícia. Parece incrível, mas, daquela vez, policiais foram até a casa da vítima e tentaram realmente solucionar o crime. Saíram pelas ruas de Formiga procurando os ladrões de rosas, encontraram-nos em plena serenata e ordenaram que devolvessem os objetos do roubo. A tal vizinha lhes "passou um sabão", mas isso não impediu que flores roubadas de outros jardins fossem entregues a outras moças afortunadas da poética Formiga. Muitas vezes, os seresteiros e as meninas se reuniam na praça com um violão e passavam a noite cantando, inebriados com a própria vagabundagem.

Nos anos seguintes, quando Fábio estiver no seminário, o grupo de amigos adotará um símbolo de morcego, como o do Batman, e o nome de Tarralas, em referência a um bar. Fábio reforçará a amizade com eles, mas nunca será um membro efetivo do Tarralas, até porque está prestes a mudar radicalmente de vida. Por enquanto, nenhum deles faz ideia de que o amigo poderá ir para o seminário. Afinal, eles só querem saber de aventuras e meninas bonitas.

Seria demasiadamente ingênuo pensar que os seresteiros tinham alguma intenção séria com aquelas declarações exageradas de amor. Fábio teve uma paixãozinha por uma tal Denise, gostou de uma certa Melissa e de mais algumas meninas... mas dizia para todo mundo que detestava aquela coisa de *"meu amor pra cá, meu benzinho pra lá"*. Aliás, como de costume, fazia graça com o amigo Eugênio Vilela, que chamava a namorada de *"Vida"*.

"Vida... Viiiiidaaaaaaaa...", Fábio dizia, irônico. *"Como pode o ser humano ficar submetido a uma coisa dessas?"*, ele, agora sim, falando sério, perguntava em voz alta.

Naquele tempo, enquanto o Brasil fazia a transição da ditadura assassina para a democracia corrupta, o mundo assistia com preocupação à guerra terrível entre Irã e Iraque. Os dois vizinhos do Golfo Pérsico se atacavam e matavam mais de meio milhão de pessoas numa disputa entre as linhas sunita e xiita do islã, que chegaria ainda mais intensa aos dias atuais, e que já naquela época chamava a atenção dos seresteiros de Formiga. Eram quase delinquentes, como Fábio mesmo descreveria, mas interessados no que acontecia no mundo. *"A guerra era sempre um assunto nas nossas madrugadas"*, Fábio de Melo lembraria muito depois.

Quando as conversas terminavam, quando não tinha mais nenhuma menina para ouvir serenata, os bagunceiros do primeiro ano da escola normal de Formiga saíam à procura de algum lugar para comer.

Eram quase quatro da manhã e o que tinha de melhor era o Bar Tropical, um pé-sujo que ficava aberto a noite inteira e tinha como garçons os próprios bêbados. Na lembrança de Eniopaulo, era *"um depósito de bêbado e prostitua véia, negócio horroso!"*

Tão horroso que deu até discussão.

"Não tô acreditando que vocês vão comer nesse lugar!", Fábio tentou convencê-los a desistir.

"A comida é boa", alguém respondeu.

"Não tem jeito dessa comida ser boa, uma sujeira danada... olha a unha desse sujeito!", Fábio insistia em seu argumento a favor da higiene, mas Eniopaulo preferiu o deboche.

"Nós não vamo comer a unha dele não, rapaz!"

Até que o garçom de unhas pretas chegou com os dedos enfiados no macarrão pedido pelo Zé Ronaldo.

"Olha o máca aí galera!", alguém gritou antes que Fábio desse sua sentença: *"Creio em Deus Pai!... agora acabou... eu não vou comer isso de jeito nenhum!"*.

Levando uma vida desregrada como jamais havia levado, e também como jamais voltaria a levar, Fábio José da Silva desistira de qualquer profissão que exigisse um pouco mais de estudo e, obviamente, não levava mais a sério a ideia de ir para o seminário. Pelo menos naquele ano. Ficou com vontade de trabalhar numa rádio FM, pois poderia usar suas habilidades de orador para ser um locutor moderno, inovador, diferente de todos os que havia em Formiga. Mas não dava tempo para muitos sonhos porque depois de vender sanduíche, fazer serenata e ainda discutir os problemas do mundo, de manhã cedo o garçom-seresteiro se transformava em resolvedor de problemas no escritório do Jair da contabilidade, para quem emitia notas fiscais e fazia cobranças de porta em porta, sempre a bordo de sua famosa bicicletinha. Mesmo que não fosse um emprego em tempo integral, foi uma das poucas vezes na vida em que Fábio recebeu salário.

Diante da infinidade de distrações que tornavam sua vida cada vez mais cansativa, e também divertida, Fábio José da Silva resolveu finalmente admitir que o ano estava perdido e abandonou a escola normal. Deixaria o primeiro ano colegial incompleto e, se fosse mesmo para o seminário, começaria outra vez. Tia Ló descobriu que Fábio tinha largado a escola, ficou decepcionada e jogou duro com ele. *"Se você quer ser padre e começa a trabalhar, cê nunca mais vai sair da necessidade de ajudar na sua casa... cê vai sacrificar sua vida pra ter um salário e resolver uma necessidade do momento."*

Fábio não atendeu imediatamente ao pedido de Tia Ló, mas ficou pensando no assunto, e jamais esqueceu aquelas palavras sábias. Ao mesmo tempo em que fazia bicos e serestas, ignorando qualquer possibilidade de pegar em livros, pois sequer os tinha, Fábio ia lentamente coando a areia do tempo e cimentando o caminho que o levaria ao seminário.

Mas, ao mesmo tempo em que pensava em ser padre, Fábio sentia uma culpa danada quando imaginava que isso significaria abandonar seus pais justamente num dos momentos mais difíceis em sua casa, quando as brigas pareciam intermináveis, e perigosas. Seria justo largar todo mundo para viver isolado, sem poder ajudar a mais ninguém?

Encurralado, entre a cruz, a cantoria e a caldeira, Fabinho chegou derramando lágrimas no colo da Tia Ló. Chorou muito e, quando respirou um pouco, ouviu finalmente o que Tia Ló vinha dizendo nas conversas particulares com o marido. *"Você não pode viver como seus irmãos... não pode ser desperdiçado... você tem que ir embora dessa terra!"*

Naquele momento, o menino experimentou um amor materno de um jeito que sua mãe jamais seria capaz de lhe dar. Não porque não o amasse profundamente, muito pelo contrário, mas o amor de Tia Ló era desprendido, *"um amor que expulsava... que fazia a mala do filho para ele ir embora"* e só se importava com o futuro daquele menino branco que aquela mãe preta tinha resolvido proteger.

"Tia Ló não tinha a visão da mesmice que minha mãe tinha... ela me expulsou porque me amava. A minha mãe não tinha o entendimento de que eu precisava ser expulso."

E depois de literalmente expulsar Fabinho da vida de todos que o amavam, como inclusive havia feito com alguns de seus filhos biológicos e adotivos, Tia Ló tratou de convencê-lo de que só havia um lugar para fugir de todos os problemas familiares e virar definitivamente aquela página da vida.

Foi ousada, mas delicada.

"Meu filho, cê não acha que tá na hora de cê realizar o sonho que cê sempre teve de ir pro seminário?"

Junto da proposta, vinham as garantias emocionais que só aquela mulher forte lhe poderia dar. *"Vai lá... eu te ajudo aqui procê ficar tranquilo lá. E se, no fim, você não se tornar padre, pelo menos vai ter estudado bastante."*

Mais tarde, dona Ana diria que foi na casa de Tia Ló que o filho descobriu sua vocação. *"Minha mãe não era uma instância de reflexão"*, ele avaliaria. *"Minha mãe é uma instância de sensibilidade pra mim... uma mulher que sofria muito... então, ela me enriquecia, mas me vitimava também."*

A impressão que se tem é que jamais foi tão importante para alguém se sentir expulso da própria realidade. As palavras de Tia Ló, mais uma vez, mostravam que só havia um caminho para que Fábio se livrasse dos males de sua vida familiar para começar uma vida nova, sem máculas, nem mágoas, nem correntes que o arrastassem para trás.

Mas Fábio esbanjava vocações. Era tão bom na leitura do Evangelho que foi convidado pela vizinha Alaíde para ser o coordenador de crismas da capela de São Judas Tadeu. A função normalmente caberia a um adulto, mas dona Alaíde via muitas qualidades em Fabinho e decidira convidá-lo mesmo que ele ainda nem tivesse sido crismado. *"Ninguém sabe por que uma coisa dessas acontece"*, ela refletiria mais tarde. *"No meio de um monte de meninos, uma pessoa se oferece... Ele me ajudava direitinho na leitura, pra escolher o que nós íamos cantar. Tava sempre pronto."*

Futuramente, quando o menino que a ajudava na igreja se tornasse o padre Fábio de Melo, dona Alaíde, já idosa, encontraria um conforto incrível naquela mesma voz que embalava as crismas. Era Páscoa e ela se sentia culpada por não ter se confessado para receber a comunhão. *"Ele me ajudou... falou assim que muita gente eivada não confessou... Não preocupa, no dia que você puder você confessa, faz sua Páscoa espiritualmente!"* Ainda que dona Alaíde conte como se Fábio tivesse dito aquelas palavras diante dela, na verdade, o padre estava em seu programa na televisão, que ela jamais deixaria de assistir.

Naquela época, no entanto, ainda que o adolescente dedicasse uma parte do seu tempo às atividades religiosas, havia um mar de plumas, fantasias e carros alegóricos ameaçando bloquear seu caminho até o seminário.

O MUNDO ESTÁ FICANDO MAIS COLORIDO. FÁBIO VAI ARRU-
MAR UM EMPREGO QUE LHE PERMITE SER ARTISTA. FICARÁ
PERTO DO CARNAVAL, DISTANTE DO SEMINÁRIO.

QUANDO RELEMBRA SUA HISTÓRIA, o padre Fábio de Melo costuma contar que seu primeiro emprego foi numa escola de samba. Ainda que ele tenha feito muitos bicos antes de virar funcionário do carnaval formiguense, toda vez que ouve isso, Brasil da Silva Torres, dono de uma loja de baterias de carro, fica extremamente envaidecido, pois foi ele quem o contratou. Biju, vizinho do seu Brasil, sempre se arrependeu de ter ajudado a fundar a escola de samba que nunca venceu um carnaval. Mas não se esquece de como a Leda, *"morena maravilhosa"* naqueles anos 1980, vivia insistindo para que Fábio desistisse da ideia aparentemente sem sentido de ser padre para ficar com ela.

Nos últimos meses de 1987, no entanto, todos eles e mais alguns punhados de foliões andavam envolvidos até o pescoço com a ideia de vencer o carnaval de Formiga. A história toda começou décadas antes com uns tambores velhos que o Biju ganhara de um amigo, que serviram para animar um boteco, e depois um bloco, e alguns anos depois, quando já eram mais de cem foliões, embalaram a escola de samba que tinha como símbolo uma língua gigante igualzinha à dos Rolling Stones.

Era o segundo ano seguido em que Fábio trabalhava no carnaval. Mas depois que o marido de sua irmã Zita o convidara para sair da Unidos do Quinzinho, a coisa tinha ficado mais séria. Era emprego mesmo, com salário e horário. A Rodera tinha virado escola de samba naquele ano, batizada com uma mistura de "roda" com "zoeira", porque o Biju, o seu Brasil e os outros fundadores queriam fazer um carnaval de primeira — com sorte — como o da carioca Mangueira.

Uma parte do dinheiro para aquela aventura carnavalesca veio de um incentivo da prefeitura de Formiga, mas seu Brasil colocou muito dinheiro do próprio bolso para alugar uma casa velha e instalar ali o dito "barracão". Seu Brasil jura ter sido a primeira pessoa que pagou um salário a Fábio de Melo.

Em setembro, depois que largou os estudos sem terminar o primeiro ano científico, aquele adolescente de futuro incerto foi cuidar da parte administrativa do barracão. Mas, quando se aproximou o carnaval, foi assumindo funções criativas até se tornar o principal assistente de um mestre de alegorias que viera de São Paulo para criar o carnaval da Rodera.

Fábio ajudava na confecção das alegorias, e as moças da Rodera ficavam loucas com Fábio. Frequentemente vinha uma delas, como a famosa Leda, dizer que era *"um desperdício"* aquele menino bonito virar padre. E seu Brasil, ainda que notasse um menino *"sempre pensativo com a gente"*, não perdia a chance de provocá-lo. *"Mexe com isso de seminário não, Fabinho... tanta namorada pra você aí!"*

Mas, se de fato havia tentações naquele ambiente carnavalesco, o que movia Fábio era a possibilidade de botar em prática seus dons artísticos, aqueles que apareceram desde cedo nas brincadeiras de padre, nos desenhos feitos no recreio e nas aulas de matemática, ou nas vezes em que fez ornamentos religiosos para as procissões do bairro do Quinzinho.

"Como o trabalho no carnaval me envolveu muito, eu acabei, em determinado momento, protelando a ida pro seminário", o padre Fábio de Melo admitiria, anos depois.

O vizinho Alessandro, um ano mais novo, também carregava dúvidas sobre a ida para o seminário.

"Não acho que era por causa de menina nem nada, acho que foi porque a gente começou a ganhar nosso dinheiro, foi muita dificuldade pra mim também."

Deixar tudo o que tinham conquistado em Formiga era realmente uma decisão dificílima. Se comprometer com a vida regrada do seminário significaria, supostamente, largar todas as diversões que aqueles adolescentes encontravam em Formiga e, para Fábio, pior do que tudo, era largar o carnaval no meio. Mas até nisso Tia Ló foi decisiva.

SE FÁBIO NÃO FAZ O ESTILO FRANCISCANO, TIA LÓ PENSA QUE É MELHOR MANDÁ-LO PARA UMA CONGREGAÇÃO MODERNA, VOLTADA PARA AS ARTES: O SAGRADO CORAÇÃO DE JESUS.

QUANDO RESOLVEU PLANEJAR A grande virada no destino daquele carnavalesco adolescente, chegou a pensar em mandá-lo para o convento dos franciscanos, afinal seu filho Gilson estudava lá. Mas entendia que a vida simples ao extremo e o recolhimento exigido pela ordem franciscana não se encaixavam no perfil do futuro padre.

"Não... lá não é pro Fabinho, não. Acho que não vai dar certo", Tia Ló pensou alto, antes de optar por uma congregação mais moderna, onde Fábio pudesse ficar à vontade com seus dons de cantor, artista plástico e escritor. Mais do que isso, a escolha do Sagrado Coração de Jesus se mostraria acertadíssima, uma das mais importantes de toda a vida do padre Fábio de Melo.

Tia Ló o estava encaminhando para uma congregação que prezava pelo conhecimento, onde, não por coincidência, havia surgido o primeiro fenômeno da música católica brasileira, o padre Zezinho. Os padres do Sagrado Coração de Jesus seguiam os ensinamentos de seu fundador, o padre Léon Dehon, um francês com formação em Filosofia, Teologia, Direito Canônico e Direito Civil, essa última pela Sorbonne de Paris, um intelectual que, por entender a importância da Comunicação, como Fábio também entenderia, criou um jornal religioso, e fundou duas ordens religiosas acreditando que padres deveriam sair das sacristia, fazer parte da sociedade, influenciar nos meios culturais e sociais e, assim, contribuir para a criação de uma *"civilização de amor"* — mais uma parte da filosofia dehoniana que seria uma das bases das pregações do futuro padre Fábio de Melo.

Assim, por decisão da Tia Ló, com a concordância de Fábio e de seus pais, entrava em cena o padre dehoniano Maurício Messias de Souza Leão, o formiguense que acabava de assumir o cargo de diretor do seminário do Sagrado Coração de Jesus em Lavras, onde ficava a famosa piscina dos sonhos de Fabinho. Mas ele ainda era um adolescente cheio de dúvidas e não imaginava que se esqueceria da piscina para mergulhar nas águas profundas da doutrina Dehoniana.

MUITA GENTE VAI FICAR SURPRESA: FÁBIO ACEITARÁ O CONVITE DO PADRE MAURÍCIO E ABANDONARÁ TUDO. EMBARCARÁ NUM FUSQUINHA, NUMA VIAGEM SEM VOLTA.

ÀS VÉSPERAS DO CARNAVAL daquele 1988, Valéria tinha pelo menos uma certeza sobre seu vizinho, o artista da escola de samba Rodera: Fábio poderia até não continuar fazendo alegorias ou qualquer outro tipo de trabalho artístico, poderia seguir um monte de profissões, pois tinha talento de sobra, mas *"jamais seria padre"*. A impressão da melhor amiga de Fábio era de que ele não seguiria pelo mesmo caminho de tantos outros adolescentes que Tia Ló conseguira mandar para os seminários. Ainda que o amigo participasse do grupo de jovens religiosos, cantasse nas missas, participasse de procissões e vivesse cantando músicas religiosas em casamentos, Valéria nunca percebera nele uma intenção real de entrar para o seminário.

"Ele poderia ser qualquer coisa, menos padre. Nunca houve essa conversa... pelo menos não entre nós."

Talvez Valéria e Fábio passassem tanto tempo rindo da vida que tenham se esquecido de falar das coisas sérias, pois Fábio jamais deixara de pensar que havia uma possibilidade de largar tudo para se tornar padre. Mas, quando ele contou ao Eniopaulo, o Sapão do grupo da bagunça, foi pior ainda.

"Você? No seminário??? Rá-rá-rá...", Sapão não parava de rir e começava mais uma vez a zoação. *"Cê é gay, Fábio!?!? Que que tem... pode falar... não vai mudar nada pra gente!"* E gargalhava mais um pouco para ouvir um sermão bem-humorado do amigo com quem jamais tivera algum tipo de desavença.

"Ênio... eu tô falando sério! Quero pelo menos tentar."

Eniopaulo finalmente entendeu que a decisão era séria e tentou falar sério, coisa rara entre aqueles dois. *"Uai... eu vou te falar um negócio: eu nunca vi essa vontade sua de ser padre... Quê isso, uai?"* O amigo que tocava o terror com Fábio na escola e nas ruas de Formiga achava que alguém que gostava tanto de bagunça e vivia fazendo piada sobre tudo e sobre todos, *"com essa visão crítica, ácida demais"*, esse cara não podia ser padre!

Em casa, a mãe de Eniopaulo, a doutora Eni, foi uma das dezenas de mulheres formiguenses que fizeram uma previsão pessimista para o futuro de Fabinho no seminário. *"Esse menino não quer ser padre, não! Ele vai estudar lá um tempo e depois desiste... Bonito desse jeito... as moças vão em cima e ele não vai aguentar."*

De fato, naquele momento, Fábio andava tão envolvido com moças e farras que parecia atirar para tudo o que é lado... E muita gente não percebeu o movimento de bastidores que preparava sua ida para o seminário. Mas, por uma coincidência de calendários, ele seria obrigado a escolher: se quisesse levar o carnaval até o fim não poderia ir para o seminário naquele ano. E, nesse sentido, Sapão e Valéria demonstravam ter percebido bem o que acontecia no coração do amigo. *"Por causa desse impasse eu já tinha decidido que não iria"*, padre Fábio se lembraria.

Mas o plano de Tia Ló fora muito bem arquitetado.

Padre Maurício era nascido em Formiga e andava pensando em levar Fabinho para o seminário antes mesmo que ele soubesse. Foi num dia de futebol. Como parte de um projeto que pretendia atrair novos candidatos a padre, os seminaristas de Lavras foram jogar com a garotada de Formiga. Se era para ser uma propaganda do seminário, foi triste. Os seminaristas tomaram, como disseram na época, *"uma balaiada"*, uma santa goleada. Fábio nunca foi ligado em futebol e não teve nada a ver com aquele resultado. Mas o padre Maurício percebeu que o filho de dona Ana passara a maior parte do jogo de costas para o gramado, conversando com um grupo de seminaristas que assistia àquele vexame em meio à batucada na arquibancada do pequeno estádio formiguense.

"Eu achei curioso aquele interesse dele... as perguntas que ele fez", o padre vira ali uma curiosidade genuína de Fábio, já querendo saber como era a vida de seminarista. E, de fato, Fábio considerava seriamente a possibilidade de ir para Lavras. Mas, justamente naquele ano, o padre que cuidava

da paróquia São Vicente Férrer em Formiga, justamente aquele que abrira a porta da igreja para a garotada, havia largado a batina. E os quase-seminaristas quase desistiram do seminário. Ou melhor, alguns disseram que *"o padre não falou mais nada"* e realmente desistiram.

Padre Maurício fez o que aprendera com o papa João Paulo II, e foi convidar os meninos pessoalmente, de porta em porta. Antes de se encontrar com Fábio, puxou o vizinho Alessandro pelas orelhas e arrancou-lhe uma promessa. Na casa de Fábio não foi tão fácil. Não por causa de alguma imposição qualquer, mas porque ele nunca estava.

Quando ficou sabendo que o filho de dona Ana tinha um emprego, padre Maurício foi ao barracão da escola de samba Rodera, no centro de Formiga, decidido a levar a alma daquele menino para a Igreja. Tocou a campainha, mandou chamarem Fábio e ficou esperando. Jamais se esqueceu do jeito descontraído do adolescente que trabalhava com alegorias, com um short azul, chinelo e uma camisa que pareceu *"meio amarelada"* ao padre diretor.

— *E então, Fábio... vamos pro seminário?*

O jovem artista da Rodera não contava com aquele ultimato. Não no momento em que decidira esperar mais um ano, pensando até mesmo que já não queria a vida de seminarista por causa do carnaval.

— *Uai... o padre José não falou mais nada... a gente desistiu, padre.*

— *Não senhor... você não vai desistir não* — padre Maurício se lembra de ter dito. — *Você vai pro seminário em fevereiro... a gente vem buscar você!*

Depois de algum silêncio, como se tivesse feito uma viagem imaginária ao futuro, Fábio José da Silva tomou a decisão.

— *Vamos!*

Padre Maurício saiu do barracão com uma certeza que nem duas décadas depois lhe sairia da cabeça, de que, não fosse por sua interferência, a Igreja católica teria perdido o padre Fábio de Melo. Na cabeça do adolescente, no entanto, não havia nada resolvido. Quando chegou em casa, Fábio contou a história para a mãe.

— *O padre responsável pelo seminário foi lá na Rodera e falou pra eu ir pro seminário, eu falei que sim, só que eu tô comprometido até o carnaval... que é que eu faço?*

Sempre buscando o equilíbrio, dona Ana sugeriu que o filho tentasse se liberar do trabalho no carnaval, pois havia assumido um compromisso com o padre Maurício. Mas ainda faltava uma opinião, e essa não tinha meias palavras.

— *De jeito nenhum que você vai deixar de ir por causa de carnaval!* — Era a mistura de ordem com conselho que lhe dava Tia Ló. — *Carnaval passa, e sua vida vai ficar aí, do mesmo jeito que tava antes, cê vai perder um ano... cê já poderia tá lá estudando e vai ficar aqui por causa de quinze dias? Deixa que eu te ajudo a resolver!*

Não precisou. Fábio criou coragem e foi ao barracão anunciar sua despedida.

— *Olha, gente, vocês me desculpem, mas eu não vou poder ficar... deu certo a história do seminário... vou trabalhar só até a véspera de ir embora, uma semana antes do carnaval.*

Se na escola de samba foi tudo muito pacífico, em casa, os sentimentos foram contraditórios. Ao mesmo tempo em que dona Ana via o sonho de ter um filho padre cada vez mais próximo, se preparava para uma vida inteira de saudades. Mas, segundo dona Ana, Fábio ainda não tinha certeza de que seria padre.

"Pouco antes de ir, ele olhou pra mim e falou assim: 'Mamãe, eu tô indo pro seminário, mas não vai ficar com a cabecinha achando que eu vou ser padre, não! Eu vou lá pra descobrir se é padre mesmo que eu quero ser... É lá que eu vou descobrir, porque aqui no mundo não vai dar pra descobrir não. Se for vontade de Deus eu ser um padre, eu vou saber lá.'"

Seu Natinho já não andava muito bem de saúde, sofrendo as consequências do alcoolismo, e demorou a aceitar que Fabinho fosse para o seminário. Talvez já estivesse pressentindo que morreria poucos anos depois, e nunca mais viveria perto do filho.

Faltando dois dias para a mudança, Fábio resolveu enfim contar a novidade para sua melhor amiga.

— *Adivinha quem vai pro seminário?* — ele provocou.

— *Uai... sei não!* — Valéria respondeu meio desinteressada, pois não era nenhuma novidade que algum vizinho fosse estudar para ser padre.

Quando Fábio disse que era ele quem estava indo, Valéria começou a rir. Era óbvio que não poderia ser verdade.

"Nada a ver", ela pensou mas logo percebeu que ele falava sério, e se irritou.

— *Não vai não!* — Valéria teve certeza de que era coisa da sua mãe.

— *Cê não sabe como que a minha mãe é? Pra ela todo mundo tem que ser padre. Quê que cê vai fazer lá?*

Valéria se sentiu traída ao mesmo tempo por Fábio e por Tia Ló. Como era possível que seu melhor amigo, aquele com quem passava horas conversando e gargalhando, não tivesse encontrado uma chance para avisá-la sobre seus planos? Por que a mãe não havia lhe contado nada?

Na dúvida, Valéria foi tirar satisfação.

— *Por que isso, mãe? A senhora tem mania de achar que todo mundo tem que ser padre!*

A resposta veio, mais uma vez, com a típica sabedoria da Tia Ló.

— *Se você realmente ama o Fábio, deixa ele seguir o caminho dele. Você sabe que ele precisa disso... ele precisa sair do ambiente em que ele vive!*

Tia Ló obviamente não mudou em nada seus planos depois dos apelos da filha. Andava muito mais preocupada em preparar a viagem do futuro seminarista. Para fazer uma campanha de doação, tinha se juntado a Alaíde, que se lembra que Fabinho morava da casa dela *"quase à distância de um grito"*. As duas amigas religiosas conseguiram roupas, sapatos, cobertor, guarda-chuva e até pasta de dentes, uma exigência do seminário que a família de Fábio não teria condições de cumprir.

Em casa, Fábio também encontrou resistência. Seu Natinho chorou muito ao saber que o filho iria embora. Custou a aceitar aquilo com que sua mulher sonhava antes mesmo da gravidez.

Na véspera do que seria um dos dias mais tristes de sua vida, Valéria ainda tentou convencer o amigo, apelou até para a chantagem emocional. *"Então... eu não venho me despedir de você amanhã!"* E realmente não foi. No dia seguinte, Valéria iria trabalhar torcendo para que alguma coisa desse errado e Fábio não saísse de Formiga.

Mas, naquela mesma noite, pelo que Alessandro conta, Fábio ficou sabendo que um grupo de amigos esperava por eles para uma despedida na pracinha da rodoviária. No caminho, Fábio teria revelado ao amigo que ainda estava em dúvida sobre seu futuro.

"Não sei se eu vou mesmo pro seminário", é o que Alessandro se lembra de ter ouvido num momento em que ele já estava de malas prontas e não admitia que Fábio o abandonasse.

"Cê vai, sim!"

Mesmo sem ter certeza de que viajaria para Lavras, Fábio acompanhou o amigo até a pracinha para a despedida. *"Amigo é coisa pra se guardar debaixo de sete chaves"*, Alessandro conta que ele e Fábio cantaram acompanhados por amigos, e meninas inconsoláveis. É curioso mas Fábio não se lembra dessa despedida que Alessandro relata com tanta convicção e detalhes.

Cansaço? Memória seletiva? A lembrança que o padre Fábio de Melo guardou para sempre foi a que envolveu um grupo de amigos, sua irmã Heloísa e uma calça de sarja cinza.

Uma das exigências do seminário era que o seminarista levasse uma calça para vestir até que fossem feitos os uniformes no tamanho certo de cada um. E a única calça de Fábio havia sido presente de Heloísa, que por causa de uma briga resolvera tomar-lhe o presente. Disseram que Fábio ficou nervoso, passando as mãos pelos cabelos, tão irritado que até ameaçou desistir do seminário por falta de roupa. No fim das contas, Heloísa devolveu a calça, mas não resolveu o problema.

Conforme prometido, um padre foi buscá-lo na porta de casa. Foi num Fusquinha, levando Alessandro e Evaldo. E Fábio voltou a dizer que não estava seguro.

"Acho que eu não vou, não, esse negócio não vai dar certo."

Alessandro dramatiza. Ao relembrar aquele dia histórico, diz que quase teve que arrastar o amigo para que ele finalmente saísse de casa. *"Cê vai, sim, porque nós combinamos de ir, e sozinho eu não vou... Agora que tá tudo preparado, que o enxoval tá pronto... olha a vergonha que vai ser!"*

Não dá para afirmar que foi por causa das palavras de Alessandro, mas elas se somaram às do padre Maurício e aos conselhos de dona Ana e à convicção de Tia Ló para fazer com que Fábio José da Silva finalmente embarcasse no Fusquinha dos padres numa mudança que jamais teria volta, a caminho do seminário dos padres do Sagrado Coração de Jesus.

Quando deixou Formiga para trás, Fábio José da Silva, ainda longe de se chamar Fábio de Melo, deixou também o estresse de dividir a pobreza e a tristeza com os irmãos. Deixou em sua cidade natal o peso de uma vida familiar que lhe trazia muito mais sofrimento do que alegria, e que no futuro seria como um fantasma a lhe puxar as pernas nos pesadelos.

Mesmo com toda a saudade que sentiria da mãe e de muitas pessoas queridas, a estrada para Lavras era o caminho da salvação. Era, talvez, a única garantia de que aquele Zé da Silva não acabaria, como tantos outros, atolado na falta de perspectiva de sua família degradada pelo álcool, naquilo que a visão cada vez mais clara de Fábio entenderia como o pântano moral em que havia se transformado sua casa na rua Marciano Montserrat.

Fabinho foi embora triste e feliz ao mesmo tempo, levando no rosto de menino uma interrogação que ainda demoraria muito tempo para desaparecer.

PARTE 5

AMORES DIVINOS E HUMANOS

À ESQUERDA Na última aula do seminário em Lavras, em 1990, Fábio fez esse desenho para a amiga Évila. Logo eles trocariam cartas apaixonadas. (Foto: Arquivo Évila Bruzzeguez)

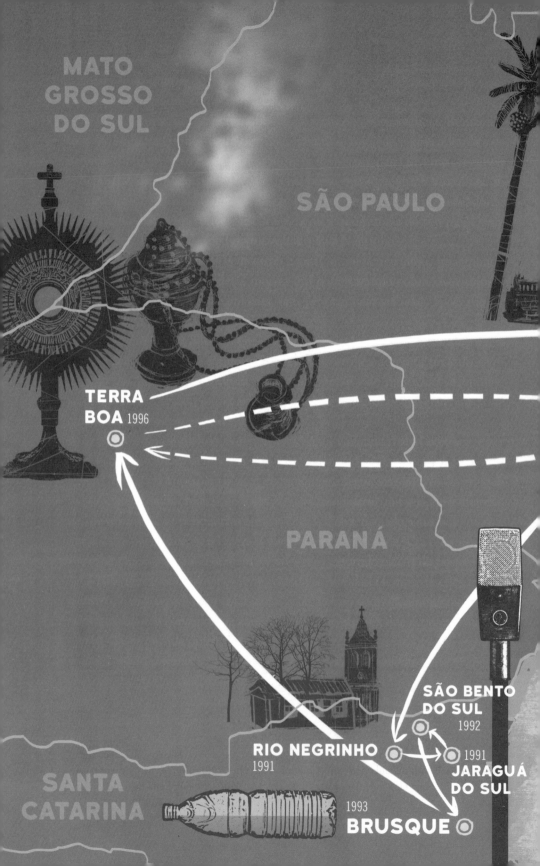

MATO
GROSSO
DO SUL

SÃO PAULO

TERRA
BOA 1996

PARANÁ

SÃO BENTO
DO SUL
1992

RIO NEGRINHO
1991

1991
JARAGUÁ
DO SUL

SANTA
CATARINA

1993

BRUSQUE

FORMIGA

Ordenado padre em 15 dezembro 2001

MINAS GERAIS

LAVRAS
1988

TAUBATÉ
1998

SÃO PAULO

O CAMINHO DO RELIGIOSO

FÁBIO DE MELO

PELOS SEMINÁRIOS

Fábio subirá às nuvens. Assim que se acostumar a conviver com a saudade, será um líder entre os seminaristas. Sorte que padre Maurício entende muito bem as coisas do coração.

Quase trinta anos depois, quando não restasse mais nenhuma dúvida de que a ida para o seminário havia sido a decisão mais acertada de sua vida, o padre Fábio de Melo relembraria seus primeiros dias longe de casa com um engasgo na garganta e uma lágrima indecisa, entre ficar ou lhe escorrer pelo rosto.

"Sofri muito... a adaptação foi muito difícil... e a saudade mais doída que eu sentia era da minha mãe."

Era tanta saudade que até palavras que outros entenderiam como puramente religiosas, pois eram dedicadas à mãe de Jesus, pareciam ter sido escritas para dona Ana.

"Mãe, a certeza de que velas por nós nos deixa felizes."

O cartaz que o seminarista via embaixo de uma imagem de Nossa Senhora o lembrava que sua mãe estava velando por ele, e muito mais do que se poderia imaginar.

Sem que o filho soubesse, a cada novo mês daquele ano de 1988, dona Ana iria à escola Aureliano Rodrigues Nunes pedir àquelas que tinham sido suas professoras, e se possível àquelas que também não tinham, que dessem pequenas contribuições para entregá-las à congregação dos Padres do Sagrado Coração de Jesus. O que os padres pediam aos pais dos seminaristas era pouco, mas seu Natinho não tinha nem esse pouco. A mãe velava pelo menino distante e, ao mesmo tempo em que andava falando muito de sua alegria, sentia o peito arder como se a saudade lhe estivesse cortando lentamente o coração.

A ausência do filho preferido era dor mais que terrível, amenizada nas conversas com o marido, que também chorava com ela, pois aqueles pais felizes e tristes só veriam o menino que tanto protegiam quando os estudos lhe dessem o primeiro descanso. Longe dos abraços da mãe e das palavras certeiras de Tia Ló, Fábio era agora um adolescente sem os privilégios afetivos de antes, mas sem grandes problemas.

O veterano Renan logo reparou quando chegou *"aquele magrelinho"* que gostava de cantar. Fábio começou a descobrir que sua vida nova era muito menos reclusa do que havia imaginado no dia em que abandonou o carnaval no meio, quando deixou para trás o grupo musical que animava os casamentos, as serestas e toda a vida agitada que Formiga lhe oferecia enquanto seu corpo ainda era de menino, e seus desejos, coisas de homens.

Fábio precisava aprender a viver num mundo onde, ao contrário do barracão da escola de samba, havia muitas regras e superiores para fazê-las cumprir. Mas se não tivesse sorte, não seria Fábio de Melo.

O diretor linha-dura que fazia o seminário parecer um quartel militar, aquele que determinava que os padres comessem coxas e peitos enquanto os seminaristas ficavam com as asas e pescoços dos frangos servidos no almoço, aquele padre que fazia a vida dos candidatos a padre um inferno, veja como são as coisas, acabava de ser substituído por um diretor que entendia perfeitamente as necessidades dos adolescentes e adorava música.

O estilo do padre Maurício poderia ser resumido numa frase que ele costumava dizer em latim. *Castigat ridendo mores*, em palavras brasileiras, significava que o humor é a melhor maneira de ensinar e corrigir o que está errado. E o humor satírico era também uma das características mais marcantes daquele novo seminarista que seria, pelo que padre Maurício guardaria em sua lembrança, merecedor do único castigo sério que aquele diretor tranquilo daria em toda a sua vida. Foi durante um ensaio musical. *"O Fábio tava brincando demais com outro seminarista... eles tavam atrapalhando... e eu mandei eles pra fora da capela!"*

A passagem de Fábio José da Silva por aquele seminário seria marcada por uma fase de grande criatividade musical e uma liderança sobre os colegas que, ainda que por mera coincidência, era parecida com aquela pregada por padre Maurício: baseada numa veia humorística que tinha como momento mais hilário as incorporações de pessoas conhecidas, que o fariam famoso até entre os professores. O seminarista antecipava, de certa forma, o que se veria quase trinta anos depois nos vídeos da rede social Snapchat, onde Fábio de Melo, sozinho diante da câmera do celular, criaria personagens, como seu assessor de imprensa desinformado, o narigudo caipira Cléverson Carlos, o preguiçoso Dioclécio ou o engraçado Pequeno Príncipe, com olhos distorcidos e voz de imbecil.

Mas, no momento em que chegou a Lavras, o que realmente preocupava Fábio era sua calça, pois era única. De nada adiantou ensaboá-la a uma boa distância da confusão da lavanderia, evitando que se misturasse com calças, camisas e cuecas dos outros seminaristas. Bastou Fábio dar uma saidinha para tomar café da manhã para aparecer um ladrão de galinhas, ou uma ventania repentina, pois ninguém nunca ficou sabendo como aquela calça cinza desapareceu do varal.

"Por que que cê não põe uma calça pra ir pro colégio?", um seminarista lhe perguntou, anunciando a chatice que se repetiria nos próximos dias, assim como se repetiria a resposta inventada. *"Ah, não... tá fazendo muito calor."* Até que a vergonha deu lugar à coragem e Fábio resolveu confessar sua aflição.

Padre Maurício era um diretor de coração sempre aberto. Mobilizou a garotada e conseguiu que Lupércio, veterano de seminário e de calças, emprestasse uma das suas ao recém-chegado. Foi logo naqueles primeiros dias que o diretor descobriu que Fábio tinha alma de artista.

"O Fábio sempre teve uma tendência artística muito forte... quando chegou, a gente já viu isso... ele fazia poesias, desenhava... e falava muito bem!"

Se era moderno na condução do seminário, do ponto de vista intelectual, Maurício Leão era padre como os de antigamente. Aos quarenta anos de idade, falava inglês, francês, italiano e latim, dava aula de física, química e mais um monte de coisas. Para completar, era formado em música clássica.

Chegara à direção do seminário de Lavras dois anos antes e começara a investir na formação de pequenas bandas musicais para, como dizia, *"conquistar e amaciar"* seus alunos. Acreditava que a música era essencial em qualquer formação e, além disso, sempre usara o violão como forma de se aproximar das pessoas. Queria que todos os seminaristas tivessem um mínimo de envolvimento com a música.

"Todos têm que cantar, mesmo quem for desafinado!", ele costumava dizer.

O único momento em que padre Maurício se tornava extremamente exigente era durante as aulas de canto. Mas, isso, Fábio e seu vizinho Alessandro achavam ótimo. Eram provavelmente os melhores cantores do seminário. *"Eles deram um toque diferente... eram vozes bonitas"*, padre Maurício se lembraria muitos anos mais tarde, quando, depois de andar por outras partes do Brasil, voltasse a Lavras para se retirar.

Naquele 1988, o padre literalmente comprou o barulho dos seminaristas. Com doações dos fiéis, conseguiu pagar por uma guitarra, depois violões, cavaquinho, baixo, teclados e, por fim, uma bateria completa. Assim, Fábio e Alessandro se juntaram a William, Zé Valter e Renan Nascimento para formar a banda que, por mais primitiva que fosse, seria sucesso em Lavras, Formiga, Bambuí, Varginha e qualquer lugar onde extraterrestres e seminaristas-cantores fossem bem-vindos.

O grupo, por motivos que o próprio nome se encarrega de revelar, era o Chama Que Eu Vou. Pela lembrança de Renan, eles animaram muitos casamentos e missas de quinze anos, mas, como levavam o nome da banda muito a sério, cantaram até num velório.

Padre Maurício não perdia a piada. Dizia pelos quatro cantos que os meninos eram a versão seminarista de um grupo musical infantil da tevê. Eram a Turma do Balão Mágico de Lavras.

"São muito bonitinhos, mas são avoados, ainda não têm nada por dentro", o diretor brincava, e não é certo que se enganava. O Chama Que Eu Vou animou a festinha de fim de ano das crianças do colégio, cantou muitas músicas do Balão Mágico e também da apresentadora Xuxa, que mais tarde se tornaria amiga do padre Fábio de Melo.

De certa forma concordando com o diretor do seminário, Fábio percebia que só se alimentando de muitos livros poderia ganhar a musculatura necessária para deixar de ser apenas um *"bonitinho que canta bem"* e se tornar um padre-artista reconhecido em todo o Brasil — coisa que mais tarde seu mentor musical, o padre Joãozinho, lhe diria com todas as letras.

Cheios de entusiasmo, ganhando uns trocados que lhes permitiam toda sexta-feira comer hambúrgueres e sorvetes no supermercado que ficava atrás da igreja, os seminaristas tocaram tanto, mas tanto, que quando perceberam estavam excursionando como se fossem profissionais, passando cada fim de semana numa cidade diferente para divulgar as maravilhas do seminário do Sagrado Coração de Jesus. Padre Maurício conta que a banda de Fábio, Alessandro, Renan e companhia dava uma bela ajuda para atrair futuros padres. *"Era o marketing do seminário!"*

Enquanto estuda para ser padre, Fábio vê as meninas pegarem no seu pé, e decide viver paixões, mesmo que proibidas. "Será só imaginação? Será que nada vai acontecer?"

Os seminaristas acumularam experiência no palco, mas, ainda que raramente saíssem da monotonia de cantar todos juntos e no mesmo tom, muitas vezes eram tão afinados quanto a inglesa Adele em noite de premiação. É o que dizem...

Padre Maurício notou que os meninos estavam mudando de voz e resolveu lhes ensinar algumas técnicas para que cantassem melhor, sem desafinar mais do que o necessário, diminuindo, entre outras coisas, aquele agudo estridente que Alessandro emitia, numa versão capenga das segundas vozes das duplas sertanejas.

"Muda seu jeito de cantar que você vai sofrer menos nesse período de mudança de voz", era o conselho do padre Maurício, que se lembra de ter ouvido Fábio e Alessandro fazendo as vezes de Chitãozinho e Xororó num festival que o diretor batizara com o nome sugestivo de... Chinfrim. Nesses festivais, e em muitos outros eventos no seminário ou no colégio Nossa Senhora de Lourdes, Fábio era o mestre de cerimônias, anunciando as atrações, e, além disso, cantando com os amigos.

Fábio José da Silva estava crescendo, trocando a voz de adolescente pela voz grave que um dia ecoaria por ginásios lotados e teatros suntuosos. Mas ainda não era a voz principal do grupo. Quando cantava, era só mais um naquele amontoado vocal sem muita distinção e, certamente, sem qualquer tipo de orquestração.

"Cantava todo mundo numa voz só", relembraria Alessandro. *"O pessoal gostava muito daquilo, muitos homens cantando... era realmente muito bonito."*

Quando era preciso que alguém cantasse sozinho, por necessidade ou falta de ensaio, ninguém tinha dúvida de que o microfone ficaria com Alessandro.

Foi numa vez que Fábio, Alessandro e Renan fizeram um show sem o resto da banda que surgiu a primeira oportunidade concreta para o futuro cantor Fábio de Melo. Alessandro passou para o baixo, Renan não largava do violão nem para comer e Fábio, que nunca se interessara em dominar algum instrumento, se firmou como voz principal. Os casamentos de Lavras ficaram mais animados, e adocicados, e poéticos com aquela voz grave que não tinha a obrigação de falar só das coisas de Deus.

Quando começou a experimentar o ofício de cantor, o gosto musical de Fábio não era mais apenas religioso, mineiro, romântico e sertanejo como nos tempos em que ele ouvia discos de vinil na sala de casa. Andava fascinado pelo rock que chegava de Brasília e incendiava as rádios do país.

Será só imaginação?

Será que nada vai acontecer?

Fábio cantava, sem imaginar que muito em breve faria as mesmas perguntas de Renato Russo com relação a seu futuro no seminário. *"Será que é tudo isso em vão?"*

Eram os tempos da Legião Urbana, com suas melodiosas "Será", "Pais e filhos", "Eduardo e Mônica", ou ainda "Que país é esse?", um rock mais pesado lançado um ano antes, denunciando a eterna corrupção dos políticos e a desigualdade do Brasil.

A banda dos seminaristas de Lavras tinha preferência pelas músicas da Legião, mas, nas apresentações que sacudiam as festinhas e os festivais Chinfrim, cantavam também Milton Nascimento, Beto Guedes, 14 Bis, algumas músicas num inglês que não entendiam e o rock dos brasileiros Capital Inicial, Paralamas do Sucesso, Titãs e RPM. Assim como nos shows de Paulo Ricardo, com suas "Louras geladas" e seu famoso "Olhar 43", as meninas de Lavras ficavam na frente do palco gritando os nomes dos seminaristas, loucas para que, nem que fosse por uma única noite, os astros do Chama Que Eu Vou se esquecessem do sonho de virar padres. E esse esquecimento, conforme a lembrança de Alessandro, frequentemente acontecia.

"Encosta aqui, encosta ali... A gente já era homem... então surgiu essa necessidade de convívio. Se tinha as escapulidas? Ah, tinha! Lógico que depois

das festas acabava rolando umas coisinhas", Alessando jamais se esqueceria daquelas doces injeções de adrenalina que, de certa forma, contribuiriam para que ele deixasse o seminário, cinco anos depois.

Quando acontecia algum show no ginásio de Lavras, os seminaristas não tinham dinheiro para ir, mas recebiam permissão do padre Maurício para ficarem encostados no muro ouvindo as apresentações. Numa única vez, o padre deu dinheiro para que eles fossem ao show dos Titãs, desde que não bebessem cerveja.

Se as vozes dos seminaristas estavam engrossando, seus corpos também. E o desejo sexual aflorava neles como em qualquer um que chegue a seus dezessete ou dezoito anos. Quando não tinha festa ou festival, depois das aulas, os meninos pegavam um violão escondido dos padres e iam se encontrar com a turma do colégio numa pracinha de Lavras. Formava-se a roda e logo uma menina se encostava num deles, outra encostava-se em outro, e assim... assim.

Foi naquele tempo que surgiu no Brasil uma nova conotação para o verbo "ficar". Não precisava namorar. Passava a ser socialmente aceito que meninos e meninas se abraçassem e beijassem no meio de uma festa, "ficassem" por uma única noite, e nunca mais tivessem qualquer relacionamento. O mais discretamente possível, seminaristas do Sagrado Coração de Jesus "ficavam" com as adolescentes que estudavam nas mesmas salas que eles no Colégio Nossa Senhora de Lourdes. Guardariam em suas memórias que *"chovia meninas"*, e que uma quantidade enorme *"pegava no pé do Fábio"*.

"Eram aquelas coisas", Fábio de Melo contaria, *"dava um beijinho, ficava apaixonado por uns quinze dias... aí passava... e me encantava por outra."*

Ainda nos primeiros meses daquele 1988, Fábio teve uma enorme surpresa, na verdade, *"um susto... porque eu não tinha muita intimidade com ele"*. Seu Natinho, sempre silencioso e discreto em suas manifestações afetivas, bateu à porta do seminário com um violão nas costas. Não estava indo tocar. O violão era um presente para Fabinho, conforme dizia o bilhete que deveria ter sido entregue por algum portador, e que o pai, ao decidir ele mesmo sair de Formiga para levar o presente, se esqueceu de tirar da capa do violão.

"Fábio José da Silva,
Deus ti abençoe.

Nos esperamos para o carnaval
Podem ficar tranquilo aí que aqui está tudo bem.
Vai o violão para voçe se adevertir
(Natinho)"

O bilhete fora escrito com o português que o pouco estudo de seu Natinho lhe permitia, numa rara demonstração de afeto, marcando aquele dia que ficaria na memória do padre Fábio de Melo como *"a única vez na minha vida em que fiquei com meu pai, assim, a sós".*

De fato, pai e filho viveram um momento único, como jamais voltariam a viver. Almoçaram juntos, caminharam pelo seminário e conversaram sobre coisas simples. Seu Natinho, bom pedreiro que era, deu sugestões sobre o que poderia ser feito para consertar a piscina, que estava rachada e sem água. Justamente a piscina que havia tirado Fabinho de casa, satisfazendo o desejo da mãe ao mesmo tempo em que entristecia aquele pai sempre calado.

De fato, a esta altura, no meio de tantas paixões, lições teológicas e violões, o leitor poderia estar se perguntando o que acontecera com a famosa piscina. Não teve nenhuma história divertida nas águas do seminário? Não tinha sido por causa da piscina que Fábio decidira ir para lá?

Esqueça.

Depois de dois meses, a piscina rachou e ficou vazia por mais de um ano. Mas, naquele momento, mesmo que estivessem brilhando, as águas claras importariam muito pouco. A vida no seminário era um mar de alegrias, mais ainda porque aquela filial do Sagrado Coração de Jesus funcionava como um externato e permitia que os seminaristas passassem boa parte do tempo livres pelas ruas tentadoras de Lavras.

Os rapazes faziam suas atividades principais na parte exclusiva para os candidatos a padre mas tinham a liberdade de estudar no Nossa Senhora de Lourdes, um colégio particular, com bom nível de ensino, comandado por freiras e povoado pelas belas moças das vizinhanças.

Nas aulas de matemática, Fábio desaparecia no fundo da sala. Ficava meio viajando, escrevendo alguma poesia, ou desenhando. Pensava na vida, em questões existenciais, coisas que guardava para falar em voz alta quando começasse a aula de literatura.

Fábio era um líder que servia de inspiração a muitos amigos dentro da sala, mas principalmente nas outras atividades do colégio. Nas eleições para as agremiações de alunos, a chapa que ele formara com os amigos saiu vencedora e Fábio se tornou diretor artístico do centro cívico da escola. Pelos três anos seguintes, seria ao mesmo tempo artista e, digamos, líder do movimento.

Alessandro sempre se lembraria do amigo como alguém que não era de falar muito mas que gostava de fazer amizades, alguém que gostava também de se vestir bem e tinha algumas idiossincrasias de artista.

"Ele andava sempre assim, na linha, com o cabelo muito arrumado... mas, de repente, queria ficar desarrumado de tudo. Ou era muito arrumado ou muito desarrumado... e mesmo tendo esse lado de artista, Fábio era muito fácil de fazer amizade."

Quando abandonasse o seminário às vésperas de se tornar padre, Renan, o melhor violonista do grupo, se esconderia dos amigos daquela época, mas jamais deixaria de reconhecer que *"Fábio foi a pessoa que me ajudou a vencer a timidez... a me expor um pouco mais"*.

Aquele cara comunicativo que influenciava os amigos acabava lançando moda no colégio. Usava tênis sem meia e sem cadarço, com a calça jeans dobrada na altura da canela. Dobrava também as mangas da camisa e era, para Renan, *"um ícone da moda"*. Andava perfumado e sempre com algum estilo particular no cabelo.

Assim, o seminarista que tinha ares de astro de rock organizou festas, "noites artísticas" e gincanas. Deu um gás danado na vida cultural do colégio das freiras. No comando da diretoria artística, formou também um grupo de teatro com o professor James, que, além de educador e conselheiro informal dos alunos, foi escolhido para ser o diretor do grupo teatral. E logo na primeira peça, a música foi o personagem principal.

O roteiro foi proposto pelo próprio James. Baseava-se inteiramente em letras da música popular brasileira. Os atores faziam declamações de alguns trechos e, ao juntá-los, iam formando as cenas, procurando encontrar relações entre as frases de compositores diferentes. Em algum momento, cantavam.

Mais tarde, o professor James veria no padre Fábio de Melo uma consequência natural de sua história de vida. *"Ele não é um produto realizado depois... nem midiático... o Fábio é natural."*

No grupo criado por James, eram todos muito carinhosos uns com os outros. Os seminaristas abraçavam e se deitavam no colo das meninas. Elas faziam carinho nos cabelos deles. E assim criou-se um clima de muita intimidade que, segundo James, *"sempre foi natural no grupo todo"*. E Fábio, mais uma vez, não parava quieto. Enquanto James mostrava aos alunos como deveriam atuar em determinada cena, Fábio ria, fazia piadas e atrapalhava o professor. *"Ele extrapolava, eu tinha que colocá-lo sentado, dar umas chamadas bravas nele"*, James se lembraria, lembrando também do dia em que a indisciplina foi tanta que precisou expulsar Fábio do palco. E junto dele, Évila, uma menina bonita e simpática que, em breve, se tornará importantíssima na vida afetiva do seminarista.

Fábio, Évila e os colegas encenaram O Estatuto do Homem, de Tiago de Melo. Encenaram também a obra que Fábio se lembraria como a mais importante de todas, Cristificação do universo, escrita pelo francês Teilhard de Chardin, um padre jesuíta que era também estudioso da evolução humana, que fazia pesquisas científicas pelo mundo, e seria uma das primeiras influências na formação ao mesmo tempo religiosa, filosófica e humanista do padre Fábio de Melo.

O seminário era um sonho muito melhor do que Fábio havia imaginado, e ficava a mais de cem quilômetros de Formiga, mas os problemas continuavam chegando pelo correio.

As cartas enviadas por sua mãe, irmãs e amigos, ainda que fossem importantes para amenizar as saudades, o deixavam profundamente triste. Eram a confirmação de que tudo continuava muito mal em sua terra natal.

Enquanto sofria com as cartas-bomba que pareciam cheias de formigas a lhe morder os dedos, o seminarista se lembrava do que ouvira de Tia Ló quando ainda estava indeciso sobre seus passos seguintes: *"Mesmo que cê não seja padre, cê sai da sua casa... deixa de respirar esses conflitos que você, menino, não consegue resolver por eles"*.

Como seria bom se pudesse ir à casa da Tia Ló tomar uma sopa e desabafar! Mas ela não estava por perto, e Fábio decidiu contar suas angústias ao padre Maurício. O diretor, mais uma vez, deu-lhe bom conselho.*"Escreva menos!"*, padre Maurício lhe disse, querendo que Fábio se esquecesse dos problemas de casa para pensar apenas no seminário.

Em Formiga, comungando da mesma psicologia do padre-diretor, Tia Ló praticamente ordenou a todos no bairro do Quinzinho que parassem de contar a Fábio os problemas que Fábio não poderia resolver. Como no dia em que Valéria acabava de escrever uma carta para dizer ao amigo que a casa de dona Ana e seu Natinho havia sido invadida pelas águas do rio Formiga durante uma enchente, que tinha sido um caos, e que etcétera e etcétera. Tia Ló só permitiu que Valéria escrevesse sobre coisas amenas: aquilo que havia feito de bom nas últimos semanas, as novidades do trabalho... Nada sobre enchentes, tsunamis ou terremotos.

Pouco a pouco, com essa intervenção providencial de Tia Ló e padre Maurício, o seminarista foi ficando mais independente, confiante e à vontade para ousar. Tinha em Lavras, como diria mais tarde, a oportunidade de se ver como outra pessoa. Não era mais apenas o menino marcado pelo alcoolismo do pai, a truculência do irmão mais velho e as decepções que faziam parte da rotina daquela família. Não era mais, tampouco, o irmão das meninas problemáticas. Nem mais nada. Em Lavras, Fábio era só aquilo que queria ser, aquilo que podia tirar de melhor de sua criatividade e da imensa excitação com que via as coisas interessantes do mundo.

Naqueles primeiros meses de seminário, descobrira que a vida fluía melhor quando não era obrigado a conviver com a melancolia que fazia sua família parecer uma corrente de ferro que puxava seus pés, e sua consciência, e seu coração, e seu futuro, e sempre, para trás. Dizia ao amigo Renan que não gostava nem de passar o Natal em casa, pois havia o risco de terminarem todos na delegacia. Falava em tom de piada, mas sabia que não era.

Até que chegaram as férias e Fábio não teve opção a não ser voltar ao convívio diário com as coisas más e boas de Formiga.

As férias vão lhe trazer Formiga de volta. O irmão Geraldo será preso. Seu Natinho venderá até a sanfona para pagar advogados. E dona Ana terá "cacos de vidro" nos olhos.

Quando voltou a Formiga, no fim de 1988, depois de quase um ano no seminário, Fábio foi correndo matar as saudades da mãe. Falou com os irmãos que estavam por perto, e, depois de comer alguma coisa, subiu pela rua Marciano Montserrat. Dobrou a primeira à esquerda e tocou a campainha da segunda casa. Procurava por Valéria e Tida, mas elas não estavam. E ele deu um jeito de encontrá-las, mesmo que para isso fosse obrigado a se aventurar por um salão de beleza.

Depois daquele dia, foram encontros quase diários entre os três amigos. A contação de casos, os risos intermináveis e as imitações impiedosas voltaram com a força de antes, como se Fabinho ainda fosse o amigo que, para elas, nem falava em ser padre. Quando as amigas davam trégua, Fábio ia conversar sobre coisas sérias com Tia Ló. A mãe da Valéria, mãe adotiva de Tida, se preocupava muito com o desempenho de seu quase-filho no seminário. Mas que não demorasse! Se Fábio sumisse por muito tempo, logo apareceria dona Ana, enciumada, exigindo o filho de volta.

Naqueles dois meses e meio de férias, Fábio passou grande parte de suas horas livres na padaria da Tia Toninha, comendo pão doce com creme e fazendo piada com os nomes e apelidos dos clientes que compravam fiado. *"Fábio não ajudava nada, não... ele ficava rindo dos apelidos que eu anotava na caderneta"*, Tia Toninha relembraria quando já não tivesse mais contato com aquele a quem um dia tratara como se fosse um filho, mais de uma década depois de encontrá-lo pela última vez.

O grupo musical que se formara no Encontro de Adolescentes com Cristo voltou às paradas, deixando os casamentos de Formiga muito mais interessantes e românticos. E a rotina da adolescência se restabeleceu tão intensamente que Fábio poderia até se esquecer de que estava num seminário aprendendo a ser padre. Na véspera do Natal, pouco depois do almoço, chegou a notícia de que Geraldo estava na cadeia. Vicente acabava de chegar para visitar a família e tomou um susto ao ver seu Natinho chorando.

Enquanto seu Natinho sofria em silêncio, dona Ana preparava a marmita para dar de comer ao filho preso e dizia, otimista como sempre, que se Deus quisesse Geraldo sairia logo da cadeia.

Assim que soube de mais aquela tragédia entre as tantas que não davam trégua à sua família, Fábio correu para a casa da Tia Ló. Contou que o irmão tinha sido levado pela polícia porque estava no quintal de uma casa fumando maconha com um amigo que, Geraldo contaria, era um ladrãozinho de meia-tigela.

Geraldo não morava mais em Formiga, chegara para o Natal e mais tarde contaria à Justiça que os 48 gramas de maconha que trazia eram para consumir ao longo do tempo em que ficaria com os pais e os irmãos, e não para vender. Sem um bom advogado, acabou se complicando no depoimento e foi preso como traficante. Teve os cabelos raspados e vestiram nele um uniforme vermelho que traumatizou todo mundo. Conta-se que, depois disso, seu Natinho vendeu o pandeiro e a sanfona para pagar um advogado melhor.

Geraldo foi condenado a quatro anos de prisão, cumpriu pouco mais de um ano no regime fechado e, quando finalmente deveria sair, por causa da lentidão do sistema judiciário amargou mais quarenta dias de espera até que alguém resolvesse assinar seu alvará de soltura. Assim, até que aquelas férias terminassem, em fevereiro, por muitas vezes Valéria e Fábio esperariam na janela pelo momento em que dona Ana passaria, a caminho da prisão, levando a marmita com o arroz, o feijão e algumas misturas com farinha que seriam como um banquete para o filho encarcerado.

No meio daquela tristeza profunda, dona Ana desenvolveu um glaucoma, uma doença que lhe dava a sensação de estar com cacos de vidro no olho e que a fazia lacrimejar sem parar. Há quem diga que as lágrimas provocadas pelo glaucoma somadas àquelas que dona Ana chorava pelo filho preso seriam capazes de inundar a pequena Formiga. Nada, no entanto, impedia que ela cumprisse o que havia prometido a Geraldo. E todos os dias dona Ana ia à cadeia levar a marmita para o filho. Às vezes, ao ver que a mãe se aproximava, Fábio saía correndo para acompanhá-la.

Em seu livro, TEMPO: SAUDADES E ESQUECIMENTOS, publicado em 2006 e republicado mais tarde com o título É SAGRADO VIVER!, o padre Fábio de Melo relembraria aquele momento difícil como um exemplo de que o sagrado pode estar nas ações simples dos seres humanos, imaginando como sua mãe, seu irmão e o carcereiro que inspecionava a comida com desleixo viam aquela entrega da refeição com sentimentos diferentes, e igualmente humanos. Para o seminarista, lamentavelmente, era mais um episódio sofrido que entraria numa imensa galeria de lembranças tristes em que seu pai, seus irmãos e irmãs eram protagonistas. Apesar de tudo, aquela temporada em Formiga também lhe traria grandes alegrias.

DE FÉRIAS, FÁBIO VOLTARÁ AO BARRACÃO, TRABALHARÁ NOITE E DIA AO LADO DE PIPOCA, SOB O COMANDO DO ENGRAÇADÍSSIMO MIGUELITO, MAS A RODERA VAI PERDER O CARNAVAL.

POR UMA COINCIDÊNCIA DE calendários, aquelas férias em que começava o ano de 1989 só terminariam depois do carnaval. E Fábio finalmente poderia realizar o sonho de confeccionar as alegorias da escola de samba Rodera sem precisar largar o trabalho às vésperas do desfile, como fizera no ano anterior.

De volta ao barracão montado no galpão alugado pelo seu Brasil da loja de baterias, Fábio estava agora sob o comando do mestre Miguelito, ao lado de uma quarentona que todo mundo conhecia como Pipoca. Eles trabalhavam tanto tempo sem parar que a fome chegava de repente, arrebentando. Pipoca dizia algo como *"tô com fome, Brasil!"*, para ouvir o seu Brasil responder *"bebe água que passa!"*, devolver de um jeito escrachado, no melhor estilo carnavalesco: *"vai tomar no c... Brasil!"*, e ouvir todos gargalharem numa crise de choro coletivo.

Mas era só brincadeira, pois logo chegaria alguém trazendo o *marmitex* com o almoço dos artistas das alegorias e dos outros funcionários da Rodera. Curioso pensar que mesmo depois de famoso, em suas andanças pelo mundo, o padre Fábio de Melo continuará precisando de marmita para não depender de aeromoças, nem de ninguém, só assim garantindo o equilíbrio de sua alimentação e a estabilidade de seu humor. Mas naquele carnaval, o responsável por grande parte de seu bom humor era um mestre de alegorias que viera de uma terra onde, ele jura, havia uma tradição carnavalesca quase tão forte quanto a do Brasil.

Miguel Espino Villareal sempre contou que era bisneto de um ex--presidente do Panamá e que havia aprendido tudo sobre alegorias em sua cidade natal. Las Tablas, ele dizia mas não convencia, era *"a terra do carnaval"*, onde se faziam belíssimos carros alegóricos, onde Miguelito teve a chance de aprender o ofício com um grande artista plástico que era também pintor e estudioso de temas folclóricos do Panamá. Agora, o mestre de alegorias panamenho era chefe de Fábio, responsável por montar os adereços e as alegorias da Rodera.

Fábio, pelo que a boa memória de Miguelito nos conta, era um adolescente educado e discreto, que não falava as bobagens que os outros falavam no barracão. Era também *"prestativo demais"*, a tal ponto que parecia ler os pensamentos do chefe. Miguelito se lembra das muitas vezes em que esteve em apuros, montado no alto de um carro alegórico sem poder se mexer, e Fábio lhe apareceu de surpresa oferecendo uma *"ajuda automática"* que podia ser uma tesoura ou outra ferramenta, que era justamente o que lhe faltava para resolver um problema enorme.

Fábio era ao mesmo tempo quieto e espirituoso, *"sempre com umas histórias bacanas"* e uma presença agradável que emprestava ao ambiente *"uma harmonia fora de série quando ele estava no barracão"*. Miguelito conta que Fábio só abria a boca para contar alguma coisa inteligente. *"Ele é muito engraçado"*, diziam os colegas, antecipando o que o país descobriria mais tarde pela internet.

Assim, enquanto confeccionavam fantasias e carros alegóricos, às vezes ficando até de madrugada naquele barracão no centro de Formiga, o futuro eletricista e o futuro padre dividiam suas alegrias e agonias. Quando estavam a sós, Fábio contava a Miguelito sobre as tristezas que enfrentava em casa, o sofrimento que era ver seu pai enfrentando o alcoolismo e passando por situações vergonhosas, enquanto Miguelito lembrava que seu pai também fora alcoólatra e que aquilo também havia marcado sua história. Nas vezes em que o pessoal da Rodera bebia demais e passava da conta, Fábio olhava meio de lado, deixando claro que não apoiava, mas logo fazia uma brincadeira, tentando chamar a atenção dos beberrões para outra coisa, querendo que parassem de beber, sem que para isso fosse preciso criar algum constrangimento.

Ainda que fosse catorze anos mais velho que Fábio, o panamenho era fã daquele menino. Uma vez, para uma gincana que acontecia fora do carnaval, fizeram juntos um carro que tinha como tema a "Paz Mundial". Decoraram o carro com soldados armados com rifles de mentira e um míssil verdadeiro — um dos dois que haviam caído de aviões da aeronáutica brasileira bem em cima da escola onde Fábio estudara em Formiga. O incidente, alguns anos antes, ficou na memória do adolescente, que viu os rasantes e passou o dia na rua deixando dona Ana sem notícia dele até a hora em que Cid Moreira começou a falar no JORNAL NACIONAL. Segundo a professora Rosângela, naquele dia, *"Formiga ficou conhecida no Brasil inteiro"*.

Em 1987, no entanto, na gincana, quando a carcaça do míssil passou na frente dos jurados, o canhão do carro da paz fez um disparo e, de dentro dele, saiu uma pomba branca. *"Foi uma coisa de louco"*, relembraria Miguelito. *"Eu olhava pro Fábio e parecia que os olhos dele tavam titilando, assim, aquela alegria... porque tínhamos medo de não funcionar."* Ganharam um troféu.

A parceria era tão próxima que, depois de um tempo, Fábio dava ideias, Miguelito fazia os rabiscos num pedaço de papel e dali saíam os projetos que iriam ser aprovados pelo seu Brasil. *"Fábio dava sugestões de materiais, de posicionamento"*, Miguelito diria. *"Ele tinha o dom... e também uma humildade muito grande quando queria dar suas opiniões."*

Quando resolveu construir um carro alegórico sobre o pecado, Miguelito pediu ajuda a seu assistente predileto. Os dois saíram pelas ruas catando pedaços de pneus, madeira e papelão e produziram uma cobra que se enrolava numa grande maçã mordida, que pouco depois dividiria o carro alegórico com Marta, nas palavras de Miguelito, *"uma morena maravilhosa"*, que sairia como uma Eva, seminua, tapada apenas com uma folha de parreira sobre um biquíni microscópico, e que precisaria ter seu corpo untado com purpurina para brilhar no desfile.

Foram dois meses de suor, diversão e muito *marmitex* até que veio o desfile. O enredo que Fábio ajudou a transformar em alegorias e adereços exigia um enorme esforço intelectual para que fosse compreendido. Baseava-se numa coincidência de nomes para misturar a história do pintor Lobato com a obra do famoso escritor Monteiro Lobato. Mas, coincidências da vida, o futuro mostraria que, pelo menos para aquele seminarista, era um enredo profético.

O pintor Lobato, como Fábio, era nascido em Formiga. O escritor Monteiro Lobato nasceu em Taubaté, a cidade que o padre Fábio de Melo escolherá para viver, no meio do mato, com os cachorros e as galinhas, longe do burburinho de cidades-formiga ou metrópoles-elefante.

A Rodera botou na rua três carros alegóricos e um desfile bonito para falar dos dois Lobatos. Disputou o título de campeã do carnaval de Formiga ponto a ponto com a Unidos do Quinzinho, a escola do bairro da família Silva, motivo da maior rixa entre Fábio, sua irmã Heloísa e Valéria.

A Rodera foi derrotada por um único décimo, mas Fábio, Miguelito e Pipoca comemoraram pelo menos uma vitória. Ficaram em primeiro lugar no quesito alegorias e adereços. Ganharam até um "troféu melhor alegoria" que mais tarde Miguelito levou para a mãe dele no Panamá.

Depois de perderem o título principal pela segunda vez, seu Brasil, Biju e os outros fundadores da escola de samba decidiram que não repetiriam a aventura. E assim acabou-se a Rodera. E acabou-se também a brincadeira do seminarista.

Pouco depois, quando chegou a segunda semana de fevereiro, Fábio se despediu mais uma vez das alegorias, alegrias e tristezas que encontrara em Formiga. Dessa vez, não teve briga por causa de calça com Heloísa, não teve ataque de ciúmes de Valéria, mas ficaram todos chorosos outra vez. Dona Ana sofria por ter o filho preferido a mais de cem quilômetros de casa... ao mesmo tempo em que Vicente, o mais velho, vivia como nômade com o tal do circo que na verdade era um parque... e Geraldo desperdiçava seus dias na cadeia. Fábio e Alessandro, os dois amigos seminaristas, subiram num ônibus, pegaram mais uma vez a estrada e voltaram para Lavras.

CALMA COM O ANDOR, POIS O HOMEM AINDA NÃO É PADRE, E PODE NÃO SER. HÁ MUITAS FLORES NO CAMINHO DO ALTAR.

FÁBIO FAZIA UM SUCESSO danado no seminário de Lavras e no colégio de freiras onde ia quase todos os dias para estudar. Completara finalmente o primeiro ano científico que deixara pela metade naquele 1987 sem rumo, quando foi ajudante de escritório, garçom do trailer Sayonara e ajudante de mestre de alegorias.

O seminarista se tornava, cada vez mais, um sonho de consumo para mocinhas que detestariam vê-lo de batina. Por suas qualidades de orador e cantor, Fábio José da Silva começava a se parecer cada vez mais com o padre-artista que duas décadas mais tarde seria definitivamente apresentado ao mundo não religioso pelo disco VIDA, com uma poderosa divulgação nos intervalos comerciais da TV Globo e, logo em seguida, em programas de grande audiência, como o DOMINGÃO DO FAUSTÃO, o PROGRAMA DO RAUL GIL e o TV XUXA, que tornariam seu rosto conhecido em todo o Brasil.

Mas calma com o andor que o homem ainda nem é padre. Aliás, anda com tantas distrações que talvez nem chegue a ser. Padre Maurício, aliás, acaba de lhe dar uma dura danada, achando que Fábio está pensando só em diversão, confiando em suas habilidades com o português e a história, relaxando nos estudos que lhe pareciam mais difíceis, como as terríveis física e matemática. O diretor foi duro. Perguntou se, talvez, não estaria na hora de ir embora do seminário. Era só para dar um susto, e funcionou. Fábio se apavorou, melhorou e o diretor não falou mais naquele assunto.

Mas o próprio diretor era cúmplice daquela falta de responsabilidade. A vida no seminário de Lavras era tão excitante e promissora que Fábio era frequentemente atraído pelas coisas profanas deste nosso mundo. Coisas que, por uma determinação milenar dentro da Igreja, jamais deveriam ser feitas por um padre, nem por um candidato a padre, pois, ainda que os seminaristas de Lavras não tivessem feito sequer os votos temporários, estavam moralmente obrigados a passar longe de qualquer tentação.

"Namorei muito", Fábio contaria mais tarde, com um sorriso maroto no rosto e a confiança de que ter namorado foi essencial para se tornar um padre bem-resolvido e, sob muitos aspectos, experiente, capaz de entender as questões mais rotineiras da vida de seus seguidores.

O padre Fábio de Melo nunca escondeu seus namoros. Pelo contrário, sempre fez questão de colocá-los em suas pregações, assim como faz com outros fatos importantes de sua vida, para mostrar aos fiéis que não é Deus vestido de padre, nem padre fingindo que é Deus. É humano, humano demais.

E esse humano que não se envergonha de suas dúvidas também não quer esconder que já teve relações sexuais, que achou muito bom e que quase desistiu de ser padre duas vezes por causa de duas mulheres por quem se apaixonou seriamente. Fábio de Melo admite, inclusive, que sofreu profundamente no momento em que se viu obrigado a deixá-las.

Por enquanto, aos dezoito anos, o seminarista Fábio José da Silva está experimentando o sabor de pequenos namoros que são, mais do que tudo, encontros às escondidas, pois, como é sabido, um candidato a padre não tem permissão para namorar. E agora lhe apareceu Évila, que ainda não é namorada, mas vai mexer com seus sentimentos de maneira tão profunda, e será tão importante, que os dois formarão laços afetivos para a vida inteira.

Eternamente Évila

DA PRIMEIRA VEZ QUE os dois se esbarraram no corredor, Évila sentiu algo diferente. Teve a impressão de que conhecera Fábio antes ou, talvez, em outra vida. Trocaram olhares mas nem se falaram. Só no segundo ano, em 1989, quando os dois passaram a estudar na mesma sala, Fábio e Évila ficaram grudados. Aliás, fizeram tanta bagunça juntos, e tiraram notas tão abaixo da média, que foram chamados cinco vezes à sala da temida supervisora Cida Giarola para dar explicações. Quando saíam daquela sessão-sermão, Fábio mudava de voz e imitava a supervisora com suas broncas desmedidas e cheias de palavrões.

Bem diferente daquela supervisora desbocada, a moça que iria entrar para a história de Fábio de Melo como seu primeiro grande amor tinha a pele clara, os cabelos castanhos e o olhar sedutor. Gostava de música sertaneja de raiz, havia sido fã do grupo Menudo quando criança e morria de medo do mar. Sempre ouvira de sua avó que marido era uma questão de *"amor, sorte... e um pouquinho de empenho"*. Mas, apesar de sentir algo muito forte pelo colega de turma, jamais se empenhara em conquistá-lo. As coisas foram acontecendo naturalmente.

Quando chegavam na sala, Évila e Fábio juntavam suas carteiras e passavam a aula inteira conversando. No instante em que começava a aula de história, na verdade até antes, pela lembrança de Évila, quando sentiam o cheiro do perfume da professora, os dois tremiam de medo. Com dona Aparecida, era silêncio ou rua.

Mas Fábio encontrou um jeito de conquistar a professora durona, ou foi conquistado por ela. Quando ela mandava que os alunos fizessem exercícios, ele saía de sua carteira com o pretexto de tirar alguma dúvida. Subia no tablado que servia para deixar os professores um pouco acima do nível dos alunos e se sentava ao lado de dona Aparecida. Naquele instante, esquecia a matéria, e começava a fazer perguntas sobre a vida da professora. *"A senhora estuda muito? Que curso a senhora fez?"*, ele queria saber tudo o que pudesse.

Uma vez mostrou um texto à professora e botou a mão no lado esquerdo do peito, dizendo que as palavras haviam saído de seu coração. A professora não concordava. "É no lado direito que fica o amor, não no coração humano", a professora disse, para em seguida ver que Fábio ficara pensando em sua afirmação. Muito mais tarde, com quase oitenta anos de idade, dona Aparecida continuaria dando aulas para seminaristas em Lavras, mas com uma novidade: passaria a usar as palavras de Fábio de Melo durante as aulas. *"Quando eu tenho que conversar com os meninos do seminário, eu sempre caminho através dos escritos do padre Fábio, reproduzo as pregações dele, mostrando o caminho da espiritualidade."* E a professora Aparecida, que ensinara tanto sobre disciplina àquele menino questionador, admitiria que também ela aprendera com o ex-aluno. *"Aprendi algo importantíssimo pra minha vida, que foi o enfrentamento que ele nos ensinou... Talvez não tivesse coragem de fazer um enfrentamento comigo mesma se não fossem os ensinamentos do padre Fábio."*

A professora nunca mais se encontraria com Fábio, só o veria pela televisão e, assim, jamais ficaria sabendo que logo depois que saía da sala, Fábio começava a imitar seu jeito mal-humorado. Évila se lembra bem. *"Ele falava assim, colocando a mão na cintura e dizia:* 'É... VAMOS COMEÇAR A AULA, NÉ!? *E balançava a cabeça."*

Quando entrava o professor Raimundo para falar sobre átomos, elétrons e nêutrons, Fábio e Évila eram imediatamente separados. Seria impossível dar uma aula tão complexa com os dois falando sobre suas angústias e sonhos, alegrias e melancolias.

Como não entendia nada sobre aquelas coisas que giravam no quadro-negro e na cabeça do professor, e como também não podia conversar, numa demonstração de rebeldia, Fábio às vezes se virava de costas e fazia desenhos no caderno. Raimundo, no entanto, não era de desistir. Com seu jeitão meio hiponga, roupas largas, cabelo compridão, amante de música e poesia, o professor pediu a Fábio que lhe escrevesse alguma coisa. Foi quando, no fim da aula, o seminarista lhe entregou a poesia *"Átomos não são flores"*, manifestando seu desinteresse pela física, principalmente pela terrível física quântica que lhe aparecera naquela última aula. O professor gostou do que leu e levou o texto para casa.

Numa outra aula, quando finalmente percebeu que a física poderia ser usada para entender algumas questões da Filosofia, Fábio resolveu, digamos, fazer as pazes com o professor. *"Átomos já são flores"*, ele escreveu, numa nova poesia, que Raimundo guardou em seu baú de memórias.

"Átomos já são flores"

Um dia hei de penetrar as nuvens
E desfraldar o infinito em todos os seus polos.
Hei de fazer estradas pelo vento e deixar meu encalço
Para ensinar o caminho aos anjos.
E ao mundo trarei palavras (...)
Chega a noite.
As estrelas são pequenas janelas que nos encantam.
Os átomos já são flores.
Sempre foram.
Do Céu chegam os rumores do infinito.
O infinito é aqui.
A luz está sob o solo sagrado.
Somos pequenos aprendizes.
A brincarem às margens
deste
     infinito planeta
               azul!

Depois de fazer a assinatura seguida da característica estrelinha com o rabicho, Fábio ainda escreveu um bilhete ao professor. *"Registro aqui minha satisfação em ter podido aprender a desvendar o que muitas vezes duvidei. É possível compreender a física"*, ele concluiu, agradecendo ao queridíssimo, e paciente, professor Raimundo.

Évila e Fábio contam que nesse tempo eram apenas bons amigos que viviam juntos. Eram tão amigos que Évila cometeu o terrível equívoco de incentivar a aproximação de Fábio com sua amiga Flavinha. Mas apesar de Flavinha e de outras *inhas* que arrastavam as asinhas para o lado de Fábio, os colegas seminaristas começaram a achar a amizade dele com Évila um pouco mais intensa do que o normal. Desconfiaram. Padre Maurício se lembra de ter ouvido Fábio cantar músicas românticas como "Yolanda", que na versão brasileira da canção do cubano Pablo Milánes dizia coisas como *"eternamente, te amo"* e *"se é pra morrer, quero morrer contigo"*. Mas, coisas da vida, enquanto Fábio estivesse em Lavras, vivendo a um átomo de distância de Évila, o relacionamento dos dois não passaria de amizade, ou amor platônico, como eles diriam mais tarde, ao olhar para trás.

Depois de dois anos convivendo quase diariamente, quando chegou a hora de Fábio seguir para a próxima etapa de sua formação religiosa, no último dia de aula, os dois se despediram sem saber se voltariam a se encontrar. Nunca tinham sido namorados, mas era como se fossem. Antes de ir embora, Fábio propôs um acordo: se não se encontrassem, pelo menos telefonariam um para o outro nos dias em que fizessem aniversário. Cumpririam a promessa por mais de vinte anos, depois passariam a mandar mensagens por WhatsApp, e depois que a vida ficasse agitada demais, ele pararia de escrever.

Mas ainda é cedo, Fábio está saindo de Lavras e nem percebeu que se apaixonou. Ou será a distância que lhe dará a sensação de que foi tomado por um amor repentino? A descoberta vai acontecer em breve, quando o seminarista viver um período de trevas no postulantado em Rio Negrinho. Fato é que, assim que chegar para a nova etapa de sua formação sacerdotal, Fábio começará a mandar cartas, Évila lhe responderá e os dois começarão a fantasiar sobre um futuro que jamais terão.

Na última aula em Lavras, Fábio fez um desenho de um galho de árvore com uma lua ao fundo, tão triste que levaria Évila às lágrimas, mesmo quando se passassem décadas e aquele pedaço de papel estivesse emoldurado na sala da casa onde viveria sozinha, apenas com o cachorro Yoda.

Rio Negrinho parece um daqueles conventos da Idade Média. Mas, mesmo se sentindo nas trevas, Fábio e o amigo Deguinho vão dar boas gargalhadas. De Formiga, chegará uma notícia muito triste.

Não havia monges assassinos nem livros envenenados, não haveria incêndio na biblioteca nem fuga apressada, mas o seminário de Rio Negrinho e aqueles padres alemães não eram as melhores flores para se cheirar. Das nove da noite até depois da missa das seis da manhã, os seminaristas eram obrigados a ficar em absoluto silêncio. Quem fosse pego conversando ou, pior ainda, contando alguma história engraçada, recebia olhares duros de reprovação. Se fizesse alguma trapalhada, era obrigado a arrancar ervas daninhas com as mãos nuas na horta do convento ou passar a noite lavando os pratos e talheres de todos os padres e seminaristas.

Naqueles seis meses de quase reclusão, Fábio chegou a cantar solo em algumas missas nos fins de semana, mas logo foi proibido. Reza a lenda que invejosos reclamaram com o reitor, dizendo que não concordavam que houvesse nada além de um coral durante as missas. Como não tinha permissão para cantar do jeito que gostaria, passou a se expressar ainda mais do que antes com poesias e crônicas que guardaria por muitos anos, sem revelar a ninguém. Expressava-se também em desenhos e cartas que, como suspeitamos, eram cartas de amor. Em fevereiro de 1991, Fábio escreveu uma carta em que mostrava que ainda considerava Évila sua amiga. Referia-se a ela como *"Miguinha do coração"*, mas logo em seguida daria sinais de que o sentimento era muito maior, e que não parava de pensar nela. Era a segunda carta que ele mandava depois da despedida em Lavras. A primeira não tivera resposta.

Você sempre me dizia para eu nunca esquecer de você, mas eu acho que aconteceu o contrário. (...) Esperava receber uma carta sua. Pelo jeito, os ventos do Oriente sopraram sobre sua cabeça, espero que não tenham me levado por completo da sua vida.

Estou sentindo uma eterna saudade de mim mesmo, sabe, Evilinha? Existem momentos em nossas vidas em que as lembranças e as palavras das pessoas que marcaram um tempo precioso em nós passam a falar mais alto que todas as montanhas. Você já percebeu quantas montanhas gritam em nossas cabeças?

Naquele que foi seu período mais triste em todos os anos de seminário, principalmente naquele começo, Fábio revisitava sua antiga melancolia, agravada agora por uma solidão repentina.

Aqui está a prova de que somos ilhas. Estou rodeado de pessoas e, no entanto, estou sozinho, procuro ouvir a voz de Deus, mas ela se perde facilmente pelas minhas ramagens.

Mas ao mesmo tempo em que a carta parecia o lamento de um poeta que se afastara de um amor, ou pelo menos de uma amiga por quem tinha sentimentos muito fortes, Fábio mostrava estar consciente de que seguiria seu caminho de seminarista, e talvez não voltasse a ver Évila.

Hoje sentimos saudades porque temos uma certa desconfiança de que a vida pode impedir-nos de nos reencontrarmos um dia.

Mas a vida não os impediria. O reencontro, relembrado eternamente como o dia do primeiro e único beijo de Évila e Fábio, vai acontecer em julho, quando o seminarista for de férias a Lavras. Por enquanto, ele está começando a ficar aliviado, descobrindo que até nas trevas de Rio Negrinho é possível se divertir com arte, humor, e com Deguinho, justamente o cara que mais tarde vai armar o esquema para a cena do beijo.

O nome de batismo era Degnaldo, numa curiosa homenagem ao cantor Aguinaldo Rayol. O nome de guerra, no entanto, sempre fora Deguinho. Ficou amigo de Fábio porque os dois seminaristas viram um no outro uma forma de diminuir as tensões daquele tempo de escuridão em Rio Negrinho.

Além dessa busca por alegria, os dois tinham em comum o fato de serem bons desenhistas e piadistas. Só que as piadas desses seminaristas não teriam graça se ficassem só nas palavras. Eles montavam os planos, e os executavam.

Numa certa noite, enquanto os padres faziam a Adoração ao Santíssimo, num dos momentos mais solenes da rotina de Rio Negrinho, Deguinho e Fábio entraram só de meias e se sentaram bem no fundo. Quando todos estavam concentrados, saíram na direção dos quartos. Silenciosamente, entraram num quarto e tiraram o estrado de madeira da cama da vítima escolhida. Ainda tiveram o requinte de esconder o estrado. Recolocaram o colchão, arrumaram a cama, enfim, deixaram a armadilha pronta e voltaram de fininho para a capela.

"Dali a pouco... Páaaaaaaa.... a gente só escutava aquele barulho e via as pessoas corrê abrindo a porta pra descobrir o que aconteceu", Deguinho contaria mais de duas décadas depois, gargalhando outra vez. O que tinha acontecido era que o dono da cama, ainda em estado de profunda imersão espiritual depois da reza silenciosa, havia caído com toda a força no chão. Deguinho e Fábio iriam lavar pratos, mas, dias depois, como se nada lhes tivesse acontecido, inventariam outro plano.

Quando se aproximou o dia de São José, o convento ficou lotado. Recebeu visitantes até da Itália, pois haveria uma grande celebração. Às cinco e meia da manhã, como parte da rotina diária, um seminarista estaria encarregado de tocar o sino para acordar todo mundo. E o responsável pelo sino era um rapaz que parecia feito sob medida para Rio Negrinho: sisudo e linha-dura.

Faltando dois dias para as celebrações, depois de rezar o Agrado para o Santíssimo, quando começava a lei do silêncio, Fábio e Deguinho foram pé ante pé até o sino. Certificaram-se de que ninguém os via, subiram numa cadeira e colocaram uma meia em volta do badalo. Na manhã seguinte, quando o encarregado do sino tentou tocá-lo, pelo que Deguinho se lembra, ouviu-se apenas um sonzinho murcho, "tuf... tuf... tuf", e como não percebeu que havia uma meia no sino, o encarregado teve que sair de porta em porta acordando os moradores e os convidados italianos. Mas esse era só o começo da "vingança" armada por Deguinho e Fábio.

À noite, mais uma vez na hora do silêncio, eles saíram escondidos pelos corredores e foram até a sala onde ficava o sistema de som dos alto-falantes do convento. No dia seguinte, como seria o dia da grande celebração de São João, o mesmo seminarista encarregado do sino havia planejado acordar padres, seminaristas e visitantes com uma música religiosa cantada pelo padre Zezinho. Mas Fábio e Deguinho resolveram que o convento deveria ouvir uma outra música. Pura farra. Trocaram a fita com a música do padre Zezinho por uma que eles levaram, com a gravação de "Tieta", de Luiz Caldas, que era sucesso numa novela da época. Assim, por obra de dois seminaristas inquietos, no dia 19 de março de 1991, a celebração pelo dia de São José no convento de Rio Negrinho começou com um axé da melhor qualidade.

Tieta do Agreste
Lua cheia de tesão...

Quem mais queria matar Deguinho e Fábio era o tal do seminarista encarregado do sino, que saiu pelos corredores arrastando o cobertor que trazia nas costas, gritando o nome deles. Mas não foi só isso. Logo depois, o reitor do convento mandou chamá-los para uma conversa, pois ninguém tinha a menor dúvida de que aqueles dois danados que gargalhavam escondidos num quarto haviam sido os autores daquela indisciplina sem precedentes na história do seminário.

Poucos dias depois da travessura do dia de São José, antes que terminasse aquele mês de março agitado, Fábio recebeu um telefonema em que a irmã Heloísa contava que o pai havia sido levado mais uma vez para o hospital, já não conseguia falar e não mexia nem mesmo o rosto. Conforme diriam mais tarde, comunicava-se por lágrimas.

Em termos médicos, Heloísa contava que seu Natinho havia tido um acidente vascular cerebral e que ninguém sabia quanto tempo ele aguentaria. Se quisesse ver o pai ainda vivo, Fábio precisava correr. Ainda que correr, nesse caso, fosse mera força de expressão. Naquele tempo, a viagem de ônibus levava quase dois dias e, mesmo saindo na sexta à noite, Fábio precisou trocar de ônibus em São Paulo e só chegou a Formiga no domingo pela manhã.

Era Domingo de Ramos, o dia em que os formiguenses se juntavam aos outros católicos do mundo para comemorar a entrada de Jesus Cristo em Jerusalém, cinco dias antes de sua crucificação. Mas a família Silva não tinha o que celebrar. Estavam todos no Hospital São Luís, torcendo pela recuperação de seu Natinho. Até que chegou Heloísa, branca, assustada, trazendo uma notícia terrível.

A Semana Santa de 1991 será provavelmente a pior da história do bairro do Quinzinho. Fábio irá ao hospital para ficar com seu Natinho, e será surpreendido com três tragédias.

Heloísa trabalhava como enfermeira do Hospital São Luís, convivia com a violência brasileira em seus plantões na emergência, mas nem toda a experiência impediu que ela chegasse ao quarto de seu Natinho esbaforida, ainda apavorada com o que acabava de ver. E não era por causa do pai, que naquele momento dava ainda um mínimo de esperança à família.

Gilton, filho de Leninha, irmão do Edinho, que brincava de circo com Fábio, morador do Quinzinho, que crescera lado a lado com os filhos de dona Ana, aquele rapaz querido por todos, chegara à emergência do hospital com um monte de tiros no corpo, assassinado numa discussão de rua.

O espanto de Heloísa logo contagiou aquele quarto e instalou ali um luto que não iria mais embora. Por alguns instantes, a grande comoção os fez até esquecer um pouco a tristeza de ver o pai inerte na cama, sem mover os olhos, sem dizer uma única palavra, sem capacidade sequer para entender aquela movimentação repentina em seu leito de morte.

Gilton foi enterrado na Segunda-Feira Santa. A Terça Santa, dia de penitência entre os cristãos, foi um dia de breve alívio no hospital. Mas logo chegou a quarta-feira com mais uma notícia terrível. Os irmãos Remáculo e Onofre haviam sofrido um acidente de carro. Remáculo morreu na hora. Onofre chegou ao hospital arrasado, com poucas chances de sobrevivência.

A irmã de Remáculo e Onofre era a Tia Toninha, dona da padaria, de quem Fábio era grande amigo, pois as duas famílias sempre foram próximas.

Ela estava no quarto de seu Natinho quando a noticia da tragédia de seus dois irmãos explodiu como bomba.

Onofre foi para a UTI com poucas chances de sobrevivência. Remáculo foi sepultado na Quinta-Feira da Ceia, quando a tradição católica lembra os instantes em que Jesus foi meditar aos pés do Monte das Oliveiras, recebeu o beijo traidor do apóstolo Judas e saiu preso em direção às muralhas de Jerusalém. Em Formiga, depois de chorar a morte de Remáculo ao lado de tia Toninha, Fábio foi conversar com o médico que tratava de seu pai. Devia esperar pela hora da despedida ou voltar a Rio Negrinho?

"Acho que seu pai vai ficar assim agora", o médico avaliou, imaginando que seu Natinho tanto poderia morrer em pouco tempo como viver muitos meses. *"Ele vai poder voltar pra casa, mas vai ficar com sequelas. Vocês vão ter uma criança eternamente em casa."*

Na Sexta-Feira Santa, sem condiçõs de celebrar de alguma forma a crucificação de Jesus e aquilo que a religião católica acredita ter sido a re-denção dos pecados do mundo, com a perspectiva de uma vida vegetativa, seu Natinho foi levado para casa. E Fábio José da Silva pegou mais uma vez o ônibus em direção ao Sul.

No Sábado de Aleluia, antes de ir a Santa Catarina, Fábio precisou fazer uma parada no antigo seminário, em Lavras. Saudades? Até demais! Mas seria apenas uma visita breve para buscar documentos e seguir viagem. No dia em que os primeiros cristãos diziam que Jesus *"descendit ad inferus"*, ou seja, foi à "mansão dos mortos" resolver pendências antigas com o diabo, naquele sábado de março, imediatamente ao chegar a Lavras, Fábio recebeu um recado. Era mais uma vez sua irmã Heloísa trazendo notícias: Onofre havia morrido na UTI do hospital.

Fábio telefonou para Tia Toninha, soube que daria tempo de chegar para o enterro e voltou para Formiga. Queria estar ao lado daquela mulher tão impor-tante em sua vida para apoiá-la naquele momento terrível, que acontecia apenas quatro dias depois de outro momento terrível. *"Era uma pessoa que me ajudava muito... muito próxima a mim"*, o padre Fábio relembraria mais tarde.

No Domingo de Ressurreição, quando os Evangelhos relatam que os discípulos viram no túmulo vazio de Jesus a prova inconstestável de que ele era o Filho de Deus, quando se acredita que ele reapareceu em carne e osso depois de morrer na cruz, naquele dia que fundamenta o cristianismo, du-rante o funeral de Onofre, a família Silva ficou sabendo que Seu Natinho havia piorado, estava de novo na UTI do Hospital São Luís, prestes a morrer.

AOS DEZENOVE ANOS, FÁBIO SE DESPEDIRÁ DO PAI E SENTI-
RÁ UM AMADURECIMENTO REPENTINO. MAS NAQUELE RIO
DE TREVAS QUE É RIO NEGRINHO, NADA SERÁ TÃO FÁCIL.

A DESPEDIDA FOI DEPOIS de oito dias de internação, depois de um acidente
vascular cerebral e dois meses de luta contra o Alzheimer que lhe travou os
nervos da garganta e lhe arrancou os movimentos de outras partes do corpo.

Meses antes, Natinho se aposentara com o mísero seguro de meio
salário-mínimo que o governo brasileiro lhe pagava pela invalidez, e precisou
continuar trabalhando para não deixar a família em maus lençóis. Mas chegou um tempo em que não deu mais. Natinho foi perdendo a consciência e
começou a fazer coisas imprevisíveis, como ir ao banheiro, passar um tempo
só brincando com a água e voltar sequinho da Silva.

Depois de muita tristeza, depois daquela semana de tragédia e luto
em Formiga, no dia 31 de março de 1991, seu Natinho começou a entregar os pontos.

A família jamais teria dúvidas de que era a cachaça que o estava levando tão cedo. *"Ele adiantou a morte dele porque ele bebia... No fim da vida, ele
bebia demais... então, ele não deu conta, tadinho"*, lamentaria dona Ana em
sua longa viuvez. O próprio Natinho, sem poder falar, começou a fazer ges-
tos querendo dizer a Cida e Zita que parassem de fumar e beber.

O alcoolismo havia se tornado uma praga na família, tão destruidor que
Fábio passaria a vida se cuidando para jamais pegar gosto, nem mesmo pelo
vinho que é parte do ofício de um padre e que lhe apareceria por tantas
vezes, tão fartamente, e em tão boas garrafas.

Era provável que o pai não aguentasse mais do que algumas horas.
Fábio mandou chamar Heloísa na emergência onde ela trabalhava. Queria

que todos estivessem juntos no momento da despedida. E assim, dona Ana e os oito filhos daquele casal — Vicente, Lourdes, Cida, Zita, Geraldo, Camilo, Heloísa e Fábio — estavam juntos como raramente estiveram. E sofreram juntos quando aquele homem silencioso, durão e trabalhador começou a morrer.

Pouco depois de entrar em coma, aos 62 anos, seu Natinho teve uma embolia pulmonar e os médicos concluíram que ele não aguentaria por muito tempo. Cida e Zita contaram que uma freira pediu que os filhos saíssem de perto por alguns instantes. Enquanto ouvisse suas vozes, e principalmente seus choros, seu Natinho não teria sossego para se despedir desta vida. Cida, a mais velha, ficou na porta do quarto e ainda escutou quando tio Antônio disse ao pai que fosse em paz, pois a família ficaria bem.

As memórias dos irmãos não coincidem perfeitamente, mas os depoimentos indicam que eles voltaram ao quarto depois do momento relatado por Cida. Fábio lembra que, quando o pai morreu, estava segurando sua mão. Eram cinco e meia da tarde. Tio Antônio ainda quis ajeitar o tubo de respiração no rosto de Natinho, mas a freira lhe disse que não fizesse nada, pois Natinho já não estava com eles.

No velório, em meio à tristeza que tomou conta da família, preocupadíssimo com a solidão da mãe, sofrendo a primeira grande perda de sua vida, Fábio acabou tendo um ataque de riso. Foi ele próprio quem contou a história, 25 anos depois, no programa ALTAS HORAS, da TV Globo, mais uma vez admitindo publicamente seu lado demasiadamente humano.

"Assim que o corpo chegou e eu me aproximei do meu pai, eu tava chorando muito, muito mesmo... Aí eu olhei pra ele, e vi que tinha um cravo enorme no nariz." Como havia entre os irmãos a mania de espremer os cravos dos pais, Fábio chamou a atenção de Heloísa e os dois começaram a rir. Ficaram ali perto do caixão, tentando se controlar, torcendo para que as pessoas pensassem que a convulsão era de choro.

"Quando você tá movido assim por muita tristeza você também parte pro riso com muita facilidade", ele disse ao apresentador Serginho Groisman, que quis saber se havia quem não perdoasse o padre por aquelas risadas fora de hora.

"Na verdade, ninguém entendeu por que eu tive que ser retirado da sala", o padre contou, bem-humorado, arrancando gargalhadas da plateia. Mas, no enterro, no cemitério do Rosário, depois do riso nervoso, as lágrimas volta-

ram e deixaram marcas. Quando estivesse mais maduro, Fábio se lembraria do pai com saudade, sonhando em vê-lo outra vez à cabeceira da mesa, imaginando que estivesse *"sorrindo como nunca sorriu em vida"*.

Na segunda-feira, Fábio acompanhou o enterro do pai e já no dia seguinte fez de novo aquela viagem longa até Rio Negrinho para retomar o postulantado abandonado ainda em seus primeiros dias. *"Eu não aguentava mais ficar ali, eu queria ir embora imediatamente... Queria retomar minha vida. Acho que eu até fugi do momento."*

Fugindo ou não, passou horas incontáveis no ônibus, ainda abalado pela morte do pai, relembrando as outras três tragédias daquela semana e pensando em como faria para se adaptar à nova vida sem um diretor paternal como padre Maurício havia sido nos três anos em que ele ficou em Lavras. E justamente por causa de tudo o que lhe atordoava, o postulante Fábio foi embora de Formiga sentindo que havia amadurecido de uma hora para outra, querendo recomeçar logo sua vida de seminarista, *"como se quisesse fechar aquela semana e não lembrar mais que ela tinha existido pra mim"*.

Mas o recomeço não seria simples, pois o jovem candidato a padre se veria obrigado a dormir, acordar e dormir novamente, por mais cinco meses, num internato, lugar que sua memória registraria como obscuro, quase tão apavorante quanto um mosteiro da Idade Média, como no famoso romance de Umberto Eco em que o jovem religioso Adso convive com monges soturnos, determinados a banir o riso e a comédia para sempre. Em Rio Negrinho, os monges também não gostavam de riso nem de comédia nem de qualquer forma de expressão que não estivesse relacionada com o ofício convencional de um padre. E o nome da rosa era Évila.

PRIMEIRO, SERÃO EPÍSTOLAS DE AMOR. DEPOIS, A POESIA VAI FICAR CONCRETA. FÁBIO E ÉVILA VÃO SE REENCONTRAR, E AQUELE DIA DEIXARÁ MARCAS NOS DOIS CORAÇÕES.

DE VOLTA AO POSTULANTADO em Rio Negrinho, o futuro padre Fábio de Melo voltava também ao aprendizado daquilo que os padres conhecem como Liturgia das Horas. Traduzindo: uma dureza danada para um jovem que acabava de completar vinte anos. Acordava às cinco e meia da manhã. Às seis fazia a Adoração ao Santíssimo. Rezava de três em três horas até que fosse noite para rezar mais uma vez.

Se fosse só rezar, até que não teria sido pesado. O problema era que os 54 postulantes de Rio Negrinho tinham também a obrigação de pegar na foice e na enxada para cuidar dos repolhos e das outras hortaliças que os padres cultivavam no quintal do convento. Mesmo que de vez em quando inventasse de roubar bananas ou fazer alguma outra travessura com Deguinho, naquele ambiente onde tudo o que lhes era permitido fazer era estudar sobre o ofício e as obrigações de um padre, o frio áspero de Rio Negrinho foi rasgando o coração de Fábio e aumentando nele a saudade de tudo o que deixara para trás.

Sentindo a perda do pai, escreveu sua primeira canção. Deu-lhe o nome de "Ausência". E, como acontece quando o ser humano é sufocado em sua capacidade de se expressar, quando vive numa terrível instabilidade afetiva e tem sua alma enclausurada, ainda que em grades invisíveis, costumam surgir fantasias sobre coisas que, em outros momentos, não seriam tão importantes.

Foi assim que Fábio admitiu para si mesmo que estava apaixonado por Évila. Justamente quando já não podia ver ou tocar aquela que tinha sido apenas uma grande amiga nos dois anos anteriores. Justamente depois de trocar o seminário que ficava na frente da casa dela por outro a centenas de quilômetros. Justamente quando o amor se tornou impossível, o seminarista decidiu amar.

Foi um romance em azul e branco.

Caneta sobre papel.

Cartas.

Durante quase dois anos, Évila e Fábio sonhariam dentro dos envelopes. Chorariam uma saudade de algo que não saberiam explicar muito bem. E, apesar das 28 cartas que ela guardaria para sempre em seu baú de memórias, os dois teriam uma única chance de materializar aquele amor platônico.

O começo dessa história, curiosamente, foi um encontro de Évila com o divertidíssimo Deguinho, agora ex-seminarista. Eles se conheceram por acaso, quando ela chegou na loja onde ele trabalhava querendo imprimir um desenho numa camiseta. Deguinho notou que o nome era o mesmo da moça de que Fábio tanto lhe falava no seminário. Mas só teve certeza absoluta de que era ela ao perceber que, depois de assinar o desenho, Évila colocara um rabinho e uma estrela saindo da última letra, um símbolo exatamente igual ao que Fábio usava quando assinava seus desenhos no seminário, influência da assinatura de seu ídolo Paulinho Pedra Azul.

Não era coincidência, Évila havia aprendido a assinar seu nome daquele jeito quando os dois viviam grudados na sala de aula. E agora que tinha se tornado amiga de Deguinho, ela se veria envolvida em mais um plano arquitetado e executado pelo bagunceiro de Rio Negrinho. O encontro, para muita gente, histórico, foi durante as férias, em Lavras.

Deguinho arrumou bem o quarto onde dormia e foi com Évila para lá. Quando se aproximava a hora marcada com Fábio, ele colocou uma música romântica no aparelho de som, e tomou uma bronca. *"Não, Deguinho... isso tá muito brega!"*, Évila disse, mas não teve alternativa. O plano era de Deguinho e ele o levaria até o fim. Quando Fábio chegou, o amigo foi com ele até o quarto e logo arrumou uma desculpa. *"Gente, eu vou na cozinha fazer um negócio pra gente comer."*

Deguinho sumiu.

Os dois ficaram sozinhos e, finalmente, mais de três anos depois daquela primeira troca de olhares no corredor do colégio, se beijaram.

Évila e Fábio contam que foi só aquele beijo, confirmando que se gostavam muito, mas também confirmando que o encontro amoroso não passaria daquilo, pois logo Deguinho voltou e os três mudaram de assunto.

A distância que separava Lavras de todos os seminários por onde Fábio passaria nos próximos anos fazia com que aquele namoro funcionasse por cartas, mas sem encontros. Até que a vida e os interesses dos dois foram mudando, o amor desapareceu das palavras e, enfim, as páginas ficaram em branco.

"Você pode imaginar uma paixão platônica... na cabeça de duas pessoas que o tempo todo lidam com a irrealidade... isso pode durar a vida inteira se quiser", ele diria mais tarde, afirmando que nunca chegou a ser namorado de Évila. O carinho, no entanto, seria eterno. Exatamente dez anos depois, durante sua ordenação, Fábio diria que ali estava uma mulher a quem havia amado de verdade, com quem poderia ter se casado. Uma década mais tarde, num show em Perdões, Minas Gerais, quando Fábio notasse sua presença, faria uma pregação inspirada naquela que quase foi sua namorada e que, não fosse sua opção pelo sacerdócio, poderia ter sido até mais.

"Hoje eu me sinto muito feliz, sabe... porque tenho a oportunidade de ver aqui a mulher que seria minha esposa... a Évila. Ela sabe disso..."

Na plateia ouviram-se muitos aplausos e vozes dizendo coisas espantadas como *"Nossa!"* ou *"Meu Deus!"*. Naquele instante, o padre Fábio de Melo olhou nos olhos de Évila, lhe agradeceu, e prosseguiu.

"Me sinto muito feliz de ser o padre que eu sou e saber que trago a Évila no meu coração com tanto respeito, e que eu sei que eu sou importante na vida dela também, agora como padre."

Évila não vai desaparecer da história. De certa forma, nunca desaparecerá, pois será sempre lembrada, e para sempre levará o quase-marido no coração. Depois do beijo em Lavras, voltará a encontrá-lo anos depois em Belo Horizonte, quando ele for visitar a irmã Heloísa e, mais tarde, quando passar alguns anos estudando por lá. Serão encontros de amigos, os dois dirão.

Mas, por enquanto, depois de revirar os olhos de padres carrancudos com as travessuras executadas na companhia de Deguinho, Fábio está se despedindo de Rio Negrinho, rezando para sair da Idade Média, talvez, para um renascimento. Sem saber que a próxima etapa de sua formação terá poucas vantagens e muito trabalho.

Fábio agora é noviço. Um noviço transgressor. Mas perceberá que precisa se adequar às regras da Igreja. Do jovem tímido surgirá um belo pregador.

Durante aquele tempo de estudos densos, entre conhecer a vida dos santos e aprender a rezar missa, no ano em que tomou o primeiro contato com ciências como Psicologia e Sociologia, afastado dos palcos, o noviço não encontrou muito espaço para ser rebelde.

"Eu tinha que viver a transgressão e sobreviver também... Porque eu acreditava no que tava acontecendo... Eu queria me tornar padre... Não podia bater de frente em situações que eu sei que perderia."

Até meados de 1992, a vida de Fábio José da Silva seguiria cheia de regras e com poucas compensações. Ao longo de todo o tempo do noviciado em Jaraguá do Sul, no interior de Santa Catarina, ele não receberia visita nem de sua mãe. Escreveria cartas a Évila e a outros amigos e parentes. Aproveitaria para estudar o quanto fosse possível, pois, no ano seguinte, se tudo corresse bem, o noviço se tornaria fráter, ficaria a um passo de ser diácono e mais outro de, por fim, se tornar padre.

A única ressalva na monotonia de Jaraguá do Sul eram as reuniões de adolescentes católicos que o padre João Celors batizara como "Rebusão". Era exatamente como soa: um grande rebu, uma bagunça de adolescentes que vinham de diversas cidades próximas para se encontrar e aprender um pouco mais sobre a religião católica. E os noviços de Jaraguá do Sul eram os cantores do Rebusão.

Graças ao padre João, depois das trevas de Rio Negrinho, Fábio voltava a ter uma experiência artística, ainda que modesta, como responsável pela animação musical dos Encontros de Adolescentes com Cristo.

Não era a farra artística de Lavras, nem a mistura de trevas com travessuras de Rio Negrinho, mas, de dois em dois meses, Fábio tinha uma nova oportunidade de ensaiar seu futuro nos shows que fazia no tal Rebusão. E, se antes o religioso era ligado quase que exclusivamente aos seminaristas que gostavam de música, nesse tempo menos interessante, tinha a impressão de que eram todos parte de um grupo parecido, monocromático. Foi naquela época que Alessandro reparou pela primeira vez nas qualidades de pregador de Fábio de Melo.

Como parte do aprendizado, de tempos em tempos, os noviços faziam orações durante as missas internas do seminário. Alessandro já não era próximo de Fábio como nos tempos em que lia suas poesias secretas em Lavras, mas jamais se esqueceu do dia em que o amigo, normalmente tímido, soltou a voz.

Alessandro parece reviver o momento quando conta que chegou a tapar os olhos, descrente daquele discurso, até que, conforme Fábio foi improvisando e desenvolvendo seu pensamento, o amigo foi aos poucos abrindo os dedos para descobrir que havia ali um grande pregador. *"Foi de arrepiar... e depois daquilo o Fábio nunca mais se calou. Nós queríamos que ele pregasse... queríamos ouvi-lo falar."*

O seminarista tímido havia finalmente começado a encantar as plateias de fiéis. E, a convite do padre João, Fábio falou pela primeira vez no microfone de uma rádio. Leu alguns trechos da Bíblia e fez comentários que se baseavam em sua própria experiência de vida. Foi uma aparição pequena, mas as sementes costumam ser mesmo pequenas. O noviço de 21 anos se saiu bem, e chegou a ser chamado algumas vezes para substituir os locutores da rádio.

No dia 9 de abril daquele 1992, em Formiga, Tia Ló foi para uma reunião com outros vendedores de vasilhas plásticas Tupperware, sentiu uma dor forte no pescoço e, horas depois, morreu no hospital. Foi morte súbita, aos 56 anos, sem um único dia doente ou na cama, como Tia Ló sempre pedira a Deus que fosse sua despedida. Fábio não pôde ir ao enterro. Sofreu sozinho no seminário.

Oito dias depois, criou coragem e escreveu uma carta longa a Valéria. Depois de discorrer sobre a tristeza da perda, sem citar Tia Ló, Fábio oferece o ombro à amiga. *"A vida continua e é preciso renascer para ela. A esperança precisa ser extraída com muita coragem do meio das cinzas."* Só quando fosse a Formiga, nas férias de julho, Fábio teria chance de dividir com a amiga a tristeza pela morte daquela que havia sido como uma mãe para ele. No seminário, no entanto, os amigos tinham dificuldades para entender por que Fábio chorava tanto a morte de uma pessoa que *"não era nada dele"*. Sem Tia Ló, o menino provavelmente não teria ido para o seminário e não seria o padre Fábio de Melo que o Brasil conheceria muitos anos depois. Nas palavras de Valéria, sua mãe *"foi o instrumento de Deus... a boca de Deus na vida dele"*.

Fábio José da Silva vai fazer seus primeiros votos. Prometerá pobreza, obediência e castidade.

Ao final de um ano em Jaraguá do Sul, Fábio José da Silva foi com outros dois seminaristas fazer um estágio na paróquia do Puríssimo Coração de Maria, em São Bento do Sul. Deveria experimentar ali, pela primeira vez, o que era a vida de um padre, com todos os seus ofícios e benefícios, sem compromissos com salas de aula.

"Foi um tempo que eu convivi com um padre que tinha uma vida paroquial e também um trabalho como comunicador... e era aquilo que eu achava que seria meu futuro, sabe? Achava que viveria feliz na paróquia fazendo aquele trabalho."

O trabalho de comunicação do padre Nelson Taquini era numa rádio, onde Fábio falava de vez em quando, se aproveitando da experiência que tivera na rádio de Jaraguá do Sul. Mas, dessa vez, o pessoal da rádio gostou tanto daquela voz que ele foi convidado a gravar a abertura do programa.

Naqueles seis meses, o estagiário de padre aprendeu o que era cuidar de um idoso, dando a atenção que lhe era exigida pelo já velhinho padre Fidélis, com sua batina preta, muitas vezes suja de terra, sentado perto do galinheiro. Padre Fidélis falava pouco, mas de vez em quando conversava e tomava chimarrão com o seminarista.

Quando o padre Nelson distribuiu as tarefas entre seus três estagiários, Fábio quis trabalhar na secretaria da paróquia. Quem o conhecesse mais tarde teria dificuldades para imaginar o futuro padre Fábio de Melo fazendo serviços burocráticos, marcando missas e batismos. Mas, enquanto trabalhava, o padre conversava com os fiéis, e com sua colega, a secretária Bárbara Fuckner, sete anos mais velha que ele.

Bárbara jamais se esqueceria da primeira vez em que viu o estagiário descendo as escadarias da igreja, do alto de seus 21 anos, vestindo uma camisa azul-clara, colete branco e um boné. Em poucos dias, a secretária da paróquia virou sua confidente. Como na adolescência, com a vizinha Valéria em Formiga, como nos primeiros anos de Lavras com Évila, naqueles meses em São Bento do Sul, Fábio dividia suas angústias e sonhos com Bárbara. *"Ele acreditava que podia fazer muito pela Igreja através do sacerdócio dele... Eu gostava dessa busca dele."*

Fábio estava prestes a fazer seus primeiros votos. E não havia nada que o incomodasse mais do que quando aparecia na paróquia alguma senhora dizendo que ele era bonito demais, que não resistiria às tentações, e que jamais chegaria a ser padre. Durante uma missa do padre Nelson, depois de dizer algumas palavras aos fiéis, Fábio se ajoelhou ao lado de Bárbara enquanto ela rezava.

— *Fábio, onde é que você consegue essas palavras?* — ela estava impressionada.

— *Eu falo aquilo que tá no meu coração, Bárbara... digo aquilo que as pessoas gostariam de ouvir através do Evangelho... através da beleza que Deus tem pra nos ensinar.*

Num de seus dias mais tristes em São Bento do Sul, quando, mais uma vez, a melancolia tomou conta de seus pensamentos, o estagiário de padre se apoiou no balcão da secretaria e falou baixinho.

— *Sabe, Bárbara... eu queria entrar num velório pra chorar, chorar... chorar tudo o que eu tenho pra chorar... porque lá eu saberia que ninguém iria perguntar por que ou por quem eu estou chorando.*

Seria o primeiro indício da "obsessão pela morte" que o levaria a fazer terapia no começo do ano seguinte? Os problemas da família e os traumas da infância jamais o deixariam em paz. Mas, depois de desabafar, Fábio se sentia melhor.

No tempo livre, Fábio cantava nas reuniões organizadas por Juliano, um jovem frequentador da igreja. Juliano tocava violino, sua irmã, teclado, e Fábio, coisa que não faria por muito tempo, tocava o violão que acabava de ganhar de um frequentador da igreja. Quando os catarinenses foram beber, cantar músicas tradicionais alemãs na "Schlachtfest", Fábio não bebeu nada, mas dançou muito. O padre Nelson liberou seus estagiários. Mandou apenas que escolhessem bem com quem iriam dançar.

Fábio virou o ano com a família de Bárbara e, nos primeiros dias de janeiro, se despediu. Foi mais uma vez passar férias em Formiga até que, no dia 25 de fevereiro de 1993, depois de seis meses afastado do grupo que fizera o noviciado com ele, Fábio voltou a Jaraguá do Sul. Reencontrou o vizinho Alessandro, o violonista Renan, Cléverson, Lúcio, Cristiano e mais alguns seminaristas. Numa cerimônia simples, sem a presença de seus parentes, nem mesmo de sua mãe, Fábio José da Silva fez seus primeiros votos, prometendo, entre outras coisas *"castidade, obediência, pobreza e fidelidade à congregação"*. Tornou-se fráter.

Eram votos temporários, que deveriam ser renovados todos os anos até que ele se tornasse diácono e, depois, padre. Mas seriam parcialmente descumpridos depois que Fábio chegasse ao convento de Brusque, em Santa Catarina, para viver experiências afetivas e musicais que pareceriam uma continuação de sua experiência no seminário de Lavras. Só que, aos 22 anos, será tudo mais intenso.

"Nunca fui um rapaz atirado, não tive uma experiência sexual precoce", ele diria, duas décadas depois, relembrando seus romances, sem meias palavras. *"A minha primeira experiência sexual foi quando eu morava em Brusque."*

NÃO VAI DEMORAR ATÉ QUE O VOTO DE CASTIDADE SEJA DESCUMPRIDO. FÁBIO VAI PENSAR EM SE CASAR E DESISTIR DE TUDO, ATÉ QUE SUA NAMORADA DIRÁ: "NASCESTE PARA SER PADRE, SEGUE TUA VIDA!".

A BELA MOÇA CUJO nome não se deve pronunciar, pois está casada e Fábio de Melo sempre quis preservar sua privacidade... Aquela que mexeu com os hormônios do fráter dos pés à cabeça... A catarinense de 25 anos que fez de tudo para que ele desistisse de ser padre e se tornasse um pai de família surgiu diante do seminarista quando ele ainda estava nos primeiros meses da faculdade de Filosofia, dando fim a anos de imaginação solitária de como seria afinal o contato mais íntimo com uma mulher, como seria despir-se e amá-la como um homem comum.

Apenas alguns meses antes, Fábio José da Silva tinha jurado que nunca se relacionaria intimamente com mulheres e se dedicaria integralmente a seu compromisso com a Igreja. Não aguentou. Mais uma vez, foi humano. Humano demais.

Era 1993, Fábio tinha 22 anos, e a moça dos sonhos, descendente de italianos, alguns anos mais velha que ele, lhe fora apresentada por um seminarista que costumava fazer missões em outras cidades e numa delas conhecera os pais *"daquela moça maravilhosa"*. Fábio acompanhou o amigo num almoço na casa da moça maravilhosa e voltou apaixonado. Até que, alguns dias depois, o amigo lhe procurou trazendo o recado importantíssimo: *"É hoje, Fábio! Vai lá... ela tá te esperando!"*.

Fábio caminhou em direção à igreja que ficava no centro de Brusque, mas não entrou. Atravessou a rua. Era ali que a moça maravilhosa morava. Sozinha.

Os dois começaram a namorar e se encontrar com a intensidade que se espera de dois jovens solteiros, brasileiros e maiores de idade. Só não dava para dizer que ele fosse completamente solteiro, pois estava cada vez mais comprometido com a Igreja. O casamento de fato, no entanto, a ordenação, viria alguns anos mais tarde. Ou, daquele jeito, será que não viria mais?

A namorada do fráter estudava na faculdade de Brusque, trabalhava numa empresa da região, tinha ligações profissionais com pessoas importantes e dizia que, no minuto em que Fábio desistisse da vida religiosa, conseguiria um emprego para ele. Na cabeça dela, nada era tão complicado, e muito menos novidade. Seu pai estudara na mesma congregação de Fábio e largara o seminário por causa de sua mãe.

"Tu não precisas ter medo. Se tu saíres, eu tô contigo... a gente segura as pontas... eu seguro as pontas lá em casa."

Quando dizia *"lá em casa"*, a namorada de Fábio pensava no apartamento que já era dela, e que sonhava dividir com ele. *"É só fazer minha malinha e entrar"*, ele pensava nos momentos em que se inclinava a aceitar o convite.

O conflito na cabeça do candidato a padre era concreto como as paredes do convento de Brusque. E pesado também. Fábio precisava guardar o segredo e ruminar sozinho sobre todas as suas possíveis consequências, pois não era apenas um romance epistolar e quase platônico como havia sido com Évila. Agora, Fábio experimentava uma relação muito real e íntima, um risco gravíssimo ao projeto que começara ainda na infância durante os batismos de bonecas e os enterros de cachorros. E havia um terrível agravante: Fábio se sentia bem demais ao lado da namorada. Depois de um bom tempo carregando sozinho o fardo daquele amor, entrou em crise e decidiu que precisava procurar alguém para desabafar.

O confidente escolhido por Fábio foi um professor de quem ele ouvira falar muito antes de chegar a Brusque e de quem havia se aproximado demais naqueles primeiros meses.

Tarcísio Gonçalves Pereira, o padre Léo, era também da congregação dos Padres do Sagrado Coração de Jesus, professor de Teologia e Filosofia das Religiões, e morava no mesmo convento onde Fábio se instalara poucos meses antes. Era também cantor, escritor e palestrante. Cada vez mais, um dos expoentes do movimento conhecido como Renovação Carismática. Fábio o conhecera logo que se mudou para Brusque, quando varria o chão da entrada do seminário na companhia de outros três novatos. Padre Léo chegou de carro, abriu o vidro e puxou assunto.

— *E aí? Tão se adaptando bem?*

A conversa começou sem muito assunto, mas o padre Léo foi logo ao que lhe interessava.

— *Então... você que é aquele menino que canta?*

Fábio quase perdeu as palavras, orgulhoso de ter sido notado por aquele padre que ele admirava tanto, que conhecia pelas participações televisivas no ANUNCIANDO JESUS, o único programa religioso com importância numa época em que a comunidade Canção Nova, a mesma que mais tarde se tornaria um gigante católico e acolheria todos eles, tinha apenas uma rádio em Cachoeira Paulista.

Depois de confirmar o que já sabia, padre Léo convidou Fábio para jantar, e daquela conversa surgiu uma grande amizade. O fráter assumiu uma tarefa que lhe dava ainda mais proximidade: passou a dividir com um colega a função de arrumar o quarto do padre Léo. Era extremamente normal. Funcionário nenhum podia entrar no quarto dos padres e Fábio era encarregado de tirar a poeira da mesa, limpar o banheiro ou arrumar os livros na estante do quarto do padre Léo. Mas nada disso era problema, pelo contrário. Enquanto lidava de perto com aquele que ao longo de toda a vida seria seu grande modelo, Fábio percebia que era possível ser padre e viver uma vida interessantíssima, feita de música, pregações inteligentes e bem-humoradas, e muita diversão. Mas nem tudo o que o mestre fazia reluzia aos olhos de seu jovem discípulo.

Fábio acompanhava o padre Léo nos encontros do movimento Renovação Carismática, gostava de vê-lo pregando, mas *"quando começavam aquelas orações, aquele jeito estranho de rezar"*, ele não se identificava. Sentia as manifestações de certa forma melosas dos carismáticos como algo que contrariava sua visão racional da espiritualidade. *"Achava aquilo muito estranho, nada a ver comigo!"*

A compensação vinha em seguida, pois o encontro sempre terminava com um jantar animado com o padre que encantava até a alma mais cética que lhe aparecesse pela frente. E, muitas vezes, o dia podia terminar também numa boate de Brusque, onde o padre Léo levava os seminaristas para tomar alguma coisa e dançar, sem constrangimento, sem esconder que eram padres.

Fábio se divertia, mas não bebia, pois os exemplos de alcoolismo que testemunhara em casa e nas casas vizinhas à de seus pais em Formiga haviam sido traumáticos o bastante para torná-lo o mais cauteloso possível diante de qualquer coisa que pudesse alterar sua consciência. Justamente por estar sempre sóbrio, era ele quem voltava dirigindo o carro dos seminaristas depois da balada, ou de um jantar numa churrascaria em Florianópolis, ou num restaurante de Blumenau, onde o padre Léo o levou para experimentar algo até então estranhíssimo àquele menino de origem pobre: comida chinesa.

Assim como fizera com a professora Rosângela na escola primária, e com Tia Ló, no momento de largar tudo para entrar no seminário, outra vez, e agora com mais intensidade, Fábio José da Silva se colocava na posição humilde de quem tem muito a aprender com um mestre que identificou seu talento e resolveu lhe apontar os caminhos, ainda que ele soubesse desde cedo que precisaria, sempre, das próprias pernas. Padre Léo seria tão importante em sua formação que Fábio de Melo passaria a vida lhe prestando homenagem.

No seminário de Brusque, alguns meses depois daquele primeiro encontro, quando o seminarista apaixonado pela moça que morava na frente da igreja finalmente julgou que era hora de pedir ajuda, o padre Léo ouviu a confissão e reagiu de maneira inesperada.

— *Não acho que você tem que terminar o namoro, não, filho... vai que é a mulher da sua vida?*

E Fábio, querendo confirmar o que estava ouvindo, fez questão de abrir o jogo por inteiro.

— *Mas, padre Léo, eu tô ficando direto com ela.*

O professor mostrou que sabia exatamente o que estava fazendo.

— *Você tá traindo seus votos temporários* — padre Léo disse, compreensivo. — *Se você achar que essa menina representa mais que a vida que você vive aqui, você tem que sair... mas não pode sair indeciso... E, além do mais, depois disso, você vai ficar muito mais padre porque um dia amou alguém de verdade.*

E mostrou mais uma vez seu lado espirituoso.

— *Ela é feia?*

— *É linda!* — Fábio respondeu.

— *Pronto... mais um motivo pra não terminar!* — padre Léo encerrou a conversa.

Fábio entendeu que estava sendo testado pela vida e precisava confirmar sua vocação. Se não fosse para ser, não seria. Mas se realmente se tornasse padre, estaria muito mais seguro de sua decisão.

O conselho do padre Léo era tranquilizador porque, naquele momento, Fábio estava apaixonado demais para desistir. Como se num passe de mágica seu tutor tivesse suspendido temporariamente a imposição de castidade exigida dos religiosos católicos, Fábio seguiu namorando, estudando Filosofia, fazendo trabalhos pastorais e cantando. Gostava tanto da namorada que começou a fazer planos reais de abandonar a vida religiosa. Pela primeira vez, teve vontade de ser pai.

Por um lado, era uma vida excitante como nem nos seus melhores sonhos o menino formiguense haveria imaginado. Mas era uma vida proibida, e Fábio sabia que estava fazendo algo que seria considerado uma falta grave pela maioria de seus colegas e principalmente por seus superiores na congregação. Se o boato corresse, então... Deus o acuda!

Quando começou o segundo ano do curso de Filosofia, atormentado pela impossibilidade de convivência entre suas duas paixões, entre a possibilidade de ser pai e a certeza de ser padre, vivendo mais uma crise interna, Fábio resolveu se afastar da namorada. Queria refletir. Dar um tempo. E ficou mais de uma semana sem os benefícios daquela vida dupla e extremamente prazerosa que experimentara nos últimos meses.

Até que precisou ir ao centro de Brusque comprar remédios. Na época, uma de suas funções era de motorista do convento. Estacionou o carro, atravessou a rua e deu de cara com a moça maravilhosa. Levou um susto tão grande que não soube o que dizer. Não precisava. Sua namorada era bastante madura, muito decidida também, e assumiu o comando da conversa.

— *Tu sumiste! Tá tudo bem?* — ela questionou, sem pressioná-lo.

— *Tô bem* — foi tudo o que Fábio conseguiu dizer, envergonhado de seu desaparecimento repentino.

— *Eu tô indo embora, vou pra Blumenau* — sem meias palavras, a namorada disparou a notícia arrasadora, e explicou o motivo. — *Eu já tinha recebido essa proposta de emprego lá... essa semana eu tava indo pra faculdade, comecei a reparar no tamanho da casa onde tu moras e pensei que sou muito pequena pra lutar contra essa estrutura. Preciso me defender, me proteger... prefiro sair dessa nossa história assim, eu mesma tomando a decisão.*

E saiu.

Fábio sentiu um soco no estômago, terminou de comprar na farmácia o que havia sido pedido pelos padres e foi para o quarto chorar.

"Chorei igual um bezerro desmamado", ele se lembraria muito depois. *"Ela chegou à conclusão de que não tinha como esperar minha indecisão."*

Portanto, assim ficou decidido. O fráter Fábio José da Silva passaria os próximos dias sofrendo e chorando como um bezerro desmamado depois de ter sido abandonado por uma mulher, mas seguiria firme em seu compromisso com a Igreja, sem jamais se esquecer das palavras decisivas que sua namorada derramou sobre ele como uma dura profecia: *"Nasceste pra ser padre... segue a tua vida!"*.

O BEZERRO DESMAMADO AINDA VAI CHORAR MUITO. QUANDO FOR MATAR SUA SEDE, NO ESCURO DA MADRUGADA, VERÁ O PADRE LÉO APARECER COMO UM ANJO. UM ABRAÇO, DIANTE DE UMA GARRAFA D'ÁGUA, MUDARÁ SUA HISTÓRIA.

COMO ASSIM? ALGUÉM DIZ para você seguir sua vida, desaparece e fica por isso mesmo? Não dava para ser uma transição suave, com direito a preparação emocional? Por mais que Fábio tivesse uma vida religiosa promissora à sua frente... por mais que o sonho de ser padre tivesse povoado sua imaginação desde menino... naquele momento, o seminarista andava confuso, e ainda trazia em seu coração a dúvida causada por aquele relacionamento que lhe apresentara ao mesmo tempo o sexo e uma paixão avassaladora.

"Será que é isso mesmo que eu quero?", ele costumava pensar. E, afinal, como refletiria mais tarde, realmente considerava a possibilidade de desistir de tudo por causa daquela paixão. *"Acho que foi a crise de identidade mais profunda que eu vivi."*

As angústias do seminarista não tinham começado nem terminariam com aquela decepção amorosa. No ano anterior, logo que chegara a Brusque, o seminarista começara sessões de terapia com o padre Wilson Jönck, que mais tarde se tornaria arcebispo de Florianópolis. Naquelas sessões, Fábio falava muito sobre sua irmã Cida, tão próxima dele na infância e tão destruída pela vida desregrada que levara; sempre ameaçando suicídio e esperando que o irmão fizesse alguma coisa para salvá-la. Fábio sentia-se responsável por curar, ou pelo menos melhorar a situação da irmã. No entanto, naquelas sessões de análise, ao mesmo tempo em que procurava respostas em livros sobre relações familiares, percebeu que *"a vítima precisa do bem-sucedido, e o bem-sucedido precisa da vítima"*.

Foi depois de muita análise e reflexão que ele, o bem-sucedido de uma família muito pobre, percebeu que não podia dar conta de tudo sozinho e que *"o vitimismo da Cida"* era alimentado por seu cuidado excessivo. Depois de três anos de tratamento, o sentimento de culpa diminuiu muito. E, mais do que isso, perceber que não poderia ser culpado pelo desconforto que sentia na presença de alguns irmãos lhe deu força para promover mudanças na vida de outras pessoas.

"Um pensamento ordenado, harmonioso, quebra a ignorância! Pra mim, o que é um milagre? É transformar a visão sobre o fato. Os fatos... não tenho como alterar. Não sou alterador de fatos. Eu às vezes rezo pra ter resultados, mas eu rezo sobretudo pra ter sabedoria na hora de interpretar... as minhas perdas... as minhas fragilidades. Então, durante um tempo, eu achava que podia mudar a família. Posso não!"

Mas, naquele momento extremamente delicado, em que os sentimentos se misturavam com as realidades de sua vida em Brusque, nada seria tão simples. Enquanto lidava com todas aquelas questões psicológicas, detectando em seu inconsciente uma certa obsessão pela morte, Fábio começou a ter pesadelos com seu pai.

"Eu tinha sonhos muito recorrentes em que meu pai estava levantando da sepultura... era uma cena horrível: ele pondo as mãos pra fora, tentando tirar a tampa e eu ficava segurando pra ele não sair."

Como aqueles sonhos terríveis eram recorrentes, Fábio os levou às sessões de terapia e acabou chegando à difícil conclusão de que havia desejado a morte do pai. O momento do trauma havia acontecido mais de dois anos antes, quando seu Natinho voltou do hospital, depois de sofrer um derrame e perder parte dos movimentos do corpo. *"Foi muito doloroso ver a expressão dele... uma mente aprisionada no corpo... ele sabendo que a vida dele seria aquilo... o olhar de desespero dele pra gente."*

Havia sido também importantíssimo esmiuçar aquele pesadelo nas sessões de análise e, enfim, tirá-lo da cabeça. *"No fim, não ficou culpa... A gente pode, sim, desejar a morte de quem a gente ama... faz parte da vida... seria extremamente penosa pra ele aquela vida indigente"*, Fábio confidenciaria, muito abalado, como se a lembrança trouxesse de volta aquele sentimento paradoxal.

Se sua vida andava por linhas profundamente tortas, conturbadas e complexas, era preciso descobrir logo quem as andava escrevendo. E a experiência que Fábio teve, poucos dias depois, às três da madrugada, quando foi buscar água no corredor do convento que dividia com outros seminaristas e padres, foi a revelação que lhe faltava. Entendida como divina e, ao mesmo tempo, humana demais.

O término com a namorada ainda era muito recente e Fábio não conseguia dormir direito. No meio da angústia que lhe tirava o sono, se levantou e foi ao bebedouro que ficava no corredor do andar onde morava para encher a garrafa que mantinha no quarto. Enquanto a água corria pelo plástico vazio, rompendo levemente o silêncio daquele corredor escuro, Fábio sentiu um braço envolvendo seus ombros, virou-se para trás e, recuperando-se do susto, ouviu aquela voz conhecida lhe falar.

— *Por que é que meu filho tá acordado uma hora dessa?*

Fábio não conseguiu dizer nada. Chorou. E quando sentiu o abraço do padre Léo mais apertado, chorou ainda mais. O padre acabava de chegar de uma viagem e não sabia da pequena tragédia que despencara sobre os ombros que agora abraçava. Muito mais tarde, com a compreensão que muitas vezes só o tempo permite, Fábio de Melo entenderia que, além da emoção que sentia por estar sendo acolhido por um mestre que de fato o amava, havia naquele encontro algo de espiritual.

Ainda abraçando aquele a quem chamava de filho, padre Léo colocou uma das mãos sobre a cabeça de Fábio e disse que ele continuasse chorando.

— *Chora, meu filho, você tá precisando!*

Fábio de Melo sempre se emocionaria ao lembrar as palavras que viriam logo em seguida, como se lhe abrissem o livro da vida.

— *A vida da gente é igual a uma garrafa d'água.* — padre Léo lhe disse. — *Às vezes a gente tem a sensação de que o mais seguro é ficar com ela sempre cheia... só que aí a água apodrece.*

Sem que Fábio tivesse lhe contado nada a respeito do fim do namoro, padre Léo fazia um diagnóstico preciso do que lhe passava no coração.

— É muito melhor a gente ser um pecador assumido, Fábio... A gente não pode nunca perder a oportunidade de deixar a garrafa na fonte, porque ela vai se renovando, a água podre vai indo embora enquanto uma nova vai entrando... e você nunca terá uma água estragada.

Naquele momento, padre Léo combatia a hipocrisia que percebia em alguns padres e seminaristas.

— *Tem muitos dos seus colegas aqui dentro, muitos entre nós, que se orgulham de estar com suas garrafas cheias, mas as águas estão estragadas... É muito melhor a gente saber que, mesmo não estando com a garrafa cheia, nossa água está vindo de uma fonte boa.*

Sem precisar ouvi-lo, padre Léo sabia que o choro de Fábio juntava a tristeza pela perda de um amor com uma culpa terrível pela vida dupla que levara até então, e que, mesmo que ninguém soubesse, suas aventuras sexuais com a namorada, e a mentira que resultava daquilo, o deixavam envergonhado diante dos colegas.

"Naquele momento, ele cumpriu um papel na minha vida... era como se ele abrisse minha mente, pra compreender a minha fragilidade... aquele meu pecado... não como uma vergonha, mas como uma oportunidade que eu tinha de ressignificar a minha fraqueza", Fábio de Melo concluiria mais tarde, percebendo que tivera ali uma chance para atribuir novo significado ao que havia vivido, e pudesse começar tudo outra vez, sem culpa, sem remorso.

Agora que se considerava perdoado de seu maior pecado, depois daquela confissão sem palavras, Fábio José da Silva sentia o mar se abrir diante de seus olhos ainda cheios de lágrimas. Algo havia mudado depois daquela conversa. Era sábado, e quando padre Léo lhe disse *"amanhã cê vai viajar comigo!",* o seminarista teve certeza de que, como dizia a velha canção de Milton Nascimento e Ronaldo Bastos, *"nada será como antes, amanhã!".*

FÁBIO SERÁ CADA VEZ MAIS UM PREGADOR ITINERANTE, LEVANDO SEU CRISTIANISMO PELOS QUATRO CANTOS DO BRASIL. NADA SERÁ COMO ANTES!

SABENDO QUE MILTON NASCIMENTO foi um dos cantores que inspiraram o cantor e compositor Fábio de Melo, não é difícil de imaginar que o religioso de 23 anos pudesse ter saído de Brusque pensando na letra que, naquele domingo de chuva, pareceria feita sob medida para ele.

Eu já estou com o pé nessa estrada...
Qualquer dia a gente se vê...
Sei que nada será como antes, amanhã.

E, talvez, mais próximo a Florianópolis, vendo as nuvens carregadas, ainda lhe tivessem brotado esses outros versos da canção de Milton.

Alvoroço em meu coração...
Num domingo qualquer, qualquer hora...
Ventania em qualquer direção...
Sei que nada será como antes.

De fato, nada seria como antes, ainda que, naquela curta viagem de carro, Fábio não estivesse cantando e apenas refletindo sobre o que faria dali em diante, sobre como seria sua vida a partir daquele dia, quando decidira abraçar um estilo de catolicismo que até então rejeitara ou, pelo menos, questionara.

O estádio estava lotado e as nuvens anunciavam uma tempestade arrasadora. Era um encontro estadual do movimento Renovação Carismática.

Mais uma vez, padre Léo seria o pregador mais importante daquela dia que teria missa e muita música. Percebendo a preocupação dos colegas que dividiam o palco com ele, o padre resolveu dividir com eles seu otimismo, sempre descontraído.

— Fiquem tranquilos... vão cantando aí, vão cantando porque na hora em que eu começar a pregar o céu vai se abrir!

Padres e outros religiosos que estavam por perto acharam graça daquele otimismo simpático, pensando que logo, logo o céu iria desabar sobre todos eles. Padre Léo resolveu, então, repetir o que havia dito, só que no microfone, para que aqueles milhares de fiéis preocupados pudessem ouvir.

— Fiquem tranquilos porque na hora em que a gente começar a pregar não vai ter mais nenhum risco de chuva!

Apesar do tempo ruim, o estádio ficava cada vez mais cheio. Religiosos e fiéis cantavam juntos. O céu? Preto, preto! Até que, conforme a lembrança de Fábio de Melo, "o céu foi abrindo, abrindo... até que uma meia hora depois tava tudo ensolarado".

· Para quem vinha da pior crise da vida adulta, depois de passar os últimos dias com os nervos à flor da pele, com o coração na mão, ou qualquer outra frase feita que se encontrasse, para o fráter ainda apaixonado e desiludido, aquela mudança de chuva para sol depois da quase profecia do padre Léo era parte de "uma conexão de fatos, de pequenos acontecimentos, confirmando um sentimento que me ocorria, de que Deus estava querendo mostrar a mim a sua face... de que Deus estava querendo quebrar em mim aquela descrença que foi gerada ao longo do tempo".

A descrença de que Fábio de Melo falou não vinha das coisas de Deus, mas do homem. A obrigação de cumprir rituais entediantes numa rotina religiosa que ele entendia como "infértil" e que mais tarde o levaria a pedir exclaustração da congregação dos Padres do Sagrado Coração de Jesus, tudo aquilo que era a obrigação rotineira de um religioso, mas que não tinha nada a ver como o que Fábio entendia como sua missão espiritual.

Agora, a luz do sol que brilhava sobre Florianópolis brilhava também dentro de Fábio. "Naquele momento, eu experimentei a presença de Deus na minha vida.", ele afirmaria.

Depois do quase milagre presenciado no estádio, depois do encontro inesperado com o padre Léo diante do bebedouro e da mudança radical que tudo aquilo havia promovido dentro da sua cabeça, Fábio José da Silva finalmente se sentia pronto para começar a construir sua história. Em breve, inclusive, mudaria seu nome na Justiça e passaria a se apresentar como Fábio de Melo. Mas, ainda antes disso, seria mais honesto consigo mesmo, seria fiel a seus votos com a Igreja e teria uma vida condizente com aquilo que planejava. Decidiu que depois daquele dia em que a chuva se transformou em sol nunca mais manteria qualquer tipo de relação amorosa, nem que fosse apenas platônica. Ressurgia dentro do seminarista o desejo pleno de ser padre, sem dúvidas nem questionamentos, fazendo àqueles que cruzassem seu caminho o mesmo bem que o padre Léo lhe fizera.

"Compreendi que não é nenhum problema eu ter de administrar minha fraqueza... desde que eu a administre à luz dessa misericórdia divina que é tão fundamental pra mim."

Mais do que tudo, o fráter Fábio sentia que Deus estava falando com ele.

"Não tenho equívoco em relação ao que Deus me falou naquela hora... 'Serás um miserável eternamente, mas não te afastes de mim, pois é aí que eu te sustento!'"

Mesmo quando se tornasse padre, famoso por suas músicas, livros e pela presença bem-humorada nas redes sociais, Fábio de Melo continuaria sentindo que aqueles dias foram uma espécie de Cabo da Boa Esperança de sua história. Uma curva vencida para sempre, começando a viagem que lhe apresentaria um novo mundo.

AGORA QUE CRUZOU SEU CABO DA BOA ESPERANÇA, FÁBIO JOSÉ DA SILVA FARÁ COMO O CIENTISTA NEWTON: SUBIRÁ EM OMBROS DE GIGANTES PARA ENXERGAR, E CHEGAR, AINDA MAIS LONGE.

DEPOIS DE TER INVENTADO inúmeras teorias que mudariam as histórias da Física e da Matemática, quando não havia mais dúvidas de que seu nome estava escrito em muitas páginas da história da humanidade, pelo que conta a tradição, o inglês Isaac Newton teria demonstrado sua grandeza intelectual mais uma vez, ao reconhecer a importância de seus mestres.

"Enxerguei mais longe porque subi em ombros de gigantes", o físico teria dito, alguns séculos atrás, numa provável referência a Galileu Galilei e outros seres humanos geniais que abriram o caminho para as suas descobertas.

O padre Fábio de Melo jamais esconderia que subiu em ombros de gigantes. Percebeu no padre Léo uma forma de atuação que juntava consistência sobre os assuntos religiosos, música cantada com carisma e emoção, e um bom humor sempre contagiante. E não teve dúvidas em tê-lo como inspiração, sem jamais esconder isso, pelo contrário. Afirmando sempre com grande orgulho que *"não é possível dizer meu nome sem lembrar do dele"*.

Ainda que um dia chegasse a públicos que jamais ouviram o nome do padre Léo, ainda que acumulasse milhões de seguidores na internet tornando-se um dos padres mais conhecidos de seu tempo, Fábio de Melo jamais esqueceria seu enorme agradecimento ao homem que serviu de base e, por que não dizer, ombros para que ele enxergasse mais longe. Fábio sempre soube ouvir conselhos e dar atenção àqueles que se mostraram sábios ou percorreram caminhos importantes antes dele.

A primeira referência musical lhe chegou ainda na infância, quando foi com os pais ao santuário de Aparecida e voltou com um disco de vinil do padre Zezinho debaixo do braço. Curiosamente, o título do disco era UM CERTO GALILEU, referência ao mesmo Galileu que emprestou os ombros para que Newton enxergasse mais longe. E, talvez sem querer ou sem perceber, padre Zezinho também emprestou seus ombros a Fábio de Melo.

Depois de quase vinte anos ouvindo seus discos, o fráter Fábio veio a conhecer o padre Zezinho nos tempos em que estudava Filosofia em Brusque, na mesma época em que conheceu o padre Léo e também Joãozinho, um terceiro padre que teria extrema importância em sua carreira, abrindo caminhos para que Fábio voasse mais alto que aqueles que o precederam.

Naquele tempo, no entanto, o fráter não pensava muito seriamente em ser cantor. Sempre gostou de escrever e, desde a morte do pai, vinha compondo músicas que soavam bem na voz de outros cantores, em missas e cerimônias religiosas. Naquele último ano em Brusque, no entanto, reforçara seu lado compositor. Renan, o seminarista que desde os tempos de Lavras tocava violão com ele, se lembra de Fábio ter-lhe sugerido que, juntos, entrassem numa nova fase.

"Renan, nesses anos todos a gente reproduziu as músicas dos outros... Nós nunca paramos pra sentar e compor nossas músicas... Vamos fazer música!"

Fábio acreditava que suas composições poderiam ser gravadas em discos. E isso começou a acontecer no dia em que João Carlos Almeida, o padre Joãozinho, entrou em sua vida. Ainda nos tempos do seminário de Lavras, em 1990, quando os seminaristas fizeram uma viagem a Ubatuba, Fábio notou a presença do então fráter Joãozinho, um catarinense de 26 anos, sete a mais que Fábio, vestindo bermuda e camiseta, com uma das mãos queimadas por uma mistura de limão e sol, e um discurso muito bem construído, que demonstrava *"uma sensibilidade diferente dos outros"*.

Era o primeiro religioso com carreira de artista com quem Fábio tinha um contato mais próximo. Um cara que ele admirava por tocar instrumentos e cantar muito bem, e também pelo livro que acabara de escrever, CANTAR EM ESPÍRITO E VERDADE, curiosamente, um quase-manual para padres que quisessem se tornar cantores. Fábio José da Silva não precisaria do manual, pois Joãozinho o pegaria pelas mãos, ensinaria pessoalmente o que pudesse e soubesse, e o levaria, sem escalas, até o estúdio da gravadora Paulinas. Mas não tão cedo. Padre Joãozinho sequer se lembrará desse primeiro encontro.

O encontro que padre Joãozinho anotou em sua memória invejável aconteceu no segundo semestre de 1994, no Colégio do Sagrado Coração de Jesus, em Brusque, onde Fábio estudava.

O estudante de Filosofia estava em seu território e só esperou uma brecha na agenda dos religiosos mais graduados para se apresentar. Joãozinho se lembra exatamente do que viu quando Fábio se aproximou. Era *"aquele menino bonitinho, carinha de anjo, novinho"*, que chegou querendo falar algo, para ele, muito importante.

"Padre Joãozinho... eu sou compositor, fiz algumas músicas... o senhor poderia dar uma opinião?"

Joãozinho não era exatamente um senhor, era jovem, fazia só dois anos que havia se tornado padre, mas parecia anos-luz à frente daquele jovem candidato a padre-compositor. O padre Joãozinho havia lançado seu primeiro disco, produzira alguns outros e começava a ganhar fama como caçador de talentos. Por isso mesmo, concordou em ouvir o calouro. Fábio cantou, no gogó mesmo, sem banda nem microfone. E o padre estava gostando. Mas, ainda que pudesse estar pensando no que fazer com aquele possível talento, não prometeu nada.

"Eu queria saber se o Fábio tinha consistência", diria muito depois. *"Se tinha boas intenções, se tinha motivações... Fui fazendo um diagnóstico daquela pessoa que tava na minha frente."*

Padre Joãozinho perguntou, então, o que o jovem religioso queria com aquelas músicas. *"Quero gravar um disco!"*, Fábio lhe respondeu. Mas, infelizmente, padre Joãozinho havia concluído que aquele religioso jovem era ainda uma pedra bruta, precisando de muitas marteladas para endireitar.

"Monta um material e manda pra mim... Depois eu vou te dar um parecer", o padre disse, antes de se despedir do rapaz da voz bonita que, em sua visão, não passava de um iniciante.

Não é preciso dizer que aquele encontro não saiu da cabeça do compositor. Semanas depois, Fábio teve que ir ao Hospital Santa Marcelina, onde os padres da congregação costumavam ser atendidos, no bairro de Itaquera, em São Paulo. Tinha um inchaço incômodo e precisava fazer uma cirurgia de varicoceles, um procedimento simples, digamos... nos países baixos.

Logo depois de ser liberado do hospital, Fábio foi se recuperar na casa paroquial do Santuário de São Judas Tadeu. Coisas do destino. Era exatamente lá que o padre Joãozinho morava.

Fábio trazia com ele o "material" pedido pelo padre e assim que teve oportunidade foi lhe fazer uma apresentação digna do melhor show de calouros do apresentador Silvio Santos. Fábio tinha letras de música escritas à mão em pedaços de papel avulsos. Levara também uma fita cassete com as canções que tinha conseguido gravar e cantou mais algumas, apresentando mais de dez composições suas ao padre que fazia o papel de jurado rigoroso, no melhor estilo THE VOICE.

Àquela altura, Fábio sonhava alto e pensava que, talvez, pudesse gravar um disco solo com suas canções. Mas Joãozinho não tinha pressa e abriu sobre o seminarista sua metralhadora de água fria.

— *Olha...Você tem talento, mas precisa de estrutura de vida... Você acabou de fazer os primeiros votos, falta muito tempo pra você ser padre... espera um pouco!*

— *Quanto tempo?* — Fábio quis saber.

— *Quem sabe uns dez anos?* — Joãozinho se lembra de ter respondido.

A resposta era exageradamente fria, dura e não condizia com o que padre Joãozinho pretendia fazer. Ele percebera que o jovem seminarista tinha qualidades para se tornar um cantor como muitos que vinham surgindo naquele momento, numa espécie de supersafra da música religiosa brasileira, mas foi sábio ao perceber que Fábio prescisava se preparar para aquela missão.

— *Não basta seu talento natural... você tem que se munir de conhecimento!*

Dá para imaginar que o jovem compositor tivesse ficado frustrado no momento em que recebeu um "não" em forma de lição paternal, adiando possivelmente por uma década o sonho que acalentara e que o deixara ansioso naquele pós-operatório. Mas padre Joãozinho ainda estava prestes a se encantar e diminuir drasticamente aquele prazo, quase fúnebre, de uma década de silêncio.

Muito em breve, a canção que o fráter Fábio está cantando para o padre Joãozinho vai ser gravada num disco. Ainda não tem nem título. Começa dizendo *"Vou cantar teu amor"* e com essa frase padre Joãozinho resolverá batizá-la mais tarde, quando montar o repertório de uma coletânea de músicas religiosas.

"Vou cantar teu amor" tinha uma melodia belíssima e um refrão que, talvez sem que o autor percebesse, era uma profecia sobre o futuro padre Fábio de Melo.

Cantar o canto ensinado por Deus...
Com poesia ensinar nossa fé...
Plantar o chão, cultivar o amor...
Como poetas que querem sonhar...
Pra realizar o que o mestre ensinou.

E se Fábio queria realizar alguma coisa muito antes dos tais dez anos, Joãozinho já estava refazendo suas contas. Enquanto ouvia, pensava que o rapaz realmente tinha talento, que reunia *"pelo menos algumas condições, com voz grave e fala correta"*, e que certamente seria um bom comunicador. O jurado esperou que o calouro terminasse sua ode ao amor divino para, enfim, dizer o que estava pensando.

— *A música é muito boa... e você canta bem. Precisa melhorar algumas coisas... mas sua voz é bonita. Cantar, a gente aprende... agora, timbre, a gente nasce com ele!*

Se havia insegurança ou incerteza sobre suas possibilidades como cantor, agora era um caçador de talentos da música católica quem estava dizendo que a voz de Fábio era muito boa e que, com algum treinamento, poderia soar bonita num palco, ou numa gravação.

"Foi padre Joãozinho que me fez acreditar na possibilidade de ser cantor", ele reconheceria, décadas depois.

Para quem acabava de dizer que levaria dez anos para que Fábio pudesse gravar um disco solo, padre Joãozinho até que foi bem rápido ao anunciar o prêmio de consolação. Convidou o seminarista a gravar aquela música que ele achara *"fantástica"* no disco ADOREMOS 95, que estava produzindo para a Associação do Senhor Jesus, uma instituição evangelizadora fundada na década anterior pelo padre Eduardo Dougherty, responsável por trazer a Renovação Carismática para o Brasil. Olhando de trás para a frente, fica fácil perceber o quanto padre Joãozinho estava errado em sua previsão. Em dez anos, Fábio de Melo não teria apenas seu primeiro disco: gravaria cinco discos solo e faria três participações em discos coletivos, o que o colocaria entre os principais nomes da música religiosa brasileira.

Ainda é cedo, no entanto. Fábio José da Silva tem só a promessa de gravar uma canção num estúdio profissional. Mas até que, pensando bem, para quem não tinha nada, uma canção era bom demais! O fráter Fábio saiu daquele encontro feliz da vida.

(canta Coração)
80 CDs

Lista de pessoas p/ vendas de CDs
pagar dia 17   20/01/

1 Laurinha Gomp~~es~~
2 Wanda Ricardo ~~pago~~
3 Miriam (Exp. ~~pago~~
4 Julieta ~~99D~~ ~~pago~~
5 Ana Bragra ~~pago~~
6 ~~Marilene Rios~~
7 ~~Ismela~~
8 Rosangela do Ar
9 Glaucia ~~pago~~
10 Mariza Braga
11 ~~Neusa (perto Neusa)~~
12 Ilemar ~~pago~~
13 ~~Ariana~~
14 ~~Cristina~~ ~~pago~~
15 ~~Lucia (dif)~~
16 Leena (Irmã ~~pago~~
17 ~~Morela~~ 3829 ~~vende~~ ~~pagar~~ ~~pago~~
18 Aninha (Retro) CD a pagar
19 Mirace ~~pago~~ 1 CD ~~pago~~
20 ~~Dana~~
21 ~~Fatia~~
22 Fatinha ~~pago~~ Pco ~~pago~~)
23 ~~Nadia~~
24 ~~Magda~~
25 Zenaide

26 ~~Cleusa (Carisma)~~
27 ~~Vilma Montanari~~
28 Paulo Henrique
29 Rosane (C. 3½ ML) ~~pago~~
30 Florentina ~~pago~~
31 ~~Ir~~ Aretuza
32 Inês Valadão ~~pco~~
33 Bete (~~pago~~ 1CD- p
34 Olguita ~~pago~~
35 Dalvinha (oг.)
36 Fernando ~~recebe~~ ~~a pago~~
37 Marina (Vale ~~pago~~ 321775
38 ~~Tânia~~ ~~pago~~ 30
39 Liliane 1 CD ~~pago~~
40 Ida (Repago) 1 CD
41 ~~Geirian Reis~~
42 ~~Aninha (amiga Tê~~
43 ~~Teresa~~
44 Cometa ~~pago~~ Solid
45 Nair (pjines) ~~pa~~
46 ~~Toninha (vende~~
47 Gisela ~~pago~~
48 ~~Solange (Carisma~~
49 Eliana Freitas
50 Cristina ~~pago~~

PARTE 6

VOU CANTAR TEU AMOR

À ESQUERDA A famosa lista de Lourdinha, com os compradores dos primeiros discos de Fábio de Melo em Formiga. (Foto: Arquivo Maria de Lourdes Fernandes Fonseca)

Fábio "vara-verde" vai entrar pela primeira vez no estúdio e sairá de São Paulo fortalecido. Em julho daquele 1995, passará a assinar com o nome de Fábio de Melo

O padre Fábio de Melo jamais se esqueceria da sua primeira vez. Ninguém esquece. Ainda mais quando se está *"tremendo igual uma vara verde"*, como ele contaria mais tarde, lembrando do nervosismo que sentiu ao entrar num estúdio profissional com a responsabilidade de gravar uma música sua, na verdade duas, as duas primeiras assinadas e cantadas por Fábio José da Silva, ainda antes de ele mudar seu nome na Justiça, num momento em que seu nome artístico é, simplesmente, Fábio. Anotemos bem, para que esse momento fique registrado. A história musical do padre começou em janeiro de 1995.

As gravações no estúdio das Paulinas na Vila Mariana, em São Paulo, carregariam a marca de uma associação religiosa ligada à Renovação Carismática, e seriam parte de uma coletânea. Num tempo em que não existia YouTube, Spotify ou iTunes, ter uma música gravada num CD era o sonho de qualquer cantor. E, alguns dias antes, Fábio ficara sabendo que gravaria duas. Padre Joãozinho havia gostado de "Vou cantar teu amor" e também de um samba, a "Canção de exaltação", que estava entre as doze músicas do "material" que Fábio lhe apresentara quando fora fazer a cirurgia em São Paulo.

Mas antes, era preciso espantar a ansiedade, o medo e outros demônios que assombravam aquele calouro que o padre Joãozinho agora entregava nas mãos do maestro João Batista Martins, o queridíssimo Jobam. Quando Fábio chegou ao estúdio, sem que ele ouvisse, Jobam fez sua avaliação, numa conversa com o padre Joãozinho.

— *Quem é esse?*

— *É o fráter Fábio.*

— *Bonito, esse rapaz... não parece padre... tem cara de cantor* — Jobam teria dito antes de emendar uma brincadeira — *Tem que tomar cuidado com ele... vai que ele fica famoso, uma menina se encanta... como é que ele vai aguentar?*

Padre Joãozinho foi quem relatou esse diálogo. Contou que o maestro logo percebeu que o fráter Fábio tinha talento. *"Jobam era um homem da noite, experimentado pela vida, conhecia muitos cantores... então ele viu no Fábio a mesma coisa que eu vi... que ele tinha talento"*, relataria o padre Joãozinho.

A conversa no estúdio prosseguiu.

— *E a música é de quem?* — Jobam finalmente quis saber.

— *É dele.*

— *Bonito... com um timbre de voz raro... e ainda compõe!*

— *É da nossa congregação* — disse o padre Joãozinho com certo orgulho, sem imaginar que, para dar o grande salto de sua carreira, no momento em que sua música começasse a exigir que ele passasse a maior parte do tempo viajando o Brasil, Fábio de Melo se veria obrigado a deixar a congregação. Mas agora não. Inclusive, no disco que ele está gravando e nos oito que se seguirão, seu nome sairá sempre acompanhado das iniciais SCJ, indicando que o cantor pertence à congregação dos Padres do Sagrado Coração de Jesus.

Num intervalo das gravações, quando Fábio saiu do aquário onde colocava a voz sobre o arranjo gravado anteriormente, Jobam elogiou suas habilidades de compositor, e falou também sobre o samba que ele havia composto em parceria com o colega seminarista Renan. *"Menino, você tem talento pra samba, hein... precisa explorar isso!"*

Fábio ficou honrado. Afinal, Jobam era respeitadíssimo, conhecido arranjador de grupos importantes de samba e de sertanejos. Mas a música que faria sucesso e abriria as portas para a carreira solo de Fábio de Melo não era o samba. Era "Vou cantar teu amor", aquela canção de melodia doce que encantara o padre Joãozinho.

Para acompanhar Fábio de Melo em sua primeira gravação profissional, padre Joãozinho havia convidado Maria do Rosário, uma cantora que acabava de gravar seu primeiro disco solo e que, para variar, reparou que Fábio usava calças jeans, era muito bonito *"e tinha aquele vozeirão, né!?"*. O problema, no entanto, foi na hora em que Fábio começou a gravar.

Padre Joãozinho confirmava no estúdio a impressão que tivera nos outros encontros. Fábio tinha uma voz muito bonita, mas o padre produtor quase perdia a paciência ao perceber que o novato não conseguia acertar o tom.

"O Fábio tinha um problema sério de afinação... e um segundo problema sério de voz anasalada... e nós não tínhamos naquela época o Pro Tools... não tinha digital, era uma gravação analógica", padre Joãozinho comentaria, mais de duas décadas depois.

Fábio de Melo, no entanto, jamais concordaria. Entendeu que seu problema naquela primeira gravação havia sido apenas de nervos, não de afinação. E ele realmente ficou nervoso. Sua parceira, Maria do Rosário, lembra que Fábio emperrava logo na primeira frase da música.

"Era o comecinho da música que ele não acertava... era bem grave, então ele dava uma desafinadinha no 'amoooor' assim... mas acho que era também porque ele tava nervoso... quando a gente entra num estúdio pela primeira vez, dá um frio na barriga."

Quando não tropeçava no amor, Fábio seguia até a metade da estrofe. Maria do Rosário cantava sozinha, Fábio cantava mais uma estrofe e depois os dois faziam juntos o refrão.

Cantar um canto ensinado por Deus
Com poesia ensinar nossa fé
Plantar o chão, cultivar o amor
Como poetas que querem sonhar.

Quando os dois terminavam, o maestro Jobam apertava o botão lá dentro da cabine e dizia "ficou bom... mas vamos gravar mais uma vez". A gentileza do maestro não lhe permitia dizer que a gravação poderia ficar muito melhor, como acabou ficando na versão que foi publicada.

O padre Joãozinho lembra de ter visto o seminarista chorar de nervoso, e achou divertido. "Eu achava engraçado, mas não podia rir... ele era um colega de congregação que tava pela primeira vez entrando num estúdio pra realizar o grande sonho da vida dele."

Detrás do vidro, diante da mesa de som, Joãozinho e Jobam conversavam sobre o que acontecia diante deles. "São poucas coisas na vida que a gente lembra assim com uma clareza meridiana, eu lembro como se fosse hoje", contaria, muito depois, o padre Joãozinho. "Olhei por aquele vidro assim pro

Fábio, o Fábio lá meio que em lágrimas e em pânico e o Jobam olhou pra mim,
fechou o canal pra ele não ouvir, né... Eu nem sei se eu já contei isso pro
Fábio... o Jobam olhou pra mim e disse assim: 'Padre, Deus sabe o que faz'."

Se foram essas as palavras, infelizmente o maestro Jobam não está mais
aqui para nos contar. Morreu de meningite, alguns anos depois daquela
gravação que seria histórica para Fábio de Melo, e as palavras atribuídas a
ele nos chegaram apenas pela memória do padre Joãozinho. Aliás, pelas
contas do padre, o iniciante precisou repetir a gravação mais de cinquenta
vezes, *"foi uma verdadeira tortura"* até que produtor e maestro se dessem por
satisfeitos. Maria do Rosário estimou em dez o número de vezes que Fábio
precisou cantar a primeira frase da música até que sua voz ficasse afinada.

Sem se lembrar se foram dez, vinte ou cinquenta, Fábio de Melo contaria que, de fato, precisou regravar várias vezes o vocal da música melodio-
sa que havia composto. *"Foi uma tarde inteira"*, ele relembraria. A produtora
irmã Nelci achava a demora normal para um iniciante. E, pelas lembranças
de Maria do Rosário, teve mais riso do que nervosismo.

Os dois cantores se divertiam com tudo. Imitavam a irmã Nelci, que
"era muito brava". Achavam graça da quantidade de Fanta Laranja que o
padre Joãozinho bebia na hora do lanche. Riam de bobagens, e até de algumas músicas que estavam no repertório do disco. Mas quando se lembrasse
daquele dia, Maria do Rosário choraria de saudade.

"Era uma época muito cheia de esperança na nossa vida, não que a espe-
rança tenha acabado, mas éramos jovens, estávamos começando... e era bonito
porque, não era uma gravação qualquer, era uma gravação de Deus."

A mesma divina gravação que o padre Joãozinho definiu como uma
sessão de tortura não impediria que mais tarde surgisse amizade entre Fábio
e ele. Uma amizade produtiva, que se transformaria em alguns discos, e que
seguiria ainda por muitos anos até que o destino tornasse as mensagens de
WhatsApp mais frequentes que os encontros. Mas, mesmo com toda a sua
gratidão pelo padre que o lançou no mundo da música, daquele primeiro dia
de estúdio e do que foi dito depois, Fábio de Melo guardaria uma tristeza,
um certo arranhão no peito por causa do que padre Joãozinho dissera sobre
sua suposta incapacidade de cantar afinado naqueles primeiros dias.

Mesmo quando os dois já não fossem tão próximos, Joãozinho continuaria afirmando a mesma coisa, e Fábio de Melo continuaria discordando.
Mas, na época, o estigma se espalharia pelo meio musical religioso, tiraria o

sono do jovem cantor e o incomodaria por muito tempo, até que ele tivesse a chance de entrar no estúdio para gravar um outro disco, tendo como diretora vocal a amiga Ziza Fernandes, a quem atribuiria parte da responsabilidade pelo fim daquela sensação incômoda. Mas, tenhamos paciência... Fábio de Melo ainda é só um iniciante no meio de muitos, brilhando moderadamente num disco que, além de suas duas músicas de estreia, reúne canções enviadas pelos fiéis, selecionadas por Joãozinho e Maria do Rosário.

Quando o disco ADOREMOS 95 foi lançado, a faixa "Vou cantar teu amor" se tornou um sucesso entre os católicos. Tão grande que por anos e anos continuaria sendo cantada em missas e encontros religiosos. Seria um cartão de visita para o fráter Fábio, rendendo-lhe convites para fazer apresentações até nos acampamentos da Canção Nova, uma comunidade que pouco a pouco ganhava importância, atraindo os maiores talentos da música religiosa, entre eles, os padres Zezinho, Joãozinho e Léo, grandes nomes do Sagrado Coração de Jesus.

Mas antes mesmo que o disco saísse, Fábio de Melo havia resolvido uma pendência antiga. Fazia muito que queria incluir o sobrenome da família da mãe em seu nome. Procurou uma advogada e, no dia 28 de julho de 1995, passou a se chamar legalmente Fábio José de Melo Silva. O nome que resultaria daquela alteração em sua certidão de nascimento permitiria que ele optasse também por um novo nome artístico. Não seria mais "fráter Fábio, scj" ou apenas "Fábio", como o padre Joãozinho decidira registrar em duas edições do disco ADOREMOS. Quando fizesse seu primeiro disco solo, o religioso apresentaria seu nome artístico completo e definitivo: Fábio de Melo.

Muitos anos depois, o ex-seminarista Renan Nascimento diria que uma outra razão para a mudança no nome artístico era que o amigo achava que "Fábio da Silva" não soava bem para um cantor, e que, por isso, resolvera assinar apenas com o Melo que vinha de sua mãe — carregando naquela decisão todos os significados e simbolismos que dona Ana tivera e teria em sua vida.

A COMUNIDADE CATÓLICA CANTA UMA NOVA CANÇÃO. CACHOEIRA PAULISTA É ONDE UM CARISMÁTICO TEM QUE ESTAR. AQUELE CHÃO DE BARRO VERÁ O GÊNESIS DE UM NOVO FÁBIO DE MELO, E DE SEU INSEPARÁVEL "ESCRITÓRIO".

POR UMA DAQUELAS OBRAS do destino, ou por Divina Providência, como muitos dirão, no momento em que o fráter Fábio abraçou definitivamente a missão de se tornar um padre evangelizador e comunicador, quando as dúvidas amorosas ficaram para trás, quando o padre Léo e o padre Joãozinho se tornaram influências decisivas... Naquele exato momento, em Cachoeira Paulista, no interior de São Paulo, crescia aceleradamente um movimento católico criado quando ele ainda era menino por um padre visionário que resolvera renovar o universo católico brasileiro com as próprias mãos. Ou, pelo menos, abrir, para quem quisesse, a Renovação Carismática que chegara ao mundo por influência de católicos dos Estados Unidos e que ganhara "autorização" do Vaticano depois que o papa Paulo VI publicara sua encíclica EVANGELII NUNTIANDI, constatando que a humanidade vivia um tempo de medo e angústia, e convocando os religiosos do mundo inteiro a encontrar novas maneiras de levar a mensagem de Cristo ao *homem moderno* com ainda mais *"amor, zelo e alegria".*

Em 1995, quando o fráter Fábio de Melo começou a frequentar os acampamentos e retiros espirituais em Cachoeira Paulista, o padre Jonas Abib ainda não tinha recebido das mãos de Bento XVI o título de monsenhor, nem tinha transformado a comunidade Canção Nova num gigante mundial das comunicações católicas.

Em 1980, dois anos depois de começar sua comunidade com apenas doze pessoas em Cachoeira Paulista, Abib fundou uma rádio que mais tarde se tornou referência entre os católicos que tinham suas mentes mais abertas àquela renovação e, por que não dizer, àquela proposta de cristianismo mais alegre trazida pelos carismáticos e suas músicas modernas, que usavam de rock a samba para fazer suas louvações a Deus.

Em 1989, o padre Abib deu um passo pequeno para um sonho gigante. Abriu o sinal da TV Canção Nova para uns poucos municípios do interior paulista. Em seguida, comprou retransmissoras, e a rede foi se expandindo pelo Brasil.

Era preciso preencher uma grade inteira de programação e assim os espaços se abriram para padres com dotes vocais e até para artistas leigos inexperientes. Começaram a surgir alguns dos nomes que seriam enorme sucesso entre os católicos, a ponto de se tornarem celebridades num mundo até então carrancudo, onde o máximo de improviso que se permitia eram os Encontros de Adolescentes com Cristo, como os que o próprio Fábio ajudara a promover em Formiga.

Nos festivais organizados pela comunidade, se destacaram o veterinário Eros Biondini, as bandas Dominus e Pentecostes, Dunga, Ziza Fernandes e, entre muitos outros, uma jovem talentosa que até então o máximo que havia feito havia sido vender bijuterias.

Celina Borges tocava violão e já cantava razoavelmente bem, mas estreou no mundo musical como coautora de uma música gravada por uma dupla de cantores no primeiro disco de vinil publicado pela Canção Nova. O sucesso "Grito de alerta" trazia na letra a própria essência do movimento carismático. Anunciava um novo tempo em que *"Jesus vai voltar"*, alertava para um tempo de confusão da humanidade e, em termos parecidos aos da encíclica de Paulo VI, conclamava os católicos a tomarem uma decisão por Deus, antes que fosse tarde.

> *Pequena Igreja fiel, é a última hora…*
> *Guerreiros marchar, a porta aberta...*
> *Ninguém pode fechar!*

Depois de escrever aquele sucesso em ritmo de axé, Celina e Heliomara Marques, sua parceira na composição, perceberam que havia espaço para novos talentos e resolveram usar o dinheiro que as duas ganhavam com as bijuterias para produzir o que seria o primeiro disco solo de Celina Borges.

O álbum DEIXE-ME NASCER foi gravado ao longo daquele ano de 1995 com a lentidão imposta pelo pouco dinheiro das duas amigas. Heliomara, desde então conhecida apenas como Leozinha, futura empresária do padre Fábio de Melo, assumiu o papel de produtora executiva, negociando preços com o estúdio de gravação e juntando cada trocado para gravar aquele primeiro CD da cantora que um dia seria um grande sucesso entre os católicos.

Foi num dia de gravação que Dunga, cantor e organizador dos eventos na Canção Nova, entrou no estúdio informando que Celina Borges estrearia imediatamente na TV de Cachoeira Paulista. Celina cantou e fez pregações tão apaixonadas que rapidamente virou um sucesso. Leozinha decolou junto.

Depois de ter sido vendedora de farmácia, administradora de fábrica de baterias de carro e importadora de bijuterias orientais, e depois também de perder tudo o que tinha poupado por causa do plano econômico absurdo do presidente Fernando Collor, Leozinha virou produtora, secretária, assessora de imprensa, cinegrafista, agente, empresária... tudo o que se pudesse imaginar. Nascia ali a Talentos, uma empresa familiar de gerenciamento de carreiras que muito em breve passaria a se dedicar exclusivamente a artistas católicos, com uma enorme atenção à carreira do padre Fábio de Melo. Ele sempre se referirá à empresa de Léo como *"o escritório"*, e não a abandonará nem mesmo quando grandes nomes do mundo artístico lhe aparecerem com propostas tentadoras.

Mas, por enquanto, o fráter Fábio acompanha apenas à distância a aventura musical de Leozinha e Celina Borges. É um jovem frequentador dos "acampamentos" da Canção Nova, levado pelo padre Joãozinho, que já é um nome reconhecido no meio musical católico. Os acampamentos eram encontros improvisados na terra quase virgem de Cachoeira Paulista, nos primeiros palcos do que um dia se tornaria uma estrutura gigante, com alcance nacional e até internacional.

"Não tinha estrutura, era chão batido de terra", Leozinha se recordaria mais tarde. *"Nós íamos com barraca pra acampar... e só tinha um palquinho lá... uma área assim onde nos reuníamos e assistíamos às palestras e louvações."*

Louvação era o nome que se dava aos shows, num tempo em que ainda era preciso convencer os católicos a aceitar tudo aquilo que saía das regras que imperavam no Brasil desde que os primeiros jesuítas portugueses chegaram aqui fundando igrejas e escolas no século XVI. As pregações da

Canção Nova eram feitas principalmente pelo padre Jonas Abib, futuro monsenhor, e por Luzia Santiago, sua parceira na formação da comunidade. Era só a semente dos grandes encontros com mais de 100 mil pessoas na plateia, e outras centenas de milhares assistindo pela televisão, no auditório enorme que a Canção Nova ergueria naquele mesmo chão batido onde aconteciam os acampamentos.

Anos mais tarde, depois de se tornar conhecido dos católicos brasileiros através da TV Canção Nova, Fábio de Melo atribuiria parte da responsabilidade por sua fama a Luzia Santiago, Wellington Jardim e, principalmente, ao monsenhor Abib. *"Foi um religioso que ousou romper para poder fazer... se ele tivesse continuado na congregação dele não teria feito a Canção Nova... Se hoje eu sou o padre que sou, agradeço à coragem desse homem"*, o padre Fábio de Melo reconheceria mais tarde.

Naquele tempo, quando a Canção Nova estava apenas nascendo, o fráter Fábio era quase um anônimo. Subiu naquele palco pela primeira vez num acampamento liderado pelos religiosos do Sagrado Coração de Jesus, em Cachoeira Paulista. Padre Joãozinho estava cantando e chamou Fábio de Melo para acompanhá-lo. Era mais uma porta se abrindo. Uma porta imensa, que levava a um mundo novo e lhe reforçava a certeza de que era possível ser exatamente como gostaria de ser, sem jamais ter que abandonar suas aspirações artísticas, pois elas eram perfeitamente compatíveis com a vida de um padre.

Se uma década antes um cantor católico teria muita dificuldade para voar além dos muros das igrejas, os anos 1990 eram o momento histórico feito sob medida para o surgimento de uma personalidade nacional como Fábio de Melo. E a Canção Nova era o ambiente adequado para que ele se desenvolvesse e ganhasse confiança nos palcos, e diante das câmeras.

Depois de oito anos peregrinando por escolas religiosas, cinco anos depois de deixar para trás aquela liberdade inigualável que encontrara no seminário de Lavras, Fábio estava outra vez numa comunidade religiosa onde a alegria era não só permitida como incentivada. Mas havia ainda um longo caminho pela frente. Era preciso ser ordenado padre e, como ele confirmaria mais tarde, era preciso também enfrentar os olhares enviesados da ala mais conservadora da Igreja, fazendo o possível para ousar sem criar inimigos.

FÁBIO ACOMPANHA OS PASSOS DO MAIS IMPORTANTE ENTRE TODOS OS SEUS MESTRES. VAI RIR, CANTAR E CHORAR COM O PADRE LÉO. LAMENTAVELMENTE, A CONVIVÊNCIA SERÁ BREVE.

O ÚLTIMO ANO DO seminarista Fábio José de Melo Silva na faculdade de Filosofia de Brusque foi do jeito que ele gostava. Curtindo o relativo sucesso de suas primeiras gravações, fazendo algumas aparições públicas com padre Joãozinho e acompanhando o padre Léo em suas inúmeras viagens, o fráter passou aquele 1995 cantando e aprendendo a pregar. Afinal, não havia escola melhor do que assistir, de cima do palco ou do altar, à performance daquele que seria lembrado como um dos maiores pregadores brasileiros de seu tempo, um homem de carisma único, com uma alma doce como poucas. Sempre usando a ironia como forma de simpatia, padre Léo anunciava Fábio de Melo como *"o fráter nosso que já tem vários CDS gravados"*, quando na verdade tudo o que ele tinha eram aquelas duas canções numa coletânea.

"Era um homem performático, muito espirituoso em todas as artes... Cê chorava de rir, chorava tocado pelas palavras dele no final... Era sempre assim, ele te levava ao máximo das emoções", Fábio de Melo se lembraria do padre Léo sempre prestes a derramar uma lágrima.

Naquele último ano de Filosofia, o fráter Fábio cantava, mas não podia celebrar missas com o padre Léo. Como não demoraria muito para que o padre fosse embora deste nosso mundo, uma das tristezas de Fábio de Melo seria jamais ter tido a oportunidade de pregar junto com seu grande mentor. Mas, por enquanto, a rotina deles parece um sonho. Estão juntos, mestre e aprendiz, vivendo alguns dos melhores momentos de suas vidas. E Fábio... aprendendo a ser Fábio de Melo.

Num dos muitos dias em que o padre Léo ficou à disposição dos fiéis para dar atendimento particular na porta do colégio São Luís, em Brusque, ficou parado ali por muito tempo um rapaz que não gostava de igreja. Ou que, pelo menos, não queria saber daquele padre. Ele estava sentado, sem se aproximar das pessoas que faziam fila para ouvir pelo menos algumas palavras do padre Léo, que na época era também o diretor do colégio. Mas o padre percebeu algo estranho, e foi falar com o rapaz. Sentou a seu lado e perguntou se ele precisava de alguma coisa. *"Não... eu tô é esperando passar o tempo. Minha mãe mandou eu conversar com um tal de padre Léo... só que eu não quero conversar com ele não"*, o rapaz respondeu, sem saber que falava com o próprio. *"Mas por que é que sua mãe mandou você aqui, rapaz?"* O rapaz resistiu por um tempo, disse que não iria contar seu problema, mas acabou se abrindo com aquele estranho que lhe falava sem formalidades, como um amigo. No fim, quando estava satisfeito por ter dado o atendimento de que o rapaz tanto precisava, padre Léo lhe disse algo como *"então tá bom, meu filho, pode ir embora... eu sou o padre Léo"*. O padre rezou e os dois saíram andando, abraçados.

O fráter Fábio assistiu a tudo de longe e só depois entendeu o que havia acontecido. Ficou comovido. Aprendeu. E jamais se esqueceu.

"Tenho isso em mim.... eu tenho facilidade de falar com os que não querem falar comigo", ele diria ao relembrar o episódio, um exemplo do que entenderia como *"humanidade"* do padre Léo. *"Ele amava o ser humano... tinha um profundo respeito pelo outro, uma capacidade de amar com muita rapidez... acolher e cuidar do outro."*

No fim daquele período de três anos em que estudou Filosofia em Santa Catarina, Fábio de Melo começou a se afastar *"geograficamente"* do padre Léo. E se ele diz que o afastamento foi geográfico é porque Léo jamais sairia de seu coração.

Ainda que o aprendiz fosse diversas vezes participar do programa Tenda do Senhor que o padre Léo passou a apresentar todas as segundas-feiras na rede Canção Nova, seu novo guia pelos caminhos da Renovação Carismática seria, cada vez mais, o padre Joãozinho. E sua casa, pelos próximos dois anos, o seminário paranaense de Terra Boa.

Terra boa, notícia terrível. Ao completar 25 anos, Fábio perderá uma irmã, e carregará a dor daquela morte repentina por toda a vida.

Aqueles dois anos em Terra Boa seriam extremamente complexos na vida de Fábio de Melo. O religioso, que ainda não era padre, experimentaria um período de imersão em questões profundas, e antes ocultas, de sua alma. Veria sua carreira de cantor decolar com o lançamento de seu primeiro disco solo, mas, antes disso, enfrentaria naquele seminário o segundo grande luto de sua vida. Exatamente como na morte de seu pai, que acontecera bem na chegada a Rio Negrinho, foi logo que Fábio chegou ao Paraná, seis dias depois de seu aniversário, em 9 de abril de 1996, que o seminarista Gervásio veio lhe dar a notícia terrível.

Gervásio estava no quarto dele, de porta aberta, sentado sobre a mesa. De olho no corredor, esperando. Quando Fábio chegou, Gervásio entrou no quarto do amigo com uma cara tão terrível que parecia ter visto uma assombração. E tinha.

— *Eu tenho uma notícia muito triste pra te dar* — disparou.

— *Minha mãe morreu?* — foi a primeira coisa que Fábio pensou.

Dona Ana não tinha morrido. Estava em Formiga, bem de saúde, mas também prestes a entrar em choque. Foi um padre que bateu na porta da casa dela, acompanhado da amiga que Fábio chamava de tia Toninha, dizendo que sua missão naquele dia não era boa.

— *Ai, gente... o que aconteceu com o Fábio?* — a mãe aflita perguntou ao padre Cláudio.

Em Terra Boa, àquela altura, Fábio ficara sabendo que a mãe estava bem. Gervásio, muito sem jeito, demorava para lhe dar a notícia.

— *Morreu uma pessoa que você ama muito e que mora em Belo Horizonte.*

— *A Évila?* – Fábio pensou que fosse sua primeira paixão, agora grande amiga, que havia se mudado para Belo Horizonte.

Em Formiga, dona Ana Maria teria um breve instante de alívio.

— *Não... com o Fábio não aconteceu nada* — o padre Cláudio disse e deixou que tia Toninha anunciasse a tragédia.

— *Quem morreu foi a Heloísa* — Toninha disse, para logo em seguida ver as portas da casa se abrirem, as comadres entrarem, depois os compadres, os amigos, até se formar o velório.

— *Não, Fábio... quem morreu foi sua irmã Heloísa* — disse Gervásio ao amigo que agora entrava em choque.

Na infância, Heloísa havia caído de uma árvore. Na adolescência, escapara de ser atropelada por uma Kombi. Será que dessa vez não tinha saída? *"Não era possível"*, Fábio pensava, Heloísa havia lhe telefonado poucos dias antes para desejar feliz aniversário, estava ótima, dizendo que viajaria a Recife.

Gervásio terminou de contar o que havia acontecido: o ônibus em que Heloísa viajava caíra num barranco, todos haviam se salvado e apenas ela morrera. Foi justamente numa viagem que Heloísa não queria fazer, pois estava cansada, e por uma razão estúpida: um objeto de ferro que estava armazenado irregularmente no compartimento onde as malas ficam guardadas acima dos passageiros havia caído sobre sua cabeça. Isso acontecera às cinco da manhã daquela terça-feira.

Fábio ficou atordoado. Não pensou em mais nada antes de seguir até o aeroporto e pegar o primeiro voo para Belo Horizonte. Quando desembarcou, no saguão, foi recebido pelo padre Joãozinho, que fazia mestrado na faculdade dos jesuítas, e foi até ali para apoiar o amigo. Fábio se despediu de Joãozinho e seguiu tão atordoado que não se lembra de como chegou a Formiga.

Chegou à noite. E encontrou dona Ana ainda sem reação, como, aliás, aquela mãe ficaria por uma semana inteira até que finalmente se deixasse sentir a dor profunda daquela perda precoce. *"Por que é que as pessoas que a gente ama tanto morrem?"*, a mãe lamentaria para sempre, como se interrogasse a Deus.

Os irmãos estavam ali, preocupados com dona Ana, arrasados pela tragédia que viera de tão longe que o velório começou antes mesmo que o corpo de Heloísa chegasse. Foi uma noite praticamente de insônia coletiva, seguida de um dia inteiro de espera, até que, no fim da tarde de quarta-feira, o corpo chegou. Só que chegou muito tarde e dona Ana não quis fazer o enterro com pressa. À noite, todos comeram os pães que tia Toninha trouxe de sua padaria. Tomaram café, e choraram juntos. Só depois de dois dias de velório, o corpo de Heloísa Inês da Silva foi enterrado em Formiga.

"Me senti muito órfão... percebi que com ela morreu muita gente. Quantos morrem naquele que morre?", padre Fábio avaliaria anos depois.

Heloísa completara 31 anos em fevereiro. Era a segunda mais jovem dos oito irmãos, mais velha apenas que Fábio. E, desde a adolescência, desde que os primeiros foram indo embora e os dois ficaram praticamente sozinhos em casa, se tornara sua irmã mais próxima. Amigos contam que ela era a que mais se parecia com Fábio, na alegria, no jeito espontâneo e na vontade que os dois sempre tiveram de viver uma vida melhor do que a que lhes fora imposta na pobreza quase miserável de Formiga. A mais nova entre as filhas de dona Ana era também geniosa e frequentemente batia de frente com Fábio. Mas agora, enquanto sofria com a perda enorme, ele ia descobrindo que Heloísa era o mais forte dos elos que o uniam aos outros irmãos. E sempre seria doloroso para ele falar desse assunto.

"É ruim de falar, né... eu perdi o referencial de família... de irmãos... eu não sabia disso, foi a morte dela que me mostrou que ela era o único tendão que me prendia aos outros, que me despertava interesse pelos outros... e eu não percebia que ela tinha essa função. Quando Heloísa morreu, foi um afastamento natural... foi acontecendo aos poucos."

Na verdade, ainda que só naquele momento se desse conta, fazia muito tempo que Fábio se tornara um estranho para a maioria dos irmãos. Quando ia a Formiga, passava o dia com os amigos, longe da rua Marciano Montserrat, onde Cida e Zita continuariam morando com filhos e netos.

Mesmo distante, Zita precisaria muito da ajuda do irmão depois que escorregasse e caísse no chão da casa de uma amiga, recebendo os três parafusos que juntaram os ossos esmigalhados de um de seus pés. Cida também dependeria de ajuda financeira para tratar de uma saúde cada vez mais fragilizada, em consequência dos excessos que cometera na vida, depois de um enfarto e um acidente vascular cerebral seguido de convulsão em plena arquibancada do show de Fábio de Melo, em 2013. Enfartara por excesso de emoção? Ou de contradição? Como era possível que seu irmão estivesse ao mesmo tempo tão perto e tão distante?

No começo da adolescência, quando Tia Ló detectou o sofrimento daquele menino e fez o possível para que ele fosse para o seminário, Fábio já sofria ao perceber a diferença que havia, muito além da idade, entre ele e seus irmãos mais velhos.

"Outro dia eu estava vendo umas cartas que minha mãe tem, da minha época no seminário de Lavras... como eu me interessava por todo mundo... uma preocupação nas cartas... eu estava lendo isso e falei 'meu Deus!', eu citava todo mundo nominalmente nas cartas. Não sei se era por obrigação..."

Fato é que quanto mais viajasse por conventos, seminários e, mais tarde, pelos palcos do Brasil, mais o padre Fábio de Melo se veria distante da realidade dos irmãos. Quando saísse da congregação dos Padres do Sagrado Coração de Jesus e passasse a ter liberdade para usar o dinheiro que ganhava com a música, seria frequentemente requisitado financeiramente por eles, e ofereceria um imóvel a cada um.

Se antes era o arrimo emocional da família, depois da fama seria também o arrimo financeiro, a parede de todas as casas, o segurador de barras, resolvedor de pepinos, algo que psicologicamente lhe custaria muito mais caro do que qualquer dinheiro. Até que Fábio chegaria a uma conclusão tristíssima, mas extremamente honesta com seus sentimentos.

"É muito cruel, né... o tanto que o outro consegue te acessar com uma palavra... Eu tenho isso com o Geraldo, por exemplo... é um irmão que eu amo, que se precisar, faço qualquer coisa por ele, mas há muito deixamos de conviver... e hoje eu não sinto mais nenhuma culpa... já me curei disso... porque eu cheguei a um entendimento de que as coisas são assim: se não cultivamos, com o tempo perdemos a intimidade. Não é o vínculo familiar que define as coisas."

Numa prova de que nada é eterno, no entanto, no começo de 2016, depois que dona Ana se recuperasse de uma fratura no fêmur e voltasse a Formiga, Fábio e seu irmão Camilo ficariam próximos outra vez. Camilo, ajudante de enfermagem por profissão, batizado com esse nome em homenagem ao santo enfermeiro, deixaria tudo para cuidar da mãe, e Fábio, imensamente agradecido pela dedicação, se encarregaria de todas as despesas do irmão.

"Pago para ele não ter que trabalhar em outra coisa, mas não preciso pagar pelo amor que ele tem", Fábio de Melo diria, vinte anos depois da morte de

sua irmã, ao constatar que a mesma vida que nos destrói com suas tragédias nos reergue com suas surpresas. Boas surpresas. *"É interessante redescobrir no Camilo um irmão que eu preciso amar, porque sou muito grato a ele."*

Com Heloísa, no entanto, Fábio não teve a oportunidade de reparar um erro que, se pudesse imaginar a pressa do destino em levá-la, jamais teria cometido. Seis dias antes de sua morte, quando a irmã lhe telefonou para desejar felicidades pelo aniversário, Fábio estava agitado, pediu desculpas pela correria e falou com ela muito menos do que gostaria. Sem saber que seria a última vez.

A TRAGÉDIA LEVOU O RELIGIOSO A BUSCAR O LADO MAIS ESPIRITUAL DE SUA VIDA. SEM NADA NO BOLSO OU NA MÃO, FOI A FRANCISCO BELTRÃO E IMPROVISOU O SERMÃO QUE INAUGUROU SUA VIDA DE PREGADOR.

DEPOIS DO ACIDENTE QUE levou Heloísa e lhe deu a impressão de estar desfazendo o último elo com os irmãos, Fábio deixou a barba crescer e descuidou da aparência. Tristeza como aquela não permitia preocupação com coisa nenhuma. A culpa pela pressa no telefonema derradeiro o perturbava. Custava ter falado um pouco mais com ela? Culpado, destruído, o seminarista atravessou um tempo tristíssimo, profundamente solitário, mas também de profunda meditação e redescoberta, reinvenção. Sentia que a morte de Heloísa o havia empurrado a uma vida *mais espiritualizada* e ia até o fundo do poço para reencontrar suas forças. Passava grande parte do tempo ouvindo uma fita cassete com músicas de Ziza Fernandes que lhe tocavam profundamente o coração.

> Seja sempre o guardião das palavras que eu falo
> E também seja o pastor a conduzir os meus passos
> Não me deixe por caminhos tortuosos caminhar
> Mas me mostre o que é amar.

Mas nem "Guardião", cantada por sua amiga Ziza, falando de Deus de maneira tão humana, nem a rotina do seminário, nada o fazia esquecer a morte da irmã. Era preciso se abrir ao mundo outra vez.

Na função de ajudante dos padres em Terra Boa, Fábio começou a dar aulas de português e de redação para alguns seminaristas. Viu-se impulsionado a participar mais e mais dos grupos de oração das vizinhanças daquela cidade paranaense.

Foi no momento em que o sofrimento se converteu em vigor espiritual que nasceu o pregador Fábio de Melo, levando aos meios religiosos a capacidade transformadora que até os ambientes não religiosos do Brasil conheceriam mais tarde. E quando estamos comprometidos, no caminho certo, como dizia o escritor alemão Goethe, o universo conspira a nosso favor.

Eis que tocou o telefone no seminário de Terra Boa. Era Rita Cattani. Quem mesmo? Fábio ainda não conhecia sua futura madrinha de ordenação. Mas, fosse quem fosse, era um convite importante e inédito que lhe chegava da cidade de Pato Branco, também no Paraná.

— *Estamos organizando um congresso aqui perto, em Francisco Beltrão... Padre Joãozinho não pode vir... disse que você é pregador* — Rita começou a conversa, ainda um pouco desconfiada, temendo que o fráter fosse inexperiente.

— *Sou sim...* — Fábio respondeu, sabendo que, por mais que quisesse, ainda não era um pregador como aquela mulher esperava que ele fosse. Mas... e daí? Se sofria profundamente com a morte de Heloísa, aquela era uma oportunidade de se reerguer, se atirar no mundo. Os dois acertaram os detalhes da viagem e, na véspera da pregação de Pentecostes, Fábio de Melo percorreu de táxi os 440 quilômetros que separavam Terra Boa de Pato Branco, onde ficava a casa de Rita Cattani, uma das coordenadoras do movimento Renovação Carismática no sudoeste do Paraná.

Pela voz grave que ouviu ao telefone, Rita até se animou mais. Pensou que o fráter Fábio fosse um cara muito mais velho e, talvez, com alguma experiência. Tanto que no sábado, quando chegou em casa e viu o fráter e o taxista sentados na sala de sua casa, precisou perguntar qual dos dois era o pregador. Para sua surpresa, era o mais novinho, o magrinho de calça branca e camisa de lã marrom. *"Mas gente... é um guri!"*, Rita disse alto, sem se preocupar com o que o fráter-guri pensaria daquilo

No domingo de Pentecostes, 26 de maio de 1997, pouco antes das oito da manhã, quando chegou ao ginásio de Francisco Beltrão, foi Fábio de Melo quem tomou um susto. Havia mais de 8 mil pessoas se espremendo para ouvir suas palavras. Mais de 8 mil pessoas à espera de um religioso que ninguém conhecia, e que chegava de camisa xadrez, como era um costume seu naquela época, despreparado para o frio perto de zero grau que levara todo mundo a ir extremamente agasalhado àquele ginásio.

O fráter começou assustado, com medo de decepcionar aquele povo todo. Não tinha nenhum discurso preparado. Não tinha experiência com grandes públicos. Mas usou o que havia aprendido em suas andanças com o padre Léo, improvisou, e se saiu bem demais.

Apenas meia hora depois, quando desceu do palco para buscar uma toalha, Rita percebeu que muitas pessoas estavam chorando em silêncio enquanto ouviam as palavras de Fábio de Melo. *"Era um choro de cura... de encontro consigo mesmo... um choro do Espírito Santo"*, Rita diria quase vinte anos depois, ainda com a lembrança viva daquele dia histórico para os católicos de sua região. No fim da missa, no momento em que os fiéis recebiam a hóstia, o fráter de 26 anos começou a cantar uma das inúmeras músicas inéditas de seu repertório. Foi uma das poucas vezes que alguém viu Fábio de Melo tocando violão em público.

Cheguei agora, estou à porta e peço entrada...
Vim pra ficar na tua casa, estou aqui.

A canção "Estou à porta e peço entrada" falava de Jesus Cristo, mas o refrão poderia muito bem ser entendido como a apresentação daquele novo pregador, pedindo que os paranaenses abrissem suas portas para recebê-lo, como de fato abriram, e com tanto interesse que a fita gravada durante aquela missa foi copiada e distribuída entre os fiéis de Francisco Beltrão. Depois, chegou a Pato Branco, conquistou Palmas e viajou centenas de quilômetros até Curitiba, de onde um irmão de Rita Cattani telefonou querendo saber *"de quem era aquela voz que cantava na comunhão?"*. De um dia para o outro, o fráter de camisa xadrez virou um ídolo entre os católicos do Paraná. Rita Cattani, ainda impressionada com aquele moço franzino que padre Joãozinho lhe enviara, manifestou seu espanto. *"Como é que pode... fráter Fábio? Você, um menino... como pode ter a sabedoria de um idoso?"*

Ainda naquele ano, quando voltou à região, o fráter foi surpreendido mais uma vez. Quando chegou para participar de uma missa na matriz da paróquia do Cristo Rei, em Pato Branco, ouviu a igreja inteira entoar a música que ele cantara na histórica missa de Pentecostes. Era obra de padre Adílson. Tinha ouvido diversas vezes a fita com a música que Fábio de Melo cantara na pregação do ano anterior, aprendera a cantá-la e ensaiara um enorme coral, com adultos e crianças. Ouvir aquele povo todo cantando na matriz era de arrepiar. E Fábio de Melo, como sabemos, não fica só arrepiado, se derrama em lágrimas.

Percebendo que mesmo sem jamais ter sido tocada numa rádio aquela canção era um sucesso estrondoso, o fráter decidiu que "Estou à porta e peço entrada" deveria estar no repertório de seu primeiro disco quando um dia ele tivesse a chance de gravá-lo. Num lugar muito especial de sua memória, Fábio de Melo anotaria que a primeira pregação de sua vida havia sido naquele domingo incrível em Francisco Beltrão. Ele reservaria um lugar especial também para a até então desconhecida Rita Cattani. Quando chegasse a hora, seria uma das três madrinhas de sua ordenação.

Mas, antes disso, muito antes, o pregador contou com a ajuda de Wânia Rampazzo, amiga de Terra Boa, futura madrinha de ordenação. Foi com uma doação feita por ela que ele e o amigo Walmir Alencar puderam acompanhar a Jornada Mundial da Juventude com o papa João Paulo II, em Paris. Seria a primeira viagem internacional daquele jovem pregador. E logo que voltasse, ele teria finalmente a oportunidade de que precisava para colocar "Estou à porta" e outras dez canções em seu primeiro disco solo.

AGORA QUE SE SENTE CONFIANTE COMO PREGADOR, FÁBIO DE MELO VAI GRAVAR SEU PRIMEIRO DISCO. ESCREVERÁ MUITAS CARTAS, QUERENDO QUE A "TERRA" DE SEU CORAÇÃO SEJA TÃO BOA QUANTO A TERRA QUE PISA.

ENQUANTO VIVIA NAQUELE SEMINÁRIO tranquilo em Terra Boa, fazendo um estágio que o desobrigava de grandes estudos, de certa forma dando um tempo da Filosofia enquanto não começava a Teologia, Fábio de Melo dedicava suas horas livres a uma intensa produção poética, musical e epistolar. Seguia com a tradição iniciada em Lavras de escrever cartas àqueles de quem gostava.

No dia 17 de setembro daquele mesmo 1996 em que Heloísa morrera, Fábio esceveu a Zita uma carta que mostrava que seu bom humor estava de volta.

"'Os bárbaros também amam'... Queridíssima, apreciadíssima, parecidíssima comigo, minha irmã Zita Maria de Oliveira Cangaço. Aqui estou eu, meio eu, meio outro, meio preso, meio solto..."

A carta seguia, primeiro, em tom de brincadeira e, depois, com perguntas sobre os sobrinhos, entre eles Konrado, o filho que Heloísa deixara ainda pequeno, sem contar absolutamente nada sobre seu sucesso como pregador nem sobre as perspectivas cada vez mais reais de gravar um disco solo. Por aquelas palavras que pareciam cifradas, a irmã não poderia ter a menor ideia de que Fábio se destacava cada vez mais como pregador, compositor e cantor.

Havia gravado mais uma música sua no disco ADOREMOS 2, em 1996, mas julgou-a tão desimportante que, futuramente, não se lembraria nem do título. O que lhe tirava o sono, no melhor dos sentidos, era a expectativa cada vez mais real de lançar um disco solo pela gravadora Paulinas.

Apesar do bom momento, Fábio ainda era só um iniciante promissor, com uns dois ou três sucessos no meio musical religioso e um padrinho obstinado, o padre Joãozinho, que fazia o possível para lhe abrir as portas da gravadora. Afinal, era preciso convencer as freiras de que aquele rapaz bonito de calças jeans tinha algo importante a dizer, algo que preenchesse um disco inteiro com a mensagem religiosa exigida pelas freiras que comandavam a gravadora Paulinas.

Num primeiro momento, no entanto, as freiras entenderam que ele ainda precisava amadurecer. Pensaram muito no assunto e, só depois de alguma insistência do padre Joãozinho resolveram seguir em frente com o projeto Fábio de Melo.

Irmã Nelci, aquela mesma produtora brava que o acompanhara em sua primeira gravação profissional, agora telefonava avisando que o projeto tinha sido aprovado e que, em breve, Fábio de Melo poderia entrar no estúdio para gravar seu primeiro disco. Mas não pensemos em grandes produções... Não por enquanto.

Fábio de Melo é só um novato sem lenço nem cartão de crédito. Depende de doações das famílias católicas para se manter no seminário, acaba de telefonar à amiga Lourdinha pedindo ajuda para pagar a passagem do ônibus para ir ao casamento do Eniopaulo e sente vergonha quando percebe que não tem dinheiro sequer para comprar remédios. Mas os ventos estão mudando. Depois do sucesso da primeira pregação, a Renovação Carismática não parou mais de convidá-lo para falar e cantar em seus encontros. Em mais um domingo de Pentecostes, outra vez em Francisco Beltrão, o ginásio ficou tão lotado que diversos ônibus que traziam católicos de outras cidades tiveram que voltar por falta de espaço.

Naquela época, Fábio viajou pela primeira vez ao Nordeste para um evento religioso. Foi sozinho, inaugurando uma rotina que o acompanharia pelos dez anos seguintes quando se tornaria um sucesso tão grande que passaria a ter dezessete pessoas, ou até mais, a acompanhá-lo em cada viagem. Mas agora não. Botou a mochila nas costas e viajou pelo Brasil.

Em agosto de 1997, quando o estágio no seminário de Terra Boa estava quase terminando, Fábio de Melo voltou ao estúdio levando doze canções suas debaixo do braço. O disco de estreia daquele que um dia será um dos maiores fenômenos da música religiosa brasileira era musicalmente simples, com arranjos melancólicos e uma qualidade musical infinitamente distante daquela que se ouviria nos discos que ele faria quando tivesse grandes músicos e grandes gravadoras para apoiá-lo. Futuramente, o próprio Fábio de Melo não gostaria muito de ouvir aquelas gravações primitivas.

A produção musical do primeiro disco era do grupo Vida Reluz, que, apesar de não ser formado por músicos profissionais, fazia muito sucesso no meio católico. Mais importante, Fábio gostava do som deles. Dois anos antes, por acaso, conhecera o principal compositor do grupo quando estivera em São José dos Campos organizando a biblioteca da paróquia Nossa Senhora de Lourdes. Walmir Alencar e Fábio já haviam composto em parceria a canção "Como és lindo", num episódio que ficou na memória dos dois.

Não conseguiam encontrar uma palavra curtinha para completar a letra do jeito que era sugerido pela melodia. Fábio fora pragmático, talvez meio impaciente, pedindo que Walmir não insistisse, pois jamais encontraria uma palavra na língua portuguesa que tivesse apenas uma sílaba e pudesse se encaixar naquele verso religioso. *"Impossível!"*, Fábio disse antes que Walmir o deixasse, magoado, se questionando se deveria continuar compondo com o amigo.

"Cheguei em casa, abri a geladeira e peguei um vidrinho de leite fermentado Yakult. Me encostei na pia... e enquanto eu tomava, perguntando a Deus se deveria continuar compondo com o Fábio, vi no vidrinho as palavras 'Val' e 'Fab'."

Walmir entendeu que as abreviações de "validade" e "fabricação", *"val"* e *"fab"*, eram as iniciais de Valmir, ainda que seu nome fosse escrito com W, e Fábio. Pensou que Deus estivesse falando com ele através daquela embalagem. Mas quem lhe telefonou naquele mesmo instante foi Fábio, dizendo que havia encontrado a palavrinha que faltava.

Era um simples "Ó", em sinal de clamor, que encerrava a canção e a discussão. *"Ó meu Senhor, sei que não sou nada"*, dizia a letra, de certa forma combinando com a humildade que tomara conta dos dois naquela conversa. Ainda que a solução encontrada para a letra não fosse nada de genial, o telefonema de Fábio reaproximava os amigos compositores. E aquilo que eles entenderam como um recado divino foi o que acabou animando Walmir a viajar de São Paulo ao Paraná para acertar com o fráter Fábio o repertório de seu primeiro disco, que seria batizado com o título DE DEUS UM CANTADOR.

Aquele 1997 tinha sido tão proveitoso musicalmente para Fábio que os dois tiveram dificuldade para selecionar as melhores canções. Montavam listas e nunca ficavam satisfeitos em tirar essa ou aquela música. Quando o dia terminava, exausto, Walmir recebia um colchonete e a oferta de dormir mais uma vez no chão da capela, ao lado de uma imagem de Jesus Cristo.

Naqueles dias em Terra Boa, os dois acabaram escrevendo mais uma canção. Quando não encontravam alguma parte da melodia ou da letra, afastando qualquer possibilidade de um novo desentendimento, Fábio sugeria um descanso. *"Vamos rezar o terço?"* Os dois rezavam e voltavam renovados para mais uma sessão de composição.

A música feita naqueles dias, "Em tua presença", seria um dos sucessos do primeiro disco de Fábio de Melo, e contribuiria para deixar impresso naquele trabalho, em todos os sentidos, o estilo mãos-para-o-céu do Vida Reluz.

"Foi um disco gravado entre amigos", padre Fábio contaria. *"Era um momento muito especial pra mim, eu tava me sentindo gente grande no meio deles, gravando com pessoas que eu admirava."*

O repertório que acabou entrando no primeiro álbum de Fábio de Melo era formado por dez canções assinadas por ele, três delas com parceiros, e a 11ª composta por André Luna.

A "Canção para quem sente saudade" chegou a entrar no repertório do disco e foi excluída na última hora, quando o arranjo já estava pronto, pois não houve jeito de Fábio gravá-la. Havia sido escrita logo depois da morte de Heloísa, no ano anterior, e falava de uma dor ainda muito presente.

"Na hora em que eu fui colocar a voz... não deu certo. Eu não conseguia cantar a música", ele relembraria muito depois, pensando que até poderia ter insistido, mas na época entendeu que não era o momento de cantar aquela dor. E assim seria por muitos e muitos anos. A canção para Heloísa ficaria guardada num pedaço de papel dobrado, numa gaveta da memória de Fábio, desconhecida do público, como muitas vezes os sentimentos íntimos fazem questão de ficar.

Quem acompanhava seu sofrimento de perto, ou melhor, por telefonemas e cartas, era Lourdinha, uma antiga frequentadora da matriz de Formiga que conhecera Fábio em missas ainda nos tempos do seminário. Naquele momento triste, além de emprestar o ombro às lágrimas do amigo, Lourdinha tinha o privilégio de ler as letras de algumas de suas músicas antes que fossem gravadas. Numa carta à amiga, no entanto, Fábio começa se desculpando por não estar lhe enviando uma nova canção.

"Minha irmã do coração, hoje não envio música real, notas perceptíveis pelos sentidos, mas envio a música do meu coração. Nela, você canta comigo." Depois de se dizer agradecido pela amizade de Lourdinha, o fráter Fábio faz poesia com a cidade de Terra Boa, onde está vivendo.

"Rezo para que a terra do meu coração seja tão boa quanto a terra em que piso", ele escreve, num tempo em que, de fato, aquela terra paranaense lhe estava sendo muito produtiva.

Mesmo antes do lançamento do primeiro disco, a vida musical de Fábio de Melo já andava agitada. Parecia cada vez mais claro que era ele o nome da vez entre os cantores católicos.

Quando foi convidado a fazer uma participação especial num show do Vida Reluz, usando aparelho corretivo nos dentes, de cabelos longos, cantou uma composição feita em parceria com Walmir e chamou tanto a atenção que, no fim do show, num tempo em que não existia telefone celular com câmera fotográfica, as fãs partiram para cima dele querendo cumprimentos e autógrafos. Seria uma das primeiras vezes que o futuro padre experimentaria um tipo de relação com o público que, mais tarde, assumindo proporções gigantescas, lhe traria incômodo e até uma certa dose de pânico.

No fim daquele 1997, mais uma vez, Fábio de Melo voltou ao sudoeste do Paraná. Para que pudesse ser o pregador de um retiro espiritual em Pato Branco, pediu a Rita Cattani que conseguisse um carro para levá-lo a Formiga, pois tinha pouco tempo livre e ainda precisava lançar seu disco.

Depois de participar do que na visão de Rita fora *"um retiro de silêncio que curou traumas e bloqueios de muitas pessoas"*, a líder dos católicos paranaenses da Renovação Carismática conseguiu um motorista e se juntou a Vera Socol e Lourdes Gavasso, duas amigas da paróquia, para viajar mais de 1.300 quilômetros, atravessando os estados do Paraná, São Paulo e Minas Gerais.

Passaram a noite em Taubaté para deixar as malas de Fábio, pois ele estava de mudança. Quando terminasse a visita a Formiga, iria viver no conventinho da congregação dos Padres do Sagrado Coração de Jesus. No dia seguinte, Rita, as duas amigas, o fráter e o motorista voltaram para a estrada e fizeram uma escala na capital paulista. Fábio precisava passar rapidamente na gravadora Paulinas.

Quando ele voltou para o carro, veio trazendo algumas caixas com o disco DE DEUS UM CANTADOR, que acabava de ficar pronto. Ao pegar seu primeiro CD nas mãos, como era de se imaginar, Fábio de Melo chorou. E no meio daquela comoção que tomou conta do carro, carregando as caixas com 3 mil discos que pareciam de ouro, o trio de católicas de Pato Branco seguiu com o fráter até sua cidade natal.

No lançamento do disco em Formiga, quando cantava aos conterrâneos pela primeira vez com o aparato de um profissional da música católica, Fábio ficou nervoso. Tremeu um pouco. E, curiosidades da vida, quem fez a abertura foram seus ex-companheiros dos tempos em que o seminarista cantava em missas e casamentos. Alessandro e Zé Ronaldo haviam formado uma banda com Frederico, um baterista que se tornara amigo de Fábio poucos meses antes e que, muito em breve, receberia a missão importantíssima de tocar no show de sua ordenação.

Os conterrâneos estão eufóricos, pois Fábio de Melo agora é um cantor razoavelmente conhecido no meio católico, e, muitos acreditam, com um futuro promissor. E se existe alguém que encarna essa euforia formiguense é Lourdinha, a grande amiga que é também uma das primeiras fãs incondicionais do padre Fábio de Melo.

Lourdinha pegou algumas caixas com discos e saiu batendo de porta em porta para vendê-los aos conhecidos. Anotou num caderninho quem pagou na hora e quem pegou fiado. Sem a menor intenção de ganhar dinheiro com as vendas, Lourdinha queria que todos conhecessem *"o trabalho maravilhoso do Fábio"* que, afinal, era conterrâneo deles. Vendeu mais de cinquenta discos. Além das vendas de porta em porta, Lourdinha ia nas igrejas e conversava com o pessoal que tocava violão durante as missas pedindo que incluíssem músicas de Fábio de Melo durante o ofertório ou na hora da comunhão. Quando conseguia, era uma ferramenta de divulgação poderosíssima, que incluía as canções do padre Fábio no repertório popular das igrejas católicas. Daqueles 3 mil discos que Fábio pegou a preço de custo na gravadora Paulinas, quinhentos ficaram em Formiga, 2 mil viajaram com Rita Cattani para serem vendidos em Pato Branco e trezentos voltaram para a Terra Boa que ele acabava de deixar. Os outros ficaram com o próprio cantor, que se encarregou de distribuí-los pelo Brasil.

Quando DE DEUS UM CANTADOR começou a se espalhar pelos meios católicos, Fábio sentiu pela primeira vez o gosto doce de fazer um show em que ele era a atração principal e, ainda por cima, na companhia do grupo Vida Reluz. Foram algumas apresentações públicas e uma aparição na Rede

Vida, o canal católico que naquele momento era provavelmente o espaço televisivo mais importante em que Fábio de Melo poderia estar.

Mas, apesar dos shows que para ele pareciam históricos, do esforço de Lourdinha, de Rita Cattani e de muitas outras católicas que se empenharam nas vendas, o primeiro disco ainda não é um megassucesso. É, inclusive, cedo para dizer se a carreira desse cantor de 26 anos vai decolar ou vai ser mais uma entre tantas que disputam a atenção dos católicos brasileiros. Sem falar que Fábio ainda nem é padre, e decidiu cursar mais um mestrado antes de pensar em voos maiores.

Padre Fábio interrompeu a pregação para pedir trégua ao drone. Campina Grande é como sua segunda casa. Mais de 100 mil pessoas foram vê-lo no São João de 2016.

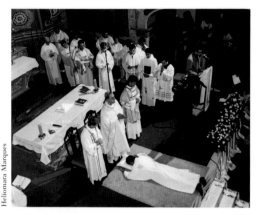

Antes de ser ordenado, Fábio, ansioso, disse à sua mãe que não via a hora de se "deitar homem e levantar padre".

O arcebispo Alberto Taveira dá início ao ritual de ordenação.

Em breve, esse tecido que une as mãos do padre Fábio vai ser rompido por sua mãe. O momento será lembrado por muitos como o mais emocionante de sua ordenação.

Padre Fábio entrega a primeira hóstia de sua vida para a mãe, dona Ana.

Na primeira missa, no dia 16 de dezembro de 2001, sob o olhar de padre Joãozinho, ao mesmo tempo professor e crítico de Fábio de Melo.

A banda que tocou na véspera da ordenação do padre, no dia 14 de dezembro de 2001.

Formiga, 2001: a nata da música católica brasileira na noite do show que antecedeu a ordenação de Fábio de Melo. À esquerda, o grande amigo e compositor Maninho.

Dona Olívia e suas filhas, as irmãs Lucianas, viram o dia em que Chico Bia chegou com Dorinato e seus irmãos. Nesta roça, um parente ouviu o avô do padre Fábio dizer que Natinho não era seu filho.

Casamento da irmã Cida com Gilmar. Aos sete anos, Fabinho foi pajem.

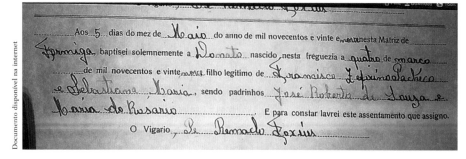

O registro de batismo é o único documento de seu Natinho onde aparece o nome de Francisco Pacheco, o Chico Bia, que morreu sem ter certeza de que realmente era o pai. Repare como o nome da criança foi grafado errado: o correto era Dorinato.

A foto tirada no dia do casamento da tia Maria, em 1967, mostra grande parte da família Melo quatro anos antes do nascimento de Fabinho. Dos sete irmãos, apenas Vicente não saiu na foto.

Dorinato Bias da Silva, seu Natinho.

Acácio Gonçalves de Araújo, bisavô materno.

Maria da Anunciação de Castro, bisavó materna.

Arquivo Fábio de Melo

As bodas de prata dos pais de Fabinho terminariam com churrasco, bebedeira e confusão. Da esquerda para a direita: seu Natinho, Fábio, dona Ana e Heloísa, em 1978.

Ana Cristina Alvarez

A matriz de São Vicente Férrer faz parte da história da família Melo pelo menos desde 1906. Aqui ele foi ordenado padre, em 2001.

Ana Cristina Alvarez

A história do padre Fábio de Melo começa na década de 1920, neste pedaço de Brasil que nasce no rio Formiga e segue até a roça do Bugio, onde viveu seu avô Chico Bia.

Fabinho ao lado da irmã Heloísa, num churrasco no quintal de casa em Formiga.

Fabinho com dois anos, em 1973, no quintal da casa, com a camisa do avesso porque estava suja. Dona Ana passava banha de porco em seu cabelo para pentear melhor.

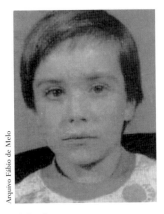

Fabinho aos cinco anos.

Fábio com cerca de oito anos, na Escola de Lata, o colégio Aureliano Rodrigues Nunes.

Com dona Ana, aos onze anos, na praça da matriz de São Vicente Férrer.

A família antes do nascimento do padre. Da esquerda para a direita: Vicente, seu Natinho, dona Ana, Lourdes, Cida, Zita, Geraldo, Camilo e Heloísa.

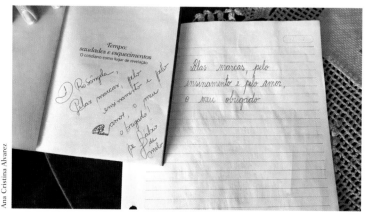

A professora Rosângela jura que a letra do padre é igual à sua — foi ela quem ensinou Fabinho a escrever.

Dona Ana e seu Natinho pouco depois do casamento voltaram a Pouso Alegre, a roça onde ele nasceu e onde aconteceu a tal da "breganha de muié" entre Chico Bia e Antônio.

As irmãs Cida e Zita continuaram morando em Formiga, na mesma rua Marciano Montserrat onde Fabinho nasceu. Atrás delas, as duas casas vizinhas onde ele morou na infância.

Ana Cristina Alvarez

O quarto que Fabinho dividia com os irmãos na rua Monsterrat. Na época não tinha aquela porta ao fundo, pois o banheiro veio numa reforma recente.

Arquivo Fábio de Melo

Fábio com seu pai, em 1980.

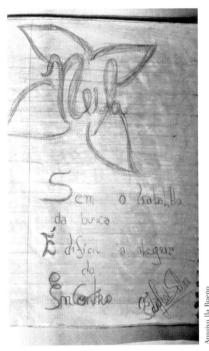

Arquivo Fábio de Melo

Num raro bilhete ao filho, seu Natinho escreveu que estava mandando o violão para Fábio se divertir no seminário em Lavras. No fim das contas, acabou indo pessoalmente levar o presente. Mais tarde, Fábio encontrou o pedacinho de papel dentro da capa do violão.

Arquivo Ila Bueno

Neila era uma colega de turma de Fábio José da Silva quando ele tinha treze anos. Ele costumava fazer desenhos para amigos e professores.

Arquivo Valéria Marques

Na adolescência pobre em Formiga, enquanto comiam arroz com ovo, Valéria Marques e Fábio José riam de tudo e de todos.

Arquivo Valéria Marques

Tia Ló "expulsou" Fabinho de casa, querendo salvá-lo dos problemas da família. Um rosto marcante e fundamental na vida do padre.

Arquivo Saionara Alves Carvalho

O trailer Sayonara, onde Fábio trabalhava às vezes até às quatro da madrugada vendendo hambúrgueres.

Marcos di Genova

O panamenho Miguelito, à época chefe de Fábio, foi mestre de alegorias da escola de samba Rodera.

Arquivo Raimundo Wellington dos Santos

O professor Raimundo, ao lado de Fábio, guardou em seu baú de memórias o papel em que o aluno que não gostava de física lhe escreveu a poesia "Átomos já são flores".

Fabinho já foi seresteiro e adorava tocar violão para as meninas na praça. Como ele mesmo diz: "Namorei muito".

Natal em São Bento do Sul, 1992: Bárbara era secretária da paróquia e confidente do seminarista de 21 anos.

Campos do Jordão, por volta de 1990: os seminaristas de Lavras comemoram a formatura do colegial. Fábio à direita.

A banda dos seminaristas de Lavras num dia de turismo em Foz do Iguaçu.

Évila cometeu o terrível equívoco de incentivar a aproximação de Fábio com Flavinha. A foto foi tirada perto da praça onde a turma costumava tocar violão. Da esquerda para a direita: Fábio, Flavinha, Évila e Renan.

A banda dos seminaristas arrebentando numa formatura em Lavras, no tempo em que Fábio — atrás da bateria, de azul — adorava cantar as músicas da Legião Urbana e de Flávio Venturini.

Dona Aparecida, a temida professora de história do colegial em Lavras, era um dos alvos das imitações de Fabinho.

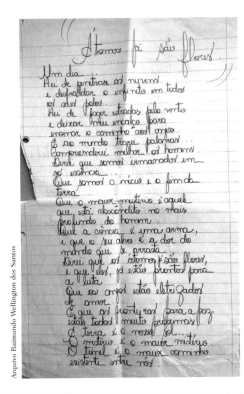

Quando entendeu que poderia usar a física como ferramenta para a filosofia, o aluno rebelde escreveu ao professor Raimundo a poesia "Átomos já são flores".

Em 25 de fevereiro de 1993, o seminarista Fábio José da Silva prometeu pobreza, castidade e obediência à Igreja.

Vinte e cinco anos depois do primeiro e único beijo, Évila toca ao piano a música que compôs para Fábio. O professor James, ao fundo, foi aquele que chegou atrasado com ela na ordenação do padre, em 2001.

Arquivo Renan Nascimento

Durante a missa no colégio em Lavras, com Alessandro e Renan, dois integrantes do grupo Chama Que Eu Vou.

Arquivo Heliomara Marques

Durante o estágio em São Bento do Sul, Santa Catarina, com os amigos César e Juliano.

Arquivo Fábio de Melo

Taubaté, 2000: aos 29 anos, Fábio de Melo se tornou diácono. Muitos de seus colegas não chegaram a ser padres, outros desistiram depois.

A irmã Heloísa com o filho Konrado no zoológico de Belo Horizonte, em 1996, pouco antes de morrer em um acidente de trânsito.

Fábio quase não nadou na piscina de Lavras. O sonho que o levou ao seminário rachou assim que ele chegou. Essa é a piscina de Jaraguá do Sul.

Ziza Fernandes, amiga desde que Fábio começou a cantar na Canção Nova, foi diretora vocal nos primeiros discos do padre e o ajudou a perder o trauma da desafinação.

Com a amiga Celina Borges no centro de evangelização da comunidade Canção Nova, em Cachoeira Paulista.

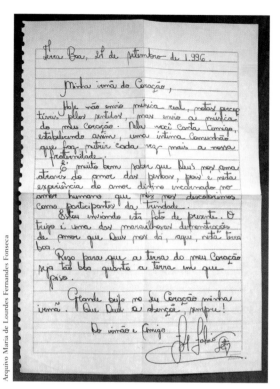

Aos 29 anos, em 2000, Fábio de Melo se tornou diácono — o último passo antes da ordenação.

Nos tempos de seminário em Terra Boa, o fráter Fábio costumava mandar cartas e letras de música para a amiga Lourdinha.

Bastidores do programa DIREÇÃO ESPIRITUAL. Foi nesses estúdios que ele se tornou um fenômeno entre os católicos.

Arquivo Heliomara Marques

Da esquerda para a direita: André Luna, Renan, Ziza Fernandes, diácono Fábio e padre Joãozinho na turnê CANTA CORAÇÃO.

Arquivo Maninho

Gravação do disco AS ESTAÇÕES DA VIDA, com
Ziza Fernandes, em 2001.

Marcos di Genova

Lourdinha, fiel escudeira, batia
recordes de venda levando os discos do padre de porta em porta
em Formiga.

Marcos di Genova

Deguinho — o cara que,
junto com Fábio, botou os
padres de Rio Negrinho para
ouvir "Tieta" — montou o
esquema para o encontro com
Évila nesta casa em Lavras.

Arquivo Frederico Soares

Anúncio do show do primeiro disco solo do padre Fábio de Melo em sua cidade natal.

Arquivo Heliomara Marques

Adélia Prado,
inspiração
para a poesia
do padre.

Marcos di Genova

O "conventinho"
dos padres do
Sagrado
Coração de
Jesus, onde o
padre Fábio
passou seis anos
de sua vida.

O teólogo espanhol Andrés Torres Queiruga foi uma das maiores influências para o mestrando Fábio de Melo. Por coincidência, ele estava na banca quando o padre defendeu sua dissertação.

Fábio de Melo, numa rara foto ao violão, nos tempos felizes que passou em Belo Horizonte.

Padre Fábio com dona Ana.

Fábio com o amigo Robinho, que morreria exatamente cinco anos depois da ordenação.

Da esquerda para a direita: Dirceu Cheib, padre Fábio, Paulinho Pedra Azul, Leozinha e Wilson Lopes, no estúdio Bemol, em setembro de 2003.

Padre Fábio e padre Alexandre em missa na igreja Nossa Senhora Rainha, em Belo Horizonte, por volta de 2003.

Numa época de descobertas, ele usou brinco e até cantou Tom Jobim durante uma missa.

Kadidja Fernandes

Oração com
os músicos
e a plateia na
gravação do
DVD ILUMINAR.

Arquivo Fábio de Melo

Fábio de Melo passou três anos e meio na estrada com esse ônibus; tinha dezoito leitos
e o nome do padre bordado nas capas das poltronas.

Arquivo Fábio de Melo

No show ILUMINAR, padre
Fábio disse sobre seu
grande mestre: "Deus
visitou o mundo e usou o
rosto de um homem
chamado padre Léo".
Nesta foto, mestre e
discípulo, no convento de
Brusque, Santa Catarina.

Manuscrito da
canção "Motivo
para recomeçar",
de outubro de 2009.

Quando o padre foi recebido pela apresentadora Xuxa, às vésperas do Natal de 2008, o disco VIDA já tinha vendido mais de 500 mil cópias. Foi o mais vendido em todo o Brasil naquele ano.

Walmir Alencar, Ziza Fernandes, Adriana Arydes, Eros Biondini, padre Fábio, Salette Ferreira, Celina Borges e Lucimare: a nata da música católica brasileira na gravação do DVD QUEREMOS DEUS, na Canção Nova.

Depois do show em Olho d'Água das Flores, Alagoas, a multidão invadiu o palco e o padre quase foi esmagado. No dia seguinte, pensou em desistir de cantar.

Tânia e Teka foram morar com o padre em Taubaté — ao lado das galinhas e dos cachorros — depois que ele saiu da congregação dos Padres do Sagrado Coração de Jesus.

Assumindo seu lado sertanejo, na comunidade Canção Nova.

Kadidja Fernandes

Padre Fábio com Selminha Sorriso, porta-bandeira da Beija-Flor, na gravação do DVD QUEREMOS DEUS, na Canção Nova, em abril de 2013.

Arquivo Heliomara Marques

Lançamento do livro TEMPO DE ESPERAS.

Arquivo Heliomara Marques

De fato, cantar para o papa Francisco era bom demais.

O batismo
no rio Jordão
durante as
peregrinações
à Terra Santa
emocionou
até o padre.

Padre Fábio com peregrinos sob o olhar atento da empresária Heliomara Marques, a Leozinha, numa pregação em Jerusalém.

Na Basílica da
Anunciação, em Nazaré,
em Israel, durante a
missa, o padre levou o
celular ao microfone e
mostrou aos peregrinos,
em primeira mão, a
gravação de sua música
"Eu sou de lá" escrita
para Fafá de Belém.

Padre Fábio de Melo reza diante da pedra onde a tradição afirma que Jesus meditou na véspera da crucificação, na igreja do Getsêmani, em Jerusalém.

O padre compôs uma música em homenagem a Milton Nascimento, gravada no CD Tom de Minas. Sete anos depois, no projeto Entre eles tem Minas, teve o privilégio de fazer quatro shows com o ídolo.

Padre Fábio e Fafá cantam para a multidão na Varanda de Nazaré, em Belém.

"Só uma foto, padre!" Fábio de Melo caminha entre as fãs, seguido de perto por Mônica Aramuni, sua assessora pitbull, em Belém, 2015.

Washington Possato

O plebeu invade o Palácio da Música. Deus no esconderijo do verso, no Theatro Municipal do Rio de Janeiro, foi o show em que Fábio de Melo respondeu ao chamado do produtor José Milton: "Você devia cantar mpb!".

Goiânia, 2016: no camarim do show Piano e voz, organizadores colocaram uma foto do personagem Cléverson Carlos, criação de Fábio de Melo no Snapchat.

Ensaio para a gravação de Deus no esconderijo do verso, no Theatro Municipal do Rio de Janeiro, em 2015, sob o olhar atento do produtor José Milton, ao fundo.

Aí está o personagem Cléverson Carlos, mais uma vez "aborrecido com a negligência de Soraia".

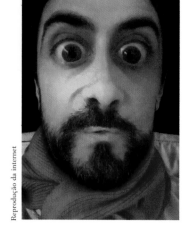

A entrevista com o Pequeno Príncipe bombou nas redes sociais em 2016.

Marcos di Genova

O irmão Camilo vive atualmente em Formiga onde usa suas habilidades de enfermeiro para cuidar de dona Ana.

Arquivo Heliomara Marques

Com as irmãs Lourdes, Cida e Zita, ao lado de dona Ana (à direita).

Washington Possato

Numa noite histórica, no Theatro Municipal do Rio de Janeiro, Fagner e Fábio de Melo em "perfeita contradição".

Arquivo Mônica Aramuni

Padre Fábio numa pregação em Angola, 2016.

Heliomara Marques

No dia 23 de novembro de 2015, depois da maior homenagem que uma mãe pode receber de seu filho, dona Ana caiu na escadaria do Theatro Municipal e quebrou o fêmur. Padre Fábio jamais se esquecerá de seus gritos de dor.

Arquivo Fábio de Melo

Padre Fábio com o grande amor de sua vida.

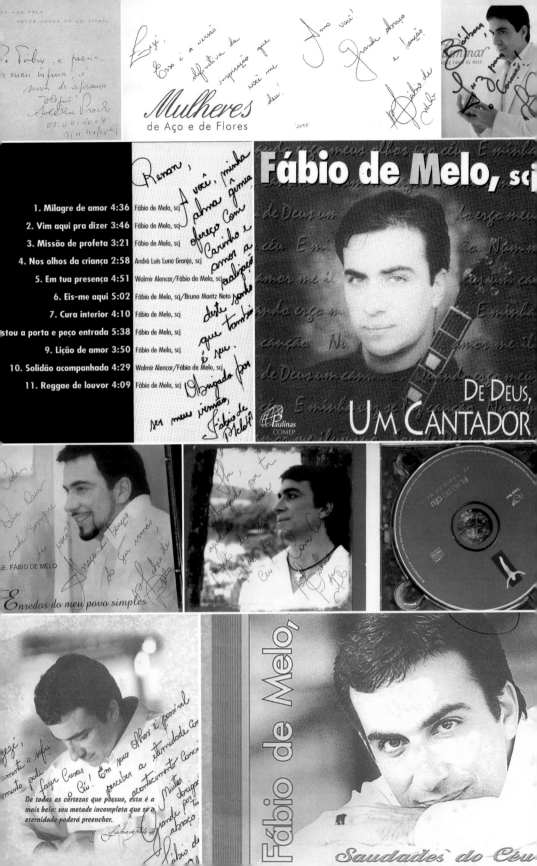

NA FACULDADE DE TEOLOGIA, FÁBIO VAI TER O PERÍODO
MAIS FÉRTIL DE SUA CARREIRA MUSICAL ATÉ ENTÃO. NUMA
CAÇADA A BONS MÚSICOS PARA ACOMPANHÁ-LO, CONHECE-
RÁ ROBINHO, O AMIGO QUE PASSARÁ POR SUA VIDA COMO
UM TROVÃO.

ANTES MESMO QUE AQUELE religioso de 27 anos chegasse à faculdade
Dehoniana de Taubaté, seu nome já circulava pelos corredores da casa dos
religiosos, o lugar que todo mundo ali conhecia como "conventinho". E se a
história chegou à cozinha, que ninguém duvide, é porque estava na boca do
povo, no hábito dos seminaristas.

"*Tá chegando um metidinho aí... metido a cantor!*", um seminarista
disse ao outro, sem saber que era ouvido pelas cozinheiras Teka e
Celinha. Anos mais tarde, a taubateana Terezinha Alves se tornaria tão
fundamental na vida do padre Fábio que ele lhe dedicaria um livro e diria
que se fosse fazer um testamento, ela certamente estaria entre os benefi-
ciários. No começo de 1998, no entanto, Teka não fazia a menor ideia de
quem ele era, mas logo começou a ver o tal "*metido a cantor*" o tempo
inteiro metido na cozinha, brincando com todo mundo e conversando
com as cozinheiras de um jeito que poucos conversavam. Fábio não tinha
nada de metido, ela concluiria numa conversa com Celinha."*Cê acha que
homem não tem ciúmes!?*", diria à outra cozinheira, numa referência a alguns seminaristas falastrões.

Dali em diante, ciúmes e invejas seriam tristes rotinas. Quanto mais
Fábio de Melo cantasse, mais perceberia cochichos pelos corredores por
onde passasse, e muitas vezes seria vítima do veneno até de pessoas próximas, que se apresentavam como grandes amigas ou mesmo protetoras.

Convivendo com mais de sessenta seminaristas na faculdade de Teologia em Taubaté, em sua última etapa de estudos antes do sacerdócio, Fábio José de Melo Silva estaria mais próximo do que nunca do padre João Carlos Almeida, aquele que, sabemos, havia sido responsável por descobri-lo no meio de muitos candidatos a cantor e levá-lo em definitivo aos estúdios profissionais de gravação musical.

Padre Joãozinho era professor e fora designado também para ser o *magister spiritus* que deveria guiar Fábio de Melo e seus colegas da turma de 1998 durante os quatro anos em que se dedicariam às questões mais complexas da Teologia.

Na avaliação do professor, o novo aluno era muito estudioso e *"com uma capacidade rara de juntar as palavras"*. Isso o deixava admirado, mas não impedia que discordasse dos pensamentos não convencionais de Fábio sobre certas questões teológicas. *"Fábio sempre teve um humanismo muito latente"*, padre Joãozinho avaliaria mais tarde. *"Ele era mais da terra e não tanto do Céu. Questionava duramente essas espiritualidades que podem levar a pessoa a se estacionar no louvor. Sempre foi uma pessoa preocupada com a questão humana. E essa era a grande preocupação dele: a felicidade."*

Mas a felicidade, na faculdade de Teologia, só seria conquistada com muito esforço intelectual. E, ainda que estivesse com uma parte importante de seu pensamento voltada para as questões da música e das pregações, Fábio se sentia pronto para aquela guerra em que cada aula parecia uma batalha. E, ainda que discordasse dos professores, pois nunca deixou que ninguém comandasse seus pensamentos, Fábio evitava o confronto. Dizem que sempre teve a qualidade de ouvir e contemporizar. *"Ainda que ele não concorde, ele se une ao interlocutor para alcançar uma síntese maior"*, resumiria padre Joãozinho.

No segundo ano de faculdade, em 1999, Fábio de Melo lançou seu segundo disco solo, Saudades do Céu, com uma grande diferença em relação ao primeiro. O arranjador Alexandre Malaquias acabara com a fase do improviso e formara uma banda profissional para aquelas gravações. Fábio ficou satisfeito e foi lançar o disco no Rincão, um galpão da comunidade Canção Nova, onde cabiam 5 mil pessoas, em Cachoeira Paulista.

Lourdinha, a amiga de todas as horas, saiu mais uma vez pelas ruas de Formiga com o disco debaixo do braço. Estava ficando mais fácil encontrar compradores para a música de Fábio de Melo. Era tão claro que o sucesso estava chegando que o seminarista fez uma promessa a seu colega Mário Coelho. *"Coelhinho, se eu ficar famoso vou fazer um show na tua ordenação!"*

"Duvido!", o seminarista desafiou, mais do que tudo, querendo garantir o cumprimento da promessa. E o seminarista Coelho não teve dúvida. Conseguiu um guardanapo e fez Fábio de Melo se comprometer por escrito. A promessa seria cumprida parcialmente, pois o fráter Fábio apenas cantou algumas ladainhas na ordenação do padre Mário Coelho. Antes disso, em julho de 2000, foi à cidade do amigo, a pequeníssima Itumirim, quase vizinha de Lavras, e fez um show cobrando 3 reais por ingresso para ajudar na vaquinha da ordenação de Coelhinho, que aconteceria no fim do ano. O show de Fábio de Melo naquele vilarejo de 7 mil habitantes não chegou a fazer o estardalhaço que faria poucos anos depois, mas o ginásio lotou.

Em 2001, no ano em que se tornaria padre, ele voltou ao estúdio das Paulinas em São Paulo para gravar As ESTAÇÕES DA VIDA, um novo disco solo. Enquanto Fábio acompanhava a gravação das bases e baterias no Estúdio A, seu amigo Mário Luiz Cardoso Filho, o Maninho, gravava as vozes de seu disco PAPEL DOBRADO no Estúdio B. E assim, conforme as necessidades, iam trocando de estúdio. Os dois haviam se conhecido alguns anos antes, quando o fráter fez um show em Porto Alegre. Fábio se tornara uma espécie de conselheiro de Maninho, a quem trataria sempre como um irmão mais novo.

Agora, os dois compartilhavam estúdios, dividiam os sofás da casa dos amigos Grazi e Alex e se deslocavam juntos pela metrópole, andando de metrô livremente, num tempo que deixaria saudades no amigo Maninho. *"O Fábio não era conhecido... Era uma época bacana em que a gente podia ter uma vida normal."*

Naquela época em que o futuro ortopedista e o futuro padre podiam andar tranquilamente pelas ruas, Maninho compôs uma música falando de sua amizade com Fábio e com a cantora Ziza Fernandes, que era também diretora de voz do novo disco de Fábio. "Arvoreando", gravada por Fábio e Ziza no disco de Maninho, seria para sempre uma das canções preferidas de Fábio de Melo. E a gentileza seria retribuída nos mesmos estúdios, na mesma época. Maninho emprestou sua voz a duas canções do disco do amigo.

As ESTAÇÕES DA VIDA teve a maior parte dos arranjos feitos por Alexandre Malaquias e trouxe uma novidade extremamente agradável aos ouvidos de Fábio de Melo: três músicas arranjadas e executadas por seus ídolos da adolescência, o grupo Roupa Nova.

Na hora do lançamento, no entanto, o fráter chamou seus amigos de Formiga e do seminário. Convidou Alessandro, Zé Ronaldo, Renan e Frederico, a quem pediu para fazer uma caçada a músicos que pudessem fazer também o *backing* nos shows de lançamento. Foi aí que conheceu um amigo que marcaria sua história. Um cara tão inspirado, musical e bem-humorado que, quando morresse, apenas cinco anos depois, deixaria Fábio num estado de profunda tristeza. Mas, por enquanto, Robinho está ótimo, cantando *"É o amooooor"* no banheiro, enquanto o irmão Denílson bate papo com Frederico na sala da casa onde os dois irmãos moravam, na mesma Formiga da infância de Fábio.

Frederico tinha ouvido grandes elogios a Denílson e pretendia apresentá-lo ao padre Fábio. Mas, ao ouvir aquele show de Robinho no chuveiro, resolveu que precisava dos dois. Ligou imediatamente para o amigo padre.

— *Eu tenho dois caras! Eles cantam muito bem... e também tocam.*

— *Uai... então vamos chamar eles! Será que eles topam?* — Fábio disse algo parecido com isso, confirmando como tudo ainda era amador e improvisado naquele começo de carreira.

— *Acho que topam...*

— *Se vocês todos tocarem comigo, cê acha que eles dão conta?*

— *Uai, se você quiser nós tamo aqui pro que precisar* — Frederico terminou a conversa e foi avisar a Denílson e Robinho que, muito em breve, teriam o maior desafio musical de suas vidas.

Quando Fábio foi conhecê-los, sentou-se na cama de um dos irmãos enquanto os dois começaram a tocar e cantar. Achou a voz de Robinho parecida com a do cantor Fábio Jr. e ficou animado. Na hora de estrear no palco, a "Seleção" de Formiga teria Denílson no *backing vocal* e na guitarra, Robinho fazendo *backing* e tocando teclado, Zé Ronaldo num outro teclado, Guilherme no baixo, Renan no violão e Frederico na bateria.

O primeiro desafio do novo time era enorme. Eram todos semiprofissionais e tinham que reproduzir os arranjos e vocais dificílimos feitos no estúdio pelos músicos do grupo Roupa Nova. Depois de muitos ensaios, diante da dificuldade que encontravam para chegar ao nível exigido por Fábio de Melo, Robinho, sempre fazendo graça de tudo, adotou um bordão que se tornaria piada entre os músicos. *"Já vi padre dar trabalho... mas igual a esse eu nunca vi não!"*

Cumprindo o que já ia se tornando uma tradição na vida musical de Fábio de Melo, As ESTAÇÕES DA VIDA foi lançado primeiro na Canção Nova e, depois, em diversas partes de Minas Gerais e do Brasil. De certa forma, foi uma preparação para um dos shows mais importantes de sua história religiosa, aquele que antecederia sua ordenação.

Mas, ainda antes do terceiro disco solo, Fábio teve que se dividir entre a carreira, os estudos e um projeto ousado que o levaria a cantar com seu primeiro ídolo — pela primeira e última vez.

Fábio de Melo vai gravar um disco com seu primeiro ídolo católico, o padre Zezinho. Em formiga, a amiga Lourdinha fará nova lista para vender Canta Coração de porta em porta.

Quando tinha seis anos, o filho de Ana Maria e Dorinato começou a ouvir um disco de vinil que seu pai comprara numa viagem a Aparecida. A história ficaria famosa. Um certo galileu seria a primeira influência do futuro cantor. O que era impossível de se imaginar naquela época era que um dia aquele menino pobre e, ao que parecia, sem futuro, iria para a casa de religiosos onde morava o padre Zezinho e gravaria um disco com aquele que havia sido o primeiro grande nome da música católica no Brasil.

José Fernandes de Oliveira era filho de um violeiro de Minas Gerais. Viveu um tempo nos Estados Unidos, onde se interessou pela música country, pelo blues e pela música africana cantada na região do delta do rio Mississippi. Quando começou sua carreira musical, Zezinho enfrentou críticas enormes no meio católico por cantar com o crucifixo no peito, sem batina e sem colarinho. Se orgulharia de ter sido *"cantor de música de torre de igreja"*, pois os alto-falantes de muitas igrejas tocavam suas músicas para chamar o povo para a missa. Padre Zezinho viu surgirem as primeiras rádios católicas e depois os canais de televisão. Em 1999, foi convidado pelo padre Joãozinho a gravar um disco com ele e três de seus alunos mais talentosos. Naquela época, Fábio de Melo era ao mesmo tempo seu fã e colega de congregação.

Prova disso é que no dia em que um amigo foi visitá-lo em Taubaté, sem que ninguém soubesse, Fábio o levou ao quarto do padre Zezinho para mostrar uma excentricidade daquele gênio católico. Havia trechos de letras de música escritos pela parede, lembrando, ainda que em contextos e temáticas completamente diferentes, o que fazia o famoso escritor Marquês de Sade nas paredes de uma prisão francesa. Pelo que contavam no convento, Zezinho rabiscava as paredes à noite, quando tinha seus lampejos de inspiração. Naquela época, Fábio dizia que *"a trilha sonora católica do Brasil é o padre Zezinho"*.

Mas agora, sem que percebesse, o fráter Fábio começava a se tornar uma parte importante daquela trilha sonora. E, muitos anos depois, seria o próprio Zezinho quem reconheceria os feitos de Fábio de Melo. *"Ele e padre Marcelo arriscaram mais do que eu na grande mídia... Eu fiquei onde comecei, na mídia católica. Eles chegaram lá. E hoje são conhecidos por milhões de brasileiros."*

Naquela virada de milênio, no entanto, Fábio ainda era um discípulo eufórico por ter a chance de cantar com o grande ídolo. Os outros dois novatos naquele projeto eram Renan, o mesmo que tocara com Fábio no grupo do seminário de Lavras, e André Luna, um seminarista muito tímido mas extremamente talentoso.

Ao longo de 1999, enquanto sonhava com um grande sucesso nas rádios e nos eventos católicos, padre Joãozinho promovia encontros com os três seminaristas para que eles escolhessem o repertório e compusessem canções novas para o disco, às vezes em parceria, como quando passaram horas e horas no quarto do padre escrevendo "Razões do coração".

Padre Zezinho era muito requisitado, passava a semana percorrendo o Brasil com uma agenda apertada de shows e participações na tevê, e só começou a se reunir com os quatro cantores na hora de gravar o disco. Em 2000, depois de muito sonho, Fábio, Renan, André Luna, padre Joãozinho e padre Zezinho entraram no estúdio das Paulinas para gravar.

Renan jamais se esqueceria do orgulho que sentira. *"Padre Zezinho e padre Joãozinho eram nossos ídolos... Quando a gente cantava junto com eles, Nossa Senhora... era a Glória!"*

André Luna nunca tinha entrado num estúdio e estava tão nervoso que só errava e desafinava. Fábio usou de suas habilidades de conselheiro para acalmar o amigo e fazer com que ele conseguisse voltar ao normal. *"Ele foi fundamental pra mim"*, André Luna diria anos depois, quando já tivesse deixado de ser padre para formar uma família. Pelas lembranças de André, padre Zezinho era tranquilo e brincalhão, enquanto Joãozinho assumia o papel de organizador meticuloso.

Por alguns dias, enfim, Zezinho e Fábio, mestre e discípulo, se encontraram no estúdio para gravar, juntos, pela primeira e única vez. Uma das músicas do disco era uma composição inédita do padre Zezinho que seria gravada na voz de Fábio de Melo. Quando ele começou a cantar, padre Joãozinho não acreditou. O menino nervoso que anos antes desafinara e tremera como vara verde no estúdio, agora cantava a "Canção dos imperfeitos" à perfeição. *"Foi a revanche"*, diria o sempre afiado padre Joãozinho. *"Ele entrou no estúdio e gravou a música de cara... Você acredita num negócio desses?"*

Com a ironia de sempre, Joãozinho veria na letra de padre Zezinho *"uma radiografia de quem é o Fábio"*. A "Canção dos imperfeitos" falava de alguém que não era santo nem anjo.

Eu sou só eu, imperfeito,
Insatisfeito mas feliz, assim sou eu.

Os padres Fábio e Zezinho ainda se encontrariam para fazer os primeiros shows de divulgação do disco, mas não muito mais do que isso, pois a agenda de padre Zezinho, e certamente uma opção pessoal, o levaram a deixar que Fábio, André, Renan e padre Joãozinho fizessem sem ele a grande turnê que apresentaria o CANTA CORAÇÃO para o Brasil católico.

"Apenas emprestei meu caminho, pois o talento era deles", padre Zezinho diria muito gentilmente, tempos depois. Não demorará muito também até que o padre Zezinho discorde das opções de Fábio de Melo, no momento em que ele decidir sair da congregação, criando entre os dois um abismo de difícil reparação.

Sem padre Zezinho, ao longo de 2000 e 2001, de carro, ônibus ou avião, com ingressos muitas vezes a preços baixíssimos, os quatro cantores religiosos foram de Belo Horizonte a Juazeiro do Norte, passando por inúmeras cidades de todas as regiões do Brasil. Na parte nordestina da turnê, foram acompanhados de Ziza Fernandes, a cantora católica que também entrara nas Paulinas pelas mãos do padre Joãozinho, autora da música que Fábio ouvira no dia em que saiu do velório de sua irmã Heloísa e que o fez refletir sobre seu futuro de uma forma como jamais havia feito.

Para Renan, o disco significou o fim de sua vida religiosa, pois um pouco depois sua futura esposa bateria à porta do convento pedindo autógrafos e conseguindo muito mais do que isso. Para André Luna e, especialmente, para Fábio de Melo, a turnê com padre Joãozinho e o disco com padre Zezinho os tornava mais relevantes no Brasil católico. Se Fábio já vinha se destacando com seus dois discos solo, agora atraía fãs cada vez mais enlouquecidas para a beira do palco.

Em Formiga, a fidelíssima amiga Lourdinha ficou surpresa quando recebeu pelo correio uma caixa e uma nota fiscal que, sem que Fábio precisasse dizer nada, significavam que os discos deveriam mais uma vez ser vendidos de porta em porta. *"Ele teve a audácia, no bom sentido, de mandar meu nome e meu endereço pras Paulinas, que emitiu nota fiscal no meu nome... e ficou na minha responsabilidade"*, Lourdinha relembraria muito depois, se divertindo com os "excessos" que a intimidade permitia. E Lourdinha bateu recorde: vendeu 102 discos. Entre os fregueses daquela fiel vendedora de Fábio de Melo estavam muitas amigas da igreja, os amigos Frederico e Alessandro, e até mesmo a padaria Santa Cruz.

Uma vez Fábio contou a Lourdinha que usaria o dinheiro das vendas para fazer uma prateleira em seu dormitório no convento. Queria guardar sua coleção de discos. Outras vezes, a pequena margem de lucro obtida por Lourdinha foi enviada às irmãs do padre, que nem sempre tinham dinheiro para pagar as contas. Naquele tempo, Fábio andava tão mal financeiramente que uma vez pediu a Lourdinha que ficasse com um disco e em troca lhe pagasse uma passagem de ônibus de Formiga a Belo Horizonte. Mas Fábio não podia contar nada disso para seu superior no convento.

Até mesmo ajudar a família era um ato proibido pelo voto de pobreza que ele fizera ao entrar para a congregação dos Padres do Sagrado Coração de Jesus. Mais tarde, esse será motivo de reflexão e arrependimento para o padre Fábio. Mas, por enquanto, ele não pensa nisso. Anda preocupado também com sua mãe, dona Ana, que precisa de ajuda para cuidar da saúde e fechar as contas do mês.

No fim da turnê do CANTA CORAÇÃO, acumulando três discos solo e uma fama respeitável em seis anos de uma carreira que se poderia chamar de profissional, Fábio de Melo adquiriu nova estatura. Estava longe daquele menino franzino que saíra de Formiga para Lavras sem ter certeza do que encontraria, longe também do Fábio namorador que vivera um caso de amor platônico e outro de amor consumado mesmo depois de fazer seus votos de castidade. Quem estava se tornando padre naquele 15 de dezembro de 2001 era o pregador respeitado que resultava das inúmeras experiências, religiosas e humanas, acumuladas por Fábio José de Melo Silva naqueles catorze anos de conventos, estúdios de gravação, palcos, amizades e muita estrada. Mas nada comparável ao que ainda estava por vir.

PARTE 7
PADRE, HUMANISTA E TRANSGRESSOR

DONA ANA REALIZOU SEU SONHO: FÁBIO DE MELO AGORA É PADRE E ESTÁ DE MUDANÇA PARA BELO HORIZONTE. COMO DIZIA UMA VELHA CANÇÃO POPULAR, FOI QUANDO A POESIA REALMENTE FEZ FOLIA EM SUA VIDA.

"O TEMPO DE BELO *Horizonte me jogou no chão... me pôs em contato com o Deus mais humano que havia... da maneira mais humana.*" Assim Fábio de Melo relembraria os primeiros momentos de sua vida depois de se tornar padre, quando saiu de Taubaté e se afastou um pouco dos movimentos católicos da Renovação Carismática. Ao se ver de novo com os pés no chão, o padre encontrou um leão.

Era o leão da escritora Adélia Prado, que aparecera diante dele num disco de poesias declamadas pela própria autora, particularmente numa poesia chamada "Neopelicano", que comparava o leão e um deus, com seu cheiro forte de sangue e vinagre, silencioso.

Durou um minuto a sobre-humana fé.
Falo com tremor:
eu não vi o leão,
eu vi o Senhor!

Dizia um trecho da poesia que não era exatamente uma louvação ao Senhor como se veria numa igreja, muito menos um texto de adoração como muitos dos que Fábio ouvira em retiros, acampamentos ou, ainda antes, nos encontros de adolescentes. A poesia poderosa de Adélia Prado era uma descrição completamente humana da sensação que tem alguém que se vê diante de um leão, que podia ser a mesma sensação provocada por um deus que, à primeira vista, parece bonito e grandioso, faz o humano querer pedir-lhe perdão, mas que termina com o que Fábio de Melo entende como *"uma leitura do leão que é a mesma do sagrado"*, que para aquele padre de 31 anos, ainda jovem, mas razoavelmente experimentado, era uma luz numa direção filosófica que ele percorreria ainda mais profundamente, acreditando que *"o sagrado e o profano ocupam o tempo todo o mesmo espaço, a mesma sala, sem que um expulse o outro"*.

Fábio de Melo faria questão de visitar Adélia Prado em sua casa e escreveria em sua homenagem a canção "Humana voz de Deus", gravada no disco TOM DE MINAS, dois anos depois.

Eu vejo em tua voz um tom de eterno
Estrada oferecida a quem não tem
Destino de chegada ou de partida
Um bilhete de acolhida para quem não tem ninguém.

Seria naquele período fértil da chegada ao mestrado em Belo Horizonte, quando Deus e o leão habitariam os mesmos espaços na criatividade daquele artista, seria em meio àquela mistura de poesia com teologia que o padre construiria o repertório que marcaria uma virada em seu estilo de escrever, com letras mais pés-no-chão. Naquele tempo, ele escreveria "Humano demais", a canção que emprestaria título ao disco lançado em 2005, e, mais de uma década depois, a sua biografia. Ao saber da escolha, enquanto o livro ainda estava sendo escrito, padre Fábio diria que gostava do título, pois HUMANO DEMAIS havia sido um divisor de águas em sua vida de pregador.

De fato, o tempo em que fez o mestrado em Teologia Dogmática na Faculdade Jesuíta de Belo Horizonte, aquele período entre 2002 e meados de 2004, foi quando o padre mirradinho que saiu de Formiga sem muito além de alguma capacidade natural de falar bonito finalmente ganhou a base de conhecimento que o levaria aos lugares mais altos da fé brasileira, e não só da fé, mas também do pensamento pragmático, que não precisaria necessariamente ser lido como religioso, ainda que ele mesmo admitisse mais tarde que andava, de certa forma, *"vomitando teologia"*, de maneira pedante, praticamente exigindo que seus amigos tivessem dicionários na mão se quisessem entender o que ele dizia. De qualquer forma, foi em Belo Horizonte, em todos os sentidos, como descobriremos em breve, que o padre Fábio de Melo ganhou musculatura.

Mas foi também um período em que ele saiu muito à noite e preocupou amigos mais próximos, como Lourdinha, que continuava vendendo seus discos de porta em porta pelas ruas de Formiga, pensando que Fábio poderia ceder às tentações da vida e desistir do sacerdócio. Mas, se naquele tempo em Belo Horizonte Fábio de Melo de fato não tinha funções eclesiásticas importantes, pois sua atividade principal era o mestrado, logo que chegou, recebeu a função de coordenador da casa onde os padres moravam.

Era mais uma vez a mão invisível do padre Joãozinho, que havia enfrentado os chefões da congregação para ter certeza de que Fábio de Melo, um de seus escolhidos, tivesse a melhor educação possível, com o máximo de tempo de estudos que o Sagrado Coração de Jesus lhe permitisse, ainda que Fábio acabasse mais tarde desistindo de fazer doutorado.

O mestrado em Teologia Dogmática era a realização daquilo que em 1994 parecia só um conselho de irmão mais velho, quando Joãozinho ouviu as primeiras canções de Fábio em São Paulo e lhe disse que o então seminarista precisaria estudar muito, pelo menos mais uns dez anos, se quisesse ter vida própria como compositor e cantor religioso. E, por mais que no futuro os dois seguissem por caminhos muito distintos, Fábio jamais deixaria de reconhecer que Joãozinho fora para ele, obviamente guardadas as proporções, como João Batista para Jesus.

"Foi fundamental ele abrir o caminho para mim... se ele não tivesse lutado por mim, pode ser que eu me tornasse padre numa paróquia e estivesse lá até hoje." É parte essencial da maneira como Fábio de Melo encara a vida esse reconhecimento àqueles que lutaram por ele.

No mestrado, o padre aprendia sobre temas complexos como "autonomia das realidades terrestres", a base da dissertação de mestrado supervisionada pelo padre Ulpiano Vásquez. Foi nesse período de aprofundamento nas questões da Teologia e do humanismo que o padre Fábio conheceu os ensinamentos do espanhol Andrés Torres Queiruga, um teólogo contemporâneo que ele entenderia como *"libertador, racional e místico ao mesmo tempo"*, e que, por mera coincidência, estaria no Brasil, sentado na mesa da banca examinadora que, ao fim do mestrado, aprovaria sua dissertação. Entre os pensamentos que mais encantavam aquele jovem padre estava a ideia trazida pelo teólogo espanhol de que o papel do religioso não é levar Deus aonde ele não está, mas sim, *"parturiá-lo"*, ou seja, trazê-lo à vida em pessoas ou comunidades onde ele anda adormecido, algo que Fábio de Melo procuraria fazer em sua relação com os fiéis pelo Brasil.

Décadas mais tarde, o mesmo padre Joãozinho que o orientara na vida acadêmica diria que, assim como Queiruga, Fábio de Melo NÃO é um exemplo de ortodoxia. E manifestaria uma visão que, em outros tempos, poderia resultar em punições severíssimas dentro da Igreja.

"Ainda que as pessoas admirem o que ele fala, elas não entendem as heresias dele... essa frase você pode colocar entre aspas, tá!?", padre Joãozinho diria, para logo em seguida dar uma risada, numa entrevista telefônica para esta biografia. *"O Fábio é o mago das palavras... fico assombrado com a alquimia das palavras... elas nascem da boca dele como se estivessem na alma, em algum porão... ele não está jogando palavras ao vento. Ele tem uma inteligência superior, mas quando você para pra ouvir com ouvidos seletivos, poderia-se levantar sérias questões de natureza acadêmica."*

Mesmo que fale de modo tão crítico, o padre que foi o guia intelectual de Fábio de Melo num momento crucial de sua formação, sendo responsável inclusive por sua ida ao mestrado, jamais rompeu suas relações com o ex-aluno. Padre Joãozinho continuaria frequentando o programa DIREÇÃO ESPIRITUAL, na Canção Nova, o espaço mais usado pelo padre Fábio de Melo para apresentar seus pensamentos, muitas vezes inspirados na teologia de Queiruga. Também no passado, quando foi o *magister spiritu,* educador e conselheiro, ou para usar o jargão dos seminaristas, *"diretor espiritual"* dos catorze candidatos a padre que estudaram com Fábio entre 1998 e 2001 na faculdade de Taubaté, ou mesmo como diretor da mesma instituição na época em que Fábio de Melo desse aulas, entre 2004 e 2006, padre Joãozinho jamais levaria suas críticas ao extremo de questionar publicamente a ortodoxia das pregações de Fábio de Melo. Mas, tenhamos paciência. Ainda é cedo.

Estamos em Belo Horizonte e quem deve ou não aprovar as visões teológicas do padre Fábio é o orientador de sua dissertação, o jesuíta Ulpiano, que não teve o menor problema em fazê-lo. Fábio de Melo se lembraria daquele tempo, quando afirma ter recebido influência positiva de muitos professores jesuítas, como fundamental para sua formação como pregador.

Nos fins de semana, quando não precisava pensar em teorias sobre Deus, sobre o homem ou qualquer outra questão terrena, Fábio de Melo continuava percorrendo o Brasil, participando de encontros católicos onde atuava como pregador, fazendo shows e divulgando sua música. O telefone para contato estava nos discos e sempre aparecia algum convite.

Naquela época, Fábio não tinha empresária, nem assistentes, nem qualquer forma de ajuda. Se alguém ligasse, ele mesmo atendia e marcava o evento na agenda. Depois de viajar, normalmente em ônibus intermunicipais, quando chegava ao local dos shows, fazia um ensaio rápido com a banda local contratada para acompanhá-lo. Às vezes funcionava, mas frequentemente, o maior talento daqueles músicos estava em suas boas intenções. E só o carisma do jovem padre evitava um desastre.

No fim de um show, como acontecia com frequência, o padre foi procurado por uma senhora que era constantemente agredida pelo marido. Ele voltou a Belo Horizonte e, como naquele tempo seu telefone estava disponível a quem o quisesse procurar, a senhora telefonou contando que o problema tinha ficado mais grave. O marido lhe batera com tanta força que ela tinha ido parar no hospital. Havia se recuperado, mas não conseguia sair de casa. Depois de muitas conversas de aconselhamento, Fábio de Melo teve a inspiração para escrever a canção "Marcas do eterno", poeticamente pedindo respeito ao que chama de *"sacralidade do humano"*, com o pensamento naquela senhora arrasada pela tragédia doméstica.

Não me peça o que de mim pertence a Deus
Nem dê mais do que eu preciso receber
Ser amado em excesso faz tão mal quanto não ser
Eu lhe peço que me ajude a ser de Deus.

A letra falava da possessividade que era a tônica daquele e de tantos outros relacionamentos, tema que reapareceria com muita força, em 2008, no livro QUEM ME ROUBOU DE MIM?. Mas, cinco anos antes, quando "Marcas do eterno" deu também nome ao primeiro disco de Fábio de Melo depois de ser ordenado padre, muita gente interpretou que ele falava de si mesmo.

Sou consagrado ao meu Senhor
Solo sagrado eu sei que sou
Vida que o céu sacramentou
Marcas do eterno estão em mim.

E, como poderia fazer sentido, ele não se importou.

Relatou em público a história da agressão sem fazer questão de responder àqueles que juravam que a canção era, antes de tudo, autobiográfica.

O disco levou o padre mais uma vez para a estrada. E mais uma vez contribuiu para a sensação cada vez mais presente de que, em algum momento, não seria mais possível conciliar as atividades públicas de cantor e pregador com as exigências de seus superiores do Sagrado Coração de Jesus. Ou seja, o religioso que sempre se definira como transgressor percebia que seu perfil de evangelizador viajante não se encaixaria por muito tempo na estrutura de uma congregação religiosa.

Crescia nele também um estresse enorme. O mestrado, as pregações, os shows, as amizades, as questões sobre seu futuro como padre, tudo aquilo somado a uma alimentação terrível à base de lanches gordurosos fora de hora, dois litros diários de Coca-Cola e potes inteiros de sorvete... tudo aquilo levou o padre Fábio de Melo a ficar doente e emagrecer tanto que o médico pensou que ele fosse morrer.

O PADRE ESTÁ CUIDANDO MUITO BEM DE SUA MENTE. MAS
SE ESQUECEU DO CORPO. SE NÃO SE CUIDAR, UM MÉDICO
VAI DIZER, A VIDA PODERÁ TERMINAR ANTES DOS QUARENTA.

Os RESULTADOS DOS EXAMES eram tão terríveis que o mais indicado seria
Fábio de Melo começar a escrever um testamento. Estava magro como va-
rapau e continuava emagrecendo. O colesterol andava nas alturas. Exames
de sangue mostravam glicose de sobra, tudo fora de lugar. Depois de ler o
que parecia uma sentença de morte, o médico deu um ultimato ao padre
que estava sentado em seu consultório.

— *Você gosta de estudar, né!? Tá fazendo mestrado? Pois é... vai tudo pro
espaço. Se você não cuidar do seu corpo, vai morrer em dois tempos... não
chega aos quarenta anos!*

Fábio ainda nem completara 32. Era jovem demais para tanto problema
de saúde ao mesmo tempo. A vida que andava levando não seria mais possível se ele não tomasse uma série de precauções.

Depois de tomar remédios e se alimentar melhor, padre Fábio melhorou. Matriculou-se numa academia de ginástica que ficava perto da casa dos
padres, e conheceu Lúcio, um instrutor de musculação que todo mundo
chamava pelo apelido de Azul.

Azul o orientava sobre a quantidade de peso e os equipamentos que
deveria usar. Além disso falava sobre novos hábitos alimentares que mudariam, para sempre, a vida de Fábio de Melo. Depois de um tempo, descobrindo que o aluno era padre e ouvindo suas palavras poderosas, Azul se
ofereceu para ser seu instrutor particular. O padre não tinha dinheiro para
pagar pelas aulas, mas isso não importava. O professor ficaria feliz em doar
seu tempo, pois queria estar o mais próximo possível das palavras do padre

Fábio. E assim ficaria até o dia em que seu aluno se mudasse de Belo Horizonte. Mas, tenhamos calma, pois a capital de Minas Gerais ainda precisa deixar muitas outras marcas importantes, e positivas, na vida do padre Fábio de Melo.

FÁBIO DE MELO EXPERIMENTARÁ A MÚSICA FORA DOS MUROS DA IGREJA. VENDERÁ APENAS 9.995 UNIDADES DE UM DE SEUS MELHORES DISCOS. MAS A LIBERDADE CONQUISTADA EM BELO HORIZONTE NÃO TERÁ PREÇO, NEM VOLTA.

O CLIMA NA CASA religiosa que Fábio coordenava em Belo Horizonte era o melhor possível. Os seis religiosos enviados pelo Sagrado Coração de Jesus, os privilegiados escolhidos pela diretoria da congregação, estudavam muito, mas tinham tempo também para se divertir. Fábio não tinha hora para acordar, pois só estudava à tarde, e aparecia na cozinha para o café da manhã *"sempre com aquela cara típica de que ninguém merece ser feliz antes das dez da manhã"*, conforme se lembraria o colega Marcelo Batalioto.

Quando finalmente acordava, o chefe da casa engrenava a falar a seus subordinados sobre a importânica da linguagem para a religião. Sempre achara o jeito de falar dos padres muito formal, e, irônico como sempre, incluiria alguns deles em seu repertório de imitações. *"Era muito divertido ele imitando o padre quando vai rezar missa... ele mudava de voz... mudava de feições... Pro Fábio, a linguagem tem que ser espontânea e verdadeira, e muito carregada de poesia"*, diria o padre Batalioto, antecipando o que os alunos do padre Fábio descobririam alguns anos depois.

Distante de qualquer obrigação imposta pela rotina de um seminário ou convento, com menos compromissos musicais do que teria nos anos seguintes, Fábio vivia sem grandes preocupações. Cuidava do corpo na academia ou em caminhadas pela Lagoa da Pampulha com seus colegas religiosos. Alimentava-se criteriosamente, preocupado em não sofrer novamente com a fraqueza que o abatera meses antes. Aproveitava os fins de semana para fazer atividades culturais e tinha tempo até para matar as saudades da amiga

Évila, sua paixão platônica e epistolar, a moça agradável que estava em Belo Horizonte, e com namorado novo. Évila e o padre Fábio gostavam de se reunir com outros amigos, padres ou não, para conversar e jantar. De vez em quando, se juntavam a um grupo maior e iam a uma boate. Fábio havia aprendido com o padre Léo que um religioso também tinha direito de se divertir, e agora fazia o mesmo.

Numa dessas saídas, quando o padre queria matar a sede de ver o mundo das ruas e das pessoas comuns, quem o levou à boate foi Leozinha, a empresária de Celina Borges que em breve começaria a cuidar também da carreira do padre. O lugar era sugestivo. Chamava-se "Em Nome de Santo", mas foi uma santa decepção. A boate estava praticamente vazia, eles dançaram umas duas ou três músicas animadas e foram comer sanduíche com Coca-Cola.

Ainda que sua bebida predileta naquelas noitadas em Belo Horizonte fosse um refrigerante gelado, houve uma vez que Fábio passou do ponto quando foi comemorar a virada de ano com alguns amigos, entre eles Évila e Deguinho, aquele mesmo seminarista a quem Fábio se juntou para fazer os padres de Rio Negrinho acordarem ao som de axé. Deguinho, claro que tinha que ser ele, jamais se esqueceria da noite que os amigos passaram num lugar que Fábio adorava, uma imitação de castelo medieval onde funcionava uma mistura de restaurante com casa de espetáculos experimentais.

"Nesse dia o ingresso dava direito a uma garrafa de vinho por pessoa. Como o Fabinho não tinha o hábito de beber... e como tinha umas dez pessoas na mesa... a gente ficou chapadão." Assim, o ano de 2005 começaria com Fábio e Deguinho devolvendo tudo à natureza.

Como diretor da casa de estudos da congregação dos Padres do Sagrado Coração de Jesus em Belo Horizonte, encarregado de comandar os colegas, pagar contas e resolver pepinos, Fábio seria o avesso do avesso do avesso dos padres linha-dura que o comandaram nos tempos de Rio Negrinho e Jaraguá do Sul, até porque, diga-se logo aquilo que nunca se poderá negar, Fábio de Melo jamais gostou de exercer autoridade ou pertencer a hierarquias, e nunca teria aptidão para esse tipo de cargo.

Foi justamente a distância do convento e de qualquer superior o que permitiu ao padre, como ele mesmo diz, tomar seu *"primeiro banho fora da bacia"*. Ou seja, gravar o primeiro disco em que não cantaria canções voltadas à catequese, muito menos compostas com o objetivo de serem tocadas em missas ou eventos religiosos, dando um primeiro passo na direção do público não religioso que apenas alguns anos depois o acolheria em definitivo com o lançamento do disco VIDA.

Fábio de Melo queria gravar justamente as músicas que eram rejeitadas pela Paulinas, a gravadora que, por princípio, não lhe permitiria fazer um disco de exaltação a Minas Gerais, ainda que fosse uma exaltação à religiosidade e aos valores mineiros que, afinal, eram também parte da identidade de Fábio de Melo.

Com liberdade para passar uma grande parte de seu tempo fora dos ambientes religiosos, Fábio de Melo se aproximou cada vez mais de Leozinha. Descobriu que a empresária de sua amiga Celina Borges havia sido funcionária da confecção em que sua irmã Heloísa trabalhava quando morreu. E agora... quem explica? Leozinha começava a cuidar da agenda dele, marcava shows de divulgação do disco MARCAS DO ETERNO, retiros, palestras... e pouco a pouco ia ficando muito próxima do padre.

Foi nessa época que os dois foram a um lugar conhecido como Lagoa Santa, perto de Belo Horizonte, atrás de um antigo sonho. Fábio de Melo sempre gostara de cachorros, convivera com muitos deles na casa dos pais em Formiga, mas não tinha permissão para ter um nos conventos onde havia morado. Agora, como era ele quem tomava conta da casa dos padres, sentiu que estava na hora. Quando chegou ao canil, ficou encantado com um sharpei. *"Aquele ali é o meu!"*, ele disse, antes de batizá-lo como Argos, botar o cachorro no porta-malas do carro e voltar para casa.

Como os dois moravam próximos, os encontros eram muito frequentes. Durante um café no bairro Savassi, entre uma piada e outra, o padre comentou sobre o sonho de fazer um disco cantando só música mineira, tendo como base composições suas que não haviam entrado em seus quatro discos anteriores. *"Nóoooo... então são dois!"*, Leozinha respondeu na hora.

A amiga era muito religiosa, mas também andava com vontade de experimentar as canções que ouvia fora dos muros das igrejas. Adorava música mineira e resolveu procurar Wilson Lopes, o arranjador de Milton Nascimento, para, quem sabe... conseguir uma ajudinha. Descobriu que o músico era seu vizinho e, com toda a sua mineirice, conseguiu o que queria. Seria a primeira vez que um grande músico da MPB se dedicava às composições de Fábio de Melo.

Wilson Lopes fez os arranjos, trouxe músicos de primeira linha para o projeto e, a pedido do padre, organizou tudo para que o disco fosse gravado nos estúdios Bemol, onde gravavam Milton Nascimento e o também mineiro Paulinho Pedra Azul, grande influência musical de Fábio de Melo naquela época. Não haveria recompensa maior do que ter o próprio Paulinho no estúdio. E se era um desejo do padre, era um desafio para aquela que, pouco a pouco, ia se tornando sua empresária.

"Peguei o telefone na maior cara de pau, liguei na casa do Paulinho Pedra Azul, sem ele nem saber quem era o padre, sem ele me conhecer, sem indicação nenhuma... expliquei que tava produzindo um CD *do padre... se ele não podia fazer uma participação"*, Leozinha se lembraria anos depois, com a mesma vermelhice de vergonha que ficou no dia do telefonema. Pedra Azul pediu que ela mandasse uma fita com a música e, alguns dias depois, aceitou. Pelo que Leozinha se lembra, Fábio de Melo *"quase desmaiou... morreu de felicidade!"*.

O cantor que o padre ouvia desde a adolescência naquela fita cassete que Valéria trouxera do norte de Minas, o mesmo que cantava "Ave cantadeira" e fizera Fabinho ficar do lado de fora do bar Carlitos ouvindo seu show à distância porque não tinha dinheiro para pagar o ingresso, ele mesmo... Paulinho Pedra Azul estava agora no estúdio gravando uma música no disco novo de Fábio de Melo.

A música-tema do disco, no entanto, fora dedicada a um de seus maiores ídolos. E a referência a Milton Nascimento estava até na letra, que falava dos *"mil tons"* daquela terra onde *"das esquinas nascem sons"*, citação direta ao Clube da Esquina que marcara o começo da carreira de Milton. Tom de Minas homenagearia também outros mineiros que ajudaram na formação musical e cultural de Fábio de Melo. De Guimarães Rosa a Flávio Venturini, de Tiradentes a Pelé.

A ousadia do projeto Tom de Minas estava em tudo. Na parceria com um cantor popular, na escolha das músicas menos religiosas de seu repertório e nos arranjos de Wilson Lopes, que ajudariam a tirar a poeira de canções que poderiam ter sido largadas nas gavetas. Uma delas era a belíssima "Contrários", gravada com Pedra Azul, que faria enorme sucesso e marcaria a história de Fábio de Melo.

Que o verso tem reverso
Que o direito tem um avesso
Que o de graça tem seu preço
Que a vida tem contrários.

Ainda antes do lançamento, o fráter mandara as letras das canções de TOM DE MINAS para que Lourdinha as avaliasse. E ela quase caiu da cadeira. *"Eu não entendo de nada... eu tenho curso primário"*, a amiga lhe disse, achando que não seria capaz de avaliação nenhuma. Mas, por fim, gostou das letras e lhe disse que *"quando o povo for ouvir isso aqui... se ele tiver a sensibilidade que eu tenho... vai entender o que Deus tá falando pra eles através dessas palavras".*

Provavelmente porque foi distribuído apenas pelas mãos dos amigos de Fábio e de Leozinha, apesar das letras inspiradas e das melodias delicadas, o disco vendeu exatamente as 9.995 cópias que o futuro padre e sua futura empresária conseguiram imprimir com o pouco dinheiro que tinham. Quer dizer, imprimiram 10 mil, mas guardaram cinco no cofre da empresa. E o termômetro da Lourdinha, em Formiga, mostrava que, de fato, o disco era um pouco complexo para o público habitual de Fábio de Melo. *"Foi mais difícil vender esse... pelo estilo de música"*, Lourdinha diria uma década depois, ainda emocionada ao ver *"a mão de Deus"* na espiritualidade que o jovem amigo transformava em música.

Mesmo que não tivesse vendido muito, TOM DE MINAS era um grande sucesso do ponto de vista pessoal. O padre descobria que era possível gravar as músicas que quisesse sem que ninguém interferisse em suas escolhas. E começava a amadurecer a resposta para um questionamento antigo. *"Seria possível cantar para o Brasil inteiro e não apenas para aqueles que eram frequentadores de comunidades religiosas e que, portanto, já estavam predispostos a ouvi-lo?"*

Sim, era perfeitamente razoável que um padre fosse aos ambientes não religiosos levar ideias que nem sempre comungariam da "ortodoxia" de cantores religiosos como padre Joãozinho, padre Zezinho e tantos outros do elenco da Paulinas. E o padre Fábio de Melo gostou demais da liberdade que sentiu.

Tom de Minas está pronto. Fábio vai viajar o Brasil. Mas, antes de qualquer coisa, viverá uma cena para jamais esquecer.

Imagine a ansiedade do padre e de sua empresária depois de gravar um disco independente, tendo juntado cada centavo de seus bolsos furados para pagar as contas e conseguir imprimir os CDs numa fábrica de Manaus, sem a menor garantia de que chegariam às lojas, como de fato nunca chegaram, sem a menor garantia de que seria um sucesso, como de fato não foi.

O lançamento de Tom de Minas, no dia 28 de junho de 2004, foi num teatro pequeno que Leozinha alugou no centro de Belo Horizonte, onde Fábio de Melo entrou no palco pela primeira vez com uma banda que se pode chamar de profissional, mas, nem por isso, muito afiada. Como não tiveram tempo para ensaiar, os músicos e o padre se perderam diversas vezes durante o show. Mas nada disso tirou o brilho daquele grito de independência.

Fábio de Melo cantava as músicas que queria, com os músicos que queria, sem precisar perguntar nada a ninguém. Por mais que fosse um fracasso comercial, pela falta de uma grande gravadora para levá-lo ao público, Tom de Minas mostrava ao padre o caminho que ele gostaria de seguir em seus próximos trabalhos. E, além disso, lhe confirmava que era preciso ter uma empresária o tempo todo a seu lado, e que essa empresária só poderia ser a Leozinha.

Se havia alguma dúvida sobre isso, a dúvida havia acabado um pouco antes daquele lançamento, numa madrugada no aeroporto da Pampulha, diante de um depósito de cargas da companhia aérea Gol. As caixas com os primeiros mil discos chegariam de Manaus a qualquer momento. Fábio e Léo esperavam juntos e ansiosos por alguma notícia do avião de carga. Mas o tempo passava, e nada do avião. Foi ficando tarde e o padre precisava ir para casa se organizar, pois teria poucas horas de sono antes de embarcar para um evento em que faria um show com músicas de seus álbuns anteriores, onde ele mesmo se encarregaria de vender os novos CDs.

Foi um daqueles momentos simples mas raros, capazes de mudar uma vida. Ou duas.

Percebendo que aquela espera poderia demorar muitas outras horas, Leozinha disse ao padre que fosse embora.

— *Pode ir pra casa... eu vou ficar aqui até esses* CDS *chegarem.*

— *Mas... cê vai ficar aqui sozinha, Léo?*

— *Não tem problema... você precisa dormir. Assim que o avião chegar eu passo lá na sua casa e deixo os discos na garagem pra você.*

Mesmo contrariado, não querendo deixar a amiga sozinha naquele lugar estranho e escuro, Fábio entendeu que precisava ir embora para não comprometer o show do dia seguinte. Quando engrenou a primeira no carro e olhou pelo retrovisor, viu a amiga sozinha, de pé, diante da porta do setor de cargas, e começou a chorar.

"Chorei igual um menino", ele se lembraria mais tarde, constatando que, naquele momento, Léo e ele se tornaram inseparáveis. Quando voltasse da viagem, o padre a convidaria para ser, oficialmente, sua empresária. E a confiança seria tanta que nem as propostas mais sedutoras que surgiriam pouco tempo depois fariam o padre Fábio abandoná-la. Quando ele saiu de casa para voltar ao aeroporto, às quatro horas daquela madrugada, a caixa com os discos estava, como Léo havia prometido, na garagem da casa.

A EMPRESÁRIA LEOZINHA ENTROU EM CAMPO PARA BOTAR ORDEM NA VIDA DO PADRE. E O PADRE, DE VEZ EM QUANDO, PARECE UM LEÃO FUGINDO DA JAULA.

AGORA QUE ESTAVA DEVIDAMENTE contratada e autorizada a cuidar da carreira do padre Fábio de Melo, a dona do *"escritório"* precisava botar ordem na desorganização que era a vida de seu amigo. Agenda, por exemplo, era coisa que o padre trazia na cabeça, embaralhada com um monte de outras coisas. O padre, pelo que Leozinha percebia, não gostava de burocracia, *"nunca olhou um papel"*, e não prestava muita atenção em contratos. Ao longo do tempo, ela procuraria a ajuda de advogados, contadores e de tudo o mais que fosse preciso para botar aquela carreira em ordem. Mas nem mesmo a chegada da empresária era garantia de muita coisa, pois ela própria ainda estava aprendendo.

"Era uma coisa tão amadora, mas tão amadora que você vai rir", Leozinha contaria, obviamente rindo mais uma vez, numa entrevista para esta biografia. Uma certa vez, Leozinha precisou cancelar um show que Fábio de Melo faria na festa do padroeiro de uma cidade nordestina porque o padre havia se esquecido de que, casualmente, naquele mesmo dia, tinha outro show. Para evitar esses *"perrengues"* Leozinha havia levado sua afilhada para o escritório, para ajudar a cuidar do padre e de outros talentos católicos que estavam em suas mãos.

Pediu a Juliana que desmarcasse o tal do show, mas Juliana se negou. *"Ô madrinha, eu não vou desmarcar nada... se quiser cê manda o padre ligar lá e ele mesmo desmarca!"* Foi a própria empresária quem ligou e desentortou o pepino, assim como era também ela quem pegava uma moto tipo vespinha para depositar os pagamentos de seus artistas nos diferentes bancos de Belo Horizonte.

Era comum que Leozinha marcasse um compromisso em que o padre deveria passar alguns dias pregando aos fiéis, recebesse a confirmação de que ele iria e, dias antes, ele não fizesse a menor ideia do que ela estava falando. *"Ele não anotava nada e me dizia assim: 'Do quê que cê tá falando?'"*

Já naqueles primeiros dias de relação profissional, Leozinha percebeu que precisaria se adaptar se quisesse conviver em harmonia com o padre Fábio. Aprendeu o que Valéria e seus amigos antigos de Formiga sempre souberam, que *"ele não gosta de viver sob pressão"* e que, de vez em quando, se está com fome ou com sono, *"ele tira o leão da jaula"*, se tornando às vezes duro demais com as pessoas mais próximas. Mas Leozinha aprendeu que uma hora o leão se arrepende, e fica mansinho outra vez. *"Depois, ele fica tão abatido... ele fica até pior do que a gente que levou a dentada do leão... fico até com dó dele. Tadinho!"*

Percebendo que não dava mais para ser um improviso de empresária, Leozinha decidiu reforçar o *"escritório"*. Contratou mais algumas pessoas para se juntarem à irmã Andreia, que cuidava de questões financeiras e legais, deixando tudo mais organizado, mesmo que o padre ainda estivesse longe do sucesso de cinco anos depois. Mais tarde, já para lá de acostumada ao *"estilo"* do padre Fábio, Leozinha diria, sempre gargalhando e se divertindo, que as mudanças de humor e a tal desorganização *"fazem parte do pacote!"*.

A afinidade dos dois, afinal, começou na religião, e sempre se sustentaria na religião. *"A identificação que eu tenho com ele é com esse Jesus humano que ele prega... Eu fui criada assim, ele também, ouvindo que Deus é um punidor, um carrasco que vai te mandar pro inferno... E não é... esse não era o Deus que eu enxergava nem é o Deus que ele enxerga."*

Para que ninguém tivesse dúvidas de que aquele cantor era um padre e que como padre deveria ser tratado, Leozinha sempre preferiu contratar pessoas que já tivessem vivência no universo católico para trabalhar com Fábio de Melo. *"Pra andar com o padre eu preciso ter pessoas que sejam do nosso meio, que tenham a mesma sensibilidade, a mesma percepção de que o padre pode ser nosso amigo mas ele é um sacerdote."*

O PADRE SE SENTE LIVRE COMO NUNCA EM SUA VIDA. EM TODOS OS SENTIDOS, ESTÁ CADA VEZ MAIS FORTE. DEPOIS DE CANTAR TOM JOBIM NUMA MISSA, COMPRARÁ UMA BRIGA QUE VAI LHE RENDER UM BRINCO NA ORELHA.

AO MESMO TEMPO EM que gozava de uma liberdade inédita em Belo Horizonte, viajando para fazer shows e pregações nos fins de semana, padre Fábio cumpria suas obrigações de congregado rezando missas diárias na casa dos religiosos e pelo menos uma missa pública por semana. Certa vez, sentiu que lhe faltavam palavras para explicar um determinado sentimento e, no meio da missa, começou a cantar. Até aí, não havia nada de muito estranho. Padres rezam e cantam frequentemente durante as missas. Mas a canção que padre Fábio escolheu não era religiosa, e, mais do que isso, falava do amor de um homem por uma mulher.

> *Eu sei e você sabe, já que a vida quis assim*
> *Que nada nesse mundo levará você de mim.*

Era laico, era poético, romântico, e não falava nem uma palavra sobre Jesus Cristo, apóstolos, cartas, Evangelhos ou mandamentos. Eram as palavras de um brasileiro genial, nada religioso, que agora traziam aos católicos algo que padre Fábio entendia como uma lição importante sobre a vida.

> *Assim como o oceano só é belo com o luar*
> *Assim como a canção só tem razão se se cantar.*

No fim da missa, quando parecia que nada mais aconteceria, um jovem foi bater na porta da sacristia. Perguntou ao padre se poderia cumprimentá-lo e recebeu permissão para entrar. Em seguida, começou a contar uma história.

Dizia que não teria ido à missa se dependesse da própria vontade. Estava ali apenas para acompanhar a mãe, pois ela, sim, era muito religiosa. Passou um bom tempo do lado de fora, ouvindo tudo com distanciamento, até que o padre começou a falar sobre a hipocrisia de alguns cristãos, e cantar Tom Jobim.

"Aí eu fiquei curioso, e entrei."

A homilia do padre lhe havia tocado numa ferida profunda, aberta muitos anos antes por diversos episódios que o fizeram sentir-se excluído da Igreja e da religião, uma ferida que jamais cicatrizara e que, mais que isso, continuava exposta naquele momento.

"Gostaria de dizer que eu sou um fruto dessa hipocrisia que você falou na missa."

O jovem contou que era médico, e que durante a faculdade de Medicina, frequentemente, ouvia um som agradável vindo de uma determinada sala fechada. Até que, um dia, resolveu bater na porta da sala, assim como acabara de fazer na sacristia, para descobrir que havia ali um grupo católico que se reunia para rezar.

"Fiquei muito tocado porque o pregador dizia ao grupo que Jesus prefere os piores. E sempre na minha vida me senti o pior de todos", completou o jovem médico, dizendo que até então não se sentia *"digno de Deus"*. Achava que era *persona non grata* nas igrejas e, mais do que tudo, no Reino do Céu prometido aos cristãos. Naquela sala de orações, começara finalmente a sentir-se querido. Era abraçado pelos companheiros do grupo, que o tratavam como um irmão. Um ano depois, o jovem médico já era convidado a conduzir as orações, e sentia que finalmente tinha encontrado um ambiente religioso que o acolhia, assim como Jesus acolhia *"os piores"*.

Mas a história não termina bem.

O coordenador do grupo sentiu que já era hora de dizer ao novato que havia algo incômodo em sua aparência, pois o brinco que ele usava não era uma coisa de Deus. O médico estava se tornando má influência, pois outros rapazes do grupo haviam colocado brinco depois de sua chegada.

"Olha, se você quiser continuar com a gente... você vai ter que tirar o brinco. Ou não vem mais aqui!"

As palavras do coordenador eram mais um sonoro NÃO que a religião dizia àquele jovem que sempre se sentira excluído. Pior ainda, era Deus quem o estava expulsando das orações.

"Voltei a acreditar que meu brinco engastaria na porta do Céu", foi a frase que ficou marcada na cabeça de Fábio de Melo como um triste exemplo de uma *"troca do carisma pelo poder"* por parte do coordenador do grupo. Um problema recorrente, na visão do padre. Um fenômeno que acontece quando a religião deixa de acolher as pessoas e se torna uma força opressora que dá poderes demasiados a seus controladores. *"Toda vez que nós interpretamos nossa autoridade como uma forma de poder dentro do cristianismo... já perdemos nossos princípios."*

A ameaça de punição que apavorava o jovem médico, a ideia de que depois de sua morte seria banido de um suposto paraíso celeste e impedido de se encontrar com Deus como lhe haviam dito que aconteceria aos bons cristãos, era algo que havia muito tempo incomodava o padre Fábio.

"A eternidade não deveria ser uma preocupação pra nós. Deveria ser uma esperança."

Pior do que tudo, na visão humanista do padre, era ver pessoas motivadas pela vida que teriam após a morte, e não por aquela que estavam vivendo.

"O que me motiva é viver bem hoje, permitir que Deus qualifique a minha vida por meio de minhas escolhas... a eternidade é uma esperança, consequência natural de uma vida com qualidade."

Fábio acabava de ser ordenado padre e já sentia e agia como um carismático, algo que vinha exercitando em suas palestras na Canção Nova. O que os teóricos carismáticos sempre defenderam, aquilo que o padre Fábio de Melo fazia, era uma volta aos primeiros anos do cristianismo, quando a prática religiosa era mais simples, menos dominada por regras e dogmas, associada ao aconselhamento e à cura individual, no que se acredita ser uma Igreja pura, mais próxima de Jesus Cristo.

"O que nos salva não são as aparências", Fábio de Melo refletiria. *"O que nos salva são as dimensões interiores transformadas por Deus... que nos movem na direção do outro, que permitem o encontro, a caridade, a solidariedade, os valores fundamentais à vida humana."*

O padre ficou incomodado com aquela história do brinco e resolveu fazer justiça, digamos, com a própria orelha. Descobriu qual era o tal grupo de oração que faria o brinco do jovem médico ficar *"engastado"* na porta do Céu, telefonou ao coordenador intolerante e disse que gostaria de conhecer o grupo. Mas antes de visitá-los, deu um pulo numa farmácia e furou a orelha.

"Sabe o que é você ter a sensação de que você é um brinco!?"

Pois... o brinco-ambulante foi ao grupo de orações. Não disse uma única palavra sobre o assunto nem fez qualquer referência ao médico rejeitado por eles. Fez uma pregação em que certamente todos perceberam que o padre estava de brinco e deixou que os participantes do grupo aprendessem sozinhos aquela lição. Mas, alguma coisa fez com que o padre continuasse usando o brinco ainda por mais de um ano.

"Foi uma rebeldia boba, né!? Sem necessidade", ele refletiria mais tarde, relembrando que vira naquele símbolo uma forma de afronta ao que entendia como hipocrisia dentro da Igreja. *"A hipocrisia é uma realidade que se implanta em todo coração que tem a pretensão de ser melhor do que o outro."*

De alma lavada, com brinco na orelha, corpo bem cuidado e um nível de conhecimento teológico infinitamente superior ao que tinha antes de chegar a Belo Horizonte, o padre começou a organizar sua mudança. No dia em que foi embora, parou diante da casa onde havia morado com os outros religiosos e chorou. Havia sido um tempo muito feliz e o padre sentia um aperto enorme no coração ao perceber que tudo ficaria para trás, inclusive o cachorro Argos que deixou com um sobrinho. Mesmo estando muito triste, Fábio de Melo partiu para sua segunda temporada em Taubaté sentindo-se forte como nunca. Viajou justamente depois de gravar o disco HUMANO DEMAIS, o primeiro sucesso estrondoso de uma carreira que, como ele, estava ganhando musculatura.

HUMANO DEMAIS É A ESSÊNCIA DO PENSAMENTO E DA POS-
TURA PÚBLICA DO PADRE FÁBIO DE MELO. O APROXIMARÁ
ATÉ DE ATEUS, E SEMPRE O FARÁ REFLETIR SOBRE JESUS
CRISTO, SUA MAIOR INSPIRAÇÃO.

*HUMANO DEMAIS É UMA referência a Nietzsche... ao livro HUMANO, DEMASIADAMEN-
TE HUMANO?* — lhe pergunta o biógrafo, mais de uma década depois do lançamento do disco, interessado nos aspectos filosóficos do padre Fábio de Melo.

— *É baseado...* — o padre responde, assim, curto mesmo.

— *Você gosta de Nietzsche?*

— *Gosto dos ateus* — o padre continua com muito menos palavras do
que o seu normal. No íntimo, lembra-se de que tomou contato com os
textos de Friedrich Nietzsche ainda na adolescência, quando leu ASSIM
FALAVA ZARATUSTRA e se interessou pela filosofia daquele alemão ateu do
século XIX. Entende que o ateísmo de Nietzsche era uma consequência da
relação difícil que tivera com o pai, um pastor cristão protestante que o
oprimia na infância.

— *A crueza humana de que ele trata expressa a abordagem que ele faz do
sofrimento humano* — o padre diz ao biógrafo.

— *Nietzsche.tem frases muito pesadas com relação a Jesus* — o biógrafo
lembra. — *Ele questiona, por exemplo, como é possível acreditar num Deus
que assumiu a forma de humano, conforme a crença de judeus que viveram 2
mil anos atrás.*

Mas nenhuma aparente contradição abala a tranquilidade do padre
Fábio quanto às suas convicções intelectuais.

— *Os ateus são importantes demais na formulação da fé, meu amigo. Sem
antagonismo não existe convicção!*

Será que o padre Fábio de Melo estava se tornando ele próprio uma forma de antagonismo da religião que se praticava no Brasil? Estava disposto a enfrentar o poder estabelecido e apresentar aos fiéis uma nova forma de ser cristão?

Sou humano demais pra compreender
Humano demais pra entender
Este jeito que escolheste de amar quem não merece.

A música "Humano demais" era ao mesmo tempo uma conversa com Jesus Cristo e uma constatação sobre o lado humano daquele que o cristianismo entende como o filho de Deus, ou o próprio Deus encarnado.

Eu fico surpreso ao ver-te assim
Trocando os santos por Zaqueu
E tantos doutores por Simão
Alguns sacerdotes por Mateus
E, mesmo na cruz, em meio à dor
Um gesto revela quem tu és
Te tornas amigo do ladrão
Só pra lhe roubar o coração.

A letra escrita pelo padre era uma expressão poética, e ao mesmo tempo clara e contundente, daquilo que ele já vinha pensando e pregando, querendo se aproximar do lado humano de Jesus, e de certa forma contradizendo a ideia de que só a religião pode salvar as almas.

"Quando a gente reza, muita coisa acontece, é claro. Mas quando a gente pensa, as coisas de fato acontecem", agora não é mais a letra da música, é o pensamento do padre. *"A libertação da mente de uma pessoa oprimida por um preconceito, uma visão distorcida de si mesma... isso é muito libertador... E pensar que o Evangelho é isso! Em nenhum momento você tem Jesus fazendo outra coisa senão isso: provocando a liberdade interior, por meio de uma nova forma de pensar."*

Retomando a conversa com o biógrafo que lhe perguntara sobre o filósofo Nietzsche, o padre decide lhe questionar.

— *Você é muito racional, não é!? Mas você tem fé?*

— *Tenho, mas não sei o tamanho dela.*

— *Eu acho que pra você o conflito deve ser o fato de você ser humanista.* — diz o padre Fábio.

— *Por quê?*

— *Entendo que o humanismo lhe proporciona um jeito religioso de viver. E você parte do princípio de que o amor ao Ser Humano já lhe concede uma mística. E a partir dela você exerce a compaixão. Isso já não é o resultado final de toda religião? Você precisou passar por ela?*

— *Essa é a minha questão* — responde o biógrafo.

— *Às vezes eu vejo algumas pessoas tão sofisticadas do ponto de vista humano, meu amigo... pessoas harmonicamente integradas ao mundo, promotoras da paz, da justiça, e que nunca passaram na porta de uma igreja. Tenho a impressão de que Deus já fez a sua obra na vida daquela pessoa em outros lugares... em ambientes não dedicados à religiosidade, em contextos inusitados... ou as circunstâncias da vida lhes permitiram chegar ao resultado final das religiões: a espiritualidade, o sopro que nos une a Deus e à humanidade.*

O disco HUMANO DEMAIS seria um marco. Depois dele, Fábio de Melo se consolidaria como um dos maiores cantores da música católica brasileira, e a música-título o acompanharia por muitos e muitos anos, em quase todos os shows que fizesse, sempre levando o público a cantar e se emocionar com o padre. E o próprio padre se emociona no momento em que canta "Humano demais" em seus shows, quando começa a projeção de um trecho de um filme em que Jesus Cristo mostra mais uma vez seu lado humano no encontro com a Samaritana. Quando a imagem aparece no telão, o padre sai para o lado do palco e assiste.

HUMANO DEMAIS só seria lançado depois que Fábio de Melo saísse de Belo Horizonte, começando uma nova etapa de sua vida. O padre iria morar de novo em Taubaté, ainda mais perto da comunidade Canção Nova, onde, muito em breve, daria o passo mais importante na consolidação de sua carreira, assumindo, primeiro temporariamente, depois em definitivo, o programa DIREÇÃO ESPIRITUAL, até então sob o comando do padre Joãozinho, seu mentor e amigo.

Mas ainda não chegamos lá. Entre julho de 2004 e junho de 2006, padre Joãozinho será o diretor a quem o professor Fábio de Melo deverá se reportar. Na faculdade Dehoniana em Taubaté, os dois teólogos-cantores viverão sua última temporada juntos.

FÁBIO DE MELO, HUMANO DEMAIS, SERÁ AGORA PROFESSOR
DE ESCATOLOGIA E OUTRAS COMPLICAÇÕES. INCENTIVARÁ
SEUS ALUNOS A SEREM MAIS POÉTICOS E COMPREENSÍVEIS.
NEM TODOS GOSTARÃO DISSO.

EM MEADOS DE 2004, quando voltou a morar no conventinho em Taubaté, depois daqueles anos mágicos em Belo Horizonte, o padre Fábio de Melo virou
professor da faculdade Dehoniana, a mesma onde se formara alguns anos antes.
Se havia uma vantagem era o fato de que o diretor era uma pessoa muito próxima, o mesmo padre Joãozinho que lhe abrira os caminhos da música e dos estudos aprofundados de Teologia e Filosofia. Na congregação, o superior
provincial, ou seja, o chefe dos padres, era Cláudio, que em breve daria lugar a
Paulo Hulse, o alemão que, descobriremos em breve, será o último padre com
poder de decidir o que Fábio de Melo faz ou deixa de fazer em seu dia a dia.

Depois de dezesseis anos de estudos, incluindo duas faculdades, uma
pós-graduação e um mestrado, Fábio se sentia mais do que pronto para dividir seu conhecimento com os jovens seminaristas. Começou a dar aulas de
Antropologia Teológica e de outros temas complexos, como Hermenêutica
Teológica, passando pelas diversas formas de interpretação dos textos religiosos, e Escatologia, um segmento da teologia que estuda coisas intangíveis
como o Fim dos Tempos, a Vida Depois da Morte, Céu, Inferno ou mesmo
o possível Retorno de Jesus Cristo ao Mundo dos Vivos.

Suas aulas, no entanto, não eram para todos. Fábio exigia que os seminaristas refletissem sobre as questões teológicas de uma maneira completamente diferente da que eles estavam acostumados.

O professor jovem de pensamento complexo queria que seus alunos conhecessem Poesia e Literatura para que se tornassem capazes de traduzir a

Teologia em palavras belas e compreensíveis, para que fossem capazes de falar não apenas para outros religiosos mas para as massas, para os não iniciados que quisessem saber mais sobre o cristianismo. Em outras palavras, o professor Fábio queria que a teologia fosse agradável, tanto de se estudar quanto de se ouvir.

Além de analisar a obra de teólogos como Agostinho e Tomás de Aquino, era comum que levasse textos de Adélia Prado ou de Cora Coralina para que os futuros padres enxergassem poesia dentro da teologia. Pedia aos alunos que "traduzissem" aquilo que estavam aprendendo sobre religião.

Mas, ainda que tudo o que estivesse querendo dizer era que a teologia deveria nascer da experiência de vida das pessoas comuns, o professor Fábio saía muito dos padrões, trazia elementos complexos de existencialismo filosófico e exigia tanto de seus alunos que se tornava incompreensível para alguns deles. *"Não porque ele fosse mau professor... pelo contrário... suas reflexões iam muito além do nosso cotidiano"*, se lembraria o padre Cláudio Buss, à época, aluno de Fábio de Melo.

Mas o que era complicado mesmo naquele momento era resolver seu próprio mundo, com uma rotina difícil, dividida entre as atividades de professor e as demandas cada vez maiores para participar de eventos como pregador e fazer shows pelo Brasil.

Em 2005, HUMANO DEMAIS, gravado ainda nos tempos de Belo Horizonte, finalmente foi lançado e fez um sucesso estrondoso. O padre ficou muito mais conhecido e requisitado para viajar o Brasil. A cada dia, era mais difícil cumprir com as exigências da congregação e as burocracias naturais da vida de um professor de faculdade.

Quando não estava dando aulas, Fábio de Melo, como ele mesmo diz, *"estradiava"*. Muitas vezes saía de Taubaté pela manhã, cumpria um compromisso público e voltava de noite. No fim daquele ano de 2005, surgiu um convite para ir aos Estados Unidos.

O padre participou de um congresso religioso em Nova York e pensava em passar o Natal na casa de amigos na cidade de Framingham, conhecido reduto de brasileiros no estado americano de Massachusetts. Mas não foi. Recebeu um telefonema do amigo Frederico avisando que Robinho, outro grande amigo que havia tocado no show da ordenação, estava na UTI com um câncer em estágio avançado. No mesmo dia, voltou ao Brasil.

Passou rapidamente por Taubaté e foi para Formiga, onde encontrou Robinho um pouco melhor, recuperando-se em casa. Como estava de férias na faculdade, resolveu ficar para ajudar o amigo em sua tentativa de derrotar o câncer. Se revezava com Frederico e parentes de Robinho, passando noites na casa do amigo para que ele jamais ficasse sozinho. Sempre bem-humorado, Robinho brincava, dizendo que milhares de mulheres adorariam estar em seu lugar, dormindo ao lado de Fábio de Melo.

Nas conversas, Fábio jamais assumia o papel de padre ou conselheiro. Robinho o chamava apenas de Baqueta, o apelido que inventara nos tempos em que tocavam juntos. Fábio só saiu de lá na terceira semana de janeiro, quando Denílson chegou com os resultados dos exames de seu irmão. O câncer havia piorado e estava claro para os médicos que aquele que se tornara um de seus melhores amigos não teria muito tempo de vida. Mas Denílson escondeu a verdade.

"Meu amigo, tá tudo certo, Robinho tá curado!", o irmão inventou. E Fábio voltou a Taubaté com um alívio enorme, seguro de que Robinho ficaria bom.

Ainda que fosse mentira e que o câncer persistisse, Robinho se sentiu melhor nos meses seguintes. Por indicação de Fábio, entrou para o grupo CANTORES DE DEUS e continuou compondo. Enquanto isso, o padre se desdobrava entre aulas, pregações e os shows do disco HUMANO DEMAIS, que fazia enorme sucesso nos meios católicos.

Na sala de aula, o lado humano de Fábio de Melo chamava cada vez mais a atenção do diretor da faculdade. Padre Joãozinho percebia como Fábio era dedicado. E, ao relembrar aqueles tempos, seu mentor musical e acadêmico faz uma avaliação, em parte, extremamente elogiosa de Fábio de Melo.

"Fábio não é só um teólogo... Fábio é um filósofo... aliás Fábio não é só um comunicador, como alguns pensam, muito menos um cantor... Fábio é um pensador!", padre Joãozinho fala com um tom de voz levemente eufórico, aparentando orgulho por ter sido parcialmente responsável pela orientação acadêmica do padre Fábio. Em outros momentos, no entanto, padre Joãozinho se torna o maior crítico de seu ex-aluno. Diz, por exemplo, que Fábio de Melo jamais se adaptou à rotina da faculdade, pois tinha enorme dificuldade para se organizar. *"O Fábio é um criativo, então, no meio da aula ele começava a voar... no início os alunos choravam de emoção por ouvir poesia tão bonita... no fim, estavam chorando de raiva."*

De fato, padre Fábio andava, no melhor dos sentidos, com a cabeça nas nuvens, pensando em tudo o que havia conquistado em Belo Horizonte, principalmente na liberdade de ser o padre que bem entendesse. Havia gravado TOM DE MINAS com músicas que não eram necessariamente religio-sas, cantava "Humano demais" exaltando o lado humano de Jesus Cristo, e não se via na obrigação de dar satisfação a ninguém, se sentindo tão à von-tade que continuava exibindo o brinco, deixando alguns padres com pulgas atrás das orelhas.

O diretor da faculdade de Taubaté avaliou ter errado ao escolher Fábio de Melo como coordenador dos cursos de extensão, pois, em sua visão, ele jamais conseguiu cumprir a função de maneira adequada. Mas, se não servia às funções burocráticas, Fábio de Melo talvez pudesse quebrar um galho como substituto temporário do padre Joãozinho no programa de televisão que ele fazia ao vivo, todas as quartas-feiras, na TV Canção Nova, àquela altura uma das maiores redes católicas do mundo. Padre Joãozinho recebera permissão da congregação para se mudar para o Vaticano, onde terminaria um doutorado, e precisava encontrar alguém que ficasse em seu lugar du-rante o ano que passaria longe do Brasil.

Será um momento crucial para o futuro de Fábio de Melo. Mudará sua vida em todos os sentidos e drasticamente. Mas, como descobriremos, o padre que não é bom coordenador na faculdade também não parecerá a opção mais óbvia para dar "direção espiritual" aos católicos do Brasil. Principalmente porque Joãozinho anda extremamente incomodado com o tal do brinco que Fábio traz na orelha.

As noites de quinta-feira vão ficar sob nova direção. Mas, para isso, Fábio de Melo será convidado a tirar o brinco. Será o momento de mostrar aos católicos que ele é muito mais do que apenas um cantor.

João Carlos Almeida nunca foi homem de meias palavras. Apesar do apelido no diminutivo transmitir a impressão de que se está diante de um poço de doçura, padre Joãozinho é guerreiro como um São Jorge. Não gosta de conversa fiada nem de papo no estilo cerca-Lourenço. Diz o que tem que dizer. Se doer... doeu. E, quando relembra o momento em que precisou procurar um substituto para seu programa muito bem-sucedido na TV Canção Nova, não esconde de ninguém que o padre Fábio de Melo não era sua primeira opção.

"Eu tentei um, tentei outro... mas eu nunca imaginava o Fábio. Ele tava numa crise meio existencial, não sei, chegava a colocar em risco o próprio sacerdócio dele... um cego não poderia guiar outro cego."

Ainda que pensasse que o padre Fábio não vivia um bom momento, padre Joãozinho decidiu levar sua dúvida a Luzia Santiago, uma das fundadoras da comunidade Canção Nova.

— *Já pedi pra vários padres e eles não podem... tem só um padre aqui na casa... que, talvez, pudesse ser a pessoa indicada. Aliás, em termos de capacidade, é o mais indicado. Ele nunca fez programa de televisão nem nada... é o padre Fábio.*

Padre Joãozinho explicou que achava que padre Fábio estava vivendo uma crise existencial e acabou admitindo que o que mais o incomodava não era nada daquilo.

— *Acho que ele não tem o perfil da Canção Nova... ele usa brinco!*

— *E o que é que tem?* — Luzia perguntou, para surpresa do padre Joãozinho.

Ainda que fosse irrelevante para a direção do canal, que aceitou Fábio de Melo como apresentador temporário do Direção Espiritual, padre Joãozinho não se conteve. Quando foi fazer o convite, impôs uma condição.

— *Só tem uma coisa... Esse brinco. Acho que vai confundir as pessoas* — ele disse, sem imaginar a velocidade da resposta.

— *Não seja por isso...* — Fábio de Melo rebateu, imediatamente levando as mãos à orelha e sepultando aquele objeto, agora sem dúvida alguma irrelevante, incrivelmente desnecessário. Em Formiga, inclusive, já havia um movimento de senhoras católicas rezando para que ele se desfizesse daquele adereço que incomodava a todas, inclusive sua mãe.

Mas, antes de decolar na tevê, seria preciso ainda, e como sempre, vencer resistências. A maior delas vinha justamente da pessoa com quem Fábio lidaria semanalmente durante as gravações. O diretor do programa era o ex-seminarista Luís Felipe Rigaud, que todo mundo conhecia pelo apelido de China. Ele não gostava de Fábio de Melo. Incomodava-se profundamente com o fato de que o padre raramente vestia roupas sacerdotais, e tentou praticamente fazer um complô, querendo convencer alguns colegas da Canção Nova a acabar com o programa. Mas como não tinha muitos poderes, China apenas obedeceu às ordens da direção. Foi à reunião em que o padre Joãozinho apresentou seu sucessor, conversou rapidamente sobre o que fariam na estreia e saiu dali com uma impressão um pouco melhor do futuro apresentador.

Pouco depois, China pegou uma carona com o padre Fábio para voltar de São Paulo a Taubaté. Na estrada, disse tudo o que não gostava no padre, ouviu seus argumentos e os dois se aproximaram muito. O apresentador chegava cedo à Canção Nova e só ia embora depois de comer e dar umas boas risadas com China. Estava ficando à vontade em seu novo programa e não deixaria que nada o atrapalhasse. Era mais um daqueles momentos fundamentais que dividiriam sua vida em antes e depois.

O novo apresentador do Direção Espiritual já gravou seis discos solo e ficou razoavelmente famoso, mas agora é que vai realmente sacudir o universo religioso brasileiro.

"Não sei lhe confortar... O que eu posso fazer é chorar com você" Os telefones não vão parar de tocar. E o padre vai seguir na direção.

Fábio de Melo encarnou a função de padre-apresentador com tanta propriedade que parecia impossível tirá-lo daquele palco. O programa transmitido ao vivo nas quartas-feiras viu seu público se multiplicar. Na época, a Canção Nova não fazia medições de audiência, mas os telefonemas davam uma medida clara do tamanho do sucesso. Saltaram de uma média de trezentos para perto de 2 mil por programa. Eram pessoas querendo contar seus problemas e ouvir as palavras confortantes do padre que lhes falava ao vivo. As ligações chegavam também de outras partes do mundo, como Angola e Portugal. A cantora católica Celina Borges ficou tão encantada com o resultado do programa que viu ali uma mudança de patamar na qualidade do discurso da Igreja brasileira. *"A Igreja é uma antes do padre Fábio de Melo e outra depois... ele mudou as coisas da água pro vinho!"*

De fato, Fábio de Melo logo mostrou seu estilo. Reuniu beleza artística, simplicidade de comunicação e conteúdo teológico trazido para a realidade do brasileiro simples, exatamente como ele ensinava a seus alunos da faculdade. Em termos práticos, passou a ouvir menos pessoas por programa, mas lhes dedicava muito mais tempo, e refletia profundamente sobre os problemas que lhe eram apresentados ao vivo nas ligações telefônicas.

Ainda nos primeiros meses, lhe telefonou uma mulher que acabava de perder a filha por causa de uma bactéria que em poucas horas levara a menina até a morte. Patrícia Naves contou a história de Gabriela e comoveu a todos. Cinegrafistas, produtores... estavam quase todos chorando, e o padre, em silêncio, aparentemente tentando se segurar para oferecer alguma palavra de conforto.

Até que ele não aguentou e começou a chorar com Patrícia. *"Não sei o que falar... Não sei lhe confortar porque, diante da sua dor, eu não tenho o que dizer. Eu não senti a sua dor... Tô sentindo ela agora. Então, o que eu posso fazer é chorar com você."*

A postura do padre, se colocando como um ser humano comum e não tentando ser superior, capaz de apenas chorar diante de uma dor terrível, se tornaria um marco na história do DIREÇÃO ESPIRITUAL e levaria China a acabar com qualquer resíduo de preconceito que ainda tivesse com relação ao padre Fábio. *"Não era um sacerdote de respostas prontas... ele trazia essa presença mais humana de Deus com a gente. Em vez de ficar tentando responder se a gente vai pro céu ou pro inferno, ele disse 'tô com você pra sofrer as suas dores'. Querendo ou não, Jesus veio fazer isso com a gente."*

No escritório da Leozinha, em Belo Horizonte, exatamente como nos bastidores da Canção Nova, o telefone não parava. As pessoas viam o número que aparecia no fim do programa e ligavam querendo falar com o padre. Mas, obviamente, o telefone não era dele.

"Três da manhã tinha gente querendo conselho do padre... depois ligava alguém querendo contratar um show... mulher querendo casar", a empresária Leozinha se lembraria, sempre aos risos, muitos anos depois.

Denise, contratada exclusivamente para cuidar da agenda do padre, acabou rezando com uma senhora que estava aflita ao telefone. Havia telefonemas também pedindo que o padre Fábio fosse cantar em festas de aniversário. E teve um malandro que conseguiu. Contratou o padre para o que dizia ser um evento público, num ginásio, mas quando o padre chegou descobriu que o malandro era muito rico e havia pago tudo sozinho para convidar seus amigos para um show particular de Fábio de Melo em homenagem ao aniversário do próprio malandro. O padre, que não gosta de malandragem, soltou fumaça pelas narinas internamente, mas, publicamente, manteve a ternura.

Em Catalão, no estado de Goiás, ao ver a fama de Fabinho aumentando, Lourdes, a mais velha entre as irmãs, teve um ataque de ciúmes. Muito a contragosto percebeu que o irmão não era mais seu, nem de ninguém. *"Foi uma loucura... foi uma loucura mesmo. Cê não tem noção... o tamanho do meu sofrimento. Porque ele não atendia o telefone da gente, não tinha mais tempo pra gente... aí um dia ele perdeu a paciência e nós brigamos muito."*

Em Formiga, as irmãs Zita e Cida estavam fascinadas com a novidade que lhes chegava pela televisão. De repente, o irmão estava de novo na casa delas. *"Nossa... que programa bonito!"*, Zita se orgulhava. *"Meu irmão tá lindo"*, Cida dizia para quem quisesse ouvir, sentindo que pela televisão matava saudades do irmão que raramente tinha tempo para estar com elas em Formiga, a cidade que agora só falava em Fábio de Melo.

O nome daquele padre bonito que pregava tão maravilhosamente bem era cada vez mais falado nos meios católicos. E, inevitavelmente, causava furor também entre mulheres que, antecipando um fenômeno que se veria ainda mais intensamente mais tarde, perdiam a linha e faziam ofertas indecorosas como uma que juraria *"conquistar ele igual Mariana conquistou Dalcídes"*, numa referência distorcida à história de amor bem-sucedida do padre Dalcídes que deixou a batina para se casar com a apresentadora de televisão Mariana Godói. A tal da mulher que queria ser como Mariana ultrapassaria todos os limites quando começasse a alisar o braço do padre Fábio. E ele reagiria com uma irritação que raramente se permite, mandando que a mulher tirasse as mãos dele imediatamente, para logo em seguida vê-la sair chorando.

O assédio e as armadilhas se tornaram frequentes depois que ele se tornou o padre do Direção Espiritual. Num show em Ribeirão das Neves, no interior de Minas num tempo em que Fábio de Melo se hospedava com pessoas conhecidas da igreja, uma senhora que coordenava um grupo de oração o convidou para ficar na casa da família dela. E tinha uma vantagem: era do lado do auditório onde ele faria o show.

Coincidentemente, no fim daquela tarde, horas antes do show, a anfitriã resolveu comemorar o aniversário do neto em sua casa. Convidou a paróquia inteira e pegou Fábio de Melo de surpresa. O padre não podia sair no meio da festa. Ficou muito incomodado mas resistiu até o fim. Tornava-se comum que um almoço se transformasse numa incômoda peregrinação para ver *"aquele padre famoso que faz o programa na Canção Nova"*.

Mas ainda estamos vendo o programa completar um ano sob o comando provisório de Fábio de Melo e há agora um problema a ser resolvido. Padre Joãozinho terminou seus estudos em Roma e está de volta a Taubaté. Não seria natural que reassumisse o programa que fizera entre 2001 e 2005, até o momento em que o "emprestou" ao jovem Fábio de Melo? Talvez fosse.

Fábio disse que o programa estava à disposição do padre Joãozinho, mas o próprio Joãozinho reconheceu que seu sucessor havia ido muito bem, que o programa *"tinha ficado realmente com a cara dele"* e que não faria sentido tirá-lo de lá.

"É Fábio... eu não tenho condição de assumir", o padre Joãozinho lhe disse.

"Eu continuo", Fábio respondeu, sabendo que mesmo se deixasse o Direção Espiritual assumiria outro programa na Canção Nova, pois o sucesso era mais do que evidente. Ainda mais importante do que o sucesso era a credibilidade que ele havia conquistado entre os católicos. *"Até então eu era um padre admirado pelas músicas que fazia... o Direção Espiritual foi a grande mudança."* E seguiria sendo uma das poucas obrigações na vida do padre, pois ele jamais deixaria de gravar um programa, mesmo que estivesse em peregrinações pelo mundo.

O "Zé da Silva" é agora sertanejo e popular. Lourdinha que o diga! Filho do Céu não vai ter a participação de Robinho. Será um disco marcante, que, no futuro, Fábio de Melo evitará ouvir.

Fábio de Melo acabava de lançar seu sétimo disco solo, com um título que fazia referência à parte de seu nome que ficara de fora do nome artístico e uma pegada mais rural, remetendo também às origens de seu pai, de quem, sem saber direito o porquê, herdara o sobrenome Silva. O arranjador era Bruno Moritz, amigo dos tempos de Brusque. E, no termômetro da Lourdinha, Sou um Zé da Silva e outros tantos era um enorme sucesso, e *"muito por causa do estilo sertanejo!"*.

O disco Zé da Silva era também uma enorme ousadia, pois no movimento da Renovação Carismática havia até uma recomendação para que não se ouvissem músicas que não fossem católicas, e o padre gravara algumas naquele novo disco, fazendo com que seu público *"se acostumasse"* com a ideia de que ele cantaria canções populares brasileiras quando bem entendesse. Era audacioso demais: um padre cantando música sertaneja, e ainda por cima acompanhado de um acordeão. Mas que audácia era aquela? Se ele praticamente nascera ouvindo os sertanejos e adorava aquelas canções. Havia algo de errado em cantá-las? A própria música-tema do disco seria para sempre considerada por ele uma das melhores de sua carreira. Para muitos, seria de fato a melhor, e mais emocionante também.

Quem me dera pudesse compreender
Os segredos e mistérios dessa vida
Esse arranjo de chegadas e partidas

Essa trama de pessoas que se encontram
Se entrelaçam
E misturadas ganham outra direção
Quem me dera pudesse responder
Quem sou eu nessa mistura tão bonita
Tantos outros, sou na vida um Zé da Silva
Sofro as dores de outros nomes
Rio os risos de outras graças
Trago em mim as falas dessa multidão
Quem me dera pudesse compreender

Depois do primeiro disco sertanejo, o padre começou a trabalhar com um novo músico, que seria arranjador e produtor do próximo disco e, mais importante ainda, se tornaria um companheiro praticamente inseparável em suas viagens musicais pelo Brasil.

O padre conheceu Maurício Piassarollo quando precisou de um arranjador para preparar o repertório de FILHO DO CÉU, o disco que seria lançado no ano seguinte. Como não encontrava o arranjador com quem costumava trabalhar, Fábio aceitou a sugestão do *backing vocal* Tiago e começou a trabalhar com Maurício no estúdio que ele mantinha no quintal de sua casa, em Caçapava, perto de Taubaté.

Durante os ensaios, enquanto Fábio cantarolava as músicas, Maurício ia montando as harmonias e os dois preparavam as bases do disco. Enquanto Fábio gravava as vozes guia, que serviriam de referência para os músicos no estúdio da Canção Nova, os sons que entravam pelas janelas do estúdio caseiro de Maurício começaram a servir de inspiração. Primeiro, o som de uma chuva forte sobre o telhado. Depois, os passarinhos. Aqueles sons captados por Maurício acabariam se unindo ao clarinete para dar uma atmosfera espiritual à canção "Não desista do amor", que Fábio havia composto com Robinho.

Antes daqueles encontros, Maurício tinha *"muita restrição"* à Igreja, mas, com o padre Fábio, começou a mudar de opinião. Ficou marcado para ele o dia em que o padre se ofereceu para fazer um show de graça na favela paulista de Heliópolis, depois que uma freira lhe telefonou pedindo ajuda para uma campanha que deveria educar meninas que andavam engravidando demais. O arranjador ficou impressionado com o que entendeu como posturas honestas, sem hipocrisia, e dali em diante se tornou, como ele mesmo diz, *"coroinha do padre Fábio"*.

Naquele fim de 2006, Fábio e Maurício começavam uma parceria tão bem-sucedida que permaneceria até mesmo depois que o padre explodisse nos meios não religiosos e se tornasse uma personalidade brasileira. Maurício assumiria também o lugar nobre de pianista no show PIANO E VOZ, mistura de música com pregação, e até piadas.

O arranjador percebeu que Fábio de Melo tinha uma particularidade. *"Não é um ouvido absoluto de estudo... é em estado bruto... Se ele cantar uma música hoje, ele vai cantar amanhã, eu vou tocar... e vai tá no mesmo tom."* A intimidade conquistada na estrada levaria o arranjador a ter uma definição um tanto à vontade sobre os dotes musicais do padre. *"É engraçado porque o desgramado não estuda porra nenhuma. Ele vai e canta!"*

Quando soube da nova aventura musical do amigo, Frederico, o baterista, se tornou produtor de eventos. Fez um acordo com a empresária Leozinha, se encarregou de imprimir ingressos numerados e organizou tudo para o show no auditório de um colégio em Formiga. Frederico e sua mulher, Renata, pediram ajuda à Célia, uma senhora muito ligada à igreja e encantada com o padre Fábio. Célia era tão meticulosa que enlouqueceu todo mundo na produção. Mas era também a mais empolgada com a expectativa que se criara na cidade.

"Nóooooo.... tá vendendo demais!", ela dizia a Frederico, que se arrependia de ter programado o show num lugar onde só cabiam quatrocentas pessoas. Naquele tempo, começavam a surgir personagens, alguns deles estranhos, aficcionados por Fábio de Melo. Um deles era tão misterioso que deixou o padre com a sensação de estar sendo perseguido e vigiado em seus shows.

A empresária Leozinha resolveu pedir ajuda a um amigo policial, com medo de que o padre pudesse ser vítima de sequestro ou atentado. Mas Luís Heleno, o homem que ia onde quer que Fábio de Melo estivesse, se revelou a figura mais doce que se poderia imaginar. Ia aos shows apenas para cumprir a nobre função de filmá-los com uma câmera amadora, num tempo em que celulares ainda não eram tão potentes como agora. Pela televisão de sua casa, em Juiz de Fora, Luís Heleno gravou inúmeros programas de Fábio de Melo na Canção Nova, transcreveu palavra por palavra, reuniu tudo numa coleção de livros de capa vermelha e conseguiu entregá-la ao padre. A fama começava a pesar sobre os ombros de Fábio de Melo. Para o bem... e para o mal.

Fábio de Melo está sendo perseguido pelos fãs. Tem certeza de que não quer ninguém controlando seus passos, nem mesmo na congregação. Chegou a hora de dizer: libertem o transgressor!

O sucesso como cantor e comunicador abrira tanto os horizontes de Fábio de Melo que já não era possível seguir sendo *um transgressor que fingia que obedecia"*, como ele próprio se descrevia. O mundo havia abraçado o homem, e o homem estava com braços e pernas ao redor do mundo.

"Não tenho aptidão para o trabalho de paróquia", ele pensava. E não era só isso o que o perturbava. Faltava energia para enfrentar o que na vida profissional seria equivalente a ter dois empregos. Sendo que um desses "empregos" exigia que ele viajasse pelo Brasil nos fins de semana, muitas vezes trocando de ônibus para aviões, para barquinhos e até para o lombo de burros que o levariam ao vilarejo onde faria o próximo show. E o outro "emprego" exigia justamente o contrário, que o padre acordasse todos os dias às seis da manhã para rezar missa no conventinho, almoçasse no bandejão dos padres exatamente ao meio-dia, fizesse a Adoração do Santíssimo às seis da tarde, discutisse os assuntos da congregação uma vez por semana, desse aulas sem poder faltar, fizesse trabalhos paroquiais em Taubaté e viajasse no máximo da igreja para o convento, do convento para a sala de aula, coisa que começavam a dar arrepios em Fábio de Melo. *"Percebi que a minha natureza humana não fica aflorada como poderia se estou nesse esquema de obediência."*

Se de fato quisesse chegar onde pretendia, o padre Fábio precisava ser a cada dia mais parecido com o apóstolo Paulo. Em vez de cuidar de uma única comunidade, deveria se tornar um propagador de ideias, um comunicador que falasse com o Brasil inteiro. Assim como Paulo começou a pregar a mensagem judaica de Jesus aos não judeus, padre Fábio falaria com católicos com o mesmo entusiasmo que falaria aos não católicos. Para ser como um apóstolo evangelizador, quase 2 mil anos depois de Paulo, o padre brasileiro faria, a seu modo, o equivalente às cartas que o santo propagador do cristianismo enviara aos coríntios, aos romanos, aos gálatas e a tantos outros, dando orientações sobre os caminhos da fé. Às vezes, orientações duras, como neste trecho da carta que possivelmente foi destinada pelo apóstolo Paulo ao povo da Galácia, na região de Anatólia, atual Turquia. *"Vós fostes chamados à liberdade, irmãos... Mas se vos mordeis e vos devorais reciprocamente, cuidado, não aconteça que vos elimineis uns aos outros."**

As mensagens de Fábio de Melo viriam em palestras, livros, programas de tevê e canções que, guardadas as enormes diferenças entre os século I e XXI, surtiriam efeito parecido com o que era causado pelas epístolas às comunidades que as recebiam. As palavras do padre Fábio chegariam a milhões de pessoas e com uma força tão grande que jamais poderiam vir de um religioso que seguisse regras e dependesse de um supervisor até para tomar uma decisão simples como se ausentar da paróquia no fim de semana. Jamais.

Por fim, se um dia o menino Fábio ouvira o chamado de um padre, que soava também como um chamado de Deus para ingressar no seminário, agora ouvia a voz que vinha de dentro de sua cabeça dizendo para seguir o que entendia como sua identidade, seus valores, sua visão de mundo. Se queria viver como um indivíduo e libertar seus sentimentos, era preciso mudar. *"Minha identidade estava cerceada... eu podia muito mais"*, ele refletiria.

Aos 36 anos, o padre Fábio queria ler e estudar ainda mais do que havia feito até então. Queria escrever livros, compor, cantar, conhecer lugares e pessoas que não necessariamente seriam fiéis da Igreja católica ou religiosos, levando a quem cruzasse seu caminho sua mensagem de fé e humanidade. Queria viajar e se comunicar com o mundo e, além de tudo isso, não aguentava mais ser o criador de problemas da congregação em Taubaté. Aliás, apesar de ser um professor que encantava uma boa parte de seus alunos, tinha se tornado um problema também para as secretárias da faculdade, que viviam lhe cobrando o cumprimento de tarefas rotineiras, como

* Gálatas 5, 13-15.

por exemplo, entregar relatórios e listas de presença, coisa que ele já não se atrevia a prometer.

Foi se desgastando, se estressando e ficando cada vez mais avesso ao trabalho burocrático que lhe era exigido naquela vida cheia de regras. *"A vida aqui era muito ordinária, muito sistematizada, muito presa... e o Fábio teve essa dificuldade"*, analisaria, anos depois, o padre Mário Coelho. Aliás, desde criança as regras o incomodavam, principalmente quando pareciam lhe fazer mal, como a proibição de sair da sala de aula para fazer xixi em seu primeiro ano de escola. De certa forma, o padre reconhecia seus defeitos e chegava a uma conclusão difícil. Não era capaz de cuidar de maneira adequada e diária daquilo que semeava. Não tinha as qualidades de um jardineiro, ou de um padre tradicional. *"Sou um provocador"*, ele concluíra, decidindo que se não fazia bem à congregação nem a congregação fazia bem a ele, estava na hora de se despedir.

Por mais que a comparação possa soar deslocada, seria como um divórcio. Não da Igreja, mas de seus colegas religiosos e de um estilo de vida que o acompanhara por mais de vinte anos, desde que aquela piscina maravilhosa o fizera decidir entrar no seminário em Lavras e começar sua caminhada religiosa.

Divórcios acontecem, e não precisam ter litígios.

Mas esse teve.

Era novembro de 2006. Fábio de Melo estava a caminho da sala de reuniões do convento para cumprir mais uma rotina que não lhe agravada muito: o encontro anual com o padre superior a quem devia dar explicações sobre sua conduta para, em seguida, passar por uma avaliação de seu desempenho. Para piorar, o padre Fábio estava num dia péssimo. Vinha extremamente cansado, justamente porque se dividia entre as viagens e o trabalho de professor na faculdade Dehoniana, o que exigia sua presença de segunda a sexta, sem falar nos afazeres da congregação de Taubaté. Por causa desse cansaço, não refletiu muito sobre aquele encontro e, logo de saída, disse ao superior Paulo Hulse justamente o que ele NÃO gostaria de ouvir.

— *Estou muito cansado!*

O alemão disse, com razão, que o cansaço vinha de tarefas que não lhe estavam sendo pedidas pela congregação. Padre Fábio entendia que estava se tornando uma personalidade católica brasileira, e que isso não só fazia parte de sua missão como trazia benefícios à congregação. Suas músicas eram cantadas em igrejas. Seu programa semanal na televisão havia estimulado o surgimento de novos padres e trazido fiéis para mais perto do Catolicismo. Não era esse também o trabalho de um padre? E, afinal, se todo aquele esforço não interessava à congregação dos Padres do Sagrado Coração de Jesus, por que ninguém havia lhe falado antes?

A verdade é que padre Fábio até poderia ter contornado o problema, poderia ter evitado uma discussão dura como aquela, mas, cansado do jeito que estava, não soube se controlar.

— *Eu estou errado mesmo, padre Paulo. Eu não quero ficar mais... não quero continuar.*

O superior pediu a seu subordinado que pensasse com calma, que não tomasse nenhuma decisão naquele momento em que eles estavam nervosos. A verdade é que havia amizade entre os dois. Mas era como se, naquela discussão acalorada, quem estivesse presente fossem os extremos de cada um: o regulador e o transgressor. E o transgressor concluíra naquele momento que, de fato, seu trabalho não era exatamente o que a congregação queria. Por mais que suas viagens pelo Brasil estivessem fazendo bem aos católicos, "evangelizar pela arte" era uma vocação particular do padre que não condizia com as expectativas de seu superior. Mais tarde, Fábio de Melo perceberia que estava errado, cometendo algumas incoerências que, de fato, não faziam bem à congregação.

Padre Fábio acatou o pedido de não tomar a decisão imediatamente. Ou melhor, resolveu não insistir em oficializar naquele momento o que já estava decidido. Esperou dois dias. E fez o comunicado enquanto rezava uma missa para padres e estudantes, no próprio convento. Alguns desavisados tomaram um susto, mas teria bastado um pouco de atenção para imaginar que isso acabaria acontecendo.

Fazia tempo que Fábio de Melo era muito mais do Brasil do que de sua congregação. E agora, seria um novo padre, com menos deveres e inúmeras possibilidades. Em certos aspectos, passaria a estar mais próximo de um cidadão brasileiro comum do que de seus colegas de batina. Seria, a partir de então, um padre secular, ou diocesano, como se diz na terminologia ofical da Igreja católica. Não teria mais um chefe imediato cuidando de sua rotina. Passaria a responder diretamente ao bispo da diocese que o aceitasse. Poderia ter uma profissão, poderia ser médico, advogado ou músico, se quisesse, desde que sua nova vida fosse compatível com as atividades de um padre. E, completando a lista de liberdades conquistadas com aquele ato de rompimento, poderia abdicar do voto de pobreza. Poderia ter bens e usaria o dinheiro que ganhasse cantando, escrevendo ou palestrando como quisesse, inclusive para ajudar a família, como se tornaria rotina. Enfim, divorciado da congregação, longe das burocracias e rotinas do Sagrado Coração de Jesus, o padre Fábio de Melo agora teria inúmeras liberdades. Mas, afinal, o que faria com elas?

Conforme a experiência nos mostra e a história confirma, o primeiro momento depois de uma grande conquista nem sempre é uma grande celebração. Padre Fábio se deu conta de que daquele dia em diante correria o mundo apenas com as próprias pernas, sem o suporte que sempre recebera de seus amigos padres.

A primeira providência foi procurar um lugar para morar. Queria alugar, mas foi convencido por uma corretora de que o dinheiro que ganharia fazendo shows seria suficiente para pagar as parcelas de um apartamento num prédio que acabava de ser construído em Taubaté. Comprou, no escuro, sem a menor certeza de que realmente teria como pagar. E sentiu o chão caindo debaixo dos seus pés. Mas, pior que isso, justamente no momento em que visitava o apartamento, recebeu uma mensagem de texto pelo celular. *"Fabinho, venha! O Robinho morreu!"*

Mesmo que as despedidas estejam mais frequentes que os encontros, como dizia a canção do amigo Robinho, "não desista de amar". O ano de 2006 vai terminar com uma tristeza profunda.

Apenas três dias antes, Fábio estava ao lado de Robinho no quarto do hospital, dizendo-lhe palavras de conforto que em nada se pareciam com as de um padre. Era um amigo bem de saúde confortando um amigo que sabia que não viveria mais do que alguns dias. Como estava claro que não poderia vencer a morte, Robinho pediu que todos os demais saíssem do quarto e disse o que sentia que precisava dizer.

"Fábio... aquela música... não vai dar tempo de gravar", ele falava da canção que compusera e que estava sendo produzida para o disco Filho do Céu. Robinho não tinha forças para cantar. Sequer conseguia se levantar da cama. Disse a Fábio o quanto o amava, o quanto sua amizade lhe havia sido importante, e se despediu. *"Você foi um irmão que a vida me deu."*

Fábio tentava não demonstrar a tristeza profunda que lhe tomava conta da alma, pois não queria desanimar o amigo. Até que Robinho se saiu com palavras tristes e bem-humoradas. *"Se eu ficar muito feio não deixa meu caixão aberto, não!"* O amigo, que normalmente teria uma palavra sábia para oferecer, apenas desconversou. *"Deixa de bobagem, Robinho!"*

Acreditando que Robinho ainda resistiria por algum tempo, Fábio foi para Taubaté e logo precisou voltar a Formiga para o enterro. Seu grande amigo, o compositor e tecladista que tocara em sua ordenação e em outros shows, o parceiro musical com quem vinha preparando algumas das canções que entrariam no disco Filho do Céu, enfim, aquele cara de quem Fábio de Melo gostava tanto jamais estivera curado como seu irmão dissera, não aguentara o golpe que lhe foi desferido pelo câncer e, seis meses depois de cair de cama, no apagar das luzes de 2006, no exato dia em que Fábio de Melo completava cinco anos de sua ordenação como padre, Robinho se despediu.

Foi numa sexta-feira, como ele vinha pedindo que fosse, pois queria morrer no mesmo dia da morte de Jesus Cristo. *"A minha sexta-feira não chega"*, Robinho disse alguns dias antes, quando teve a impressão de ver uma imagem. *"Parece que vi Jesus"*, ele contou aos que o acompanhavam no hospital. Momentos antes da despedida, quando Robinho já estava em coma, Frederico colocou no ouvido dele um fone em que tocavam músicas de Fábio em versão instrumental. A última que ouviu foi "Saudades do Céu".

No sábado de manhã, durante o velório no cemitério do Santíssimo, em Formiga, um amigo de Robinho pegou o violão e todos começaram a cantar.

Não desista do amor, não desista de amar
Não se entregue à dor, porque ela um dia vai passar.

Fábio, Frederico, Denílson e outros amigos cantaram uma das canções de Robinho que estaria no próximo disco do padre. Estavam abraçados, e chorando. Fábio estava tão tocado por aquela morte que resolveu ficar sozinho no cemitério depois do enterro. Saiu mas, horas depois, voltou até lá para rezar e meditar outra vez.

Naquele momento de profunda tristeza, o padre não queria ir embora de Formiga. Juntou-se aos amigos, à namorada e ao irmão de Robinho, e também à sua mãe para virarem o ano juntos. Foram para um sítio em Formiga, numa espécie de retiro espiritual, um momento de reflexão em que tentavam se acostumar com a ideia de não ter mais por perto alguém que tanto amavam. No café da manhã, depois de comer um pão com manteiga, o padre sentiu uma dificuldade terrível para digerir a comida, percebeu que estava frágil, sem forças para fazer qualquer outra coisa. Era o sinal certeiro de uma doença terrível que ameaçaria sua vida.

PARTE 8

VIDA SECULAR, FÃS INCONTROLÁVEIS

À ESQUERDA Esta é uma foto histórica. Foi feita para a capa do disco VIDA, que dividiria a carreira musical do padre em antes e depois. (Foto: Juliana Andrade)

Fábio de Melo perderá mais um grande amigo e ouvirá médicos dizerem que ele também pode morrer a qualquer momento. Anjos lhe chamarão a Petrópolis. Mas o padre doente e inquieto não descansará enquanto não terminar um novo disco.

A despedida de um de seus grandes amigos, justamente no meio da mudança mais difícil de sua vida, quando deixava de pertencer à congregação de padres do Sagrado Coração de Jesus, em meio a um momento de ebulição em sua carreira como cantor, coisa que a psicologia talvez explique, desaguou numa dor terrível nas juntas, que evoluiu para uma doença grave, que quase lhe tirou a vida.

Nos primeiros dias de 2007, quando voltou a Formiga, o padre foi à academia fazer exercícios e se sentiu mal. Comentou com um amigo que o corpo inteiro lhe doía.

"Será que não é de tanto treinar?", o amigo suspeitou.

"Não é não... eu fiquei praticamente uma semana sem treinar, tô sentindo muita dor nas articulações."

De acordo com um médico consultado alguns dias depois, o problema de Fábio de Melo se resumia a uma artrite, que poderia ser tratada facilmente com um anti-inflamatório. O padre tomava o remédio, mas as dores nas articulações não passavam. Mesmo sentindo-se muito mal, ele ignorou a doença e continuou cumprindo sua agenda pelo Brasil. Foi quando veio mais uma notícia que, sozinha, já seria capaz de derrubá-lo.

No dia 4 de janeiro de 2007, aos 45 anos, padre Léo Tarcísio Gonçalves Pereira morreu em São Paulo em consequência de uma infecção generalizada causada por um câncer. Foi uma grande comoção no meio católico brasileiro, com a perda tão rápida de um de seus maiores pregadores. Um homem que jamais se fantasiou de anjo, que jamais escondeu seu lado humano e que, divulgando os ensinamentos de Jesus Cristo, foi em todos os sentidos a maior influência para o padre Fábio de Melo. Era uma perda tão inestimável que, ao gravar o DVD ILUMINAR, três anos depois, ele faria uma das homenagens mais bonitas que alguém pode fazer a um amigo.

"De vez em quando, eu sei que Deus visita a nossa vida... (...) E ele veio no formato de um homem, de um homem bem-humorado, contador de piadas, amante da vida, com uma predileção especial pelos miseráveis... por isso que ele me amou tanto... um homem profundamente apaixonado por Jesus... um homem que era capaz de compreender os contrários da condição humana... um homem que era capaz de amar os avessos... e eu me senti muito amado por esse amigo. Sua passagem por este mundo foi muito rápida mas foi o suficiente para deixar eternizada no coração de muita gente a boa parte da vida. Deus visitou o mundo e usou o rosto de um homem chamado padre Léo."

Fábio precisava ir a Recife para um compromisso com a comunidade Obra de Maria e não foi ao enterro. Talvez não se achasse capaz de dividir com ninguém aquela dor tão profunda, ainda mais diante da multidão que levou o corpo de padre Léo pelas ruas de Cachoeira Paulista, antes do enterro em sua cidade natal, Itajubá, no sul de Minas Gerais.

"Eu agradeço a Deus porque um dia me colocou num corredor escuro, diante de um padre... moderno demais, eu achava", o padre Fábio voltaria a falar daquela perda, muitos anos depois.

Naquele sábado, no entanto, na hora em que o corpo do padre Léo estava sendo enterrado, Fábio de Melo não tinha forças nem para falar direito. De Recife, voltou a Formiga. Fez exames. E viajou a Taubaté. Sua pele estava completamente amarela. *"Ele ficou amarelo inteirinho, até no branco dos olhos"*, a cozinheira Teka se lembraria, contando que algumas pessoas no conventinho começaram a evitá-lo por medo de que aquela doença estranha e desconhecida fosse alguma praga contagiosa.

Assim, justamente quando pensava em se mudar para um apartamento e começar uma vida nova como padre secular, sem paróquia nem convento, Fábio precisou ficar exatamente onde esteve nos últimos quatro anos. Se não conseguia nem ficar de pé, como se mudaria para um apartamento para viver sozinho pela primeira vez na vida? Pior ainda. Quando se deitava na cama onde antes dormia despreocupado de qualquer questão financeira, o seminarista amarelo ainda pensava que fatalmente entraria no vermelho, sem saber como pagaria a prestação do apartamento comprado algumas semanas antes.

Criou-se uma situação estranha. O padre exclaustrado, com permissão para viver onde bem entendesse, se sentia seguro justamente no claustro, ao lado de padres, seminaristas e cozinheiras que se alternavam na missão de levar as refeições a seu quarto. Celinha e Teka precisaram de uma autorização extraordinária do reitor do conventinho para poder entrar na área reservada aos religiosos e subir ao quarto de Fábio. Levavam suco de couve com laranja, arroz com feijão, qualquer coisa que levassem, ele comia, mas desde que alguém pudesse deixar o prato à beira de sua cama e depois retirar a louça suja.

Foram quatro dias de sofrimento em Taubaté. Fábio sentia muitas dores no corpo, ao mesmo tempo em que sofria com aquelas duas mortes que o abalavam profundamente e uma sensação estranha de solidão na cama que já não era sua. Foi quando Fábio resolveu telefonar para sua amiga Mariângela, na época, dona de laboratórios médicos em Petrópolis, na região serrana do Rio de Janeiro. Mariângela ouviu a descrição dos sintomas, os números que apareciam nos exames e percebeu que nada fazia sentido com os remédios que Fábio estava tomando. Relatou tudo a Dênis, seu marido médico, e ele teve certeza de que Fábio estava recebendo tratamento errado.

— *Você quer vir pra cá?* — Mariângela propôs.

— *Tô indo...* — Fábio respondeu, certo de que em Petrópolis encontraria um tratamento adequado e o cuidado de que tanto precisava.

Mariângela e Dênis estavam de férias com os filhos, numa praia, a centenas de quilômetros de casa. Voltaram apressados a Petrópolis. O padre também não perdeu tempo. Logo depois de desligar o telefone, conseguiu que um amigo, Ricardo Arame, concordasse em levá-lo de carro pelos mais de trezentos quilômetros que separam Taubaté de Petrópolis. Quando ele chegou, Mariângela tinha acabado de entrar em casa, e jamais se esqueceu do que viu. *"Quando ele subiu as escadas, pelo jardim, ele tava muito verde, com uma expressão muito pálida... E a gente se assustou, eu e o Dênis, de ver como aquele menino estava abatido."*

Fazia tempo que Fábio não era menino, estava com 35 anos, mas desde que o hospedaram pela primeira vez, dois anos antes, durante um evento religioso, Mariângela e Dênis o tratavam como se fosse o quarto filho do casal. Pouco depois de chegarem a Petrópolis, o infectologista Antônio Luís avaliou a saúde do padre, leu os exames que ele trouxera de Taubaté e descobriu a verdadeira gravidade da doença.

Era uma hepatite aguda, em estágio avançado, e ainda por cima piorada por uma hepatite medicamentosa causada pela ingestão de anti-inflamatórios, desnecessariamente, e em doses exageradas. Depois de explicar a gravidade da situação, o médico foi bastante claro com Mariângela. *"O padre pode vir a óbito aqui na sua casa."* Era um prognóstico duro demais, porém verdadeiro. O médico dizia que Fábio poderia morrer a qualquer momento, e Mariângela achou melhor reforçar o que ouvia. *"Olha, padre... o doutor Antônio tá dizendo que a tua situação é grave... que você pode morrer!"* Mesmo sem forças, com a obrigação de ficar deitado, Fábio reagiu com ironia, brincando com a própria ideia de morte.

Mariângela achou melhor parar de trabalhar enquanto o padre estivesse em sua casa, e fez o papel de mãe. Por algumas semanas, deu-lhe remédios, comida, amor e paciência. Viu o padre ficar nervoso algumas vezes, e depois de ouvir Mariângela dizer mais uma vez que ele só podia se levantar para ir ao banheiro *"e nada mais!"*, chutou a porta do quarto com raiva, dizendo que preferia morrer.

Numa outra visita ao paciente moribundo, o doutor Antônio entrou no quarto, checou seus batimentos, olhou fundo nos seus olhos e disse que nem todo o esforço que estavam fazendo havia sido suficiente para melhorar as condições do fígado, pois o repouso absoluto não fazia o efeito esperado e que só com uma alimentação especial ele poderia se recuperar.

Por recomendação de Mariângela, o padre ligou para a diocese explicando o motivo de ter desaparecido do convento e, de certa forma, informando que talvez nunca voltasse. Telefonou também para sua mãe, mas não contou tudo.

Dias depois, quando sua mãe viajou a Petrópolis para visitá-lo, Fabinho praticamente obedeceu às ordens de Mariângela, que não queria assustar dona Ana. Aparou a barba, trocou a camisa azul por uma camisa vermelha alegre e, ainda que não conseguisse esconder os olhos amarelos, não deixou que a mãe soubesse que ele poderia morrer. Até que, depois de 32 dias de reclusão, recebendo todo o cuidado possível do casal que o acolheu sem pedir nada em troca, o doutor Antônio recomendou que ele procurasse um hepatologista no Rio de Janeiro, mas o padre tinha urgência de voltar a Taubaté.

"Quero voltar pra casa... preciso encaminhar minha vida", ele explicou a Mariângela, Dênis e também Matheus, o filho mais novo do casal, que àquela altura o tratava praticamente como um irmão. Foi Matheus quem dirigiu o carro, onde viajaram também sua mãe e o padre.

Antes de qualquer coisa, aquele homem doente e obcecado pediu que Matheus o levasse até a Canção Nova, pois precisava gravar seu disco. Passou quase seis horas no estúdio, ao lado do arranjador Maurício Piassarollo e da diretora de voz Karla Fioravanti, muito doente, mal conseguindo ficar de pé, e assim mesmo gravando as vozes definitivas de quatro faixas do disco FILHO DO CÉU.

Na chegada ao conventinho, em Taubaté, Fábio de Melo chorou compulsivamente. Será que não se sentia bem de voltar a conviver na congregação da qual, por sua própria vontade, já não fazia parte? Temia a solidão? Mariângela agiu mais uma vez como mãe e lhe entregou o travesseiro que Fábio havia usado durante os dias em ficou em sua casa. *"Fica também com o edredom"*, ela disse, antes de virar as costas e finalmente soltar o choro que prendera por aqueles minutos dolorosos. No caminho de volta a Petrópolis, foram todos chorando.

Poucos dias depois, o padre desobedeceu à orientação do médico e conseguiu um jeito de viajar 74 quilômetros pela Via Dutra até Cachoeira Paulista porque precisava se encontrar mais uma vez com o arranjador Maurício Piassarollo e gravar as vozes que faltavam para completar o disco FILHO DO CÉU.

Piassarollo, o maestro sorridente, passara as últimas semanas praticamente internado naquele estúdio, com uma banda formada por músicos que costumavam acompanhar nomes conhecidos da MPB, mas jamais um padre. Para tornar tudo ainda mais inusitado, o baixista Marcelo Linhares e o baterista Walace Santos eram seguidores de igrejas evangélicas e estavam, como eles mesmos brincavam, *"infiltrados"* na comunidade católica. Aceitaram ganhar menos da metade do que ganhariam em outras gravações e passaram dez dias dormindo na Canção Nova, gravando até de madrugada. No ano seguinte, quando o padre lançasse seu disco de maior sucesso e precisasse contratar músicos para viajar pelo Brasil, os "infiltrados" seriam efetivados, e seguiriam com Fábio de Melo por muitos anos, sem o menor problema, pois o padre jamais ousaria interferir na fé dos músicos nem os músicos pretenderiam questionar a fé do padre ou de seus seguidores. Naquele começo de 2007, no entanto, se espantaram ao ver Fábio de Melo muito magro e doente. Ele mal conseguia ficar de pé, mas ainda assim gravou a voz definitiva em algumas músicas do disco que entraria para a história como o mais triste de Fábio de Melo.

O padre agia como se não tivesse mais do que uma gripe indigesta, mas, a pessoas próximas, confessava que estava com medo de morrer. No conventinho, em Taubaté, o padre Zezinho recomendou-lhe uma hepatologista que, depois de pedir novos exames, concluiu que o padre Fábio tinha uma forma muito agressiva de hepatite. Prescreveu um remédio e informou que se não funcionasse ele precisaria entrar na fila para um transplante de fígado.

"A hepatite tá muito, muito violenta... você tá morrendo a cada dia." A médica dizia que Fábio tinha pouco mais de uma semana para saber se o remédio Ursacol faria algum efeito ou se, de fato, ele começaria a morrer. *"Essas hepatites fulminantes são perigosas... evoluem muito rapidamente!"*

A franqueza da médica de São José dos Campos era tão assustadora quanto as palavras do infectologista de Petrópolis. Os dois tinham dito com toda clareza do mundo que Fábio de Melo poderia morrer. Mais uma vez, Fábio foi ao consultório sozinho, e chorou sozinho.

Ao perceber que alguma coisa muito grave acontecia, as cozinheiras Teka e Celinha também choraram, sem deixar que ele soubesse. O padre telefonou de novo a Mariângela, em Petrópolis, e desabafou. *"A médica disse que eu posso morrer!"*, ele chorou mais uma vez, para logo em seguida tomar uma bronca da amiga que o havia acolhido e continuava oferecendo ajuda. *"Cê não vai morrer, não! Pelo menos agora a gente sabe que você tem que tomar esse remédio."* O que mais dizer a um padre que acabava de ver seu mentor e seu grande amigo morrerem doentes e pensava estar indo pelo mesmo caminho?

Fábio de Melo estava proibido de dirigir, mas desobedecia aos médicos. Ia sozinho todos os dias ao laboratório medir o nível das enzimas hepáticas em seu sangue. Pelo que se lembra, *"o normal era 70, 80... mas o meu exame estava dando mais de 5 mil"*.

No conventinho, as cozinheiras Teka e Celinha subiam a seu quarto levando mais suco de laranja com couve, mais arroz com feijão, frango, tudo o que ele fosse capaz de comer. Extremamente preocupada, prevendo o pior,

Teka não viu outra alternativa senão apelar para Santa Rita. No dia 22 de fevereiro, a cozinheira guardou algumas das rosas que foram entregues aos fiéis durante uma missa em homenagem à santa. Não viu nisso pecado nenhum, pelo contrário, *"tinha muita fé nas pétalas de Santa Rita"*. E as misturava com chá de carrapicho para dar ao padre o que acreditava ser um santo remédio. Só muito depois ele ficaria sabendo que naquele chá milagroso da Teka havia as tais pétalas. Dirão que foi mera coincidência... dirão também que foi por intercessão de Santa Rita... fato científico e comprovado é que Fábio de Melo começou a melhorar.

Contradizendo as previsões aterrorizantes do infectologista e da hepatologista, o organismo do padre reagiu. O índice de enzimas hepáticas caíra pela metade. O remédio estava funcionando. Mas, apesar do Ursacol e das pétalas de Santa Rita, a recuperação foi lenta. Só depois de quatro meses Fábio de Melo começaria a se sentir com a energia de antes. Não seria nada fácil. Era preciso lidar com as mortes de duas pessoas muito queridas, resolver todo o problema prático e psicológico causado pela saída da congregação e ainda terminar de curar aquela hepatite tratada tardiamente. Aquele coquetel destruidor, de fato, poderia ter acabado com a vida do padre justamente no momento em que ele pensava em renascer.

Assim que melhorou um pouco, ainda doente, Fábio de Melo voltou a Cachoeira Paulista, durante um acampamento, e apareceu ao vivo na TV Canção Nova. Estava com os olhos vermelhos, os cabelos compridos e mal cortados, com um sorriso no rosto. *"Eu tenho a graça de anunciar a minha vida, de anunciar o meu ministério e a minha saúde retomada."*

Era uma frase emblemática.

FÁBIO DE MELO QUASE FOI LEVADO PELA HEPATITE. MELHOROU. E AGORA, O FILHO DO CÉU VAI RENASCER DE SUAS CINZAS. EM FORMIGA, LOURDINHA BATERÁ SEU RECORDE.

O PADRE QUE RENASCIA das próprias cinzas ainda precisava começar seu novo ministério e, antes de tudo, organizar sua nova vida. Era preciso encontrar uma diocese que o abrigasse, pois só assim poderia continuar exercendo seu ofício de padre. E dom Walmor, o arcebispo de Belo Horizonte, lhe acenava com uma oferta bastante atraente: estava disposto a lhe acolher como padre secular numa das arquidioceses mais importantes do Brasil e ainda lhe oferecia um programa na tevê religiosa local para que Fábio de Melo seguisse com seu trabalho de comunicador.

Além de se reunir com o arcebispo, havia um outro motivo forte para que ele fosse a Belo Horizonte. Era lá que ficava o escritório da Leozinha, a empresária que três anos antes conquistara definitivamente a confiança de Fábio de Melo ao ficar sozinha, de madrugada, esperando as caixas do disco TOM DE MINAS no terminal do aeroporto da Pampulha.

Padre Fábio foi até lá, renovou o contrato com Leozinha, mas delicadamente recusou o convite do arcebispo de Belo Horizonte. Apesar de alguma relutância inicial, dom Carmo Rhoden, bispo de Taubaté, havia enfim concordado que Fábio de Melo fizesse uma experiência em sua diocese. Só três anos depois ele seria incardinado, tornando-se definitivamente um padre diocesano, independente da congregação da qual o próprio dom Carmo fazia parte, com a missão, a partir de então exclusiva, de evangelizar pela arte. E era uma grande notícia. Por incrível que pudesse parecer, depois de sair do conventinho em Taubaté, padre Fábio não queria outra coisa que não fosse ficar em Taubaté. E não era para morar com as galinhas e os cachorros, como ele preferiria mais tarde.

Depois de receber o sinal positivo de dom Carmo, extremamente agradecido, o padre foi começar sua vida nova na agitação da cidade, a três quilômetros do convento de onde acabara de sair.

Ao receber as chaves do apartamento que comprara, ficou assustado. Depois de duas décadas dividindo dormitórios minúsculos com os outros padres e seminaristas, de repente, sessenta pessoas haviam desaparecido de sua vida e ele estava sozinho num apartamento de dois quartos. Sorte foi ter convencido a cozinheira Teka a ir até lá pelo menos duas vezes por semana para fazer a limpeza e, quando possível, ovos fritos com arroz e feijão.

Uma sensação de vazio tomou conta do padre. Mas estar vazio, muitas vezes, é só uma boa forma de recomeçar. Fábio de Melo comprou móveis, roupas de cama e tudo o que era preciso para ficar sozinho pela primeira vez na vida. De repente, como mágica, as coisas começaram a acontecer.

O disco FILHO DO CÉU havia sido lançado e batia na casa das 400 mil cópias, uma vendagem sem precedentes na carreira musical do padre. Era o melhor sinal de que ele estava no caminho certo, consolidando o público católico que o acompanhava e abrindo caminho para que ele pudesse levar sua música também aos meios não religiosos.

"FILHO DO CÉU *foi o divisor de águas*", analisaria o arranjador Maurício Piassarollo. "*Tem toques de música instrumental, de* world music... *A gente teve uma liberdade muito grande de criação e experimentação. Nem parecia* CD *de padre!*"

Em Formiga, a amiga Lourdinha também batia recordes. Conseguira vender 110 discos. Para os padrões de Formiga, ela diria, era *"uma quantidade exorbitante"*, que talvez tivesse sido ainda mais exorbitante se mais caixas de discos lhe chegassem pelo correio, pois, entre os conterrâneos que acompanhavam os passos do padre, havia cada vez mais quem pedisse a Lourdinha que intercedesse por eles, querendo que Fábio fizesse esse ou aquele favor, o que raramente a agenda apertada lhe permitiria.

Além das parcerias com Robinho, FILHO DO CÉU trazia uma canção de que Fábio se orgulharia muito. "Confissão de um traidor" era uma releitura corajosa do papel de Judas na condenação de Jesus Cristo. Seria um disco de muito sucesso mas ao mesmo tempo tão triste que o padre Fábio evitaria ouvi-lo para não sofrer com a saudade profunda que sentia daquelas duas pessoas que marcaram sua vida e que estavam impressas nas faixas e também na capa.

"No silêncio das vozes que já não cantam sobrevive o amor de quem já vislumbrou a eternidade, antes de nós", foram as palavras dedicadas no encarte do disco a Robinho e padre Léo, *"filhos do céu que nos recordam que somos também"*.

Mas, apesar de considerá-lo seu disco mais triste, Fábio veria em FILHO DO CÉU o começo de uma grande virada em sua vida profissional, como se fosse um prelúdio do disco que viria no ano seguinte para revolucionar de vez sua história. E, como uma consequência imediata daquele trabalho bonito e profundo, as propostas para participar de eventos e fazer shows chegavam de todos os lados, até do mundo não religioso. Ainda naquele ano, Fábio de Melo gravou algumas canções sertanejas no disco ENREDOS DO MEU POVO SIMPLES, o último pela gravadora católica Paulinas. Aquele ano intenso e produtivo, coroado pelo belíssimo FILHO DO CÉU, despertaria, de vez, o interesse de uma gravadora não religiosa em seu trabalho. E a sensação que padre Fábio tinha era de que, depois de sair da congregação e começar uma vida mais independente, tudo estava caindo à sua porta. No melhor dos sentidos.

ESSA COISA DE CANTAR PELO BRASIL ESTÁ FICANDO SÉRIA. E PERIGOSA. O PADRE VAI PERCORRER O PAÍS COM SEU NOVO DISCO. VERÁ FÃS DESPENCAREM DE ÁRVORES E INVADIREM SEU CARRO PELO TETO DE VIDRO.

ANTES DE VER, COMO ele mesmo diria, o mundo despencar em sua porta, Fábio de Melo veria uma árvore cheia de fãs despencar sobre seu camarim. Foi na pequena Sousa, no sertão da Paraíba, depois de uma longa viagem de carro que começara em Campina Grande. Naquela época, o padre não tinha assessores e contava apenas com o amigo Gustavo Floresta, um jovem paraibano muito religioso que dois anos antes começara a acompanhá-lo em algumas viagens nordestinas. Nesse dia, iam com eles também a costureira Zezé Procópio e uma sobrinha dela que morava perto de Sousa e emprestaria a casa para que todos dormissem depois do show. O assédio havia aumentado muito depois do disco FILHO DO CÉU e Fábio de Melo não podia mais andar por aí como se fosse um desconhecido, principalmente na região Nordeste. Mas andava.

A noite começou problemática, com uma chuvarada e uma lama terrível que dificultaram a chegada do padre e de sua pequena equipe de amigos. Naquela época, o escritório de Leozinha, em Belo Horizonte, ainda era quase um improviso, sem recursos nem experiência para lidar com a fama cada vez maior de Fábio de Melo. Sem sair do escritório, Mônica Aramuni, encarregada da logística, acertava os detalhes do show e mandava as instruções para quem quer que fosse ajudar o padre a sobreviver no meio da desorganização de eventos comunitários, às vezes patrocinados por prefeituras ou produtores mambembes. Naquela viagem, quem lidava com os organizadores era Gustavo. E ele jura que checou tudo com antecedência. "*Perguntei qual seria a posição do padre... se o acesso do público seria pelo lado oposto... perguntei tudo."* Apesar de receber garantias de que as instruções seriam seguidas à risca, Gustavo logo percebeu que os organizadores haviam feito tudo errado.

Fábio de Melo e seus amigos precisaram abrir caminho pelo meio da lama e do público para chegar ao camarim. O show teve ainda outro contratempo: uma goteira fortíssima molhava incessantemente o teclado de Maurício Piassarollo, que naquela época era o único músico profissional que viajava com o padre, acompanhado por músicos amadores da própria região. Maurício secava o teclado, tocava um pouco e voltava a secá-lo. Apesar de algumas teclas mudas, o show foi relativamente bem até o fim. E quando o padre finalmente chegou ao camarim para respirar, começou o empurra-empurra do lado de fora.

A multidão forçava a porta. Queria o padre, custasse o que custasse. Um grupo grande subiu numa árvore querendo ver melhor. Não tinha nenhum tipo de segurança no camarim e o padre já estava com o coração a centenas de batidas por segundo quando Gustavo resolveu chamar a polícia. Os dois ficaram lá dentro esperando enquanto Zezé e a sobrinha foram trazer o carro. Ficaram com o motor ligado esperando o padre e Gustavo. A árvore não aguentou o peso e caiu em cima do camarim. Uma dúzia de pessoas foi jogada para dentro do camarim. Chegaram quatro policiais militares. Um deles pegou o padre pelo braço e o conduziu pelo meio do povo incontrolável como se levasse um preso. Fez tanta força que torceu o braço do padre. Até que, depois de mais um empurra-empurra, Fábio e seu amigo finalmente entraram no carro e, ainda com o povo se amontoando e fazendo o carro tremer, voaram na direção da estrada.

Em setembro daquele mesmo 2007, num evento em Olho d'Água das Flores, Alagoas, a situação ficou tão complicada que, pela primeira vez em mais de uma década de carreira, Fábio de Melo pensou em desistir de tudo. O evento era numa escola pública e seus assessores informais eram o jovem missionário Tyrone Max e o mesmo Gustavo Floresta que viu a árvore cair no camarim. A confusão, mais uma vez, foi no fim do show.

O público se sentiu tão à vontade na escola que rompeu o cordão humano que deveria proteger o padre no palco. Foi como avalanche, estouro de boiada ou qualquer outra metáfora que nos permita imaginar aquele povo todo voando para cima do padre. *"Fui esmagado mesmo, literalmente"*, ele relembraria, anos depois, ainda marcado por aquela noite em que descobriu que ser famoso poderia ser extremamente perigoso.

Gustavo se lembra que, apesar do empurra-empurra, ele e Tyrone foram pedindo licença e abrindo caminho para salvar o padre. *"No meio do público tinha pessoas idosas, doentes...um show do padre não é como um show mundano, não pode ter um segurança que sai apartando, que sai empurrando."* Gustavo relembraria também que ele e Tyrone chegaram ao carro machucados, e perceberam que o padre estava extremamente triste.

Fábio de Melo sentia que estava tudo errado. Se quisesse continuar cantando, precisava mudar o rumo das coisas. Mas... e se não quisesse? Pensou em desistir daquilo que sempre entendera como sua missão, a *"evangelização pela arte"*. Passou a noite na casa de um conhecido da paróquia na mesma Olho d'Água das Flores que o jogara na lama, e no dia seguinte voltou de Alagoas com algumas decisões tomadas.

Exigiria mais controle na organização dos shows, segurança na porta dos camarins, não dormiria mais na casa de conhecidos da paróquia, nem mesmo na casa de grandes amigos, como Zezé Procópio. Ficaria sempre em hotéis e pediria a Leozinha que contratasse Gustavo Floresta como seu assessor permanente, responsável por acompanhá-lo e garantir o sucesso de tudo o que ele fizesse no Nordeste e no Norte do Brasil. Para acompanhá-lo em outras partes do país, Leozinha fez uma escolha improvável: deslocou do escritório uma funcionária que apenas alguns anos antes não gostava do padre Fábio por achá-lo moderno demais. Mônica deixaria de cuidar exclusivamente da logística e viajaria ao lado do padre. Viajaria tanto que muitas vezes só passaria em casa para trocar de mala e voltar ao aeroporto.

Vai chegar um dia em que o padre não vai precisar nem falar para que Mônica saiba o que ele está pensando. Por enquanto, será um cão de guarda. Usará do seu melhor estilo pitbull para dar dentadas em qualquer um, ou qualquer uma, que se aproximasse do padre com segundas ou terceiras intenções.

O pânico que tomara conta do padre depois que o palco foi invadido naquele efeito manada em Olho d'Água das Flores continuava repercutindo em sua cabeça. E agora, finalmente, a urgência se traduzia em um conjunto de medidas drásticas para "blindar" o padre. Sem falar que Leozinha esconderia de tudo e de todos qualquer informação sobre os deslocamentos de Fábio de Melo. Era um bom começo. Mas, também, um caminho ruim e sem volta, pois ele sofreria quando percebesse que só poderia se aproximar do povo quando o povo estivesse atrás de cercas. E, como logo se descobriria, o padre continuava em perigo.

Em maio de 2008, em Colômbia, São Paulo, Fábio de Melo chegou à beira do palco num carro baixinho, mais uma vez apavorado pela euforia perigosa da multidão. A assessora Mônica percebeu sua cara de pavor e fez uma promessa ao padre. *"Fica tranquilo que eu vou ficar com a bunda encostada na porta do carro até resolver!"*

O povo se afastou, mas ainda era impossível subir no palco. Os famosos amigos-dos-políticos-que-mandam-na-cidade, e os próprios políticos, obviamente, estavam lá em cima jurando que estavam num comício eleitoral. E o prefeito estava de microfone na mão, sem a menor pretensão de sair.

Mônica não pensou nem meia vez. Chamou um produtor e mandou, assim mesmo, na lata. *"Tira o prefeito do palco, agora! Desce com todo mundo... vai lá no camarim, chama a banda e manda posicionar todo mundo... Quando eu te der um ok, eles começam a tocar!"* E assim foi. De microfone em punho, era como se Fábio de Melo tivesse um escudo. Ninguém ousou se aproximar dele, e muito menos desobedecer às ordens da assessora pitbull.

A Segunda Vida de Fábio de Melo acaba de começar.

Se o mundo católico parecia até exageradamente conquistado, ainda faltava levar sua mensagem e sua música para brasileiros que até então não faziam a menor ideia de quem se tratava se alguém lhes dissesse o nome Fábio de Melo. A oportunidade viria de qualquer maneira. Era questão de tempo. Ou de quem fosse mais rápido em perceber o potencial comercial daquele padre que falava e cantava impressionantemente bem. A primeira proposta que chamou sua atenção veio de uma gravadora pequena, fundada apenas dois anos antes pelo músico Líber Gadelha. Líber telefonou ao escritório da Leozinha em Belo Horizonte, ligou também para a gravadora Paulinas, até que conseguiu falar com o padre e propôs a ele que lançasse uma coletânea de suas canções. O disco reuniria as músicas que haviam se tornado sucesso no meio católico na voz bonita daquele padre bonito e assim apresentaria Fábio de Melo para um público muito mais amplo do que o habitual. E, para essa missão, a gravadora LGK contaria com a distribuição da Som Livre e com a máquina de divulgação poderosíssima da Rede Globo de Televisão.

Fábio não acreditou. Telefonou para Leozinha contando sobre a proposta que havia recebido, sem acreditar, ouvindo sua empresária gritar do outro lado da linha.

"Não acreditooooooooooooo!!!"

Depois do grito eufórico, os dois concordaram que era melhor falarem baixo, pois, superstições à parte, sabe-se muito bem do inacreditável poder das invejas, maus-olhados e outras mandingas.

Na primeira reunião na gravadora, o padre disse que não gostaria de apenas juntar suas músicas e relançá-las. Queria fazer um novo projeto. Na terceira reunião, fecharam o acordo. Fábio de Melo regravaria algumas músicas, incluiria inéditas, e cantaria com músicos profissionais de primeira linha, num estúdio importante do Rio. A união da gravadora recém-criada com aquele cantor católico em ascensão resultaria num disco tão bem-sucedido que em apenas oito meses chegaria à impressionante marca de 1 milhão de cópias vendidas. E iria ainda muito mais longe.

Quando terminou de gravar o disco, o padre recebeu três amigas em seu apartamento em Taubaté. Ligou o som e pediu silêncio. Tânia, Marina e Lourdinha eram mais velhas, e conheciam Fabinho desde o tempo em que ele era um menino andando de short e camiseta pelas ruas de Formiga. Haviam acompanhado cada um de seus passos. E, no momento em que ouviram a primeira faixa do disco Vida, tiveram a certeza de que o veriam cada vez menos.

"Olha, Zé da Silva, agora a gente vai ter que vir muito a Taubaté se quiser te encontrar!", Tânia lhe disse, impressionada com o que ouvia, imaginando que o padre seria ainda mais requisitado, sem saber que muito em breve, justamente por causa disso, ela também estaria de mudança para Taubaté.

O álbum Vida foi lançado em outubro, apresentando o padre Fábio aos católicos que por acaso ainda não o conhecessem mas, acima de tudo, aos brasileiros não católicos, muitos deles ateus ou evangélicos, que em breve passariam a ser admiradores daquele formiguense com jeito de galã de novela e uma capacidade incrível de falar de religião e filosofia de maneira simples e ao mesmo tempo inteligente. O disco era anunciado diariamente na TV Globo e vendia mais que pão de queijo.

Coincidências da vida, o primeiro trabalho do padre Fábio fora do universo religioso tinha o mesmo nome do disco gravado duas décadas antes pelo cantor Fábio Junior. A música-tema era a mesma que o padre cantara em sua primeira experiência solo com a banda de amigos num casamento em Formiga. "Vida", versão brasileira de uma canção em língua espanhola, não fazia uma única referência a Deus ou Jesus, falava apenas de um anjo, muito mais relacionado à terra do que aos céus.

Talvez quem sabe, por esta cidade, passe um anjo
E por encanto abra suas asas sobre os homens
E dê vontade de se dar aos outros sem medida
A qualidade de poder viver... vida, vida.

Entre as canções regravadas no fenômeno VIDA, apareciam "Contrários", do disco TOM DE MINAS, "Tudo posso", que já era sucesso no meio católico na voz de Celina Borges, e "Humano demais", sucesso de três anos antes no disco produzido ainda no âmbito da gravadora católica Paulinas. Mas agora era tudo diferente.

Se antes o cantor precisava se entender às pressas com os músicos lo- cais a cada show que fazia e o máximo que tinha conseguido era uma banda mais arrumadinha em Taubaté, agora havia uma superbanda a seu dispor. Não eram mais músicos amadores, funcionários de concessionárias de au- tomóveis ou vendedores de seguros, não eram mais como os de antes, que só tocavam nas horas vagas e não queriam largar seus empregos. Para tocar com Fábio de Melo era preciso ser exclusivamente músico, e com algumas qualificações importantes como, por exemplo, ler partituras. Para a empre- sária Leozinha, foi difícil dispensar os músicos que vinham acompanhando o padre, pois eram todos amigos e colaboradores que ficariam de fora justa- mente no melhor da festa.

O primeiro contratado para a nova banda foi o maestro Maurício Piassarollo, que tinha feito os arranjos de FILHO DO CÉU, acompanhava o padre em algumas viagens, mas não havia sido efetivado antes porque falta- va dinheiro. Tendo Piassarollo como base, foi surgindo a banda que acom- panharia Fábio de Melo pelos anos e sucessos seguintes.

Chovia pedidos de shows e, enquanto o padre aguentou, foram mais de vinte compromissos por mês. Chovia também ofertas de empresários que- rendo cuidar da carreira do padre. Mas, quanto a isso, não tinha conversa. Se Leozinha e a equipe que ela comandava haviam aguentado todos os "perrengues" dos tempos difíceis, não seria agora, na hora de colher os fru- tos, que seriam deixados para trás. Ficaria tudo como estava no famoso es- critório de Belo Horizonte, pois todos os que trabalhavam lá entendiam que o objetivo maior daquela carreira não era ganhar dinheiro e, sim, cumprir a missão que Fábio de Melo aceitara ainda na adolescência quando disse SIM à Igreja. Mas os velhos parceiros de Fábio de Melo precisariam se adaptar aos novos tempos. E o padre fez uma proposta de amigo à empresária Leozinha. *"Vamos crescer juntos? Você se profissionaliza... Dá um jeito de criar uma estrutura mais profissional."*

Leozinha não perdeu tempo e aos poucos fez do *"escritório"* uma em- presa ao mesmo tempo discreta e muito eficiente. Fábio também precisou mudar algumas coisas. *"Errei muito!"*, ele refletiria, relembrando de como entrou despreparado numa nova vida em que passava mais tempo em trânsito do que em casa, trabalhando muito mais do que aguentava e sem as precauções que tomaria mais tarde quando passasse a ter sempre um assessor ou assessora ao seu lado.

A empresária telefonou para Gustavo Floresta, na Paraíba, disse que o trabalho ficaria muito mais pesado e perguntou se ele estaria disposto a continuar. Gustavo percebeu que naquele ritmo não conseguiria terminar a faculdade de Direito e lamentou sua resposta negativa por muitos anos, arrependido de ter deixado aquele trabalho justamente no momento da grande virada. Gustavo jamais se esqueceria, no entanto, do orgulho que sentia por ter sido o primeiro assessor de seu amigo padre.

Leozinha decidiu então que sua própria equipe, incluindo, obviamente, Mônica, a assessora pitbull, sairia de Belo Horizonte para acompanhar o padre em suas andanças. Mais complicado que reorganizar a equipe do escritório e das viagens, no entanto, era se livrar de algumas pessoas que se aproximaram pensando no padre apenas como uma mina de ouro.

Um empresário que trabalhava com cantores sertanejos queria, nas palavras de Leozinha, *"comprar o padre Fábio"*. Soa exagerado, mas não foi muito diferente disso. O tal empresário propunha que a empresária lhe vendesse a agenda de shows do padre em troca de 1 milhão de reais. Leozinha foi muito gentil e explicou ao empresário que Fábio de Melo não era um artista convencional, que deveria sempre ser visto como um sacerdote e que, por fim, a agenda dele não estava à venda. Assim que o empresário saiu de seu escritório, Leozinha fez uma cara de espanto para Andreia, sua irmã: *"Cê tá acreditando nisso!?"*, ela disse, mais impressionada com o sucesso do padre que com a canalhice do empresário.

Era inacreditável mesmo. Fábio de Melo havia se tornado um nome famoso no Brasil inteiro, disputado pelos empresários e pelas gravadoras. Em breve, a Sony faria um convite tentador, mas ainda levaria tempo para convencê-lo a abandonar quem o havia feito tão famoso.

Por enquanto, a Som Livre cuidaria de distribuir e divulgar os discos, e Leozinha continuaria como única e exclusiva administradora da cobiçadíssima "agenda" de Fábio de Melo. Era tanta gente querendo tirar o padre Fábio do *"escritório"* que chegou um dia em que o advogado que cuidava dos contratos lhe telefonou perguntando se ele, por acaso, tinha um novo empresário. *"Não, minha empresária é a Léo"*, ele respondeu. *"Pois então você precisa ver isso!"*, aconselhou o advogado, percebendo a ganância de alguns profissionais diante daquele novo fenômeno de vendas.

A empresária era a Leozinha, mas Leozinha, como o padre Fábio lhe dissera, teria que se reinventar. A explosão de sucesso exigia que ela, sua irmã e suas funcionárias corressem contra o tempo para não serem engolidas pelo mercado, e também para não perderem o foco. *"O foco é a missão do padre, é a religião... E as pessoas começaram a falar em dinheiro, dinheiro e dinheiro... uma série de coisas que nunca foram prioritárias pra esse mundo de onde a gente tava vindo"*, a empresária relembraria. E como, de fato, vinham de outro mundo, ela e Andreia começaram a ser chamadas de "freirinhas".

O apelido surgiu na gravadora Som Livre. Depois que o disco foi lançado, quando os telefones tocaram incansavelmente com pedidos de shows, os executivos da gravadora finalmente ficaram sabendo que o padre tinha uma empresa que cuidava de sua carreira. As "freirinhas" começaram a fazer reuniões com os executivos experientes da Som Livre e, por sorte, encontraram gentileza e paciência. Descobriram que a maneira como trabalhavam naquela salinha de Belo Horizonte era completamente distante da realidade do mercado. *"Tínhamos o maior escritório musical do planeta católico... mas não éramos nada!"*, Léo relembraria mais tarde, sempre com suas gargalhadas simpáticas.

Apesar de reconhecerem que estavam com anos-luz de atraso em relação ao mercado profissional de música, as "freirinhas" perceberam também que não deveriam tentar reproduzir o modelo de trabalho usado com artistas convencionais, pois muita coisa não se aplicaria ao padre.

O cachê dele, por exemplo, seria maior do que antes, mas não podia acompanhar as exorbitâncias do mercado. Precisava ser condizente com o que o público espera de um sacerdote. Bastaria uma falha nesse sentido e o mundo desabaria sobre eles. Seria assim no fim do ano seguinte, quando Leozinha aceitasse fazer um show na cidade de Natal, no próprio dia 25 de dezembro, com um orçamento que era muito maior que o normal.

O valor se justificava pelos cachês dos músicos que eram dobrados em feriados e pela necessidade de fretar um avião para chegarem a tempo, mas o que importava aos críticos era dizer que o show de um padre custava a soma, para eles absurda, de 221 mil reais. O assunto virou polêmica nacional, levou blogueiros e colunistas a bombardearem o padre, e ele enfrentou três semanas de explicações e arrependimento, na segunda vez em que pensou em desistir da carreira de cantor. Mas esse tropeço natalino seria apenas um contratempo num momento em que quase tudo dava certo.

O PADRE PRECISARÁ CERCAR-SE DE MUITA GENTE BOA
PARA SOBREVIVER AO ASSÉDIO DOS FÃS, À GANÂNCIA DE
ALGUNS EMPRESÁRIOS E À IRRESPONSABILIDADE DE CER-
TOS POLÍTICOS.

EM NOVEMBRO DE 2008, quando foi tocar em Pouso Alegre, Minas Gerais,
Fábio surpreendeu o amigo Frederico, que seguia atuando como produtor
local de alguns shows. Frederico participara do lançamento do terceiro disco
e também tocara bateria na ordenação de Fábio de Melo, mas não viu o
furacão VIDA chegando. Não tivera tempo de perceber a criação de todo
aquele aparato em volta do amigo padre. Ouviu da Leozinha que a estrutura
dos shows havia mudado completamente.

"Agora é outra coisa... Cê quer continuar?"

Frederico queria, claro, mas queria também ter certeza daquela mudança toda.

"Liguei pro Fábio e ele me disse... 'Agora tenho um produtor, cê vai conhecer'."

O padre falava de Francisco Maciel, o Chiquinho, produtor executivo
que passava a viajar antes de todo mundo e se encarregava de verificar a
segurança do local do show, montar a estrutura para ter certeza de que tudo
ficaria de pé e, entre outras missões quase impossíveis, garantir que Fábio
de Melo chegasse ao palco sem que ninguém lhe arrancasse as roupas, os
cabelos ou um pedaço da pele. E tinha muito mais. A equipe montada por
Leozinha trazia Evaldo na luz, Luciano no amplificador de palco, Chicletinho
monitorando exclusivamente o som que chegava pelo fone aos ouvidos do
padre... e uma organização que Frederico, e os amigos dos tempos de vacas
magras e improvisadas, jamais poderiam imaginar. *"Nem Roberto Carlos
lotou esse ginásio como o padre Fábio tá fazendo hoje"*, ouvia-se entre os orga-

nizadores do show de Pouso Alegre, sem que naquele momento alguém pudesse chamar de exagero.

Depois daquele show, houve ainda mais mudanças. Se antes o padre e os músicos amadores que o acompanhavam dormiam em conventos, seminários ou casas de amigos da paróquia, a banda profissional de Fábio de Melo precisaria de hotel e, justificando os cachês muito maiores, faria um som de primeira.

No fim daquele ano agitado, enquanto sacudia pousos alegres e tristes pelo Brasil, mais uma vez, Fábio de Melo pensou que fosse morrer. No dia 12 de dezembro, nos arredores de Belo Horizonte, viu o carro em que viajava com o assessor Everson rodar na pista. Foi por muito pouco que os dois escaparam de um acidente que envolveu muitos carros e fez uma série de vítimas. Naquela noite, ainda sob impacto do acidente, o padre fez um show em Divinópolis. Mas, como disseram, se arrastou no palco e teve enormes dificuldades para cantar. Logo depois, perdeu a voz.

Os amigos chegaram a sugerir que ele procurasse uma fonoaudióloga, mas logo descobriu-se que o padre estava sofrendo de estafa, estresse e tudo o mais que lhe pudesse atingir depois daquela explosão repentina de sucesso. Como o que precisava era só de um bom descanso, o padre adiou um show, se recuperou e seguiu em frente.

Às vésperas do Natal, foi convidado a participar do programa da Xuxa. Ele já havia ido no programa de Olga Bongiovanni, na Rede TV, e no de Raul Gil, na Band, mas o encontro com Xuxa seria sua primeira entrevista na Globo. Foi recebido com um abraço apertado de uma apresentadora emocionada e, mais do que tudo, surpresa com o padre que descobria em sua frente. *"Ele me quebrou toda, sabe?"*, Xuxa contou. *"Eu vi uma pessoa completamente diferente que tava no seu espaço, no seu lugar, no seu momento e mais: com uma gentileza! Uma sensibilidade fora do comum... e conseguindo colocar as palavras no lugar certo, se colocar de uma maneira tão... tão simples... Essa é uma das coisas que me fizeram gostar, me apaixonar e amar o padre Fábio."*

Durante o programa, depois de ouvir algumas confissões, como a de que ele havia namorado nos tempos do seminário, Xuxa quis saber se o excesso de fãs mulheres não o atrapalhava.

"Nós que trabalhamos o tempo todo na evangelização temos que ter cuidado pra não criar uma idolatria", o padre Fábio de Melo respondeu no programa, ao vivo. *"Toda vez que a minha figura se torna mais importante do*

que aquele a quem eu anuncio, alguma coisa tá errada. Eu não quero fãs. Gostaria que a força do meu trabalho pudesse fazer as pessoas se apaixonarem por Jesus. Acho que a maior realização de um evangelizador não é ter vendido 500 mil cópias, é ter mudado o coração de uma pessoa e tê-la feito melhor."

Em números bastante precisos, em apenas três meses, o disco vendeu 542 mil cópias e se tornou o mais vendido de 2008, com quase o dobro do que ficou em segundo lugar e mais do que a soma dos dois mais vendidos do ano anterior. Mas, se aquilo já fazia de Fábio de Melo um fenômeno de vendas, muito em breve, VIDA chegaria à casa espetacular do milhão e, em seguida, 1,5 milhão. Algumas fãs perderiam a cabeça e, muitas delas, o bom senso.

Uma senhora de 84 anos, vencedora de um concurso numa rádio, ganhou como prêmio o direito de tirar uma fotografia com Fábio de Melo no camarim. Antes de ir embora, deixou um envelope em que, mais tarde, a produção encontrou a foto de uma moça muito feia, de *lingerie* vermelha, deitada num tapete com olhar insinuante. Atrás da foto, um telefone para contato.

Em Formiga, depois de mais de uma década vendendo de porta em porta, Lourdinha não recebeu nenhuma caixa de discos. Achou natural que aquele improviso uma hora acabasse, mas sofreu ao perceber a dificuldade cada vez maior de se encontrar com o amigo, mesmo que fosse para, como antigamente, tomar um cafezinho com rosquinhas de nata ou broinha de fubá de canjica na cozinha de sua casa. As irmãs Zita e Cida comemoraram o sucesso, mas também começaram a ver Fabinho mais distante. Tão distante da realidade delas que Zita passou a enxergá-lo como se fosse outra pessoa. *"Eu não acredito que ele é meu irmão... pela bênção que ele tem... a inteligência, o carisma... parece um artista!"*

A cantora Ziza Fernandes, amiga do padre desde o tempo dos acampamentos na Canção Nova, quando ele ainda era um desconhecido começando a cantar, não recebeu muito bem o sucesso do amigo. *"Me rebelei muito com a fama do Fábio... tinha uma mescla de sentimentos imaturos meus... Não tinha força pra assimilar tudo o que tava acontecendo com ele"*, Ziza admitiria, muito depois. Havia ainda um outro problema. Ziza se casara e seu novo marido morria de ciúmes do padre Fábio. Tanto que o padre recomendou que Ziza não se casasse, não foi ao casamento e os dois se afastaram completamente.

Em seu íntimo, Ziza entenderia que Fábio sumira por ciúmes, *"danado da vida porque não fez o meu casamento"*. E a consequência dessa desavença seria drástica. A cantora que era um fenômeno de vendas no meio católico parou de cantar. Ficou quatro anos em silêncio, praticamente escondida em sua casa em Curitiba, vendo o sucesso de Fábio de Melo com uma certa amargura. Tanto que, pouco depois, quando Fábio fosse gravar o show Iluminar, Ziza negaria um pedido da gravadora para colocar uma foto sua no telão.

Muito mais tarde, em 2012, quando Ziza se divorciasse e os dois se reconciliassem, a cantora reconheceria que foi *"deselegante, mas extremamente honesta"* ao negar o uso de sua foto. E entenderia que parte de sua incompreensão diante da fama de Fábio de Melo, e também uma das razões para ter parado de cantar, eram os problemas conjugais trazidos por um relacionamento possessivo. Por coincidência, era justamente esse o tema de Quem me roubou de mim?, o best-seller que o padre lançou um pouco antes daquele episódio.

Na mesma época do afastamento de Ziza, o compositor Maninho percebeu que pouco a pouco o padre Fábio se afastava, convivendo com pessoas que ele considerava estranhas, praticamente desaparecendo dos ambientes frequentados pelos cantores católicos. *"Eu sabia que ele estava convivendo com pessoas diferentes e fiquei com medo de incomodar... Acabei desconfiando que talvez eu não conhecesse mais o Fábio de verdade"*, Maninho diria, lembrando que se afastou do amigo em parte por tomar as dores de Ziza quando o padre não foi ao casamento dela. Sem jamais saber explicar o motivo, o compositor resolveu se dedicar exclusivamente à medicina ortopédica. Passou alguns anos sem cantar.

Distante de seus grandes amigos, no dia 6 de janeiro de 2009, Fábio de Melo chegou ao lugar que, naquela época, era o maior templo da música popular brasileira. Subiu ao palco do Canecão, no Rio de Janeiro, para gravar pela primeira vez um DVD com um show seu. O padre que poucos meses antes se apresentava em ginásios de escola ou auditórios de igrejas lotava o Canecão por dois dias consecutivos.

No repertório de Eu e o tempo, se aventurou mais uma vez por canções estranhas ao mundo católico. "Pai", de Fábio Jr., foi dedicada a seu Natinho e seguida da história que o padre sempre relembra, do dia em que o pai caiu bêbado na frente da padaria. Outra música sem qualquer referência religiosa, "O caderno", de Toquinho, lembrava as aulas em que Fabinho aprendeu a *"virar a página"* da vida com a professora Rosângela. Foi acompanhada pelo guitarrista Ary Piassarollo, pai de seu maestro e amigo Maurício. E o padre deixou claro que não abandonaria suas origens, trazendo ao templo da MPB canções católicas de Maninho e Walmir Alencar, e convidou para subir ao palco a cantora que se autodenomina, com orgulho, *"a mais velha da música católica brasileira"*. Celina Borges era amiga do padre desde suas primeiras visitas à Canção Nova e subiu ao palco levando com ela uma grande parte da história do padre.

> *Vou persistir, continuar a esperar e crer*
> *E mesmo quando a visão se turva e o coração só chora*
> *Mas na alma, há certeza da vitória.*

"Tudo posso" era uma música de Celina que Fábio de Melo já havia gravado, mas que naquele dia tão importante o deixava profundamente emocionado.

> *Eu vou sofrendo, mas seguindo enquanto tantos não entendem*
> *Vou cantando minha história, profetizando*
> *Que eu posso, tudo posso.*

De fato, naqueles dias de Canecão, eles tudo podiam. Quando terminou de cantar com Celina, o padre teve um choro convulsivo, abaixou a cabeça, e demorou um bom tempo até se recuperar.

Ao longo do show, Fábio de Melo demonstrou o quanto estava feliz por estar ali. Mostrou mais uma vez a importância de "Humano demais" em sua história, e ainda cantou uma outra composição sua, a extremamente gospel "Mil vezes santo", para terminar aquela noite ao mesmo tempo religiosa e pagã.

Talvez outros padres já tivessem pisado naquele palco antes dele, mas Fábio de Melo era o primeiro que chegava até ali por seus méritos de artista, um compositor que era também cantor, unindo boa música e belas palavras, compatível com o que brasileiros, religiosos ou não, esperariam ver no Canecão. No camarim, a empresária Leozinha se sentia como na primeira vez em que vira a torre Eiffel, em Paris: *"Gente... eu não acredito que eu tô aqui!"*, comentou com uma assistente, resumindo o que todos pensavam.

O DVD EU E O TEMPO veio tão rapidamente que não houve tempo nem para fazer uma grande turnê com o disco VIDA. E foi com base naquele show que Fábio de Melo saiu com a banda do maestro Piassarollo para viajar o Brasil. Em abril, voltou a se reunir com seu antigo ídolo, Paulinho Pedra Azul, na primeira vez que um padre cantou no famoso Palácio das Artes em Belo Horizonte.

Em maio, depois de vencer uma resistência interna contra a presença de padres em seu programa, o apresentador Fausto Silva pareceu orgulhoso ao apresentar, pela primeira vez no DOMINGÃO, *"o maior vendedor de discos do Brasil na atualidade!"*.

Era dia das mães e Fausto quis contar histórias que relacionavam Fábio de Melo com as mães do Brasil. Trouxe depoimentos de mulheres que procuraram ajuda com o padre em seu programa DIREÇÃO ESPIRITUAL e encontraram um conselheiro que, quando não tinha palavras diante das tragédias, lhes oferecia lágrimas. O apresentador parecia comovido com a presença do padre. *"Ele mostra não só sinceridade como não tem nenhum tipo de arrogância"*, declarou a todo o Brasil.

Apesar da gentileza, e do evidente carinho de Fausto com seu entrevistado, o roteiro preparado para aquele programa era uma sabatina, quase uma prova de fogo para o padre que acabava de ingressar no mundo do entretenimento, no horário nobre do canal de televisão mais assistido do Brasil.

"O padre, com essa pinta de cantor pop, com roupas normais, jovens, embora culto, tudo... assim mesmo desperta polêmica, curiosidade, e ele sabe disso!", Faustão preparou o terreno antes de mostrar comentários doces e apimentados gravados por todo o país. O primeiro era quase um soco na cara. *"Pra mim é um* pop star, *muito mais que um cara que prega a palavra de Deus, tanto como uma banda de rock, tanto como o Rolling Stones... assim como o papa também."*

Fausto Silva pediu que o padre comentasse e foi surpreendido, como todos que o assistiam, com a segurança das respostas de Fábio de Melo.

"Quando a gente se expõe, a gente aparece muito mais com o trabalho da música... Mas eu tenho também toda uma vida de padre que acontece também nos bastidores, no meu dia a dia... Mas isso é o mais importante... Eu tenho a oportunidade de fazer Jesus chegar aos lugares mais inusitados."

Os brasileiros ouvidos ao acaso pela produção do programa trouxeram questões que o padre enfrentaria ainda por muitos anos. E Fausto trouxe algumas outras. Quis saber se havia algum problema em usar roupas de grife, se o bispo o recriminava. *"Eu sou assim no meu dia a dia, eu uso calça jeans, camiseta... o que eu acho mais bonito é a gente ser acessível aos outros. Eu, como padre, tenho que ser disponível para aquele que precisa de mim... E fazer do meu trabalho um meio de ajudar as pessoas que precisam."*

Fausto quis saber se padre podia ter outro trabalho, se podia ganhar dinheiro. *"Se o padre é diocesano ele pode exercer uma outra função, desde que isso não prejudique a vida dele como padre... Meu trabalho específico é a comunicação... Então eu escrevo livros, faço CDS, trabalho com eventos musicais... Agora, quando eu assumi esse trabalho com a Som Livre, porque até então eu trabalhava com as Paulinas e meus direitos autorais eram da congregação... Nós temos tido o cuidado de parcerias com obras que precisam ser ajudadas. É o critério que a gente tem. Porque, na verdade, esse* boom *que aconteceu, ele é recente, então a gente tá aprendendo a administrar isso agora."*

Fábio de Melo foi questionado também por seu hábito de fazer exercícios físicos, e sua vaidade. *"Acho que o padre é muito vaidoso e não sai da frente do espelho"*, disse uma mulher.

"Sou uma pessoa normal, como todas as outras... A gente ser público é uma espécie de martírio... e às vezes a gente não tem o que fazer... eu busco a responsabilidade naquilo que eu faço mas não tenho como agradar a todo mundo. Eu não tenho como controlar as mentiras que vão inventar a meu respeito... quantas vezes falaram que eu casei, que eu desisti, que tava namorando uma atriz famosa... essas coisas fazem parte da vida. Eu tenho as minhas vaidades mesmo, não escondo."

Para quem não o conhecia, era uma belíssima introdução. Fábio de Melo respondia a tudo aquilo que continuariam lhe perguntando pelos anos que se seguiriam, e cada vez com mais intensidade, pois o sucesso também seria maior. O apresentador Fausto Silva lembrou ao público que Fábio de Melo era o primeiro padre da história a ter música na trilha sonora de uma novela. E Fábio cantou "Vida", tema do personagem de Elizabeth Savalla em CARAS E BOCAS.

Pelas ruas da cidade,
Pessoas andam no vai e vem
Vem o cair da tarde,
Vão nos seus passos como reféns.

Quando saiu do estúdio da Globo, Fábio de Melo estava feliz. Havia gostado demais daquela experiência. Considerou que Fausto foi extremamente respeitoso e permitiu que ele falasse de maneira positiva sobre questões importantes. *"Aquilo quebrou muita barreira pra mim"*, o padre continuaria reconhecendo, anos depois. Era, de fato, um grande alívio. Apenas alguns meses antes, a revista VEJA o apresentara a seus leitores falando de *"um vistoso relógio Diesel"*, numa reportagem que, entre outras ironias, dizia que *"seus cabelos, provavelmente por inspiração do Espírito Santo, emitem reflexos dourados"*.

Ainda no meio daquele *boom*, enquanto descobria os prazeres e também os desgostos de ser extremamente famoso, Fábio de Melo percebia uma novidade, antes, inimaginável. O menino que se envergonhara ao perceber que sua mãe comprava as sobras que normalmente eram destinadas aos porcos havia se tornado um padre diocesano com dinheiro mais do que suficiente para pagar suas contas e, importantíssimo, liberdade para fazer o que bem entendesse. Na primeira oportunidade que teve, realizou um sonho antigo. Comprou um apartamento para sua mãe. E fez novas mudanças na equipe que o acompanhava.

Como o orçamento agora permitia, o padre pediu que dois assessores o acompanhassem nas viagens. Sempre um homem e uma mulher, *"porque se é moça, dizem que eu tenho caso com ela... Se é moço, que eu tenho caso com ele"*. A urgência de ter assessores era porque o padre não conseguia mais sair na rua sozinho, não podia nem mesmo pedir comida no hotel, pois logo lhe aparecia alguém do outro lado da linha pedindo para fazer uma confissão telefônica de emergência. Quando não era um funcionário do hotel, era um outro hóspede que telefonava pedindo para dizer *"só umas palavrinhas"* ao padre Fábio.

Os assessores Mônica e Everson, e também a empresária Leozinha, que muitas vezes viajava fazendo papel de assessora, foram aprendendo a dizer não. Se viram transformados em escudos para proteger o padre famoso de um assédio que, por mais bem-intencionado fosse, se transformava numa ameaça à sua integridade. Os assessores aprenderam também a explicar ao povo que Fábio deixara de ser um padre paroquial, pois não dava mais atendimentos individuais, não poderia marcar hora para aconselhar os fiéis e que *"infelizmente, ele saiu de casa muito cedo, está cansado... veio aqui apenas para fazer esse show"* ou essa pregação. E por mais que isso lhe rendesse críticas, o padre Fábio de Melo, famoso desde então no Brasil inteiro, tinha permissão de seu superior, o bispo de Taubaté, para evangelizar através das palestras e das músicas, pois, como Mônica e Everson diriam inúmeras vezes aos fãs incansáveis, *"infelizmente o padre Fábio não tem tempo para atender de forma individual"*.

Isso, obviamente, não significava o fim do relacionamento direto com pessoas que procuravam ajuda nem com aquelas que pareciam querer arrancar um pedaço do padre. Quanto mais difícil o acesso, mais os fãs ficaram ousados, se atirando no meio da multidão em busca de uma palavra, uma bênção, uma foto ou, se nada disso fosse possível, apenas tocá-lo, enquanto ele passasse apressado rumo a mais um compromisso.

Em Arapiraca, Alagoas, o sucesso chegara com tanta força que os fãs cercaram o carrinho que levava o padre até o local do show. Para piorar a vida do padre, além de baixinho, o carro tinha teto solar. Era para o padre ver estrelas? Conseguiram. Um grupo enlouquecido subiu no capô e quebrou o teto solar. Fãs enlouquecidos começaram a enfiar a mão dentro do carro para tocar no padre. Alguém tentou arrancá-lo de lá. E, quando enfim a multidão o deixou em paz, o padre estava sangrando, muito nervoso, com medo de seguir em frente. Na visão do produtor executivo, Chiquinho, era a consequência de uma decisão divina: *"Deus quis escolher um homem bonito pra cantar, então as fãs aparecem... com a unha grande... arranhando... machucando"*.

Depois do quase-atentado de Arapiraca, a equipe do padre recebeu ordens de Leozinha para adotar uma nova regra de segurança: ele só andaria em carros grandes, de preferência vans com vidro filmado e sem nada escrito do lado de fora. Mas e se nem isso resolvesse?

Em Ipatinga, Minas Gerais, o povo detectou a presença do padre, começou a bater nos vidros da van e ele ficou tão assustado que a assessora Mônica se apavorou. *"Quê que cê tá sentindo?"*, ela perguntou. *"Tô com muito medo"*, ele disse, pensando em tudo pelo que vinha passando depois do sucesso estrondoso. *"Eu sou um só!"*, desabafou, enquanto a van encontrava uma rota de fuga.

No município cearense de Granja, quando descobriram que era o padre Fábio dentro da van, a multidão fechou a rua e impediu que ele avançasse. Não teve negociação. Chiquinho conseguiu, então, que a polícia fizesse um cordão de isolamento para que o padre pudesse seguir adiante. No caminho, ele não resistiu e foi cumprimentando os fãs, agora calmos, um por um.

Outra medida de segurança dos novos tempos foi pedir apoio à cavalaria da Polícia Militar sempre que isso fosse possível, pois, segundo o estrategista Chiquinho, *"o povo respeita aqueles cavalos pra poder abrir caminho"*. Quando o padre fosse cantar diante de 600 mil pessoas no santuário do Divino Pai Eterno, em Goiás, Chiquinho trocaria os cavalos por bombeiros. Era o único jeito para garantir que o pregador pudesse atravessar o mar de gente e chegar ao palco. Mas sempre aparece uma armadilha pelo caminho.

Na Sala dos Milagres do santuário, no lugar que seria a última escala do padre antes de chegar ao palco, quando ele deveria respirar um pouco, Chiquinho, o resolvedor de pepinos, encontrou Camilo, irmão do padre, que estava morando naquela região. Como tinha feito muitos amigos, Camilo resolvera convidá-los para conhecer o irmão. E estavam todos na Sala dos Milagres. Camilo foi convincente e conseguiu que, antes de subir ao palco, seu irmão, o famoso padre Fábio de Melo, gastasse alguns preciosos instantes tirando fotografias e conversando rapidamente com seus amigos.

Para que o padre percorresse os últimos cem metros daquela maratona, Chiquinho conseguiu montar um cordão de voluntários e garantiu uma passagem razoavelmente tranquila para o padre Fábio. E quando se diz "razoavelmente", é bom que se entenda: quando se trata de voluntários, sendo todos eles católicos, fica fácil imaginar quantos deles se esquecerão do cordão de isolamento para fazer uma fotografia ou, "apenas", tocar no padre.

Contra bandidos, no entanto, nunca se tem muito o que fazer. Numa pequena cidade nordestina, o suposto "produtor local" que havia contratado o show não queria pagar o que devia. Chamou Chiquinho para receber o pagamento num hotel e quando o produtor executivo do padre chegou ao quarto, depois de passar por dois capangas estrategicamente colocados na porta, jogou alguns maços de notas de dez reais sobre a mesa. Depois, colocou na mesa também um revólver. Disse que, se Chiquinho quisesse, que contasse o dinheiro.

Chiquinho contou e descobriu que faltava muito para completar o pagamento do show. *"Se der bilheteria, eu pago o resto"*, o bandido mentiu, e completou: *"O seu padre vai subir no palco hoje... e vai cantar! Porque, se não, quem não vai sair daqui é você... e talvez o padre não suba no palco amanhã em Belém"*.

Era comum que vigaristas, trambiqueiros e outros gângsteres quisessem contratar os shows do padre para lhe arrancar vantagens indevidas. Depois do calote temperado com ameaça de morte, Leozinha determinou a seus funcionários que recebessem tudo adiantado, pois o padre só sairia de casa depois que o show estivesse completamente pago.

Como a popularidade aumentava e a fama de Fábio de Melo chegava aos lugares mais remotos do Brasil, Chiquinho teve que adotar mais uma medida para evitar que ele fosse despedaçado pelas fãs. Antes de cada viagem de avião, a produção telefonaria para o aeroporto, falaria com o chefe da segurança e montaria um esquema especial. No cenário ideal, o padre sairia pelo setor de embarque, dando um drible nos fãs e obrigando alguém da produção a ir até eles dizer que *"o padre já está no hotel descansando".* Ainda que não adiantasse muito, pois, entre gritos e xingamentos, os produtores ouviriam alguns "porquês" exaltados.

— *Porque ele é um padre...*

— *Porque Fábio de Melo é do povo...*

— *Porque ele é da gente...*

— *Porque o padre é nosso e você não tem o direito de fazer isso!*

O sucesso continuava trazendo novidades incômodas para Fábio de Melo. Como era possível que ele, um padre, fugisse do povo? Mas como seria possível enfrentar o povo se o povo queria lhe arrancar pedaços? A aparente contradição vai persistir ainda por muitos anos, até que Fábio de Melo se livrará da culpa e aceitará o destino que, de certa forma, ele próprio escolheu.

O ônibus chama-se Eu e o tempo, depois, será Iluminar, e seu destino é quebrar. Vai virar um elefante branco. Mas, antes, levará Fábio de Melo onde elefantes não costumam chegar.

Foi um empresário paranaense quem teve a brilhante ideia de oferecer um ônibus ao padre Fábio de Melo. Era um presentaço. Vinha prontinho, com dezoito poltronas que viravam camas, onde cabiam exatamente o padre, os músicos e os assessores num conforto tão grande que diziam que não era ônibus leito, *"era leitão mesmo!"*.

Revelando a importância que dava ao padre, a Som Livre mandou bordar em todas as poltronas o nome de Fábio de Melo. E, antes que o ônibus saísse da empresa de Marcos Franzato, em Cianorte, no Paraná, a gravadora mandou imprimir na lataria uma reprodução da capa do DVD Eu e o tempo. Assim, por onde quer que eles fossem, o mundo inteiro saberia que o padre estava chegando, e o mundo inteiro cercaria o ônibus quando ele avançasse pela cidade e se aproximasse do hotel.

Se na Festa do Peão de Boiadeiro em Barretos já tinha sido o maior auê, imaginem quando Fábio de Melo voltou à sua cidade natal pela primeira vez a bordo do "superleitão". O motorista teve que diminuir a velocidade porque o povo saiu correndo, atravessando as ruas na frente do ônibus, disputando fotografias diante da foto gigante do filho mais famoso daquela cidade. Foi só depois que a poeira baixou, quando chegaram ao hotel, que alguém se deu conta de que o técnico de som Luciano tinha sido "esquecido" num posto de gasolina no meio da estrada.

À noite, o padre lembrou dos tempos em que ele ia àquele mesmo Parque de Exposições Agropecuárias assistir aos shows de cantores que eram seus ídolos na adolescência e na infância. *"Passou* [na minha cabeça] *como se fosse um filme!"* Era sábado, 17 de outubro de 2009. Na beira do palco, apontando para o público, aos 38 anos, ele se lembrou do que fazia mais de duas décadas antes, quando tinha enorme dificuldade para conseguir dinheiro e comprar o ingresso para a feira agropecuária que acontecia naquele mesmo lugar, a poucos metros da casa onde nasceu. *"Eu grudava nessa cerca aqui às sete da noite e ninguém me tirava por nada... enquanto não acabava. Eu fico pensando que é bom ser menino, voltar às minhas origens e encontrar o meu povo, me recordar quem eu sou."* Nem a chuva atrapalhou. Os conterrâneos do padre estavam eufóricos. Abriram seus guarda-chuvas e cantaram com ele, no que, alguns formiguenses disseram, foi o maior evento da história da cidade.

Naquele 2009 tão intenso quanto inesquecível, Fábio de Melo ainda se juntaria a atores da Globo e a outros cantores para promover a campanha de doações CRIANÇA ESPERANÇA. Gravaria participações em discos de cantores sertanejos. Cantaria num navio de peregrinos católicos. Ganharia o prêmio de Intérprete do Ano por votação popular no DOMINGÃO DO FAUSTÃO. E ainda voltaria ao estúdio para gravar ILUMINAR. Nesse novo disco, uma das novidades era a presença da cantora Elba Ramalho, convidada a fazer parceria com o padre na canção "Maria e o Anjo". Mas as agendas apertadas não permitiram que os dois se encontrassem no estúdio, e a canção foi gravada em partes, cada um de uma vez. Eles só se conheceram, por acaso, algumas semanas depois, na praia de Trancoso, na Bahia. Elba vinha correndo, se exercitando, viu o padre sentado, lendo um livro, e resolveu finalmente se apresentar a ele. Os dois se tornariam grandes amigos, se encontrariam muitas vezes para cantar e voltariam ao estúdio, sete anos depois, quando Fábio de Melo gravasse DEUS NO ESCONDERIJO DO VERSO, o disco que o colocaria definitivamente como parte do que se conhece como Música Popular Brasileira.

Em 2010, o ônibus foi repintado, dessa vez com a marca do novo show ILUMINAR, e continuou rodando, até porque o padre adorava viajar pelas estradas brasileiras. Só não gostava dos imprevistos, como o que o tirou do sério a caminho de Campos dos Goytacazes, no litoral norte do Rio de Janeiro. Era quase hora do almoço e a trupe estava a poucos quilômetros da cidade. Eis que, de repente, o trânsito parou. Uma carreta alta demais havia ficado presa num viaduto, um carretel de aço rolara da caçamba, uma pessoa havia morrido e não passava um único carro. Nos primeiros trinta minutos de fome, Leozinha conseguiu acalmar o padre com duas maçãs confiscadas dos músicos. Mas o tempo foi passando e o padre foi ficando nervoso.

Quem conhece Fábio de Melo sabe que se ele estiver com sono ou com fome *"solta o leão"*. E o único jeito de acalmar um leão é lhe dando comida. Mônica desceu do ônibus e foi atrás de um menino que vendia aqueles arremedos de pipoca em saquinhos vermelhos. Comprou o pacote inteiro e garantiu o silêncio do padre pelas três horas em que ficaram parados. Quando chegaram, suados, sem tempo nem para tomar banho, os músicos subiram direto ao palco para começar o show.

No meio daquela temporada itinerante, o padre estabeleceu a meta de visitar as mais de quinhentas dioceses do Brasil, e assim estava sendo. A cada vez que iam a uma nova cidade, Chiquinho era encarregado de telefonar ao padre responsável pela paróquia para saber se ele estava de acordo com aquele show. Se o evento fosse organizado por alguma prefeitura, o cuidado precisava ser ainda maior, pois a safadeza dos políticos é tanta que frequentemente aparecia um prefeito querendo se aproveitar do padre Fábio para fazer a população se esquecer de algum escândalo, obra inacabada ou qualquer outra dessas mentiras que fazem parte da rotina dos políticos brasileiros.

Numa certa cidade nordestina, o prefeito havia conseguido dinheiro do governo federal para construir casas para a população mais pobre. Roubou tanto que não conseguiu terminar a obra. O bispo da região se enfureceu e começou a denunciar a roubalheira. Foi quando o tal prefeito teve a brilhante ideia de chamar o padre Fábio de Melo para fazer um show na cidade querendo fazer o povo pensar que estava tudo em paz entre ele e a Igreja. Malandro... Pediu a uma produtora que constratasse o show do padre e só mais tarde o pessoal do escritório ficou sabendo que o contratante real era a prefeitura.

Chiquinho ligou para o bispo e não foi atendido. Viajou ao Nordeste, marcou hora, e não foi atendido outra vez. Enfim, quando o bispo aceitou receber um emissário de Fábio de Melo, explicou que achava um absurdo o padre aceitar o convite de um prefeito corrupto, pois iria parecer que o padre na verdade apoiava o tal político. Chiquinho agradeceu ao bispo e cancelou o show.

Aliás, para afastar prefeitos aproveitadores, os contratos de shows do padre passaram a incluir uma cláusula proibindo qualquer político de subir ao palco para aparecer ao lado de Fábio de Melo. O que contrato nenhum conseguiu evitar foi a superlotação de camarotes construídos ao lado do palco para receber secretários, deputados, vereadores e outros amigos do senhor ou da senhora prefeita.

Num desses shows, numa cidade mineira, o prefeito distribuiu nada menos que quinhentas pulseiras de acesso ao palco para os *Very Important People* da cidade. Chiquinho percebeu a loucura e conseguiu impor um rodízio. Os amigos do prefeito deveriam se revezar no camarote, que ficava bem na entrada do palco, por onde o padre deveria passar em poucos minutos. Fábio de Melo vinha traumatizado depois que os fãs despencaram em sua cabeça pelo teto solar do carro em Alagoas e entrou em pânico ao imaginar que teria que enfrentar os quinhentos amigos do prefeito antes de começar o show. Foi quando surgiu a ideia brilhante: o padre já vai chegar cantando. E assim foi. Chiquinho deu sinal verde para a banda e o padre começou a cantar ainda dentro da van, caminhou cantando até o palco, subiu as escadas cantando e os amigos do prefeito, por sorte, não tiveram a ousadia de interrompê-lo enquanto cantava. A estratégia do microfone--escudo se tornaria rotina.

Numa demonstração da necessidade que sente de estar perto das pessoas, não é raro que o padre peça ao motorista que pare repentinamente para que ele converse com fãs. Isso acontece geralmente depois dos shows, e com idosos, como aconteceu em Ipatinga, Minas Gerais, quando uma senhora que havia acabado de assistir ao show caminhava sozinha pela rua. O padre mandou o motorista parar e, como Chiquinho contou, *"sequestrou a velhinha"*. Fábio de Melo conversou por um bom tempo com a senhora e fez questão de deixá-la na porta de casa.

Depois de rodar grande parte do Brasil, depois de ser repintado com o nome do show Iluminar, o ônibus foi, enfim, se aproximando da velha garagem. Num show em Presidente Prudente, enquanto a banda passava o som e o motorista Marcão dormia no hotel, pediram para mudar o ônibus de lugar, pois estava atrapalhando a movimentação de carros no estádio. Como Marcão estava dormindo, Luciano, o técnico de som, resolveu se aventurar ao volante, bateu num poste, arrebentou com a lataria do ônibus, bateu em outro poste, quebrou os vidros da lateral e ainda derrubou uma parte do alambrado. Dizem que o padre espumou de irritação. Mas o maior problema não foi esse. Depois daquela batida, o famoso ônibus jamais seria o mesmo. E quando passou a dar problema atrás de problema, a nova rotina era ficar todo mundo na beira da estrada esperando o conserto.

Numa viagem pelo Rio de Janeiro, depois de uma entrevista no DOMINGÃO DO FAUSTÃO, no meio de um engarrafamento na ponte Rio--Niterói, o ar-condicionado pifou. Até aí, seria só abrir os vidros e refrescar todo mundo com a brisa da baía de Guanabara. Mas que brisa se os vidros não abrem? Como diria a empresária Léo, *"o padre foi o primeiro a dar defeito"*, perdeu a paciência e começou a pensar em se livrar do que, àquela altura, havia se tornado um elefante branco, ou melhor, um elefante pintado com seu próprio rosto. Padre Fábio agradeceu muito ao empresário Marcos pela gentileza de ceder o ônibus por todo aquele tempo, mas estava na hora de aposentá-lo. E havia outro motivo ainda mais importante do que as dificuldades de manutenção: Fábio de Melo estava cada vez mais visado, e as estradas brasileiras, cada vez mais loteadas pelos assaltantes. Inclusive, numa viagem noturna, o ônibus do padre teve que ser escoltado pela polícia, e ainda ouviram-se tiros na estrada enquanto os policiais afastavam um carro suspeito.

PARTE 9

"EU SOU UM TERRITÓRIO SEM FRONTEIRAS"

À ESQUERDA Fábio de Melo, forrozeiro e sertanejo, com o mestre Dominguinhos. (Foto: Heliomara Marques)

O padre está de gravadora nova. Vai fazer um show muito religioso, outro muito sertanejo, e voltará às terras guardiãs de sua história dizendo ao Brasil inteiro que "No meu interior tem Deus".

Fábio de Melo parecia ter realizado todos os seus sonhos. Depois de lançar o disco que lhe abrira as portas de um mundo normalmente fechado às músicas de um padre, viajou o Brasil com seu ônibus, cantando para plateias que, somadas, seriam milhões de pessoas. Ficaria difícil encontrar alguma coisa que ainda faltasse para ele conquistar em sua trajetória como cantor e pregador que falava das coisas do homem e de Jesus pelos quatro cantos de um país maltratado, onde o padre muitas vezes era recebido como santo.

No dia 14 de setembro de 2011, mostrando que ainda havia muito por experimentar, Fábio de Melo subiu ao palco do teatro Abril, em São Paulo, para gravar um trabalho musical tão bem elaborado que o deixaria muito mais próximo da Música Popular Brasileira do que de qualquer palco associado à religião. Seria, aos olhos de sua nova gravadora, *"um padre que canta de verdade... compositor de mão cheia"*, como o definiria o executivo Sérgio Bittencourt.

O padre que cantava músicas católicas, que havia gravado algumas músicas "pagãs", agora deixava qualquer pudor de lado para ser sertanejo, ou caipira, ou alguma outra palavra que definisse um religioso que dançava de botas para fazer um show animado e inspirado, do jeito que ele vinha sonhando havia muitos anos, desde que gravara Sou um Zé da Silva e outros tantos. A música "Zé da Silva", aliás, seria um dos destaques do repertório, que teria ainda belas canções de sertanejos clássicos, como Renato Teixeira e Rolando Boldrin.

Depois de uma poesia declamada em tom solene, o padre cantou "Estrela perdida" e "Beirando o rio", duas músicas do compositor gaúcho Jairo Lambari Fernandes, em quem o padre sempre viu uma forma sofisticada de falar das coisas do interior, ainda que fosse o interior do Rio Grande do Sul, e não de Minas, como ele falaria em poucos instantes. Em seguida, vieram os primeiros acordes da canção "Disparada", sucesso antigo na voz de Jair Rodrigues no Festival da MPB, em 1966, agora renovado, fazendo o padre dançar. Mas se havia um símbolo para aquele novo momento, era a música-título. "No meu interior tem Deus" falava muito de Fábio de Melo.

As terras guardiãs de minha história
Onde o ventre da memória continua a me levar
Beiradas onde corre o velho rio
São nascentes de caminhos que ainda estou a procurar.

Depois de dois anos na Som Livre, o padre agora era um artista da Sony Music, a mesma gravadora de Roberto Carlos e outros fenômenos da música popular. Desde o lançamento de VIDA, a gravadora gigante andava encantada com seu trabalho, querendo contratá-lo. *"Ele fez um disco muito comercial... e nós observamos que ele tinha um potencial incrível"*, diria Sérgio Bittencourt, vice-presidente da Sony. Ao assinar o contrato, diante do novo mundo que se abria, Fábio de Melo apresentou o projeto de fazer o show *"assumidamente sertanejo"* que seria sua estreia na nova gravadora. Seria um novo salto na carreira de um artista que sempre fora obcecado pela perfeição.

No MEU INTERIOR TEM DEUS foi um show superproduzido, com cenário fabricado especificamente para aquela noite, dezenas de técnicos e músicos de primeira linha e uma participação especialíssima do sanfoneiro e cantor Dominguinhos. No íntimo de Fábio, era uma volta a um passado musical que lhe fora muito importante. Lembrava sua infância em Formiga, onde seu pai tinha uma sanfona e uma viola, onde ouvia discos de vinil, onde voltou com uma equipe de documentaristas para revisitar seu bairro do Quinzinho e algumas pessoas que haviam sido importantes em sua vida.

Chegou num avião bimotor e logo foi comer pão de queijo e rosquinha de nata na companhia das velhas amigas Marina e Lourdinha. Fábio saiu pelas ruas de sua cidade como se fosse um repórter da própria história, relembrando grandes momentos vividos na matriz de São Vicente Férrer, onde foi ordenado padre em 2001. Visitou também duas rádios da cidade, de onde saíam as canções sertanejas que ele ouvia quando criança, falando do que, em sua visão, eram *"valores que muitas vezes a música religiosa não conseguia falar"*.

Um pouco antes do show sertanejo, em abril daquele 2011 produtivo, o padre havia realizado mais um sonho antigo, cantando com o ídolo Milton Nascimento. Os dois ensaiaram num hotel, cantaram duas noites no Palácio das Artes, em Belo Horizonte, e outras duas em Juiz de Fora. A parceria em "Rouxinol", a canção que Milton fizera numa época difícil de sua vida, seria um dos momentos mais bonitos daquele encontro de almas mineiras.

Era o desfecho em grande estilo de uma história de admiração que tivera seu primeiro capítulo no ano anterior, quando o padre abriu uma série de shows com a canção "Solar", de Fernando Brant e Milton Nascimento, que o surpreendeu com uma visita. Milton não andava de avião e fez um esforço raro para ir de carro do Rio a Belo Horizonte, deixando o padre ansioso e a banda, pelo que Leozinha se lembraria, *"desorientada, tremendo ao ver o Milton ali nos bastidores, assistindo ao show do lado da mesa de som"*.

O encontro com Milton Nascimento, a parceria com Elba Ramalho e outros grandes nomes da música brasileira, ainda por cima depois que ele passara a integrar o grupo selecionado de artistas da Sony Music, todos aqueles acontecimentos pareciam ter deixado Fábio de Melo cada vez mais longe do nicho puramente religioso. Mas não era exatamente assim.

Depois de passar 2012 percorrendo o Brasil com o show No meu interior tem Deus, o padre voltou aos palcos do lugar onde sempre se sentira em casa para cantar músicas católicas a um público quase completamente católico. Em abril de 2013, no centro de evangelização Dom Hipólito, na comunidade Canção Nova, diante de 70 mil pessoas, gravou o DVD Queremos Deus, baseado no repertório do disco Estou aqui. Recebeu no palco a amiga Ziza Fernandes, com quem acabara de fazer as pazes, além de Celina Borges, Walmir Alencar, Eugênio Jorge, Adriana Arydes, Salete Ferreira e Eros Biondini. Ao lado de alguns dos maiores nomes da música católica brasileira, o padre-sertanejo voltava a ser o católico dos primeiros momentos, quando viajava para ouvir pregadores muito mais experientes que ele e cantar suas primeiras composições nos "acampamentos" improvisados na terra batida de Cachoeira Paulista.

Mas, ainda que jamais se esquecesse de suas origens, o padre Fábio de Melo era agora um fenômeno popular, e pertencia ao Brasil. Em breve, se tornará referência também nas redes sociais, algo que entrou em sua vida quase sem querer, em meio à agitação inigualável daquele ano em que viajou com o show Eu e o tempo, voltou para o estúdio com o inédito Iluminar, e começou a tuitar.

O PREGADOR VAI COMEÇAR A DIZER O QUE PENSA EM APE-
NAS 140 CARACTERES. QUANDO APRENDER A USAR A NOVA
FERRAMENTA, COMEÇARÁ A REVELAR SEU LADO MUITO
BEM-HUMORADO.

Às 18H13 DO DIA 18 de julho de 2009, o padre Fábio de Melo deu o ar de
sua graça pela primeira vez numa rede social. Estreou quase institucional,
distante, como se fizesse um anúncio aos fãs.

*"Oi minha gente, estou preparando o livro que dará continuidade ao
'Mulheres de aço e de flores'. O título será 'Mulheres cheias de graça'Abç."*

Para uma estreia, pode-se dizer que foi até razoável. Recebeu 67 curtidas
e 39 *retweets*. Para quem por acaso não anda por este planeta, curtidas são
deixadas por seguidores que gostam do que leram e *retweets* são republicações, quando o seguidor quer que seus seguidores vejam aquela postagem. O
segundo tuíte do padre foi uma dica de leitura. E, no terceiro, quando ele
resolveu usar o espaço pela primeira vez para filosofar, recebeu 72 curtidas.
*"Não coloque muita atenção nos erros cometidos. Só o bem que ainda pode ser
feito merece o nosso empenho. Chorar sobre impossível é não viver"*, dizia o texto.

Poucos dias depois, quando anunciou que havia chegado a Sobral, no
Ceará, só dez pessoas curtiram. Quando chegou a Mossoró, no Rio Grande
do Norte, foram seis. Ainda que de vez em quando recebesse um pouco
mais de atenção, o desempenho do padre na rede social era equivalente ao
de um desconhecido. Chegou a haver comentários seus que passaram em
branco, sem qualquer manifestação do público.

A conta havia sido criada pelo escritório da Leozinha, em Belo
Horizonte, e lhe caiu no colo sem aviso prévio. *"Padre, criamos uma conta
pra você no Twitter"*, lhe dissera o então estagiário Maurício Lafocard. O

padre ainda engatinhava na arte de se comunicar com poucas palavras, sem o olho no olho de suas pregações, sem a resposta imediata do público. Usava o espaço para contar coisas que seus seguidores provavelmente achavam desinteressantes, tipo *"estou indo almoçar com o padre Joãozinho"*. E tentava responder a todos os que lhe faziam perguntas. Afinal, eram poucos.

Em 2010, parecia a mesma mesmice, com perdão da mesmice da frase, pois o padre Fábio anunciava shows e fazia comentários sem grande repercussão, deixando claro que ainda não tinha descoberto o caminho até o público, ou que o público da internet ainda não tinha descoberto o padre que já era um sucesso musical mesmo fora do mundo católico, que já tinha desabafado com Xuxa, tinha ido ao programa do Faustão e era bastante conhecido. Mas no Twitter, Fábio de Melo continuava sendo um Zé Ninguém, na melhor das hipóteses um Zé da Silva, como tantos outros.

Com o passar do tempo, em meio a frases desinteressantes sobre sua rotina eclesiástica e outros compromissos, os textos mais filosóficos começaram a chamar a atenção. Em julho de 2011, o padre Fábio lançou na rede a seguinte frase: *"Na tentativa de desenvolver uma espiritualidade, muita gente se limita a encontrar uma religião"*. E mereceu, até então históricas, 357 curtidas. Mas ainda muito longe do que aconteceria em 2013.

Fábio de Melo finalmente percebeu que seu público não estava interessado em reuniões com padres ou bispos, nem em republicações impessoais de matérias de revistas. O povo do Twitter queria ver naquelas linhas curtas o mesmo padre que via nos shows, entrevistas e pregações. E o @pefabiodemelo ficou cada vez mais parecendo uma mistura de seu show bem-humorado Piano e voz com o programa Direção Espiritual, que continuava fazendo um sucesso enorme na Canção Nova. Até que, numa bela sexta-feira, ele resolveu criticar a plateia do Prêmio Multishow, uma espécie de Oscar do canal a cabo que distribuía homenagens aos destaques da música naquele ano de 2013.

Primeiro ele disse que *"plateia VIP não é confiável. O Prêmio Multishow está comprovando isso. Mais desanimada impossível"*. Quando o prêmio terminou, o padre resolveu provocar ainda mais. *"Quem são as pessoas da plateia VIP do Prêmio Multishow? Como vivem? Por que estavam tão cansadas naquela noite? Sexta, no Globo repórter."* Aí começava a se revelar o padre irônico e afiado que o Brasil conheceria cada vez melhor com o passar dos anos e com a evolução das redes sociais.

Naquela época, setembro de 2013, o padre Fábio já tinha mais de 300 mil seguidores. Era muita gente, mas ainda pouco mais de 10% do que ele teria apenas três anos depois. A ironia com a plateia VIP do Multishow mereceu mais de 3 mil republicações e comentários de pessoas que ficaram surpresas, dizendo coisas como *"Tá muito zoero vc padre!"* ou *"olha o padre tirando onda!"* e ainda *"Sensacional! Hahahaha"*, resumindo o espanto de quem via, possivelmente pela primeira vez, um padre se comportar como pessoa comum e mostrar ao público aquilo que seus amigos mais próximos sempre conheceram: uma personalidade ao mesmo tempo crítica e divertida, com um refinamento de fazer inveja a muito humorista.

Em pouco tempo, o número de seguidores saltou da casa dos 300 mil para 1 milhão. O padre olhava para o mundo de um jeito incomum, levando seus seguidores a rirem e refletirem ao mesmo tempo. Às vezes, fazia piada sobre a própria internet. *"O rapazinho visita regularmente o meu Twitter pra alimentar o Instagram dele. Copia as frases e posta como se fossem suas. Deus tá vendo!"*

O padre andava tão bem-humorado que se divertiu quando começou a ser chamado de *"padre Fábio Porchat de Melo"*, numa referência ao humorista Fábio Porchat, que também fazia um sucesso enorme pela internet, como um dos idealizadores e principais atores do grupo humorístico Porta dos Fundos. Porchat gostou tanto dos comentários do padre que resolveu convidá-lo a participar de uma série de episódios de seu programa. Não era tentador? Fábio de Melo, o padre, ao lado de Fábio Porchat, um dos poucos humoristas brasileiros que faziam sátira, justamente, com a religião. No fim de 2015, Porchat telefonou a Fábio de Melo fazendo a proposta. O padre gostou da lembrança mas educadamente recusou o convite, pois não se sentia confortável de participar de um programa que costumava ridicularizar aquilo que ele tão seriamente pregava.

"Na cabeça dele [Porchat] eu ficaria preservado, mas não! O Porta dos Fundos tem uma repercussão péssima dentro do contexto eclesiástico porque eles... eles fizeram umas sátiras muito...", padre Fábio avaliou, sem terminar a frase, concluindo que por mais que se exponha e possa fazer piada de tudo, também tem seus limites. Mas entendeu o convite como um sinal muito positivo do alcance de sua atuação nas redes sociais. *"Os diferentes estão muito próximos de mim. No Twitter... me seguem mesmo sabendo que eu sou padre... o que antes era uma coisa impensável, pois pra muita gente o padre é uma figura desagradável... que querem que fique longe."*

O padre Fábio de Melo passou a publicar fotografias acompanhadas do mesmo tipo de comentário divertido no Instagram e, dominando o que havia de mais moderno na comunicação, se aproximou também de evangélicos, judeus, muçulmanos e ateus. Fazendo piada. Criticando a sociedade. Dizendo verdades que poderiam estar em suas pregações, nos shows ou nos livros que o mercado classifica como de "autoajuda". Enfim, Fábio de Melo sentia que estava mais uma vez cumprindo sua função de padre evangelizador, levando a milhões de brasileiros a mensagem de Jesus Cristo, modernizada, certamente, mas não descaracterizada como alguns críticos preferiram dizer. Muitas vezes, no entanto, reconheceria que seus comentários na internet não continham mensagem alguma, eram só comentários.

Em meados de 2015, Fábio de Melo entendeu que havia finalmente conseguido ser a mesma pessoa na internet e fora dela. Sem filtros, abria para milhões de pessoas as mesmas piadas que sempre fizera às pessoas próximas. *"Acordando e me identificando profundamente com Eduardo, aquele que 'abriu os olhos mas não quis se levantar'"*, ele escreveu certa vez, relembrando a música que ouvia na adolescência e que o fazia recordar os tempos de adolescente, quando trabalhou de madrugada vendendo sanduíches no trailer Sayonara.

Mostrando agilidade e flexibilidade para circular pelas diversas redes da internet, avisou aos seguidores sobre sua nova frase de apresentação na rede WhatsApp: *"Atualizei meu status no WhatsApp. 'Aqui não é o Twitter, mas só trabalhamos com 140 caracteres. Obrigado. A Gerência'."* Quando cometeu um erro de ortografia, logo apagou, e se explicou: *"Não posso colocar sorriso nos lábios dos inimigos"*, merecendo mais de 2 mil retuítes e outras 2 mil e tantas curtidas.

Quando mais uma fã abusada lhe perguntou se era pecado se apaixonar pelo padre, ele não perdeu tempo. *"É sim"*, devolveu afiado, provocando milhares de curtidas tanto de quem achou a mocinha um tanto safada quanto de quem também andava, como diz a gíria americana usada pela seguidora, com um *crush* pelo padre bonitão.

As redes sociais passariam a ser também um quadro de avisos, onde o padre falaria de seus shows ou contaria novidades importantes, como em 21 de setembro de 2016, quando ficou sabendo que seu disco DEUS NO ESCONDERIJO DO VERSO havia sido indicado ao Grammy Latino. Por fim, a internet se tornara uma praça pública onde ele aprendia a se defender, nas inúmeras vezes em que fosse violentamente atacado.

O MENINO QUE ESCREVIA REDAÇÕES BONITAS E CARTAS EMOCIONANTES AINDA TEM MUITO A DIZER. NO MUNDO DAS LETRAS, BATERÁ NOVOS RECORDES. E MOSTRARÁ AO PÚBLICO OS PENSAMENTOS DE UM SACERDOTE PREOCUPADO EM FAZER O BEM.

PALAVRAS VIERAM SEMPRE TÃO naturalmente para Fábio de Melo que seria impossível dizer quando realmente ele se tornou um escritor. Nas redações da escola? Nas inúmeras cartas que escreveu trancado no quarto de um convento? Nas poesias da adolescência? Antes mesmo de escrever as letras de suas músicas, Fábio registrava seus pensamentos nas folhas pautadas de seus cadernos. Seguiu com esse hábito ao longo de toda a sua formação até que, no momento em que se tornou padre, sentiu que era hora de publicar suas palavras escritas. Mas, primeiro, precisou vencer a timidez. E, para essa missão que lhe parecia dolorosíssima, precisou que aparecesse em seu caminho a servente de um clube onde Fábio fora trabalhar como atendente de bar.

Em Formiga, no clube popular conhecido como Praça dos Esportes, ela varria o chão, guardava mochilas e sacolas, tomava conta das roupas das mulheres, e, no tempo livre, escrevia poesias. Quando terminava, assinava: "Edna David Rosa, Praça dos Esportes, 1986".

Naquela época, seu Natinho estava fazendo uma obra no clube e acabou conseguindo um trabalho de fim de semana para Fabinho como atendente do bar da Beatriz. Ele vendia cerveja, cigarros, servia os clientes nas mesas e, nas folgas, escrevia poesias. O atendente e a servente, dois poetas deslocados de suas vocações, viviam ocupados e raramente se encontravam. Mas quando Edna tinha um tempo livre e ia fumar um cigarro no bar, os dois se sentavam nos banquinhos e conversavam. A servente era quase dez anos mais velha e se impressionava com a maturidade dos conselhos de Fabinho. *"Ele era menino... eu já mais jovenzona... e ele é que me dava conselho."* Edna era uma jovenzona de 1,86 m de altura, mas parecia tão alta perto daquele menino que, pelo que ficou na memória do adolescente magricela, tinha quase dois metros de altura.

Os dois eram muito tímidos e viram naquele encontro a possibilidade de mostrar suas poesias sem serem julgados. *"Foi a primeira vez na vida em que eu me senti motivado a mostrar uma coisa que eu escrevia"*, Fábio de Melo se lembraria muitos anos depois.

Fabinho mostrava uma poesia, Edna mostrava outra, e ninguém criticava ninguém. Fábio dizia que Edna deveria seguir escrevendo, pois era muito jeitosa com as palavras. A servente lhe mostrou um livro em que havia sido publicada uma de suas poesias. O atendente ficou empolgadíssimo e criou coragem para se inscrever numa nova edição do concurso. Até foi escolhido, mas desistiu porque precisaria garantir aos editores que compraria uma certa quantidade de livros e isso, para quem não tinha dinheiro nem para comprar um tênis novo, era impossível. Desistiu do que seria sua primeira participação num livro, mas jamais se esqueceu da poesia de Edna.

Eu reconsidero as coisas terrenas
Porque não cheguei a conhecer outras
Choro. E é na beira do mar que minhas lágrimas
A tudo se confundem e se consomem
Não acredito na beleza de muitas coisas
Porque não acredito na resposta que eu achei pra isso
Miro.
Só acredito naquilo que vejo e toco.

Era assim mesmo, um poema curtinho, que teria sempre um lugar no coração do atendente, que jamais voltou a ver a servente. *"Até hoje chamo ele de Fabinho porque a minha ficha não caiu... Eu vejo ele pela televisão mas acho que enquanto eu não estiver com ele pessoalmente... ele vai ser aquele menino."* A servente continuou escrevendo poesias, mas, apesar da insistência do atendente, jamais voltou a publicá-las. Foi trabalhar fazendo merenda na cantina de uma escola de Formiga. O atendente, esse sim, como sabemos, virou escritor.

Em seu primeiro livro, escrito ao longo de alguns anos, reuniu memórias e impressões da infância e da adolescência. Tempo, saudades e esquecimentos foi publicado pelas Paulinas em 2006 e reeditado mais tarde pela editora Planeta com o novo título É sagrado viver. Num prefácio da edição atualizada seis anos depois, Fábio de Melo escreveria que pensou em apagar seus textos antigos por considerar que não correspondiam à sua nova forma de pensar. Voltou atrás, e considerou que eram memórias, e a elas, jamais teria o direito de renunciar.

Era, de certa forma, um livro autobiográfico em que contava um pouco de sua história, procurando lições e pensamentos que pudessem servir a seus leitores. *"Eu nasci pobre, mas meu coração, não. Sempre acreditei que a pobreza maior não é fruto da restrição material, e sim da restrição à capacidade de sonhar."* Escreveu também confissões sobre seus medos e sentimentos às vezes conflitantes, como no texto em que descreve os momentos em que, ainda criança, assistia às apresentações da Esquadrilha da Fumaça.

"No fundo do meu coração, queria mesmo é que desse tudo errado e que todos aqueles aviões acabassem batendo uns nos outros e causando uma grande explosão", ele admitia que uma tragédia poderia ser sedutora, e que, na infância, *"não era capaz de pensar nos sofrimentos que decorrem da morte"*. Assim como nas trocas de poesias com a atendente do Clube dos Esportes, no dia em que mostrou um calhamaço de manuscritos ao compositor Maninho, Fábio de Melo estava à procura de um confidente. *"Ele me perguntou se eu achava que ele tava fazendo alguma coisa errada, se tava falando demais... alguns pensamentos dele que ele tinha dúvida se colocava ou não."* Difícil de entender como Maninho conseguiu concentração para ler aqueles textos, pois Fábio os jogou em seu colo justamente no meio de um show. Mas a resposta de Maninho aos anseios do amigo foi a melhor possível. *"Era um negócio muito saudável dele assim... ele se expor era bacana porque desmistificava a figura dele. E ele ficava humano... muito humano!"*

Maninho não só incentivou o amigo a publicar seus textos como, no meio daquele processo, acabou relendo uma carta que Fábio lhe escrevera em 2001 e agora pedia permissão para usar. "Uma carta em segredos" entrou no primeiro livro de Fábio sem qualquer menção a seu destinatário nem ao problema amoroso que Maninho enfrentava com sua futura esposa. *"O caminho da mudança está diante de ti. Terás primeiramente de proclamar tua liberdade, para que alguém te ame sem te aprisionar."* Anos depois, sem que

Fábio soubesse, Maninho escreveria uma canção em homenagem ao amigo. "A voz do menino" era como se fosse a voz de Deus falando a Fábio de Melo. A música, gravada em 2006, era uma resposta ao que Maninho via em Fábio como preocupação excessiva com o envelhecimento.

Foi pras bandas do nevoeiro
Foi perdendo o jeito faceiro
Foi ganhando as rugas do tempo
Onde foi parar...
Vai menino, conta os teus sonhos pra mim.

A música só foi lançada em 2007, quando Maninho se casou, foi ser médico numa cidadezinha da Serra Gaúcha e começou a se afastar do amigo. Mesmo depois que os dois se reaproximassem, no entanto, Fábio de Melo não ficaria sabendo que a canção era para ele. Coisas do Maninho...

Quando viu sua carreira de cantor explodir e ficou com o tempo livre muito mais restrito, o padre passou a escrever menos. Nunca mais foi tão prolixo quanto no tempo das cartas enormes, nos dias em que se sentia sozinho em algum seminário de Minas ou do Sul do Brasil.

Ainda assim, no auge de seu sucesso, finalmente conseguiu fugir da agitação para terminar seu primeiro livro. Mas, apesar de todo o sucesso, ninguém se interessou em publicá-lo. O padre bateu a porta de diversas editoras fora do universo religioso e todas elas lhe disseram um gentil *"não temos interesse, muito obrigado"*. Não faziam ideia de que estavam recusando um livro que, ao ser lançado, em 2008, ultrapassaria a casa de 1 milhão de cópias vendidas e levaria, pela primeira vez, um título de uma editora católica à lista dos dez mais vendidos do Brasil. Foi, mais uma vez, a Canção Nova que acolheu Fábio de Melo.

Quando terminou de escrever QUEM ME ROUBOU DE MIM?, em meio à avalanche de shows e pedidos de entrevistas, depois do lançamento de dois discos, o padre precisou se esconder num apartamento vazio do Rio de Janeiro. Era isso, ou não cumpriria o prazo acertado com os editores.

No fim do dia, quando já estava exausto de tanto revisar o próprio texto, esperava que sua amiga Beatriz Vasconcellos passasse com seu carrinho amarelo para levá-lo para comer. Bia era amiga recente, mais uma vez uma amiga de amigos que se dispusera a ajudar o padre e acabou ficando muito próxima dele. Depois de uma semana revisando e depois se esquecendo um pouco do livro com Bia, quando finalmente terminou aquele período de reclusão na Barra da Tijuca, pediu à amiga que imprimisse os manuscritos e saiu com a papelada debaixo do braço para entregá-la aos editores.

Logo na abertura, o autor indicava suas intenções. *"Este livro está comprometido com o desejo de lhe fazer o bem."* O livro era fruto da experiência do padre-conselheiro no programa que fazia semanalmente na mesma Canção Nova que o publicava, e passaria 74 semanas entre os três mais vendidos do Brasil na categoria autoajuda. Se havia uma síntese daqueles textos, era a constatação de que nem todo amor faz bem.

"Nem sempre o amor ama. Por vezes ele é o disfarce do egoísmo." Eram lições aprendidas com os espectadores de seu programa, que telefonavam contando suas histórias, e também com os milhares de pessoas que paravam o padre nas ruas para pedir conselhos. O livro revelava, por fim, uma característica que os amigos mais próximos sempre souberam aceitar e admirar. O padre não acredita em relacionamentos baseados em cobrança ou dependência.

Seu amigo Matheus, filho da Mariângela que o acolheu doente em Petrópolis, resumiria muito bem esse sentimento. *"O padre sempre foi uma pessoa de todo mundo, mas ele não é de ninguém"*, Matheus diria, reafirmando que a casa de sua família estaria sempre aberta a recebê-lo, mesmo que o padre passasse anos sem aparecer ou telefonar. Nas palavras que o próprio Fábio de Melo costuma repetir, principalmente quando resolve bater feio nas carências geradas pela leitura do Pequeno Príncipe, *"às vezes as pessoas são muito cruéis nas exigências que fazem... eu não vou carregar esse fardo nas minhas costas"*.

No mesmo ano, Fábio de Melo tirou da gaveta um livro escrito muito tempo antes, dedicado às mulheres ao mesmo tempo fortes e delicadas que conhecera ao longo de sua vida. Curiosamente o novo livro foi publicado pela Gente, uma daquelas editoras que rejeitaram Quem me roubou de mim?.

Mulheres de aço e de flores nasceu na mesa de jantar da casa de sua grande amiga e costureira Zezé Procópio, que perdera o marido e o cunhado assassinados na Paraíba. *"Nossas conversas me mostraram um lado muito diferente do contexto feminino, muito diferente do que eu estava acostumado a ver... Nunca tinha encontrado alguém que reconciliasse tanto a ternura e a bravura"*, ele refletiria depois.

Naquela época de produção literária volumosa, o padre ainda publicou AMIGOS — SOMOS MUITOS, MESMO SENDO DOIS, em parceria com a fotógrafa Juliana Andrade, e outro best-seller: QUANDO O SOFRIMENTO BATER À SUA PORTA. Diante do sucesso, surgiram inúmeros convites para aquele novo fenômeno do mercado editorial. Um deles veio do então secretário de Educação do estado de São Paulo, o político Gabriel Chalita, que conhecera Fábio de Melo nos eventos religiosos da Canção Nova. CARTAS ENTRE AMIGOS, uma série de textos trocados entre o padre e o político, abordando as angústias dos tempos modernos, foi o quinto mais vendido na categoria autoajuda em 2009 e deixou Fábio de Melo com dois livros na lista dos mais vendidos. QUEM ME ROUBOU DE MIM? estava em terceiro.

No ano seguinte, num projeto que mais tarde Fábio de Melo consideraria "apressado", chegaria ao mercado um segundo volume do CARTAS ENTRE AMIGOS. O padre avaliaria que, por sua posição pública, pela influência que suas palavras podem exercer sobre os leitores, não seria prudente fazer novos projetos com políticos.

Ainda em 2009, Fábio de Melo lançou uma coleção de textos sobre mulheres, à qual deu o nome de MULHERES CHEIAS DE GRAÇA. Entre 2011 e 2014, em mais um período de superprodutividade, vieram outros quatro livros inéditos: O VERSO E A CENA, TEMPO DE ESPERAS, ORFANDADES e O DISCÍPULO DA MADRUGADA.

TEMPO DE ESPERAS foi dedicado a Sérgio e Sandra Habib, *"amigos que ganhei no momento em que eu perdia"*, como forma de agradecimento. O livro escrito mais uma vez na forma de uma coleção de cartas ultrapassaria as 600 mil cópias vendidas.

Aqueles quatro livros eram o fruto de uma fase nova na vida do padre. Nasceram em sua casa nova, finalmente um lugar adequado a quem precisava de tranquilidade para escrever, compor e refletir sobre as questões e pensamentos que apresentava e continua apresentando diariamente aos brasileiros. No meio da roça, entre galinhas e cachorros, como nos tempos da infância, Fábio de Melo foi viver ao lado de três pessoas que lhe seriam como uma segunda família.

O PADRE QUE NÃO TINHA LIBERDADE NEM EM SEU PRÓPRIO APARTAMENTO FEZ O ESCONDERIJO NA ROÇA. FORMOU UMA FAMÍLIA FEITA DE AMIGOS, QUE SÃO TAMBÉM ASSESSORES. E FINALMENTE PODE TER SEUS "MENINOS".

COM TODO O SUCESSO que lhe chegou nos últimos anos, a fama que veio com o disco VIDA e as turnês que se seguiram sem trégua roubaram Fábio, um pouco de seus amigos, e um pouco de si mesmo. O apartamento de dois quartos para onde se mudara depois de deixar a congregação se tornara alvo dos *paparazzi*, que subiam em telhados e nos edifícios próximos tentando fotografá-lo ou filmá-lo em sua privacidade. Fábio se sentia preso. E terrivelmente invadido.

Havia quem se hospedasse na casa de vizinhos do padre na esperança de vê-lo pelos corredores do prédio. Havia também quem furasse o bloqueio da portaria para esperá-lo na garagem querendo conversar, ou tirar uma foto. Teve até quem ousasse bater na sua porta esperando por um momento de intimidade. Mas a pior de todas as invasões veio de uma personalidade brasileira, um apresentador de televisão, assumidamente homossexual, que viajou algumas vezes a Taubaté na expectativa de encontrá-lo.

Dizia ao porteiro que gostaria de falar com o padre Fábio, esperava que seu rosto conhecido servisse para abrir as portas, mas como o porteiro tinha ordens para dizer que o padre "jamais" estava em casa, o tal apresentador deixava flores e presentes na portaria. Um dia, resolveu ir a um show do padre, usou suas credenciais de pessoa famosa para entrar no camarim e fez a reclamação. *"O porteiro do seu prédio é grosso demais!"* Entregou-lhe um presente e, como jamais seria correspondido em suas expectativas, resolveu desistir. Com tudo isso e mais um pouco, dá para imaginar o que aconteceu nas duas vezes em que Fábio de Melo tentou tomar banho na piscina do edifício.

Em 2011, quando finalmente teve uma trégua em sua agenda, o padre resolveu que estava na hora de abandonar vizinhos e outros bisbilhoteiros para ir morar com as galinhas e cachorros, escondido numa roça do interior de São Paulo. Mudou-se para uma casa bem maior do que o apartamento onde vivera nos últimos cinco anos, infinitamente maior do que o espaço mínimo que lhe cabia nos quartinhos que compartilhava com padres ou seminaristas nos muitos conventos onde vivera. Ainda no meio da mudança, enquanto abria caixas com agendas e guardanapos onde escrevera seus poemas e letras de música ao longo de toda a vida, no momento em que se deu conta da solidão que podia lhe bater naquele meio de mato, convidou uma velha amiga de infância a morar numa casinha perto dele.

Tânia era filha de dona Alaíde, um pouco mais velha que ele, e o conhecia desde os tempos em que Fabinho não saía da casa da Tia Ló, pois Tânia também vivia por lá, e como alguns de seus amigos de Formiga, sempre chamaria o amigo apenas como Zé. *"Porque o nome dele é Fábio José... Eu conheci ele de shortinho, com a franjinha que parecia de papel... Nunca tratei ele como o padre Fábio que aparece na televisão... Esse eu não conheço."*

Tânia jamais se esqueceria do tempo em que sua mãe, dona Alaíde, passava na casa da dona Fina, da dona Tinha e da Alaíde do Varistinho recolhendo pequenas doações, como pastas de dente, sabonetes e outros itens que entrariam na sacolinha de supermercado que Fábio receberia no seminário de Lavras. Veria sempre o amigo como *"um profeta"*, cujo ministério é falar, mas que, ao cantar, atrai pessoas que, de outra forma, não iriam a seu encontro.

Depois que recebeu o convite para morar na roça, Tânia foi estudar em Guaratinguetá, deixou Formiga para trás e se tornou uma espécie de assistente e protetora. *"Eu vejo o homem que chega depois de um show estragado... o homem que chora, que sente dor, que tem medo da mãe morrer."* Tânia assume o papel de irmã mais velha, sempre que pode trazendo de volta a leveza das brincadeiras antigas, quando os dois moravam na mesma rua em Formiga, afastando o amigo, ainda que temporariamente, dos dramas que sua rotina lhe apresenta. *"A gente protege muito o Zé... porque todo mundo só conta coisa difícil pra ele. Eu escondo o que não precisa ser dito, pra não incomodar... conto mentira na cara dura mesmo."*

Se Tânia às vezes fala no plural é porque, no meio do mato, também se esconde a cozinheira Teka, que se mudou com o marido para a casa nova, mesmo que detestasse a ideia de morar na roça, pois, pensando como Tânia, não queria deixar o padre desprotegido. E todo dia, se ele não está viajando, Teka amanhece fazendo bolinhos de batata-doce com polvilho, recheados com carne moída. Faz, provavelmente, frango ensopado ou inhame "abafadinho" com arroz e feijão no almoço e termina o dia com ovos fritos de gema bem mole, porque, ela diz, *"isso aí é sagrado!"*.

O assessor Éverson, que desde a turnê de Eu e o tempo o acompanhava como assessor nas turnês, passou a ser uma espécie de gerentão da casa e também uma espécie de filho para o padre. *"Tenho com ele uma relação paterna, me preocupo com o Éverson com coisas que não me preocupo comigo... Percebi que o amava como um filho no dia em que descobri que era capaz de abrir mão de coisas minhas pra ele."*

Pode ser só coincidência, mas, de certa forma, Tânia, Teka e Éverson são a síntese da história de vida do padre. Tânia é sua conexão indestrutível com a cidade natal de Formiga. Teka é uma lembrança diária dos tempos do conventinho de Taubaté. E Éverson é um representante da vida agitada de viagens e shows que começou justamente na época em que ele saiu de Varginha, recomendado por um outro padre, para assessorar Fábio de Melo. Com os três, o padre enfrentou momentos difíceis, como a enchente que alagou tudo e os expulsou de casa, em 2014, justamente quando ele preparava o disco Deus no esconderijo do verso. Com Tânia, Teka e Éverson, o padre vive também momentos de extrema alegria e simplicidade, coisas de família, como no dia em que os três vestiram máscaras de super-heróis para cantar parabéns em seu aniversário de 43 anos.

De certa forma, pode-se dizer que o padre construiu uma segunda família, e com laços tão fortes que Tânia, Éverson e Teka seriam ora seus pais, ora seus filhos, ora seus irmãos. E os bichos são, sem dúvida alguma, as crianças da casa.

Fábio sempre quis ter cachorros, mas nos seminários não podia. Só quando foi chefe da casa dos padres em Belo Horizonte pôde comprar o sharpei Argos, mas precisou deixá-lo com um sobrinho quando voltou a viver no convento de Taubaté. Argos morreu e, anos mais tarde, já na casa da roça, comprou o mastife Nathan. Depois vieram os buldogues franceses Lucca, Francesca e Enzo, os *"meninos"* de quem vive falando na internet. E os meninos do padre ficaram tão famosos que um fã lhe deu de presente duas pequenas estátuas: uma de Lucca e a outra do falecido Nathan.

A casa na roça serviu também para receber amigos, e seria o cenário da reaproximação com a cantora Ziza. Em 2016, depois que Fábio de Melo desse uma enorme ajuda para que Ziza gravasse um DVD e ressurgisse no universo da música, os dois fariam juntos uma série de shows ao lado do amigo Maninho. Reuniriam-se na casa do padre para ensaiar, comer e conversar. Depois de duas décadas de amizade e parcerias musicais, o assunto principal não era mais a música. Os caminhos dos três haviam sido muito diferentes. Mas a amizade, abalada na época da explosão de sucesso de Fábio e retomada em 2012 depois de um jantar de reconciliação, voltava a ter a importância que tivera nos tempos de ingenuidade e muita farra, quando gravavam seus primeiros discos nos estúdios das Paulinas.

O padre voltaria a chamar Ziza pelo apelido de "Jarabodair", brincadeira com seu nome de batismo, Jadair de Oliveira Fernandes. E voltaria a dizer pelos quatro cantos do mundo que seu compositor preferido era seu grande amigo, o médico gaúcho Maninho. Fábio de Melo, sem dúvida mais maduro, faria o possível para usar seu tempo precioso com pessoas que amava, e que lhe faziam bem.

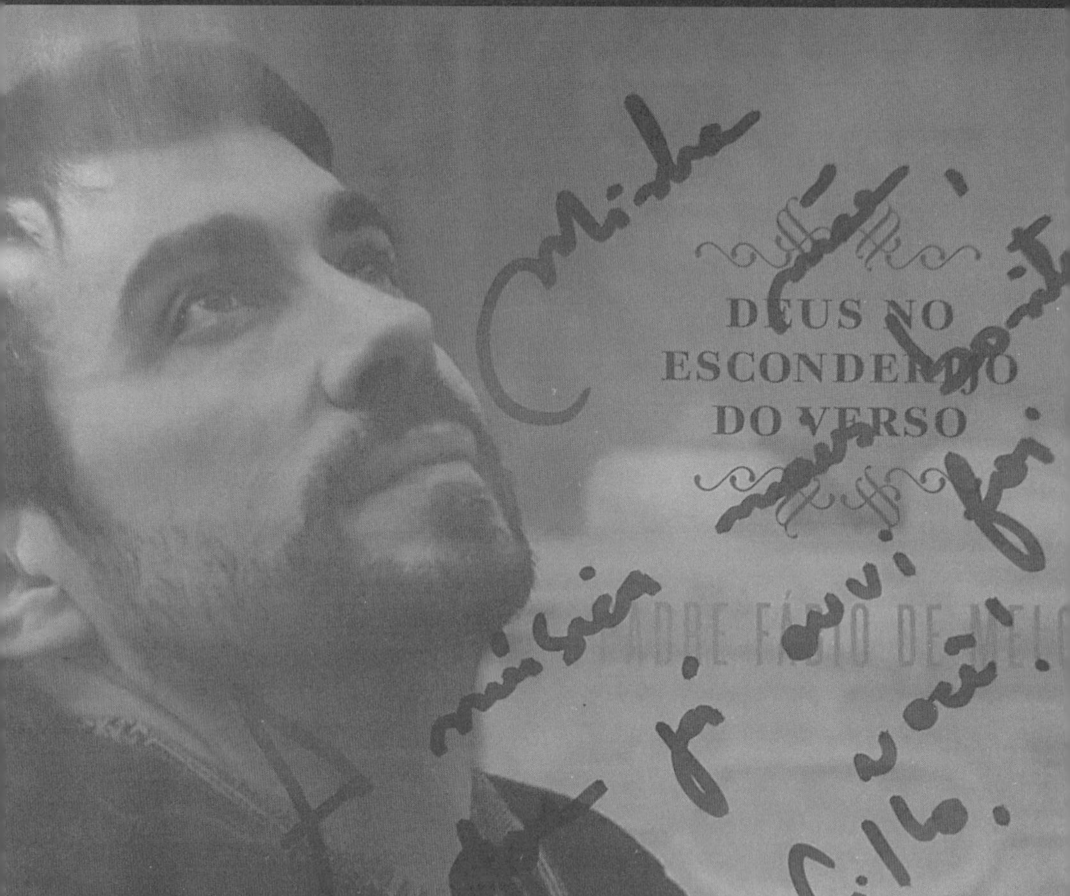

DEUS NO
ESCONDERIJO
DO VERSO

PARTE 10

DEUS SE ESCONDE NO VERSO
E O PADRE DÁ A CARA A TAPA

À **ESQUERDA** "Minha mãe, a música mais bonita que já ouvi foi você", dedicatória em DEUS NO ESCONDERIJO DO VERSO, de 2015. (Foto: Arquivo Fábio de Melo)

LIBERDADE! FÁBIO DE MELO MUDA DE ROTA. CANTA COM GRANDES NOMES DA MPB. E VAI TER RECONHECIMENTO INTERNACIONAL POR ESSA OUSADIA.

QUANDO AINDA ERA UM estreante entre os grandes nomes da música, quando acabava de lançar o disco VIDA, pelos corredores da Som Livre, Fábio de Melo teve uma conversa que se revelaria profética. O produtor José Milton, famoso por haver gravado alguns dos maiores cantores brasileiros, tinha gostado demais das músicas do padre, se encantara com a qualidade das melodias e com a poesia das letras. *"Você devia cantar Música Popular Brasileira"*, o produtor disse ao padre, sem imaginar que seria justamente com ele que Fábio de Melo faria seu primeiro disco que poderia tranquilamente estar nas seções de MPB das lojas de música.

"Não era uma coisa comum nas gravações dos padres", José Milton pensava desde então, ainda que fosse preciso que o padre gravasse ainda três discos de estúdio, sempre flertando com o cancioneiro popular brasileiro, para que José Milton fosse convidado pela gravadora Sony para produzir um disco que, ainda que tivesse religiosidade e que Deus estivesse em seus versos, era completamente MPB.

Os músicos eram todos do primeiro time, como o baixista Jorge Hélder e o baterista Jurim Moreira, acostumados a tocar com o primeiro time da MPB. Para fazer os arranjos, José Milton trouxe Cristóvão Bastos, antigo parceiro de Chico Buarque, e Eduardo Souto Neto, encarregado da orquestra de cordas que, pela primeira vez num disco do padre, substituiria a orquestração que normalmente era feita pelo sintetizador. Completando o *dream team* montado por José Milton, havia ainda alguns dos melhores profissionais de gravação do país, no estúdio Companhia dos Técnicos, na antiga RCA, por onde passou boa parte da história da música brasileira. Mas ainda faltava definir quem seriam os convidados que realizariam o sonho que Fábio de Melo tinha desde a época em que conheceu o produtor.

Se antes Fábio de Melo temia que os convidados pudessem rejeitar o convite para cantar com um padre, a carreira sólida construída nos últimos anos tornara tudo mais fácil. Sua grande amiga Elba Ramalho foi convidada a cantar "Oculto e revelado". Fagner ficou com "Perfeita contradição". José Milton convidou também as cantoras Ninah Jo, Alcione, Nana Caymmi e Fafá de Belém, grande amiga do padre. Resgatando seu antigo interesse por samba, Fábio de Melo ouviu um agradável "sim" de Zeca Pagodinho. Mas foi aí que a inspiração quase o abandonou.

Faltavam poucos dias para que eles entrassem no estúdio. O padre já tinha entregue onze músicas, mas faltava uma. E José Milton não parava de pedir. *"Padre... e o samba?"* Não tinha samba. Ele sabia exatamente sobre o que queria escrever, mas não tinha uma única frase no papel, e não conseguira pensar nem mesmo num rascunho de melodia.

— *Me mostra o samba do Zeca...* — José Milton insistia.

— *Não... Zé... eu vou gravar primeiro pra depois cê já ouvir tudo certinho.* — O padre ganhava tempo, pois ainda não tinha conseguido fazer aquela música. Até que, depois de mais uma reunião com José Milton, dessa vez na casa onde estava hospedado no Rio, o padre destravou. Assim que o produtor foi embora, entrou no chuveiro, e começou a cantar.

Ilumina o meu caminho
Com a lanterna de um menino
Dá sentido à minha vida.

Coincidência que Fábio de Melo estivesse debaixo d'água. "Amigo onde Deus é" se inspirava num dia de muita chuva, em 2013, quando Zeca Pagodinho usou seu quadriciclo para resgatar famílias que haviam perdido as casas numa enchente em Xerém, no Rio de Janeiro. O sambista estava comovido com o drama de seus vizinhos, e comoveu o Brasil. Desde então Fábio de Melo queria fazer uma canção sobre aquele episódio, pois ele também havia sido tocado pela nobreza da atitude de Zeca. Além disso, o compositor queria que o convidado se identificasse com a música para que ficasse à vontade. Afinal, não era a coisa mais normal do mundo ter sambista em disco de padre.

Um outro grande acontecimento daquele disco era "Desacontecimento", com letra de Fábio de Melo escrita para a melodia de Cristóvão Bastos. Era um luxo tão grande que o próprio autor demonstraria seu espanto. *"Quando que alguém ia imaginar isso? O parceiro do Chico Buarque compondo com o padre."*

A parceria havia surgido durante os ensaios para o disco. Cristóvão estava impressionado com as canções do padre e perguntou se ele queria escrever uma letra para uma melodia sua, guardada por alguns anos, pois nenhum compositor conseguira terminá-la. *"Quando ouvi a música, eu imediatamente ouvi as palavras... Notei que a melodia tinha algo... que dizia 'adeus'"*, padre Fábio contaria.

E, com aquela canção belíssima, Fábio de Melo dizia adeus também aos tempos em que tinha dúvidas sobre seu alcance como cantor e compositor. *"Foi o momento em que a minha musicalidade ultrapassou de vez todos os limites que até então estavam colocados pra mim porque a música religiosa ainda era de gueto."*

O nome escolhido para aquele novo trabalho era emblemático. O que o teólogo Fábio de Melo estaria querendo dizer com "Deus no esconderijo do verso"? Era preciso procurar Deus? Ele já não era louvado como em suas primeiras canções?

"Eu estava apresentando músicas com um conteúdo em que Deus não estava explícito... não fiz um disco catequético", Fábio de Melo analisaria, explicando que usava no disco algumas canções que haviam sido descartadas de outros projetos, justamente por não falarem diretamente de Deus ou de religião. *"Eu identificava que Deus estava ali, mas não de maneira explícita."*

Quando Deus no esconderijo do verso ficou pronto, o padre aproveitou o intervalo de um retiro espiritual e pediu que Ziza Fernandes fosse com ele até o carro.

— *Quero que você ouça uma coisa* — ele disse, com um sorriso de felicidade no rosto, enquanto fechava o carro para que os dois pudessem ouvir o disco que começava a tocar.

Ouviam-se as cordas, o violão dedilhado, o piano e os primeiros versos de uma das canções mais bonitas daquele disco que, na história musical do padre, era sem precedentes.

Quando a voz escondida no vento resolve cantar
Quando o verso embrulhado nas ondas aprende a dizer.

Ziza já estava impressionada quando tomou um certo susto, um susto bastante agradável, aliás, ao confirmar que aquela voz profunda era de Nana Caymmi.

Tanta cruz, tanta desarmonia no mundo a gritar
E o poeta com a luz recebida prepara o altar.

Quando a música terminou, Ziza estava impactada.

— *Você tem ideia do que você tá fazendo?*

— *Quê que você tá vendo...* — ele perguntou, querendo que a amiga prosseguisse no comentário.

— *Você tá mudando a história da sua vida... Cê tá realmente mudando a rota pra onde você quer estar, mas é um lugar mais solitário.*

Ziza acreditava que a complexidade do novo trabalho poderia afastar o cantor Fábio de Melo de seus fãs. *"Era um disco completamente rebuscado, muito mais intelectualizado... cheio de letras aos moldes Fábio de Melo"*, ela avaliaria depois. *"Pra mim estava claro que ele iria sentir a fama, talvez, diminuir no sentido numérico, mas se solidificar no sentido qualitativo. Identifiquei que ele tava dialogando cada vez mais com o mundo fora da Igreja."*

De fato, o compositor daquelas canções refinadas dialogava cada vez mais com o público não religioso. Em breve, revelaria ao Brasil seu lado irônico e conquistaria mais algumas montanhas de seguidores, dentro e fora da Igreja. Os católicos, no entanto, não o abandonariam. Ainda que pelo menos um deles lhe telefonasse com críticas muito fortes.

Padre Joãozinho, responsável por levar Fábio de Melo pela primeira vez a um estúdio de gravação, achava que seu ex-aluno havia se excedido, para o bem e para o mal. Se, por um lado, demonstrava sua genialidade como compositor, sendo capaz de fazer músicas que soavam muito bem, por exemplo, na voz de Zeca Pagodinho, padre Fábio, na visão de Joãozinho, *"fez uma experiência arriscada... se colocou ao lado dos melhores cantores do Brasil"*.

Será que Joãozinho estava mais uma vez questionando as qualidades do cantor Fábio de Melo? Mesmo que deixasse o amigo profundamente triste, padre Joãozinho veria no disco um reflexo daquilo que o papa esperava de sua igreja. *"O Fábio não é apenas um padre da prece, é um padre da praça... não é apenas um padre da igreja, ele é um padre do povo, da televisão, da mídia... Ele foi feito para dialogar com o mundo secular. E isso é tudo o que o papa Francisco quer!"*

No fim de 2015, Fábio de Melo estará no palco do Theatro Municipal do Rio de Janeiro fazendo o show DEUS NO ESCONDERIJO DO VERSO, na primeira vez em que um padre cantará numa das casas de espetáculos mais nobres do país. Aos 44 anos, depois de comer o pão que o diabo amassou, depois de atravessar alguns mares vermelhos e se tornar um dos religiosos mais conhecidos do Brasil, o plebeu do bairro do Quinzinho está prestes a conquistar o palácio da música. E pouco mais de um ano depois do lançamento do disco, a ousadia do padre será recompensada com uma indicação para o Grammy Latino de melhor disco de música cristã em língua portuguesa. A comemoração virá pelo Instagram. *"Um presente que Deus me deu pelas mãos de muitas pessoas. Obrigado! Ser indicado já é uma vitória."* Em poucas horas, a postagem receberia 40 mil curtidas e mais de oitocentos comentários.

Provavelmente por tudo o que aquele disco trazia de novo, pouco se falou sobre o outro disco que Fábio de Melo gravou em 2014. As duas gravações foram ao mesmo tempo, pela mesma gravadora, em estúdios diferentes. E Fábio de Melo praticamente se partiu ao meio. Gravava DEUS NO ESCONDERIJO DO VERSO no estúdio Companhia dos Técnicos, em Copacabana, e logo estava num engarrafamento a caminho da Barra da Tijuca para gravar SOLO SAGRADO no estúdio do produtor Guto Graça Mello.

Assim como os dois estúdios, que ficavam em pontos opostos do Rio de Janeiro, os dois discos eram completamente diferentes. Se DEUS NO ESCONDERIJO DO VERSO era o mais longe que um padre já havia chegado na MPB, SOLO SAGRADO era o que o próprio autor definiria como um disco *"muito sacerdotal, construído pensando nessa marca definitiva que é a dignidade humana de Deus em nós, que a gente também pode interpretar como uma santidade"*.

A inspiração vinha das viagens, cada vez mais frequentes, que o padre fazia com peregrinos a Jerusalém e outros lugares sagrados para o cristianismo. E a canção "Origens" era um exemplo concreto.

Retiro as sandálias, descalço os meus pés
Pois o solo que piso é santo
As origens da minha fé estão aqui
Nos lugares que me confessam
Nas sagradas fontes, na cruz, o chão
Uma estrada que a Deus faz chegar.
Jerusalém!

Numa dessas viagens à terra das "sagradas fontes", em maio de 2015, o padre conheceu seu biógrafo. A conversa começou minutos antes de uma procissão e seguiu por WhatsApp, Skype, telefone e em novos encontros que acabaram fazendo nascer este livro.

QUANTAS VEZES SERÁ PRECISO EXPLICAR QUE É PRECISO DISTINGUIR DIREITOS CIVIS DE REGRAS RELIGIOSAS? FÁBIO DE MELO VIROU ALVO DE SENSACIONALISTAS. E AINDA TEM A HISTÓRIA DO URSO E DO CANGURU...

EM MAIS UMA DE suas manifestações divertidas pelo Twitter, em agosto de 2015, o padre Fábio de Melo publicou uma fotografia em que um filhote de canguru, de verdade, aparece abraçado a um ursinho, de pelúcia. E pelo que dá para ver na fotografia, o novo "amigo" do canguru vai desaparecer a qualquer momento. Pois além de ser um animal "falso", está preso a uma corda, como uma isca prestes a ser retirada.

"Eu te entendo, Canguruzinho", começava o *post* do padre. *"Eu também já me iludi pensando que tinha encontrado um amigo."* E, de fato, o padre havia descoberto que um amigo de quem gostava muito andava fazendo postagens contra ele na internet.

Pessoas próximas vinham alertando. *"Cuidado... ele tem muito ciúme de você!"* Mas, apesar de notar que o suposto amigo estava meio "chato", padre Fábio não dava ouvidos. Até porque, três dias antes que surgissem provas irrefutáveis sobre sua desonestidade, o tal amigo lhe havia telefonado para dar parabéns pelo sucesso do novo disco e oferecer ajuda com um problema que voltava a aparecer nos sites especializados em boatos e outras maldades.

"Tô precisando te defender com essa história de que você foi expulso da Igreja?"

O amigo oferecia apoio, mas, pouco depois, pessoas próximas a Fábio de Melo comprovariam que justamente o amigo havia sido um dos responsáveis por divulgar a história mentirosa da expulsão da Igreja. A mentira se espalhou pelo Facebook e fez o padre Fábio criar uma aversão enorme ao que passou a chamar de *"a outra rede"*.

"[No Facebook] *as pessoas podem escrever muito. Então, quanto mais elas podem escrever, pior fica. Muita mentira, muito boato... aquela 'reportagem' da minha* [falsa] *excomunhão circula por lá todo dia como se fosse uma novidade.*"

De fato, um desavisado que se aprofunde nas entranhas do Facebook encontrará inúmeras postagens que fingem ser artigos jornalísticos, afirmando que Fábio de Melo foi excomungado da Igreja. Basta fazer uma busca pelo nome do padre no Google para perceber o tamanho do incômodo causado pelos mentirosos. "Padre Fábio de Melo excomungado" sempre aparece entre as primeiras sugestões de "buscas relacionadas" à pesquisa em questão. E tudo por causa do que espalharam pelo Facebook. "Assustador", ele diria, mesmo depois de muitos anos, mesmo depois de provado e comprovado que a tal notícia não passava de maldade de invejosos.

Mentiras, normalmente, se sustentam em meias verdades. O padre recebeu, sim, muitas críticas depois de uma entrevista ao jornal FOLHA DE S.PAULO em que distinguiu direitos civis de regras religiosas, quando o repórter lhe perguntou sobre a questão polêmica da união civil entre pessoas do mesmo sexo. Mas o assunto estava enterrado, e padre Fábio havia jurado a si mesmo que não falaria mais nada sobre aquilo para ninguém, principalmente para um veículo de comunicação ou pessoas que tivessem o potencial de distorcer suas palavras. Entretanto, anos depois, durante uma entrevista sobre seu disco "DEUS NO ESCONDERIJO DO VERSO", ressurgiu o velho questionamento.

"*Padre, naquela época surgiu uma história de que o senhor era a favor do casamento homossexual...*"

Como o repórter estava bem-intencionado, o padre falou mais uma vez o que pensava, explicou que a união civil entre pessoas do mesmo sexo era uma questão que competia ao Estado decidir. E, como ele diria mais tarde ao refletir sobre o tema, "*o casamento conforme as normas estabelecidas pelas instituições religiosas continua inalterado, pois também é um direito delas manterem suas regras sem que o Estado interfira*".

O título da matéria do GLOBO não deixava dúvidas sobre seu conteúdo: PADRE FÁBIO DE MELO CANTA COM NANA CAYMMI E ZECA PAGODINHO EM NOVO DISCO.

"*A matéria no jornal impresso foi boa, falando das participações inusitadas* [de outros cantores], *trazendo a crítica positiva que nós tínhamos recebido do meio secular. Mas o estagiário vai lá e...*"

Não havia nada de incorreto na postagem feita pelo jornal O Globo no Twitter, no dia 11 de abril de 2015. O que incomodou o padre foi o fato de que, em vez de tratar da crítica ao disco, como fizera a matéria da versão impressa, o texto tuitado destacava um assunto antigo, o que menos interessava ao entrevistado. "A UNIÃO CIVIL GAY É UM DIREITO", POR PADRE FÁBIO DE MELO, dizia o tuíte do GLOBO, que teve quase 2 mil republicações e despertou o fantasma que andava adormecido. Os blogueiros sensacionalistas voaram para cima daquela "notícia". E, diante de mais uma onda de boatos, o padre tuiteiro sentiu que precisava voltar à rede para esclarecer seus pensamentos.

"A união civil entre pessoas do mesmo sexo não é uma questão religiosa. Portanto, cabe ao Estado decidir. O Estado decide através dos que são democraticamente eleitos por nós." O padre explicava, mais uma vez, que as regras religiosas deveriam se restringir aos meios religiosos. *"As igrejas não podem, por respeito ao direito de cidadania, privar as pessoas que não optaram por uma pertença religiosa de regularizarem suas necessidades civis. Se duas pessoas estabeleceram uma parceria, e querem proteger seus direitos, o Estado precisa dar o suporte legal",* ele escreveu aos brasileiros, pelo telefone celular, pouco antes das três da tarde do dia 12 de abril.

Um site noticioso fez uma matéria publicando na íntegra as novas declarações do padre, mas colocou uma foto dele ao lado de outra em que aparecia uma pichação que não tinha nada a ver com a história; dizendo *"largue de frescura e assuma uma postura".* E ainda lançou uma manchete que, mais uma vez, deixava dúvidas no ar: PADRE PAULISTA JÁ FOI EXCOMUNGADO EM 2014 POR DEFENDER A MESMA POSIÇÃO DE FÁBIO DE MELO SOBRE O CASAMENTO GAY NO BRASIL.

Fábio de Melo não defendia uma posição sobre o casamento gay, estava afirmando pela milésima vez que era necessário distinguir direitos civis de direitos religiosos. Em suas próprias palavras, estava defendendo *"o direito dos que não optaram por pautar suas escolhas a partir de critérios religiosos".* Mas, como desmentir a boataria? Ainda mais porque, de fato, o assunto era incômodo para alguns católicos conservadores. *"Eu sempre tive problemas com os conservadores. A ala conservadora da Igreja nunca me aturou",* ele confidenciaria.

De fato.

Conservadores exaltados usaram a internet para atacar o padre Fábio com palavras extremamente ofensivas, chamando-o de *"verdadeiro herege descarado"*, entre outros supostos motivos, por suas declarações em defesa dos direitos dos cidadãos que desejam a união civil. *"Um católico não pode deixar de ficar embasbacado com a tolerância, ou melhor, a leniência criminosa da Diocese de Taubaté, onde Fábio de Melo é incardinado e na qual ele supostamente exerce seu 'ministério'"*, escreveram.

Depois que o tsunami passou, Fábio de Melo concluiu que não tinha o menor motivo para se arrepender do que disse. *"Falei alguma heresia? Seria um problema religioso se os homossexuais viessem bater na porta da igreja dizendo 'nós queremos casar de véu e grinalda'. Nunca ninguém fez isso."*

Em junho de 2015, o padre voltou ao tema com muito mais humor, brincando outra vez com as diferenças que percebe entre o Twitter e *"a outra rede"*. *"Aqui a gente se informa, se diverte, faz amigos. Lá no Feicebuque o povo segue com florinhas mimosas e textão dizendo que fui excomungado."*

Poucos meses depois, quando a apresentadora Xuxa estreou seu programa na Rede Record, Fábio de Melo usou as redes sociais para fazer uma campanha intensa em favor da apresentadora que se tornou sua amiga depois daquela primeira entrevista em 2008. Numa longa mensagem no Instagram, foi só elogios a Xuxa. *"Segunda-feira a minha amiga deu um passo importante na carreira. Eu não pude estar presente e vocês podem imaginar o motivo. A Rede Record não abre espaço aos padres. Acompanhei de casa, e pelo Twitter. Vários posts, inclusive dizendo que eu estava escondido na plateia com o pacote na cabeça"*, dizia um trecho da mensagem.

Mas, o que os inimigos divulgaram pela internet foi que o padre havia feito piada sobre a estreia de Xuxa. As supostas piadas eram brincadeiras que, segundo o padre, pretendiam apenas levantar a bola do novo programa. E uma delas falava, justamente, da implicância dele com o Facebook, "a outra rede". *"Analisem comigo. Se Xuxa estivesse lendo Twitter, atenderia 40 pessoas. Mas como na outra rede só tem textão, só atende uma."*

Mais uma vez triste com a tentativa de usarem contra ele suas próprias palavras, Fábio de Melo apagou as mensagens, e mais uma vez achou que era preciso se defender. *"O humor é uma linguagem que permite muitas interpretações. E por isto estou aqui, Para pedir perdão às pessoas que interpretaram minhas palavras fora do contexto de minhas intenções. Eu jamais diria algo para ofender ou macular a imagem desta mulher que a vida me deu como irmã."*

Xuxa ficou do lado do amigo, lhe disse pra esquecer, *"isso é bobeira... magina!"*. Mais tarde, numa conversa privada, refletindo sobre a desonestidade dos comentários, Xuxa fez um cálculo sobre si mesma, mas que, de certa forma, se aplicava ao padre: "*80% das pessoas me amam, e essas 20% que me odeiam... mas me odeiam assim com todas as forças*". Sobre o amigo, no entanto, a apresentadora não tinha a menor dúvida. "*O que eu vejo no padre é muito além de qualquer palavra que venham a escrever... ou qualquer historinha que venham a inventar.*"

Dois anos antes, quando resolvera criticar a devoção religiosa que entende como superficial, o "*cristianismo reduzido a medalhinhas, a teologia reduzida a devoções vazias, a Mariologia desvinculada da Cristologia, motivando uma devoção mariana repleta de exageros e desvios*", o padre Fábio havia sido duramente criticado. O vídeo que viralizou na internet foi extraído de uma pregação num congresso em Jerusalém, quando Fábio de Melo falou diante do cardeal arcebispo dom Cláudio Hummes e, no fim, foi parabenizado pela pertinência de seu discurso.

Fora de contexto, as palavras poderiam soar como se o padre estivesse "*renegando a natureza divina da Igreja*" ou "*renegando Maria*", como andaram dizendo. Não foi bem isso que ele disse. Na pregação em Jerusalém, Fábio de Melo falava do desconforto que sentia ao ver o cristianismo ser reduzido a práticas devocionais, "*desvinculado de sua riqueza teológica, capaz de transformar as estruturas humanas por meio da palavra de Jesus*". Criticara o esvaziamento do discurso religioso, reduzindo-o a medalhinhas milagrosas e outras formas de materialização ou, até, comercialização da fé. "*O símbolo religioso perde o seu significado quando desvinculado de nossa busca por uma conversão sincera e profunda*", ele refletiria mais uma vez.

Depois da repercussão terrível, o padre se explicou diversas vezes, tentando acalmar a ira de quem pedia até sua saída do programa DIREÇÃO ESPIRITUAL na TV Canção Nova. "*Não é honesto de nossa parte levar adiante uma prática religiosa que não se desdobre em mudança de mentalidade. Limitar nossa pregação à manutenção de devoções que nos desobrigam de pregar o Evangelho é contribuir para o surgimento de um neopaganismo, onde a religião beira à mágica e aos medos medievais*", o padre explicou. "*Crer em Deus é razoável. Você não precisa abrir mão da inteligência. Mas a partir do momento em que você tem a promoção de uma fé mágica, um Deus que fica atrás de um balcão distribuindo graças de acordo com os resultados que apresentamos a Ele... essa visão é infantil, não se sustenta.*"

Na avaliação do padre, a cultura das medalhinhas, *"quando desconectada de uma mística mais profunda"*, só servia para reforçar um jeito alienado de ser cristão. *"A pessoa coloca a medalhinha no pescoço e acha que aquele material está causando uma proteção... A proteção que de fato tem eficácia na nossa vida são nossas convicções."* O cristianismo que ele criticava era, em sua avaliação, incapaz de seguir os ensinamentos de Jesus Cristo. *"A proposta de Jesus é tão rica... por que a gente perde tempo com outras coisas?"*, ele continuaria perguntando, mas cada vez com mais cuidado para colocar as frases em seus contextos e não ser — muitas vezes, desonestamente — mal interpretado.

Quando estivesse numa procissão, como a do Círio de Nazaré, diante da enorme devoção mariana, o padre Fábio se encantaria com a fé popular, e diria ter tido *"a graça de dispensar a razão"* ao se emocionar diante da pequeníssima imagem de madeira. Mas sempre deixaria claro que sua fé não se baseava na expectativa de um milagre, como os que aparecem na Bíblia.

"A minha fé é antropológica. Eu faço uma experiência de Deus a partir da humanidade. Não ando em busca de questões sobrenaturais. Nunca choveu maná no quintal da minha casa, nunca vi uma santa chorando. Já vi milagres que a minha razão não pôde compreender. Mas não careço deles para crer em Deus. O que me sensibiliza espiritualmente é encontrar pessoas que se tornaram melhores, mais justas, mais felizes, verdadeiras, depois que entraram em contato com o Evangelho.

Um pouco antes de criticar a cultura das medalhinhas, no dia 18 de julho de 2013, vencendo resistência da ala mais conservadora da Igreja católica no Brasil, e certamente contrariando aqueles que não queriam vê-lo em posição de destaque, o padre Fábio havia sido convidado pelo arcebispo dom Orani Tempesta a receber o papa em sua primeira viagem internacional. Teve a honra de ser o padre que cumprimentou Francisco olhando em seus olhos no momento em que ele subiu ao palco montado na praia de Copacabana. Enquanto ainda apertava sua mão, Fábio de Melo começou a cantar.

Pode chegar
A nossa gente lhe recebe com amor
Nessa cidade onde o Cristo Redentor
Abençoa o Rio de Janeiro
Que hoje torna-se o lugar de todos nós.

A música que ele compôs especialmente para aquele dia foi acompanhada de um coral dirigido por sua amiga Ziza Fernandes. Havia mais de 1 milhão de pessoas em Copacabana. Era o maior público da vida do padre. Se havia alguma dúvida sobre a ortodoxia das pregações de Fábio de Melo, o reconhecimento do arcebispo do Rio e a bênção do papa Francisco dispensavam comentários. E o padre Fábio encontrava ainda mais motivos para ficar à vontade. Enxergava no papa Francisco um pregador mais simples, menos dogmático do que a maioria dos conservadores gostaria que ele fosse. *"O mais interessante é compreender a autoridade que temos como um serviço ao outro. O papa Francisco... a proposta dele é essa. O poder não é fonte de vaidade, mas de serviço. Somos sacerdotes para isso. Minha missão é servir aquele que está precisando de mim."* E o padre Fábio entendia que sua atuação pela música, pelas redes sociais e programas de televisão era exatamente isto: um padre servindo ao máximo de pessoas que pudesse através dos meios de comunicação de massa.

As inconveniências da fama se tornaram tão frequentes que ele não consegue mais ser o padre que queria.
Entende que forças do bem e do mal são como dois
cachorros, um manso e um bravo... dentro de nós.

A gentileza do padre não permitiria que a maioria das pessoas percebesse
que seu incômodo com o assédio desmedido estava chegando ao limite.
Tornou-se tão difícil ser Fábio de Melo que ele precisou abrir mão de algumas das funções que se esperam de um padre. Pelo menos, precisou deixar
de ser o padre que acredita que deveria ser. *"Eu assassinei, acabei assassinan-
do coisas muito importantes na minha vida como padre"*, ele desabafou durante um almoço, numa viagem de peregrinação a Jerusalém. *"São restrições que
eu não sei quando elas terminarão... no meu trato com as pessoas, na minha
liberdade de ir e vir como padre."*

Num momento em que se notava uma exaltação pouco comum em sua
expressão normalmente serena, depois de sugerir que não se gastasse um
vinho bom com ele, pois raramente bebia e não saberia notar a diferença, o
padre relembrou uma história que havia acontecido alguns anos antes e que
ainda o atormentava.

Foi na porta da UTI de um hospital de Taubaté, quando sua mãe foi
internada em estado grave e poderia não viver muito tempo depois de uma
cirurgia para colocação de uma ponte de safena no coração. Padre Fábio
estava muito abalado, amparado por um amigo, com lágrimas escorrendo
pelo rosto. Até que ouviu uma voz.

— *Na hora que o senhor acalmar... o senhor tira uma foto comigo? Minha
mãe gosta demais do senhor.* — Era uma mulher, acompanhante de um paciente em situação ainda mais grave que a de dona Ana na UTI.

No dia seguinte, a mulher se aproximou mais uma vez, com um pedido que parecia um pouco mais adequado que a fotografia fora de hora. Queria que o padre fosse até o leito de seu cunhado para visitá-lo. Padre Fábio se lembra de ter visto um homem em estado terminal, entubado, com máscara de oxigênio. Atendendo ao pedido da mulher, cumpriu seu ofício de padre e abençoou o moribundo.

— *Ele gostava muito do senhor* — a mulher disse, já com o celular na mão.

— *Mas ele morreu?* — o padre se espantou.

— *Me desculpe, usei a expressão errada... não sabemos... mas ele gostava muito do senhor, assistia aos programas na televisão... O senhor se importa de tirar uma foto com ele?*

Era óbvio que se importava.

— *A senhora acha que ele gostaria de tirar uma foto nessa situação?*

— *Com o senhor, tenho certeza que sim* — imediatamente a mulher tirou a foto do padre Fábio de Melo diante do cunhado em seu leito de morte.

O padre ficou indignado mas evitou falar qualquer coisa e foi para o quarto onde estava dona Ana. Pouco depois, a mulher veio outra vez.

— *Aquela foto não ficou boa... será que o senhor poderia tirar outra?*

— *Não, querida* — o padre deixou de lado qualquer tentativa de ser gentil. — *Aquilo é desumano... minha consciência não me permite fazer isso. A senhora tá tirando essa foto porque a senhora quer... Será que os filhos dele gostariam? Aquele senhor não precisa de fotos... com todo o respeito... ele precisa morrer em paz, com dignidade!*

Num outro hospital, dois anos antes, Fábio de Melo havia ido dar o sacramento da Unção dos Enfermos a um amigo que estava muito doente e poderia morrer a qualquer momento. Para evitar assédio, decidiu ir às duas da madrugada, quando o hospital estava praticamente vazio.

Se dispôs a abençoar individualmente cada um dos enfermos da UTI, mas seria só isso. Até que foi reconhecido. Uma enfermeira bateu palmas de alegria ao perceber que o padre Fábio de Melo estava em sua ala do hospital e foi chamar os colegas. Quando o padre terminou a visita, havia um batalhão de médicos e enfermeiras querendo fotografias com ele. O padre os atendeu e pediu licença para ir embora. Não faria um tour pelo hospital, conforme alguém sugeriu.

Reforçava naquele dia um pensamento que o acompanhava havia muitos anos: *"A pessoa humana é a realidade mais mística que eu já pude tocar. Não tem outra. Da mesma maneira como eu também posso dizer que a pessoa humana é a realidade mais diabólica que eu já pude conhecer. Onde estão as duas forças, a do bem e a do mal? Em nós. Dois cachorros... um manso e um bravo".*

Pensando agora mais no cachorro bravo que no manso, o padre contou que sentia um terrível incômodo ao ser tratado como um espaço público. *"Não sou uma praça pr'ocê ligar o celular e ficar mirando na minha direção!"*

O assunto lhe incomodava tanto que, em 2016, foi o tema da pregação que fez a mais de oitocentas pessoas, em Jerusalém, num congresso organizado pelas comunidades Obra de Maria e Canção Nova. Estava muito incomodado, pois percebera que muitas das pessoas que haviam deixado suas casas no Brasil para acompanhá-lo numa peregrinação à Terra Santa estavam mais preocupadas em fotografar o padre do que em viver a experiência de conhecer lugares sagrados, relacionados diretamente à história de Jesus, de sua mãe e dos apóstolos.

Na pregação, Fábio de Melo disparou críticas aos peregrinos que não largavam seus celulares. Disse que não era admissível que aquelas pessoas estivessem perdendo a oportunidade de viver algo espiritual em troca de fotos que serviriam apenas para exibição na internet. Uma mulher caiu na besteira de pedir o microfone destinado ao público para contar ao padre que o marido havia exigido que ela tirasse uma foto a seu lado para justificar os custos daquela viagem internacional.

A história que a mulher contava, longa demais, pegou Fábio de Melo no auge da exaltação. Ele acabou sendo indelicado ao citá-la como exemplo daquilo de que estava falando, daquilo que, a seu ver, não fazia sentido com a espiritualidade que um católico deveria buscar. Gilberto Barbosa, fundador da Obra de Maria, entrou no palco para acabar com a crise que deixava algumas pessoas constrangidas na plateia. Depois de falar de outros temas, no fim da pregação, Fábio de Melo convidou a mulher para subir ao palco. Os dois ficaram abraçados enquanto ele cantava, e ela chorava. Gilberto ficou aliviado, entendeu que o padre havia conseguido corrigir um gesto que lhe chegara de impulso. *"Ele não deu chance pra senhora se defender... Então ele corrigiu, e corrigiu de uma forma que foi pentecostal... mas o coração dele é aquilo... aquele é o padre Fábio, mostrando que não queria endeusamento, que não queria ser o centro das atenções."*

Com o passar dos anos, a fama lhe trouxe situações tão inconvenientes que Fábio de Melo passou a declinar inúmeros convites, inclusive, e paradoxalmente, para eventos católicos. Sente-se mal ao ser assediado. Reclama que não é tratado como padre, e sim como celebridade. Continua com medo de se machucar. E, por conta disso, não abre mão de andar sempre acompanhado de assessores que nem sempre conseguem segurar os furacões da tietagem.

Por causa desse assédio desrespeitoso, passou a avaliar muito criteriosamente cada convite que recebe para presidir casamentos. Além disso, pensa que muitos casamentos são puro teatro. *"Eu vou lá fazer teatro?"* Em muitos casais eufóricos com suas cerimônias de casamento, o padre não vê amor verdadeiro e sim, mais uma vez, *"um detalhe dentro da futilidade da vida da pessoa".*

Quando Ana Cristina se casou com Ricardo, em 2014, precisou escolher uma data que se encaixasse na agenda do tio. Decidiu fazer a festa no quintal da casa, em Uberlândia, e ainda assim mentiu até o último minuto sobre quem seria o padre.

"É o padre Fábio que vai fazer seu casamento?", as amigas insistiam. E a sobrinha do padre Fábio insistia na mentira.

O casal convidou pouco mais de cinquenta pessoas, mas quando elas viram o padre Fábio foi tanta euforia que não teve nem fila de cumprimentos para os recém-casados. A fila foi para tirar fotos com o padre. Ana Cristina não ficou triste, já esperava algo parecido, mas foi dormir com a impressão de que ninguém reparou nela ou no vestido. *"Sabe o que é um casamento em que todo mundo tá olhando pro padre?"* Sabemos, sim! E não é por uma boa razão.

Quando o ator Eri Johnson convidou Fábio de Melo para presidir sua cerimônia de casamento, em abril de 2016, ele aceitou na hora. Os dois eram amigos e o padre havia acompanhado o relacionamento de Eri com a estudante Alice Souto desde o começo. Pensou que estaria apenas fazendo seu ofício de padre. E virou piada.

Jornais e sites sensacionalistas se esqueceram do casamento e só viram o que quiseram. PADRE FÁBIO ROUBA A CENA NO CASAMENTO DE ERI

JOHNSON E ALICE SOUTO. Sites de fofoca, sites que declaradamente sensacionalistas e até jornais que fingem ser sérios disseram praticamente a mesma coisa e publicaram uma mesma foto em que a belíssima Alice aparece de mãos dadas com Eri, atenta às palavras do padre. Era o olhar de encantamento que se esperaria de quem está se casando com o privilégio de ouvir as palavras normalmente belíssimas de um dos melhores pregadores do Brasil. Publicaram, ao lado, uma outra foto em que o padre olha para a noiva. Não deveria olhar? Pois entre os milhares de comentários maldosos viram-se coisas extremamente ofensivas, que se resumem assim:

"Do jeito que você me olha, vai dar divórcio."

"O problema não é você olhar... é ELE te olhar assim."

"Case-se com alguém que te olhe como a esposa do Eri Johnson olha pro padre Fábio de Melo!"

O padre avaliou a repercussão daquelas fotos como extremo mau gosto. "Aí eu fico pensando... na cabeça do Eri, né!? Que desagradável! Num momento tão bonito." Apesar do terrível incômodo, que viralizou e passou mais de uma semana entre os assuntos mais comentados da internet, o padre não se arrependeu porque acha que estava no lugar certo.

"Eu acabei ficando muito privado desses eventos em que as pessoas me querem só como padre... então, eu só acredito nisso, sabe quando? Quando eu escolho ir."

Nesse sentido, Fábio de Melo acabou desenvolvendo uma lista de critérios que o ajudam a decidir quando e onde aparecer em público. Eventos em áreas rurais do Brasil, por exemplo, são menos tumultuados. Aeroportos, por outro lado, quase sempre são um problema. Uma vez, em São Paulo, o padre estava apressado a caminho do portão de embarque. Uma mulher o parou e pediu que ele gravasse um vídeo, dizendo que queria "bombar no Facebook!". Sem esperar a resposta, enquanto o padre caminhava, ela começou a preparar o telefone e disparou a pérola. "Quem mandou ser famoso... quem mandou?"

Fábio de Melo tem muitos amigos famosos e muitos deles enfrentam assédio quando caminham, ou tentam caminhar, por lugares públicos. Mas há uma diferença grande. Enquanto uma celebridade pode se negar a tirar fotos e até ser antipática com os fãs mais ousados, o padre sente que não tem esse direito.

"Porque a pessoa se aproxima e diz primeiro que quer uma bênção... eu abençoo... e depois ela diz: 'Posso tirar uma foto pra bombar no meu Instagram?' São poucas as pessoas que se aproximam para ter uma experiência positiva comigo."

Padre Fábio não tem dúvida de que a fama lhe chegou junto com as grades de uma prisão. E não faz a menor ideia de como escapar.

O padre relativiza a ideia de Templo, e se identifica, cada vez mais, com a atitude de Jesus diante da Samaritana. Na pausa de uma peregrinação, vai refletir sobre passado e futuro.

Durante uma caminhada pelo bairro ultraortodoxo de Mea Shearim, em Jerusalém, o padre Fábio de Melo e o biógrafo, que desde 2015 pesquisava sobre sua vida, começaram a conversar sobre o cristianismo. Foi num momento em que os dois pareciam extraterrestres no meio dos judeus *haredim*, os "tementes" ultraortodoxos, com seus cabelos que de tão longos formam cachos, seus chapéus pretos, suas roupas quase sempre pretas, e a certeza de serem os guardiões da religião judaica "verdadeira", a mesma que Jesus aprendeu ainda na infância e que desafiou com sua nova proposta.

— *Não consigo pensar em Jesus sem me lembrar que ele era judeu* — disse o biógrafo, naquela época, morador de Jerusalém, enquanto olhava para um grupo *haredim* que entrava numa sinagoga.

— *Como é que você interpreta a ruptura dele, a ruptura e ao mesmo tempo a continuidade? Você, como cristão...* — quis saber o padre.

— *Ele foi um revolucionário dentro do judaísmo!*

— *Você não tem a sensação de que o movimento já se desvirtuou nas primeiras comunidades?* — o padre falava do começo do cristianismo, e parecia estar preparando o terreno para apresentar seus pensamentos.

— *Não tenho dúvida* — disse o biógrafo.

— *Foi quando eles mesmos começaram a amaciar o discurso... não é? O que Jesus pregava não era nada fácil de se colocar em prática.*

Naquele momento, as atenções do padre e do biógrafo foram interrompidas por um *outdoor* colocado na entrada de uma parte mais fechada daquele bairro pouco receptivo aos estranhos: *"Não caminhe por nosso bairro em roupas imodestas!"*.

— *Pode ser que alguém venha nos xingar, por estarmos de calças jeans na rua que eles consideram exclusivamente deles, mas o pior seria uma mulher de saia* — o biógrafo alertou, e o padre reagiu sorrindo.

— *Não tem problema... não vou entender o que eles disserem.*

De fato, faz muito tempo que cristãos e judeus não falam a mesma língua.

Logo em seguida, os dois tiveram a atenção desviada para um telefone celular muito antigo, o antes famoso Startac, nas mãos de uma menina. Os "tementes" não podem usar aparelhos com internet pois temem perder suas virtudes nas redes sociais. De uma lojinha escura chegava um cheiro agradabilíssimo de *chálah*, o pão que os judeus preparam na sexta-feira de manhã para comer no *shabat*. Apesar de todas essas distrações, o padre retomou seu pensamento exatamente onde havia parado.

— *Quando eu falo que os primeiros cristãos começaram a amaciar o discurso, eu o faço baseado no que podemos encontrar nas cartas de Paulo. Nelas há muitas alusões ao perigo de que as comunidades se distanciassem das origens.*

Mais uma vez, Paulo lhe aparece como referência. E os dois caminhantes agora precisam de referência geográfica. Estão perdidos em Mea Shearim. É a conversa que dá o rumo àquela caminhada por um lugar incomum, que os faz voltar no tempo, o tempo todo.

— *Acho que algumas coisas não têm mais volta, meu amigo.*

— *O que é que não tem volta, padre?*

— *Minha própria relação com a fé... Não consigo mais compreender a fé como um elemento que se limita a catedrais, igrejas e templos. É por isso que eu acho que o ateu nunca está privado de um verdadeiro processo religioso... às vezes ele pode estar privado do processo institucional religioso... mas não do verdadeiro religioso.*

— *Você não vê perigo de, dentro da Igreja, você estar fazendo algo que a Igreja vê como um risco à própria existência dela?*

— *Eu acho que não, mas não posso desconsiderar esta possibilidade. Ser um padre que optou por dialogar com os diferentes será sempre um desafio. Estou cada vez mais convicto de que religião e espiritualidade são realidades distintas. E esse é um discurso que vai precisar sempre de contextualização pra ser compreendido... É um peso que eu tenho como religioso, não é? Porque*

nem sempre as pessoas que me escutam estão dispostas ao trabalho das contex-
tualizações. Elas preferem as respostas prontas, os discursos simplistas.

— Entendo... — o biógrafo segue ouvindo.

— Um desses discursos simplistas é justamente a história de que fora da
Igreja não há Salvação. Eu posso crer nesta premissa, mas sem necessariamen-
te desprezar a experiência religiosa do outro. Mas esta reflexão não cabe numa
resposta. Já fui muito atacado por tentar refletir sobre isso publicamente. E os
ataques mais cruéis, sem nenhuma caridade, vieram de pessoas que se dizem
religiosas. Elas só reforçam minha convicção de que ter uma religião não é
garantia de nada, não é?

O padre e o biógrafo finalmente perceberam que estavam andando em
círculos. Cansados de serem vistos como extraterrestres, começaram a procurar uma saída. Mas pararam outra vez, de pé mesmo, quando o padre
lembrou a passagem do Novo Testamento que fala do encontro de Jesus
com a Samaritana. Samaritanos, para os judeus daquela época, eram mais
ou menos como os palestinos para os israelenses de hoje. E Jesus, não custa
lembrar, era judeu.

Pelo que nos conta o Evangelho de João, diante do poço de Jacó, na
Samaria, Jesus disse à mulher. *"Todo aquele que beber desta água tornará a ter*
sede, mas o que beber da água que eu lhe der jamais terá sede. Mas a água que
eu lhe der virá a ser nele fonte de água, que jorrará até a vida eterna."*

— Se Jesus diz que ela não precisa mais ir àquele lugar pra fazer a expe-
riência... Ele tá relativizando qualquer deslocamento geográfico em busca de
uma experiência de fé. O "onde estou" se torna relativo, pois o que conta é o
que eu trago em mim. Vim a Jerusalém, por exemplo... Sou um peregrino em
busca dos lugares santos. Mas, no encontro com a Samaritana, Jesus me ensina
que eu Eu sou *a Jerusalém celeste, eu sou o território sagrado!*

O padre não está citando literalmente as palavras atribuídas a Jesus no
Evangelho de João, mas essa é sua interpretação, é o que ele vem pregando
há muitos anos, e que agora reafirma, acalmando-se depois de uma certa
exaltação que lhe bateu quando lembrou quantas vezes foi atacado por ousar
pensar diferente da maioria de seus colegas padres.

— Meu discurso religioso pode soar estranho aos ouvidos de muitos porque
eu prefiro partir das questões humanas... muitas pessoas podem me acusar de

---

* João 4,13-14.

psicologismos... de uma fé sem transcendência... e essa é uma crítica que eu também me faço! Não é o outro que me interpela, sou eu mesmo!

— E o seu discurso é sem transcendência?

— Não! Mas eu não sei falar de transcendência sem convocar as realidades históricas. A transcendência não dispensa a carne humana. A oração nos confirma isso: "O Verbo de Deus se fez homem e habitou entre nós!". Depois do mistério da encarnação, Deus se tornou acessível ao mundo de outra forma.

O padre estava pensando, mais uma vez, no encontro de Jesus com a Samaritana.

— Toda a minha pregação, hoje, eu faço fundamentada naquela compreensão! Jesus sendo capaz de relativizar os templos, as geografias e dizendo que a partir daquele momento, quando aquela mulher faz o encontro verdadeiro... ela deixa de depender do poço de Jacó, ela deixa de depender do Templo de Jerusalém, e ela se torna o território do encontro, o novo seio da encarnação... então, polariza todos esses excluídos do mundo hoje, todos os que são negados. Agora, o que eu tenho certeza... isso pra mim é claro... é que Jesus enfrentaria muitos problemas com as estruturas religiosas do nosso tempo.

— E isso responde à questão da transcendência, ou da falta de transcendência que pode suscitar seu discurso... — o biógrafo quer um pouco mais de detalhes.

— No encontro com Jesus aquela mulher faz uma leitura diferente de toda a sua vida... Ele não está retirando a transcendência daquela mulher... Pelo contrário, Ele está concedendo a ela uma nova forma de transcender. Antes ela vivia negada do acesso a Deus. A privação lhe fora imposta pelos outros. E ela acreditava na privação. Mas Jesus lhe provocou a liberdade interior que fez com que ela fosse capaz de lidar com todas as exclusões que vivia. Você quer liberdade maior que ser capaz de relativizar o poder dos que o aprisionam? A prisão perde a força. E foi isso que Jesus fez com ela. Desativou a autoridade das forças que antes a oprimiam, não é? E ainda fez mais. Ensinou que ela não precisava se preocupar em não poder estar nos lugares santos. Ela estava livre para desobrigar-se das peregrinações que a levariam aqui ou ali, e que o lugar mais sagrado onde Deus poderia ser encontrado era o seu coração... isso cura. Jerusalém continua sendo motivo de guerra para muitos, não é? Ainda não compreenderam o encontro de Jesus com a Samaritana.

Os dois agora entram numa loja de artigos para casa, que vende também brinquedos. Só brinquedos aprovados para o estilo de vida dos judeus ultraortodoxos.

— *Você, por acaso, tá falando do problema dos judeus e dos palestinos?*

— *A paz se estabelece no dia em que você é capaz de relativizar aquilo que pra você era tão importante! Porque você alcançou uma nova compreensão daquilo, sabe? É como se o conhecimento nos desse um degrau a mais... pra você olhar de cima o que até então te sufocava... Então, aquela mulher, ela era escravizada por uma questão de raça, ela era escravizada por ser mulher, era escravizada por uma questão religiosa...*

— *Por ser samaritana...*

— *Por ser samaritana! Então, veja bem, aquele encontro foi tão libertador que ela contou o passado dela. Quando Jesus diz, "então vai lá e chama seu marido", não tem marido! "Porque tiveste cinco maridos, e o que agora tens não é teu marido" e Jesus se coloca como sétimo marido, isso que é interessante... O Evangelho não diz isso, mas se você faz as contas... a partir do momento em que Jesus chega na vida daquela mulher, ele é o sétimo homem da história dela... o que traz a perfeição, o que fecha um ciclo de escravidão... o que liberta a mentalidade. Isso é fantástico, meu amigo! A gente pode ficar a vida inteira explorando esse texto.*

Naquele momento, o padre e o biógrafo interromperam as reflexões para finalmente procurar um jeito de sair do bairro de Mea Shearim. E o biógrafo, que acabava de voltar de Portugal, lhe perguntou sobre uma senhora portuguesa, dona de um restaurante, que lhe falara muito sobre o padre. Mais que isso, Tia Alice contara como ouvir suas pregações pelo rádio e também pela TV Canção Nova havia lhe curado feridas e sepultado um complexo de culpa antigo e amargo, que a acompanhava desde a morte do marido.

— *Enquanto a gente procurava a saída, eu vinha aqui fazendo um paralelo da história da Samaritana com o seu encontro com a tia Alice, de Portugal.*

— O amigo percebia uma semelhança clara entre as duas histórias, pois, depois de perder o marido, a senhora portuguesa também vivia amarrada a um poço. Era um poço de culpa, que não lhe trazia felicidade.

— *Foram as pregações, não foram? Eu não sei em que momento a cabeça dela se abriu. Ainda hoje ela chega perto de mim e fala: "Senhor padre, tenho umas dúvidas"* — o padre relembra, com seu jeito bem-humorado, imitando o sotaque português de Tia Alice. — *Aí eu converso, escuto... e é engraçado porque... tem sido muito assim... as pessoas me procuram, pensando em se libertar de compreensões equivocadas... então eu acabo exercendo um pouco esse papel de...*

— *Psicólogo?*

— *Sétimo marido!* — ele mesmo ri da leitura ousada que faz da história eternizada pelo Evangelho de João.

Tia Alice ficou tão agradecida ao se sentir libertada pelas palavras do padre que resolveu procurá-lo onde quer que ele estivesse. É curioso pensar que essa senhora portuguesa é prima distante dos três pastorinhos que afirmaram ter visto a aparição da mãe de Jesus naquela mesma cidade de Fátima, em 1917, e que, além disso, Tia Alice vive e trabalha a três quilômetros do Santuário. Foi o padre de além-mar que fez o milagre de mudar sua vida.

No restaurante onde trabalha com seus sete filhos e filhas, a cozinheira portuguesa orientou a todos que perguntassem aos muitos clientes brasileiros se conheciam o padre Fábio. E sempre tem brasileiro ali, depois de saciar a fé no Santuário, quase de joelhos diante do bacalhau gratinado da Tia Alice. Até que um dia seus filhos souberam que Fafá de Belém havia gravado uma canção do padre. E Fafá era frequentadora assídua do restaurante. Assim que soube, durante um almoço, Fafá telefonou para o amigo e, para alegria da Tia Alice, ficou sabendo que ele iria a Portugal em poucas semanas.

Depois de recebê-lo em seu restaurante com um arroz à transmontana que se tornaria um dos pratos preferidos de Fábio de Melo, os dois conversaram por algumas horas, Tia Alice se sentiu muito próxima do *"senhor padre"*, e foi visitá-lo duas vezes no Brasil.

— *Toda vez que eu estou diante da Tia Alice, eu tenho uma nítida percepção de que estou vivendo um momento especial... Um ser humano raro que provoca em mim sentimentos bons... a bondade dela, aquela aparente fragilidade... é tudo muito contraditório. Porque, ao mesmo tempo em que ela é tão brava, tão empreendedora, ela me parece um ser humano frágil* — o padre disse, para logo perceber que ele e o biógrafo estavam sem rumo outra vez. — *Sabe que nós nos perdemos de novo, né?*

Os dois caminhantes finalmente resolveram prestar atenção àquele labirinto. Pediram ajuda a um senhor de chapéu preto, que lhes apontou a rua principal que, enfim, os levou ao centro de Jerusalém. As peregrinações a Jerusalém, Turquia, Alemanha, Polônia e outros lugares ligados à história do cristianismo foram se tornando cada vez mais frequentes. Depois que o simples ato de caminhar na rua virou uma missão dificílima por causa de sua popularidade, Fábio de Melo descobriu que fora do Brasil poderia conviver melhor com os fiéis. E dona Terezinha Forato também sentiu isso.

A professora de psicologia aposentada conheceu o padre pela televisão, numa noite de insônia, no sofá de sua casa, em Bauru, no interior de São Paulo. Passou a ouvir suas músicas, ler seus livros e a acompanhá-lo nas peregrinações. Nos últimos oito anos, esteve em todas. *"Em Jerusalém, não sei nem quantas vezes já fui com ele... Eu sinto assim, a presença forte de Deus principalmente ao participar da cerimônia do rio Jordão, onde se recorda o batismo de Jesus"*, dona Terezinha disse, depois de assistir a uma missa de Fábio de Melo na igreja de Nossa Senhora Diante de Týn, na República Tcheca.

Quando viaja, o padre faz questão de passar o máximo possível de tempo com os peregrinos, conversando, ouvindo suas histórias pessoais e sempre lhes dizendo que *"só é peregrino quem caminha por dentro"*. Sair do Brasil tornou-se uma boa forma de renovar as energias de seu corpo e de sua alma, para voltar ao Brasil.

PARTE II

UM PADRE FAMOSO NA MAIOR PROCISSÃO DO BRASIL

À **ESQUERDA** No Círio de Nazaré, em Belém do Pará, o padre Fábio deixa de lado seus pensamentos teológicos para viver o que entende como "despojamento da fé". (Foto: Ana Cristina Alvarez)

QUANDO CHEGA OUTUBRO, O PADRE SENTE UM CHAMADO. QUER ESTAR COM O POVO NAS RUAS DE BELÉM. MAS, PARA CHEGAR AO CÍRIO DE NAZARÉ, PRECISARÁ ENFRENTAR, MAIS UMA VEZ, AEROPORTOS, AVIÕES E MULTIDÕES EUFÓRICAS.

SERÁ A OITAVA VEZ que padre Fábio deixará sua casa em Taubaté para fazer uma travessia rumo ao Norte, onde uma multidão fervorosa o espera na maior procissão anual do país. Pede a Éverson, assessor para todos os assuntos, que o leve pela estrada Carvalho Pinto em direção ao aeroporto de Guarulhos. Ainda no começo da viagem, vê pelo acostamento, na contramão, grupos de peregrinos quase terminando viagens enormes em que os sapatos se desfazem e os músculos muitas vezes lhes pregam peças. Vê passarem ciclistas que em breve se unirão aos outros milhares de romeiros que saíram do Brasil inteiro para pedir e agradecer à santinha de barro pelo trabalho, em seu papel de representante terrena de Maria, intercessora e, pelo que diz a fé brasileira, garantindo que Jesus lhes concederá as graças pretendidas. Mas, por mais que olhe pelo retrovisor, padre Fábio não chegará a ver o santuário dedicado a Nossa Senhora Aparecida, pois esse, ainda que fique a quarenta quilômetros de sua casa, lhe parece léguas e léguas distante. A viagem que este pregador está começando na segunda semana de outubro de 2015 é para acompanhar as manifestações populares em homenagem a outra Nossa Senhora, no Círio de Nazaré.

Logo no aeroporto, depois de se despedir de Éverson e se encontrar com a assessora Mônica, padre Fábio descobre que não vai ser uma jornada fácil. O assédio começou na sala de embarque, enquanto o padre e a assessora esperavam o chamado para o voo. O avião da Gol sairá repleto de católicos fervorosos e, para eles, começar a viagem perto do padre Fábio não é outra coisa senão um grande sinal de sorte ou até, dirá um mais enfático, *"providência divina"*, garantia de que o Boeing enfrentará as quatro horas de viagem levando dentro dele uma espécie de amuleto, um homem que lhes transmite confiança e que, alguns pensarão com exagero, *"até fala com Deus"*. Mas, antes disso, e depois disso também, o padre terá que posar para as fotografias. Fotografias são rotina inevitável, esteja ele onde estiver.

"Quando um certo alguém...", ele começa a cantar a música de Lulu Santos, enquanto as pessoas vão se aproximando e pedindo. *"Padre, só uma foto!"*, dirá uma mulher. *"Me dê a mão, vem ser a minha estrela..."*, ele continua cantando. *"Estou pegando na sua mão pela primeira vez"*, dirá uma mulher de meia-idade. E assim serão inúmeras palavras de agradecimento e pedidos por rezas, tudo acompanhado por celulares que apontam para o rosto que sorri sem abandonar a gentileza enquanto as postagens nas redes sociais vão se multiplicando na proporção da euforia das fãs que, se pudessem, levariam o padre para casa. Até que a fila anda e Fábio de Melo consegue entrar no avião.

As poltronas 17D dos Boeing 747 e as 13D dos Airbus 330 que rodam o Brasil provavelmente já o conhecem. Os assessores sabem que precisam telefonar à companhia aérea com bastante antecedência para garantir que o padre fique na saída de emergência, com mais espaço para as pernas, e no corredor. Ele não gosta de fazer pedidos típicos de celebridade, mas esse é importante. É muitas vezes no avião que o pregador descansa quando as maratonas de shows e palestras não têm intervalos. Mas hoje, no voo cheio de católicos em viagem de fé, não há descanso.

A cada cinco minutos, um pouco mais ou menos, chega um novo pedido importantíssimo. *"Prazer em conhecê-lo, padre Fábio... eu só conhecia você de foto... podemos tirar uma foto?"* As frases surgem assim mesmo, afobadas, como se fosse preciso dizer tudo de uma só vez para não perder sua atenção. E a senhora que o interpela agora quer um pouco mais do que uma foto como as outras. Quer saber onde ele ficará em Belém, se fará algum show, de onde vai acompanhar o Círio. O padre é atencioso, mas, de concreto, informa apenas que vai ficar *"num determinado ponto lá na procissão"*. Não pode dizer a todo mundo que lhe pergunta onde vai estar em cada momento de cada dia. Assim mesmo, a senhora sai satisfeita. *"A gente se encontra lá!"*, ela conclui enquanto sai eufórica, sem que ninguém faça ideia de qual seja esse lugar imaginário chamado *"lá na procissão"*.

De tempos em tempos, uma dupla de passageiros se levanta, para do lado do padre e dispara. *"Padre, desculpa, mas eu posso tirar uma foto com o senhor?"*, diz um dos fiéis, enquanto o outro já está devidamente posicionado com o celular.

Às vezes, antes mesmo de pedir, já tem alguém tirando a fotografia daqueles segundos em que a mãe, a amiga, o marido ou a companheira de viagem está se apresentando ao padre Fábio. *"Eu trouxe esse terço pro senhor benzer."* O padre abençoa *"em nome do Pai, do Filho e do Espírito Santo"*, e sugere que as duas senhoras mudem de posição para que a foto fique melhor iluminada.

O padre recusa o lanche sem graça vendido pelas aeromoças.. Acaba de comer o que foi trazido por Mônica. Desde que um médico lhe deu aquele ultimato, dizendo-lhe algo como *"saúde ou morte"*, de três em três horas, o padre tem que comer alguma coisa saudável. E isso acaba de acontecer.

Foi ordem médica, assim como poderia ter sido também orientação de nutricionista, afinal, antes de se tornar assessora particular, foi isso o que Mônica estudou. Mas, Mônica se diverte, *"é fome mesmo!"*. E para matar a famosa fome de leão que lhe aparece em intervalos quase que perfeitamente marcados, atendendo à ordem médica, o padre prefere comer dois ovos cozidos, se possível, acompanhados de batata-doce sem sal, do jeito que costuma vir numa quentinha trazida pelos assessores. Só assim para ter certeza de que a comida vai estar disponível na hora certa e, principalmente, de que será adequada à alimentação saudável que virou rotina do padre.

A assessora-nutricionista não deixa de lhe dar pães de queijo, mas anda de olho nos excessos de gordura, presta atenção aos níveis de carboidrato e faz cálculos intuitivos sobre os índices glicêmicos daquilo que ele está comendo. Tem a missão de zelar para que o padre Fábio esteja ao mesmo tempo satisfeito e saudável.

Fora todo esse critério na seleção do cardápio, Mônica precisa calcular a quantidade certa de comida nas quentinhas. Sabe que o padre vai oferecer seu lanche aos vizinhos de avião e, pensando nos dias em que alguém aceita, separa um pouco mais do que ele precisa.

Se está saindo de Belo Horizonte para encontrá-lo em algum aeroporto, Mônica prepara as quentinhas em casa. Se estão no meio de uma viagem, procura o cozinheiro do hotel e faz o pedido pessoalmente, explicando que se trata de uma necessidade do padre Fábio. Quando o padre, os assessores e a banda retornam a hotéis por onde já passaram, cozinheiros se lembram do gosto particular do padre, e fazem algo ainda mais caprichado para agradá-lo. Um dos clássicos é o frango com batata-doce de Fortaleza. Mas se a viagem for muito corrida e não der tempo de preparar a quentinha no hotel ou em casa, Mônica sai à procura do melhor que puder encontrar pelo caminho.

Muitas vezes é um pastel integral que vai salvar o padre Fábio. Se estiverem no aeroporto de Guarulhos, e com tempo, o padre vai ter a sorte de comer durante o voo um sushi de salmão. Mas hoje, por causa de um engarrafamento na marginal Tietê, eles chegaram em cima da hora e não deu tempo para nada disso. E quando o padre termina de comer os pães de queijo comprados às pressas na sala de embarque, Mônica pergunta se ele quer café, capuccino ou alguma outra coisa que esteja à venda no avião, pois, hoje, é só o que ela pode oferecer. O padre não quer.

Numa pausa do voo, a aeromoça não se contém, se desculpa, explica que está agindo contra as regras da companhia aérea, mas pede, por favor, que padre Fábio se reúna com todas as aeromoças no fundo do avião para uma foto. Ele sorri com a simpatia que lhe vem naturalmente, sinalizando que logo irá atender ao pedido. Minutos depois, silencioso como quase sempre, ainda que já não tão tímido como na juventude, o padre percorre mais da metade do avião, retribui os cumprimentos que recebe pelo caminho, e chega ao fundo do avião para atender ao pedido.

Quando a jornada termina, em Belém, é Mônica quem procura a pequena mala preta na esteira do aeroporto. Não adianta nada que ele agora fique de frente para a parede, falando ao celular de cabeça baixa. O povo conhece o padre Fábio até de costas, pelas roupas, pelo cabelo ou mesmo pela forma de caminhar.

Um a um, os colegas de voo vêm chegando. Chegam de mansinho. Ainda que pareça ocupado, em conversa importante, o homem de cabeça baixa é gentilmente interrompido por aqueles que, quase sempre, têm pedidos importantíssimos a fazer.

Na chegada ao saguão principal do aeroporto, aí sim, adeus gentileza. Mesmo cercado por seguranças que a organização da festa do Círio mandou ao aeroporto para acompanhar as visitas ilustres, padre Fábio é quase atropelado pela multidão. Aos trancos, sorri e caminha a passos firmes em direção à porta, onde um carro o espera. Mesmo que não pare, precisa conquistar cada novo passo enquanto as pessoas em volta se esforçam para não perderem seus lugares, ou para chegarem mais perto. Mas não é agora que vai perder a paciência. Talvez até quisesse dizer um sonoro *"com licença!"* aos mais afoitos, mas sente que, por ser padre, não tem esse direito. Finalmente, ele entende que, se não parar, a confusão será ainda maior.

No meio da gritaria, vai ouvindo pedidos por orações, confissões apressadas e os cliques incessantes dos telefones celulares que imitam o barulho das câmeras fotográficas antigas. Ouvem-se também os sons das câmeras profissionais dos jornais impressos e dos sites de notícias. O padre é agora filmado pela equipe de uma tevê local que consegue que dê uma breve entrevista sobre a festa mais importante do Pará. Depois de alguns minutos que parecem séculos para quem está cansado e, de novo, morto de fome, finalmente, ele chega ao carro.

O motorista dá a partida, mas, no pequeno engarrafamento de saída, ainda sobra tempo para que um homem se aproxime da janela com o filho e peça ao padre para abençoar o menino. Com o olhar sereno, ele faz o sinal da cruz, se despede, e fecha o vidro escuro que lhe garantirá alguns minutos de paz até o hotel. Mas paz, agora, não quer dizer calma. O padre falará pouquíssimo ao longo do trajeto, e fará a Mônica e ao motorista, os únicos que estão no carro, um pedido importantíssimo: *"Gente... não conversa muito, por favor!".*

O padre segue até o hotel falando apenas o que precisa, e em monossílabos. Mônica nem ousa interrompê-lo para perguntar se houve algum problema, até porque quase sempre sabe o que ele está querendo. Se não souber, o padre faz algum sinal com a cabeça e ela logo entende, principalmente se for para salvá-lo de alguma situação incômoda, como, certa vez, quando o motorista da van que ia levá-los a um show havia trazido a esposa, dizendo que era para ajudá-lo, mas Mônica logo interpretou as expressões faciais de padre Fábio e informou ao motorista que ele não podia levar a esposa na viagem.

Mas agora, na saída do aeroporto de Belém, não precisa de código nenhum. O padre está morrendo de fome e Mônica não tem a menor dúvida, pois só isso justificaria o silêncio que faz o verão do Pará parecer o inverno da Groenlândia. Só depois da segunda garfada no restaurante, Fábio voltará a ser o padre bem-humorado que o Brasil normalmente conhece.

Quando chega a noite, de banho tomado, calça jeans e camiseta preta, padre Fábio desce ao pátio do hotel para assistir ao show de boas-vindas da

Varanda de Nazaré. O evento é uma espécie de camarote VIP da festa do Círio. Tem patrocinadores e uma série de produtores/organizadores que recebem os convidados da cantora Fafá de Belém, com quem o padre viverá momentos emocionantes nos próximos dias. Mas nesta primeira noite, enquanto ela canta, ele prefere o cantinho.

Afastado do grupo que assiste ao show, come o camarão empanado e outras especialidades da cozinha paraense que os garçons vêm lhe oferecer. Como raramente toma alguma bebida alcoólica, recusa a Cerpa gelada que é um dos orgulhos do Pará. E, justificando a distância dos outros convidados, diz que é mania de músico ficar atrás da banda, como se estivesse nos bastidores de seu próprio show. Aos mais próximos, o padre admite que se acostumou aos cantinhos também para evitar o assédio. Fica ali com um grupo pequeno de amigos temporários, às vezes cantando, às vezes conversando. Os pedidos por fotos, evidentemente, não param. Mas agora é famoso com famoso. Quem chega é Toni Garrido, o divertidíssimo cantor do Cidade Negra, junto da atriz Christine Fernandes, ambos, como o padre, convidados de Fafá. Em seguida vem mais alguém querendo saber se o padre está bem. E não demora muito até que ele perceba que é hora de partir.

Às cinco da manhã do dia seguinte, estão todos nas vans que levarão os convidados da Varanda a um barco que acompanhará a procissão fluvial do Círio de Nazaré. Tem um ótimo café da manhã e o padre aproveita para tomar um suco de cupuaçu. É quando chega Fafá de Belém com seu sorriso do tamanho do mundo contando uma história que ao mesmo tempo em que encabula, arranca sorrisos do padre Fábio.

— *Eu tava morando há muito tempo em Portugal, conhecia o trabalho do padre Fábio, mas não conhecia a figura dele. Eu imaginava um padre Fábio, sei lá...* — E Fafá ri muito, porque até ela fica um pouco sem jeito de admitir que não esperava que o padre fosse tão bonito quanto aquele homem que apareceu, dez anos antes, puxando conversa na procissão.

— *Aí, ele falou assim: "Eu gosto muito de você". Então, eu vi aquele homem lindo, sarado, e falei: "Deus, que ousadia... na procissão!?!?".*

Gargalhando, claramente se divertindo com a lembrança marota, Fafá segue contando que resolveu se virar de costas para não ter que ver de novo aquele homem bonito e, pelo que ela achava, ousado demais. Mas o padre insistiu na conversa, ainda sem se apresentar. *"Sou muito amigo de vários amigos seus."* Foi quando Fafá disparou. *"Fique quieto aí, rapaz... me respeite na reza!"*

Apesar de pensar que aquela "cantada" estava completamente fora de hora, Fafá ia se perguntando quem era afinal aquele homão que resolvera se aproximar em hora tão imprópria. Foi quando a procissão se aproximou de um coral que, por acaso, cantava "Círio outra vez", a música que o padre tinha composto em Candeias, na Bahia, quando se viu diante de uma procissão miudinha em homenagem a uma Nossa Senhora baiana que o comoveu e o fez lembrar de sua primeira visita ao Círio de Nazaré, em 2004, quando ainda não conhecia Fafá de Belém.

"Padre Fábio... padre Fábio...", era o povo que interrompia o coral, gritando como sempre, e salvando o padre como nunca. *"Meu Deus, é o padre Fábio de Melo!",* finalmente caiu a ficha em Fafá. O padre foi cantar junto com o coral e ela pensou alto, como se falasse com Deus. *"Entrei em pecado!"*

Uma década depois, a amizade que começou daquele jeito engraçado tinha criado raízes. O padre fez grandes amigos em Belém, ficou amigo de organizadores do Círio, passou a frequentar a festa quase anualmente e compôs diversas músicas em homenagem à Senhora de Nazaré, muitas vezes, pensando na voz de Fafá de Belém. O Pará se tornou uma segunda casa para Fábio de Melo, a ponto de sentir que participa da festa como se fosse um paraense, louco pelo sorvete de açaí com tapioca da Cairu, *"o melhor do mundo",* pelo jambu que lhe adormece a língua e, mais do que tudo, pelo caldo verde e profundo da deliciosa maniçoba, onde todas as carnes se juntam num pecado paraense sem tamanho.

AGORA QUE FAFÁ SABE QUE O BONITÃO DA PROCISSÃO É O PADRE FÁBIO DE MELO, QUANDO ESTIVER NO FUNDO DO POÇO, VAI SE EMOCIONAR AO RECEBER DE PRESENTE UMA DAS CANÇÕES MAIS BONITAS DEDICADAS AO CÍRIO DE NAZARÉ.

FAFÁ DE BELÉM ANDAVA muito magoada, se achando injustiçada, sentindo uma daquelas coisas *"que a gente não consegue falar nem pra pessoa próxima"*, por medo de que um mau conselho, um simples olhar de reprovação ou julgamento possa acabar aumentando sua dor. Acreditava que só havia uma pessoa que poderia ouvi-la de coração aberto e ajudá-la a sair daquela tristeza profunda.

Fafá ligou para o padre Fábio, contou tudo o que estava acontecendo e chorou muito. Uma semana depois, o padre estava saindo de Cachoeira do Itapemirim, sentado na poltrona de um avião, esperando pela decolagem. O padre passou o voo inteiro pensando na amiga, colocou um fone no ouvido para isolar o barulho e começou a cantarolar a música diante de um gravador. *"Eu ia cantando e voltava... podia ouvir o que eu tinha cantado, consertava a melodia, consertava a letra."* Alguns minutos depois, quando o aviãozinho pousou perto de sua casa, em Taubaté, "Eu sou de lá" estava pronta. Assim que chegou em casa, sem saber que era exatamente o dia do aniversário da amiga, o padre lhe telefonou.

"Fafá, eu fiz um presente pra você."

"Ah, você sabia que é meu aniversário?", ela perguntou com surpresa. Imaginando que o amigo estivesse perto de sua casa, em São Paulo, Fafá sugeriu, então, que ele fosse visitá-la.

Mas o padre não sabia que era aniversário de Fafá, e explicou-lhe que estava longe, em Taubaté.

"Mas... você não vai me entregar o presente?", ela perguntou, desapontada.

Logo em seguida, o presente chegou, pelo telefone.

Padre Fábio começou a cantar os versos que havia escrito durante aquele voo, instantes depois de conversar com Fafá.

Eu sou de lá
Onde o Brasil verdeja a alma e o rio é mar.

A letra que Fafá de Belém ia ouvindo às lágrimas, cantada à capela por seu amigo que dias antes fora o escolhido para ouvir suas mágoas, havia sido escrita na voz feminina, como se fossem as palavras da própria Fafá.

Eu sou de lá
Se me permite já lhe digo quem sou eu
Filha de tribos, índia, negra, luz e breu.

E quanto mais as lágrimas desciam por aquele rosto paraense, mais emocionante ficava a canção, até chegar ao agora famoso refrão.

É fato que a palavra não alcança
Não cabe perguntar o que ele é.
O Círio, ao coração do paraense
É coisa que não eu não sei dizer
Deixa pra lá.

Nada poderia ser mais Fafá do que o *"deixa pra lá"* que encerrava aquela poesia. *"Deixa pra lá"* era quase um código de Fafá com seus amigos e, claro, com o padre, que agora é um de seus melhores amigos.

"Você conseguiu ouvir?", ele perguntou do outro lado da linha. Claro que ela tinha ouvido. Só não conseguia encontrar um jeito de falar, no meio de tanto choro. Depois daquele telefonema, enquanto se preparava para mais uma viagem a Jerusalém, o padre gravou a canção no celular e enviou o arquivo de áudio por e-mail a Fafá.

Era agosto, faltavam quatro meses para a festa do Círio. Ainda dava tempo... E Fafá pediu pressa ao maestro. Ele teria que fazer um arranjo à altura do presente do padre Fábio em apenas 34 horas. Pois, em dois dias, ela entraria no estúdio e fazia questão de gravar aquela música.

"Fomos pro estúdio de manhã, eu botei a voz guia e fui pra casa dormir, né!? Porque voz é água e sono... o resto é lorota, é invenção", ela relembrou, rindo, sem deixar de reparar que o barco em que ela e padre Fábio agora estavam juntos na procissão fluvial do Círio de Nazaré passava diante de um barco com altares belíssimos.

No dia seguinte, Fafá voltou ao estúdio com uma ideia. Queria um coral de crianças se alternando a um coral de adultos. O maestro entendeu na hora e fez um arranjo de arrepiar. Mas Fafá não pôde acompanhar a gravação dos corais. Estava em Paris quando chegou o arquivo, mais uma vez por e-mail.

"Eu estava no canal de Saint-Martin, sentada, pensando na vida, escrevendo." Fafá sempre gostou de viajar sozinha e escrever durante as viagens. *"A gente precisa ser ninguém pra zerar o ego, pra entender o que acontece, pra olhar ao redor"*, ela disse, mostrando mais uma vez por que se sente tão afinada com o padre-filósofo que se tornou seu quase irmão.

"Você aparece no Fantástico, *na* tv *Globo, e no outro dia é tanto convite de gente que tava com saudade de você"*, ela reclama, rindo, de alguns amigos que, ao contrário do padre, só aparecem quando tudo vai muito bem.

"Eu tava precisando ficar um pouco só por causa das coisas que eu tinha conversado com o padre Fábio. Então, eu sento no café em Paris, tava escrevendo no iPad, e aí entra o sinal."

Junto com o sinal de internet oferecido pelo café, chegou o e-mail do maestro com a gravação de "Eu sou de lá" pronta e mixada. Fafá se derramou em lágrimas, mais uma vez, ouvindo a canção que, alguns anos depois, cantaria para o papa Francisco em Copacabana. Ainda em Paris, no entanto, Fafá encaminhou o e-mail ao padre Fábio.

Mas a resposta demorou a chegar. Quer dizer... nos tempos de mensagens instantâneas via WhatsApp ou coisa parecida, duas horas para receber uma resposta tão importante é quase uma eternidade. Fafá ficou tomando um vinho e acompanhando o vai e vem ao redor do canal de Saint-Martin, sem ter a menor ideia do que acontecia no Oriente Médio.

A demora se explicaria mais tarde. O padre não costuma passar muito tempo sem checar o celular, mas, daquela vez, havia optado por não ativar o plano de dados durante a viagem à Terra Santa. Queria se isolar do mundo e guiar os peregrinos sem ficar recebendo notícias a cada segundo. Mas, por acaso, quando chegou a Nazaré, num intervalo de vinte minutos antes da missa que estava marcada para as seis da tarde, o telefone do padre encontrou *"um sinalzim"*, como ele mesmo contaria anos depois.

"Aí eu olhei... Nossa! E era um pontinho só... Um wi-fi gratuito que entrou espontaneamente sem que eu tenha percebido. Curioso... a primeira coisa em que eu cliquei foi no e-mail... e aí apareceu lá a mensagem dela: 'Eu sou de lá'. E eu falei, a Fafá já gravou a música! Misteriosamente... era um arquivo pesado né... aquele pontinho de internet carregou a música."

Sincronicidade? Providência? Ou mera coincidência? A primeira vez em que o padre ouviu a gravação foi diante da basílica contruída sobre a gruta onde a tradição afirma que Maria recebeu o anjo Gabriel e, junto com ele, o anúncio de que estava grávida, e que deveria dar ao filho o nome de Jesus.

O padre conversou consigo mesmo, em pensamento. *"Eu não vou trair tudo o que Nossa Senhora está me permitindo viver com essa música."* O plano foi traçado. Durante a missa, no momento da Ação de Graças, padre Fábio fez o anúncio aos fiéis. *"Tenho uma surpresa pra vocês!"*

Colocou o celular diante do microfone e fez a voz de Fafá de Belém soar bem alto pela maravilhosa Basílica da Anunciação. Não é preciso dizer o impacto que a música provocou nos peregrinos, e principalmente no padre, autor daquela canção ao mesmo tempo simples e profunda, com uma melodia capaz de fazer chorar até o mais ateu dos ouvintes.

Fafá continuava no café em Paris quando chegou um novo e-mail. Era o padre, depois da missa, contando o que acabara de acontecer. *"Je besoin d'une autre bouteille de vin!"*, ela praticamente gritou em francês, pedindo outra garrafa de vinho, chorando mais uma vez. O garçom finalmente resolveu perguntar se estava tudo bem com aquela mulher que passara o dia chorando. *"Oui, oui"*... sim... ela respondeu em francês, terminando aquele dia que, nas palavras do padre, havia sido *"misterioso demais"*.

A invasão do palco em Olho d'Água das Flores ainda repercute. O padre enfrenta o pânico e, por questão de segurança, não poderá se juntar à multidão. Diante da santinha, deixará de lado sua teologia para viver o "desposamento da fé".

Com toda a fama que lhe chegou nos últimos anos, desde que começou com o programa Direção Espiritual na Canção Nova, desde que virou um dos padres mais queridos do Brasil, Fábio de Melo, como se sabe, precisou mudar de hábitos. E, mais do que isso, teve que aprender a lidar com o pânico, no sentido psicológico da palavra, o pânico que volta e meia lhe faz o peito bater forte, temeroso de que possa lhe acontecer algo tão ou mais apavorante que aquela invasão do palco pela multidão na cidade alagoana de Olho d'Água das Flores.

Momentos perigosos como aquele haviam feito com que Fábio de Melo se tornasse muito mais reservado, exigindo que seus assessores fossem *"obsessivos, com traços de psicopatas"*, como passou a dizer, meio brincando, meio sério, tentando proteger-se dos riscos de viver exposto ao carinho, muitas vezes sem medida nem fronteiras, de estranhos que o amam. E esse cuidado existe até mesmo quando o padre está em pequenos grupos, como no barco em que viaja pelas águas da Baía do Guajará na romaria fluvial que acompanha a santinha peregrina de Nazaré em sua visita anual aos povos ribeirinhos dos arredores de Belém.

Na véspera, uma mulher muito rica o encontrou na rua, disse que era dona da maior embarcação do Círio, e que seria um prazer tê-lo entre seus convidados. *"O prazer vai ser todo da senhora"*, se divertiu o padre que não perde uma boa piada, nem que seja em pensamento. Verdade é que a presença de Fábio de Melo num barco com centenas de desconhecidos teria tudo para terminar em tragédia. O padre gentilmente agradeceu, declinou do convite e amanheceu num barco muito menor.

Quando a viagem começa, os convidados de Fafá de Belém rezam uma ave-maria. Fafá canta algumas das canções que o padre fez para o Círio. E todos aplaudem a imagem que vai passando num barco da Marinha Brasileira. É Nossa Senhora de Nazaré, representando Maria, a mãe de Jesus e, por isso, recebendo honras normalmente reservadas aos chefes de Estado. Do padre Fábio, a santinha recebeu pedidos pela saúde de sua mãe, dona Ana. Lembrou-se de uma conversa que os dois tiveram por telefone, pouco antes de uma viagem dele a Portugal.

— Mãe, eu to indo viajar, tô indo pra Fátima — ele disse.

— Ah — ela respondeu — então cê vai fazer um favorzinho pra mim... Quando cê tiver na frente de Nosssa Senhora de Fátima cê vai falar pra ela assim: Nossa Senhora, minha mãe coroou muito a senhora quando ela era pequena e agora ela tá precisando muito de saúde. Fala pra ela que é a Ana Maria de Melo... ela sabe quem é.

Dona Ana havia achado muita graça da própria travessura de se dizer íntima de Nossa Senhora... E o padre se lembrou disso exatamente quando a imagem de Nossa Senhora de Nazaré passou diante dele na procissão fluvial de Belém. "Essa simplicidade da minha mãe tem muito a ver com o Círio. Aqui é onde os simples pedem com facilidade... É o momento em que eu esqueço as minhas teologias, as minhas reflexões acadêmicas... e vivo esse desposamento da fé."

No fim da procissão fluvial, a romaria foi para ver o padre. Por uma coincidência, o barco em que ele vinha chegou ao cais justamente no momento do desembarque de um outro com centenas de senhoras que logo começaram a bater palmas, gritar e correr para cumprimentá-lo.

— Padre! Padre! Paaaaadre — imagine o tom de voz que quiser, eram inúmeras vozes gritando pelo padre. — Deus abençoe, padre!

— A vocês também — ele responde.

— Nossa Senhora de Nazaré te cubra de bênçãos! — diz uma senhora.

— Ô padre... reza pelo que eu tô passando — diz uma outra.

— Rezo... vamos andando... igual a procissão do Círio, não pode parar! — ele fala enquanto caminha na direção da rua. Mas a van está longe.

— Eu assisto seu programa...

— *A senhora é de onde?*

— *Sou daqui do Pará mesmo.*

— *Então dá um beijo* — ele pede.

O tumulto aumenta e agora é Mônica, a assessora pitbull, quem apressa o povo.

— *Vocês têm que ajudar a gente, dá licença... vai bater no poste!!!*

— *Padre! Paaaadre!* — agora algumas vozes masculinas se misturam às das senhorinhas do primeiro barco.

— *Por aqui, padre!* — um segurança da festa do Círio grita, no momento em que o padre finalmente chega à rua, encontra com um grupo e é praticamente obrigado a parar.

— *E aí, minha gente!* — ele diz.

— *Oi, lindooooooo!* — alguém grita.

— *Vou pegar na sua mão pela primeira vez na vida* — grita uma senhora eufórica, antes de lhe roubar um beijo no rosto.

— *Ai... quem mandou ele ser bom, né!?*

— *Só uma foto, padre!!!*

— *Mas eu não posso parar, vem andando... vem andando... agora deixa eu tirar foto com outras pessoas* — ele diz, preocupado em não aumentar a confusão. — *Só não pode parar... senão nunca mais sai!*

— *Padre Fábio, eu te amo!*

— *Obrigado, filha!*

— *Padre, uma foto com uma dançarina do Carimbó, por favor!!!*

— *Tem que ser andando* — diz um assessor.

— *Até duas* — o padre aceita, e diminui o ritmo dos passos.

— *Quando for no programa da Sandra Bernardes manda um beijo pra ela.... sou a Berenice do Pará!* — uma mulher confunde as apresentadoras Sandra Anneberg com Fátima Bernardes.

—*Ah... a Fátima? Pode deixar que eu não vou contar que a senhora errou o nome dela* — o padre cai na gargalhada e continua andando até que, finalmente, entra na van, e grita da janela: — *Bom Círio, meu filho!*

Quando escureceu, milhares e milhares de pessoas foram pouco a pouco chegando a uma das maiores avenidas de Belém. Precisavam estar ali muito antes da cerimônia de trasladação da imagem sagrada para guardar seus lugares o mais perto possível da santinha. Todos descalços e, de preferência, tocando a corda ou, pelo menos, tocando em algum promesseiro que tivesse as mãos agarradas a um pedaço daqueles quatrocentos metros de corda, pois, assim, naquela corrente humana, direta ou indiretamente, estariam puxando a santinha que agora, com o dia amanhecendo, viaja lentamente no meio de quase 3 milhões de pessoas.

Nazinha, como dizem os mais íntimos, vai sobre um carro que lembra o de um desfile de militares, ou de escolas de samba, dentro de uma berlinda que é antes de tudo um grande cofre com vidro à prova de balas, coberto por milhares de flores, atravessando lentamente as ruas lotadas da capital que, se já não tivesse o nome da cidade natal de Jesus, poderia muito bem ser rebatizada com o nome igualmente santo de Nazaré — a cidade onde Maria foi morar com o marido José, onde o filho passou boa parte de sua vida, o lugar que, afinal, empresta o nome à imagem que fez o padre Fábio sair do interior de São Paulo para estar perto do povo que, como ele, madrugou para vê-la passar.

Mas, apesar da vontade de se misturar à multidão e ser outra vez um católico como os outros... apenas um menino acompanhando uma procissão, como fizera tantas vezes na infância em Formiga... padre Fábio vai ter que acompanhar a procissão a uns cinquenta metros de distância da massa de gente que, vista do camarote, parece um mar de cabeças por uma das maiores avenidas de Belém. Por uma séria questão de segurança, o padre jamais poderá repetir o que fizera em seus primeiros anos de Círio, num tempo em que ainda não era tão famoso e não tinha suas roupas rasgadas nem o braço arranhado pelas fãs.

É algo que o incomoda, limita seus movimentos e o impede de fazer muitas coisas de que gostaria em sua missão de pregador. Mas... o que fazer? Como poderia ser diferente se faz tempo que Fábio de Melo deixou de ser um padre no sentido comum da palavra para se tornar um pregador das multidões? O que fazer se, além de ser extremamente inseguro para alguém tão famoso ficar no meio de milhões de pessoas, o padre ainda vive um período difícil, enfrentando silenciosamente uma síndrome do pânico?

No camarote em forma de palco montado para a Varanda comandada por Fafá de Belém, o padre atrai os olhares de quase todos os que passam lá embaixo. Se alguém porventura se distrai, logo aparece um que grita e aponta, *"padre Fábio!"*, criando um alerta geral entre os peregrinos. Sem falar nos que se amontoam ao pé da escada do camarote, torcendo para que o padre, por algum acaso, desça e lhes apareça.

É só quando começa uma explosão ensurdecedora de fogos de artifício que a multidão finalmente tira os olhos do padre. E há um grande motivo para isso. A berlinda com a santinha de Nazaré vem chegando. O padre também se esquece de tudo o que está em volta e se vira na direção dela, em silêncio. Parece consternado, diante de uma grande presença que, sabemos, não é divina, é sagrada, pois assim compreenderam os primeiros católicos, pois assim começaram a fazer com enorme frequência os bizantinos, quando a imperatriz Pulquéria liderou as primeiras procissões pelas ruas de Constantinopla, inaugurando a prática de fé que o padre experimenta mais uma vez, e que razão nenhuma é capaz de explicar.

"Quando eu vi essa imagem tão pequena carregando um menino ainda menorzinho... porque você nem vê o menino Jesus no colo dela... E pensar que toda essa comoção gira em torno do mistério de salvação... de uma fé que já ressuscitou muita gente, que sustenta muita gente."

Era um sentimento bem diferente daquele que Fábio de Melo experimentou em 2004, quando ainda era professor de Teologia em Taubaté e foi a Belém apenas curioso por conhecer aquela manifestação popular sem igual.

"A primeira vez que eu vim ao Círio eu tava muito árido... espiritualmente falando... muito envolvido no meu mestrado, muito acadêmico. E eu vim com aquele senso crítico aguçado."

Minutos depois, a santinha desaparece no meio daquela gente infinita. E o povo volta a olhar e gritar em direção ao palco que é também um camarote, quando o padre empunha o microfone e faz coro com Fafá, cantando "Círio outra vez", mais uma composição sua que virou praticamente um hino para os católicos paraenses.

Ver o povo em procissão tomando as ruas
Anunciando que é Círio outra vez
Que a Rainha da Amazônia vem chegando
Vem navegando pelas ruas de Belém.

E enquanto Naza... Nazinha... Nazarezinha ou, para os que não são íntimos, Virgem de Nazaré, segue em sua navegação pelo mar de gente rumo à catedral, padre Fábio usa o microfone para se comunicar com o povo na rua. *"Viva Nossa Senhora de Nazaré!"*, ele grita para logo em seguida ouvir milhares de vozes repetindo a saudação, enquanto vem chegando mais uma estação do Círio, mais uma emenda da corda gigantesca que une todos eles.

"Viva o romeiro da corda! Viva o promesseiro! Viva, vamos aplaudir a corda!" Agora é Fafá, gritando para animar o povo que está cansado, e logo em seguida, novamente acompanhada pelo padre Fábio, cantando os versos que a fizeram chorar em Paris e que, a cada vez que ecoam por Belém, faz mais um monte de gente chorar.

Quem sabe assim verás que a corda entrelaça todos nós
Sem diferenças, costurados num só nó
Amarra feita pelas mãos da mãe de Deus.

Os dois cantam, na verdade todos ali cantam, num coral contagiante.

Num intervalo, padre Fábio conversa com um amigo. Conta que nesses momentos que só existem para ele nas procissões do Círio de Nazaré, seu lado humano, racional, é deixado completamente de lado em nome de uma devoção que se apresenta muito maior do que qualquer filosofia ou teologia.

Naquela epifania que é acima de tudo a manifestação da fé dos paraenses, o padre-transgressor deixa de lado suas relativizações para apenas sentir. *"Me envolvo com os acontecimentos e não tenho necessidade de questionar."* Não deixa, no entanto, de esclarecer seu entendimento sobre o que exatamente significa aquela, ou qualquer outra imagem religiosa. *"As imagens não podem fazer nada... São a simbologia de uma convicção de que alguém está ouvindo o que pedimos, percebendo o que sentimos... São como uma fotografia, né!? A fotografia é o símbolo da pessoa."*

Justamente quando o padre termina a frase, aparecem mãe e filha interrompendo a reflexão, querendo um "símbolo" do padre Fábio. *"Vamos tirar uma foto com a minha mãe?"*

A canção seguinte é "Nossa Senhora". O padre e a cantora agora estão acompanhados também por Alcione. Rezam em forma de canção, pedindo a Maria que use seu manto para proteger a todos ali, principalmente, o homem desiludido e a mulher sofrida que são, enfim, aqueles brasileiros lá embaixo na avenida, que se agarram a outros brasileiros na esperança de que ao tocarem o desconhecido que está ligado à corda, ainda que seja por uma pontinha de dedo, estejam tocando também na santinha cercada de padres, bispos e flores, que segue ainda no alto da berlinda em que a colocaram os fiéis, esperando que, ao transportá-la de um lado para outro da cidade... da catedral para o colégio, e, por fim, do colégio à catedral... esperando que, assim, a santinha, ou a Maria que ela representa, possa fazer suas vidas duras um pouco menos infernais, quem sabe livres do mal da corrupção que é a praga maior que se espalha pela nação e não encontra refresco nem mesmo na famosa chuva de Belém.

"Toda mãe intercede... Você pede o apoio de sua mãe e ela vai abrir meio mundo, vai tentar fazer chegar onde você precisa... Por isso que o significado é sempre humano", o padre está discorrendo mais uma vez sobre seus sentimentos, agora citando o teólogo alemão Karl Rahner, dizendo que *"toda palavra sobre o ser humano é também uma palavra sobre Deus"*, explicando aos que lhe ouvem que se quiserem compreender as realidades divinas precisarão compreender, antes, as realidades humanas.

PARTE 12

O PLEBEU INVADE O PALÁCIO DA MÚSICA

À ESQUERDA No Theatro Municipal do Rio, no fim de 2015, o padre Fábio de Melo viveu uma das noites mais importantes de sua vida. Ao mesmo tempo trágica e maravilhosa. (Foto: Washington Possato)

DEUS, ESCONDIDO NO VERSO, INVADE O PALÁCIO DA MÚSI-CA. SUA MÃE VAI SER COMO UMA RAINHA DIANTE DO FILHO SERESTEIRO. MAS, UM INCIDENTE TERRÍVEL DEIXARÁ UM SABOR AMARGO AO FIM DE UM DOS SHOWS MAIS BONITOS DE SUA VIDA.

A NOITE INESQUECÍVEL DE 24 de novembro de 2015 chegaria ao ápice no momento em que Fábio de Melo ficasse praticamente aos pés de sua mãe, numa cena aristotélica, unindo *"o belo, a bondade e a verdade, algo que tanto me perseguiu ao longo da vida"*, como o próprio artista definiria. O filho de dona Ana, menino que não tinha sapato para trocar, aluno da Escola de Lata, vendedor de doces que precisou de doações para se manter no seminário, o plebeu de Formiga estava chegando ao palácio da música, um dos teatros mais nobres do Brasil. E se dizemos aqui "filho de dona Ana" é porque será dessa forma que o padre se apresentará no dia que tinha tudo para ser um dos mais bonitos de sua carreira como cantor. Até foi. Mas, como descobriremos, a alegria será substituída por um sofrimento terrível, logo depois do espetáculo.

Uma certa vez, quando já era bastante querido pelos católicos brasileiros, o padre Fábio de Melo contou no programa das quartas-feiras que sua mãe não tivera bonecas quando criança. Ganhara apenas um boneco. E os próprios fabricantes o chamavam Judas por ser feio, estragado e de papelão. Era a sobra da pequena fábrica. Brinquedo tão defeituoso que, se João Valadão, o pai de Ana Maria, não o fosse buscar, estaria no lixo. Mas mesmo o bonequinho Judas poderia ter realizado maravilhas, se não tivesse desaparecido em seu primeiro banho.

Católicos comovidos com a história que o padre contou na tevê começaram a mandar bonecas de presente a dona Ana. *"Mãe... chegou um embrulho pra senhora que eu não sei o que é"*, ele disse, fazendo suspense, no dia em que lhe entregou a primeira. Foram tantas bonecas enviadas pelos espectadores do Direção Espiritual que fez-se uma coleção. Bonequinha branca, preta, morena, de tudo o que era jeito. E dona Ana sentiu-se realizada. O filho padre, desejo que trazia consigo antes mesmo do casamento precoce com Dorinato, realizava até mesmo os sonhos que ela jamais havia sonhado.

Quando o padre chegou ao Theatro Municipal do Rio para gravar o DVD Deus no esconderijo do verso, acompanhado de uma orquestra, amparado por alguns dos melhores músicos brasileiros, dividindo o palco com cantores que antes pareciam anos-luz distantes de sua realidade, sentiu o peso da conquista. Era um lugar *"muito maior que a gente... a sensação de uma roupa que custa a caber".*

Se por um lado o menino pobre estava chegando ao palácio, por outro, o padre conquistava um território que normalmente não lhe pertenceria. *"Eu fiz isso ao longo da minha vida... fui entrando em lugares onde ninguém nunca imaginou que a música católica iria chegar."* Era tanto simbolismo naquele acontecimento que o show no Theatro Municipal ganhava um teor autobiográfico, como se o padre Fábio estivesse revendo o filme de sua vida inteira ao subir naquele palco em que ficaria extremamente à vontade. Estava maduro e muito seguro de que se estava ali era porque havia merecido. Depois de vinte anos de uma carreira construída com suor e talento, não precisava mais provar nada a ninguém. E se havia uma pessoa que também merecia aquele palco, ele pensava, era sua mãe.

Dona Ana foi colocada no lugar mais nobre do Theatro Municipal. Uma galeria muito próxima do palco, tão luxuosa que parecia um púlpito como os de papas, reis ou rainhas. E dona Ana era, sem dúvida, a rainha daquela noite.

Se não havia sido nada fácil conquistar tudo o que conquistara, às vezes beirando a fome, outras vezes comendo o pão que sabe-se lá quem amassou, recebendo críticas muitas vezes tão violentas que lhe marcariam a alma, o padre já estava acostumado a lutar pelo que acreditava ser justo. E teve que enfrentar mais uma pequena batalha para colocar sua mãe naquele lugar.

Uma regra do teatro dizia que só presidentes do Brasil teriam o privilégio daquela galeria. Não era à toa que havia ali um brasão da República onde se lia "Ordem e Progresso". Depois de muita negociação e, pelo que o padre calcula, *"umas mil ligações telefônicas"*, a direção do Theatro Municipal abriu uma exceção. Era a segunda negociação vencida. A própria presença de Fábio de Melo no palco também exigira um certo convencimento por parte da gravadora, pois jamais um padre havia subido naquele palco. Era preciso provar que não era um evento de evangelização num prédio municipal que, por lei, não pode servir a nenhuma tendência religiosa ou política.

Os produtores chegaram a sugerir que a mãe do padre Fábio ficasse numa cadeira bonita no canto do palco, iluminada apenas quando ele começasse a cantar diretamente para ela. Foi no ensaio, na véspera, que o próprio padre percebeu a galeria à sua esquerda. Viu naquela distância, no fato de sua mãe estar intocável, acima do palco, uma forma de reverenciar o que ele entendia como sagrado.

"Eu não queria que minha mãe estivesse acessível a mim", ele relembraria chorando. *"Não queria terminar e ir lá dar um abraço nela... Não! Eu queria que a humanidade dela estivesse cercada, um pouco, de como eu reverencio o sagrado... ao mesmo tempo em que é extremamente íntimo, tem distância."*

Havia naquele gesto do padre Fábio uma vontade de se sentir pequeno como ele se via diante de Deus. *"É bom a gente se sentir pequeno... e minha mãe muitas vezes faz isso comigo... sem querer, sem perceber. A própria maneira como ela me olha me retira todos os pedestais que ao longo da vida eu costumo usar pra ser quem eu sou.... Ela me desmorona!"* E assim, desmoronando diante de sua mãe, certo de que *"todos os recursos pra se fazer uma experiência de Deus são humanos"*, o padre fez um show que muitos diriam *"divino"*, possivelmente, o mais bonito de sua vida.

Era tudo ao vivo. Por sugestão de José Milton, numa ousadia que seria reconhecida nos agradecimentos do DVD, Fábio de Melo, os músicos e os arranjadores dispensaram qualquer recurso que lhes permitisse consertar ou acrescentar instrumentos posteriormente no estúdio. Também não usariam trechos gravados previamente para fazer o famoso *playback*. O que eles cantassem no show ficaria impresso no DVD, sem tirar nem pôr. E não precisava. A orquestra era regida por Eduardo Souto Maior, um dos maiores maestros brasileiros da atualidade. E a banda estava sob os cuidados de Cristóvão Bastos, arranjador e pianista igualmente impecável.

Havia inovações ainda na tecnologia de gravação de vídeo. O show estava sendo registrado no formato 4K, com uma definição quatro vezes maior do que a tecnologia que normalmente se usa na televisão. E o resultado seria a exibição em cinemas, com a presença do padre Fábio em sessões de autógrafo inesquecíveis para ele. O show, no entanto, jamais percorreria o Brasil, pois, pela complexidade, pela quantidade de músicos, como explicou a empresária Leozinha, *"não cabe na estrada"*.

O padre entrou no palco num terno preto, acompanhado por cordas e violões. Cantou "Palavra e som", como se estivesse se apresentando à plateia.

Todavia Deus me fez palavra e som,
Deu-me a voz, deu-me esse dom e a missão de um sabiá
Brasileiro é a minha profissão,
Eu sou cigarra da canção que só vive pra cantar
E canto para o meu país.

Na segunda música, o padre mostrava mais uma vez seu apreço pelas palavras bonitas, cantando "Guardanapos de papel", versão brasileira de uma canção uruguaia que fala de poetas que *"olham para o céu... como se fossem lunetas, lunetas, lunáticas, lançadas ao espaço"*, representando para ele a incapacidade dos poetas de verem a vida de maneira puramente objetiva, ficando *"eternamente no inatingível"*.

O show era carregado de poesia, harmonias bem construídas, cordas sutis, e significados. Era exatamente do jeito que Fábio de Melo sempre enxergara a vida: procurando suas belezas ao mesmo tempo em que olha para o céu pela perspectiva de quem vê o Cristo, e chegando aos fiéis por caminhos muitas vezes parecidos aos do apóstolo Paulo. *"Esse vínculo que tenho com Paulo vem muito mais de reconhecer hoje em mim uma pessoa que tenha a oportunidade de fazer o mesmo que ele fez na sua época... estar nos mesmos espaços... porque ele foi a lugares que não eram de fé. Nas praças... nos teatros."*

Enquanto cantava no Theatro Municipal, o padre não tirava seus olhos de uma plateia que, ele sabia, não era mais apenas religiosa como em outros tempos. Católicos ainda eram maioria, mas dividiam as cadeiras com quem gostava do padre por sua música e sua maneira de pensar esta vida. E ele falou para todos, praticamente resumindo a sua experiência como cantor.

Eu garimpo Deus onde posso
No improvável

Nos emaranhados das coisas profanas
Nos olhares descrentes
Nos ritos alheios
Nos confessos ateus
Em tudo, em tudo eu procuro a sacralidade
Nunca acreditei que Deus fosse um privilégio de crentes
Perscruto os escritos dos que não se curvaram
Aos mesmos altares que eu
E descubro Ele lá.
Ele está lá presente através dos recursos da beleza
E a arte é epifânica, minha gente!

Quem tivesse visto apenas seus primeiros shows, quando ele tremia muito, ou mesmo o show gravado apenas seis anos antes no Canecão, quando estava visivelmente nervoso e ainda aprendendo a lidar com tamanha fama, dificilmente imaginaria a serenidade de Fábio de Melo em palco tão solene. Voltou a falar das religiões e de seus estereótipos, dizendo que *"vivemos muito distantes do significado de ser cristão"* e que *"se fôssemos menos religiosos e mais espiritualizados, o mundo ganharia"*. Depois de participações especialíssimas de suas amigas Elba Ramalho e Fafá de Belém, Fábio de Melo foi caminhar pelo meio do público. Emocionou-se ao ver, juntos, Teka, Tânia e Éverson, sua "nova família" de Taubaté. E assim preparou-se para o grande momento, que não era religioso, mas certamente espiritual.

Sabe o que eu queria agora, meu bem?
Sair, chegar lá fora e encontrar alguém
Que não me dissesse nada
Não me perguntasse nada também
Que me oferecesse um colo ou um ombro.

No meio dessa última frase, Fábio de Melo viu dona Ana e começou a chorar.

Debaixo da galeria, sem tirar os olhos da mãe, Fabinho era de novo um seresteiro, cantando "Onde Deus possa me ouvir" para a mulher simples a quem dedicara grande parte de sua poesia.

Meu amor
Deixa eu chorar até cansar
Me leve pra qualquer lugar
Aonde Deus possa me ouvir.

Sozinha, iluminada por um holofote, dona Ana era o centro das atenções. E chorava, sem tirar os olhos do filho que lhe cantou *"adeus"* e recebeu de volta um *"te amo!"* que só a leitura labial tornava compreensível.

O padre ainda sambou no palco do Municipal dizendo *"que a vida é bonita"*, e assim que se despediu daquela noite histórica, recebeu a visita de sua mãe no camarim.

A quatro dias de completar 78 anos, dona Ana se sentia cansada, disse que iria embora antes, pois Fabinho receberia muitos cumprimentos e depois de sair do teatro ainda iria para um jantar de comemoração. Dona Ana estava realizada, e só queria dormir.

Quando chegou ao último degrau daquela escadaria majestosa, no entanto, dona Ana desabou, viu seu fêmur se quebrar e sofreu muito. Ficou prostrada no chão, sem qualquer chance de se mexer. A dor era tão profunda que, no momento em que o padre finalmente foi informado do acidente e chegou correndo para amus pará-la, dona Ana continuava gritando de dor. *"Nunca mais vou me esquecer desse grito"*, ele pensava, extremamente abalado diante da fragilidade de sua mãe, enquanto esperava pela ambulância.

Foram mais de noventa minutos de espera até que dona Ana finalmente foi levada ao Miguel Couto, um hospital público na Zona Sul do Rio onde são atendidas as vítimas mais graves de violência e acidentes de trânsito. Por melhores que fossem os médicos, o ambiente era extremamente desolador naquele lugar que tem sangue e sofrimento em cada corredor.

A fratura se estendia da bacia ao joelho de dona Ana, partindo completamente seu fêmur. E assim que veio a liberação médica, às cinco da manhã, dona Ana foi removida para um hospital particular em Petrópolis, onde recebeu uma prótese. Coisas do destino, coisas de Deus, muitos dirão, a família que cuidou do padre Fábio em 2007 quando ele quase morreu de hepatite foi a mesma que acompanhou dona Ana pelos hospitais e, depois, a recebeu em casa para um longo período de recuperação.

Enquanto Mariângela, Dênis e Matheus exerciam seus ofícios de anjos, cuidando de sua mãe, o padre Fábio voltou ao Rio para cumprir seus compromissos, e sentiu uma tristeza profunda. Teve a impressão de que dona Ana morreria. Até se preparou emocionalmente para perdê-la. Foi um choque tão grande entre a beleza da noite de música e a tragédia que veio em seguida, um desfecho tão triste, que demorou muito para que o padre conseguisse rever a gravação do show.

Ao refletir sobre aquela noite, quando estivesse mais calmo, Fábio de Melo encontraria um sentido maior em tudo o que ele e sua mãe haviam sofrido. Entenderia que a grande cena que imaginou que aconteceria naquela noite não era a homenagem no palco do Theatro Municipal e, sim, a resignação e a paciência de sua mãe ao ficar tanto tempo com uma fratura exposta, caída na entrada do teatro, sofrendo, gritando de dor, mas jamais reclamando. Mais uma vez, Fábio de Melo identificava o sagrado nas coisas simples de sua vida. Dona Ana sempre fora e sempre seria apenas uma mulher, uma mãe brasileira com seus inúmeros defeitos e inúmeras qualidades mas que, da forma como seu filho a entendia, o deixava muito mais próximo do que ele acreditava serem as coisas de Deus, ainda que sempre, mesmo nos momentos mais difíceis, o padre Fábio olhasse para aquilo que o cerca com seu olhar humano, humano demais.

LIBERTAS QUÆ SERA TAMEN! O PADRE VAI DESCOBRIR UMA REDE SOCIAL FEITA SOB MEDIDA PARA LIBERTAR O HUMORISTA QUE, ATÉ ENTÃO, SÓ SEUS AMIGOS CONHECIAM. "NINGUÉM MAIS SEGURA O PADRE FÁBIO DE MELO!"

ENTRE UMA MÚSICA E outra, durante um show, depois de deixar o público eufórico, o padre Fábio de Melo respira fundo, se vira para trás e resolve relaxar os nervos. Faz uma careta enorme para a assessora Mônica. Com a mesma careta, se vira para a empresária Leozinha. Se aproxima de Chicletinho e lhe diz alguma ironia ao pé do ouvido. Caem os dois na gargalhada. E o público não faz a menor ideia. Como, aliás, demorou a fazer, pois, por muito tempo, Fábio de Melo guardou seu lado humorístico para os amigos, e só de vez em quando fazia alguma piada durante as pregações. Pensava que o humor, a ironia e muitas vezes o sarcasmo não condiziam com a imagem que os católicos queriam ter de um padre. Era muitíssimo vigiado e, por se importar com o que os outros diziam — certamente além do necessário —, media cuidadosamente a maneira como se portava em público. Mas quem o conheceu de perto sabe que Fábio sempre foi assim.

Na adolescência em Formiga, pobre da caloteira Maria Rouca... pobre da queridíssima Alaíde... pobre de todo mundo que Fábio e suas amigas Valéria e Tida resolvessem imitar. Pobres deles mesmos, pois viviam debochando da tragédia que eram suas vidas pobres, principalmente a dele, beirando a miséria, sofrendo com o ambiente inóspito que encontrava dentro de casa. Dona Aparecida... professor Raimundo... procure um que não tenha sido vítima das "incorporações" divertidas que Fabinho fazia no recreio do colégio em Lavras, imitando até os berros de uma supervisora nervosa! Imagine o sorriso maroto dele ao lado do seminarista Deguinho!

Fazendo soar *"Tieta do agreste... lua cheia de tesão"* às cinco da manhã pelos alto-falantes do convento de Rio Negrinho, tirando do sério até os padres mais carrancudos que lhe apareceram em quase duas décadas de formação religiosa.

Pensar que aquele dom artístico desapareceria com o sucesso de sua música e de suas pregações, seria pura ingenuidade. O humor lhe era tão natural que, em fevereiro de 2016, no dia em que a assessora Mônica lhe apresentou o Snapchat, num hotel em Tocantins, a primeira coisa que o padre fez foi gravar um vídeo de apenas quatro segundos, sorrindo, e obedecendo à orientação da assessora quando ela lhe disse *"abre a boca"* para depois usar um efeito do programa e se colocar um chapéu, debaixo de chuva e trovoadas criadas artificialmente no telefone celular. Ninguém viu, era um ensaio. E não tinha mesmo muita graça. Era só o padre se vendo pela primeira vez na mídia social que ele próprio iria revolucionar no Brasil. No segundo vídeo, começou a fazer piada com Mônica. Seguiu assim por mais algumas gravações, até que finalmente resolveu publicar alguma coisa.

O Snapchat trazia uma novidade aparentemente contraditória com a história de um padre que sempre fez pregações extensas e se preocupou em registrar seus pensamentos em livros. Os vídeos tinham que ter no máximo dez segundos e se apagariam depois de 24 horas. Se a efemeridade não combinava com uma reflexão filosófica, seria perfeita para uma piada, ou deboche. E o povo logo descobriu que o padre tinha se cadastrado no "Snap". O perfil "fabiodemelo3" conquistou 2 milhões de seguidores em algumas semanas, e os mais espertinhos descobriram que era possível clonar os vídeos que deveriam desaparecer e... eternizá-los no YouTube.

Mesmo que preferisse ver os vídeos sumirem no dia seguinte, o padre adorou a brincadeira. Sentiu uma liberdade rara em sua vida supervigiada e controlada por blogueiros, católicos conservadores e outros críticos de plantão. Percebeu que ali poderia dizer ao mundo o que sempre quis: *"Olha, eu sou padre sim... mas não tenho a obrigação de ser um estereótipo de padre, não preciso ficar falando de religião o tempo inteiro!"*. E, com essa certeza em mente, chutou o balde.

Resolveu fazer uma sátira do personagem que sempre criticou, defendendo até um *"assassinato"* do Pequeno Príncipe por entender que o livro do francês Auguste de Saint-Exupéry era mal-interpretado e usado como escudo para justificar carências.

"Fazia anos que eu falava mal do Pequeno Príncipe... as pessoas justificam todas as carências do mundo a partir daquelas frases... todos os desequilíbrios afetivos... exigências indevidas que afetivamente a gente pode fazer do outro dentro de uma relação de posse."

Para esclarecer o que pensava dessa *"instrumentalização do discurso"* o padre resolveu, então, "entrevistar" o Pequeno Príncipe no Snapchat. Foi quando descobriu que podia usar alguns recursos oferecidos ali mesmo no celular para distorcer seus olhos, encolher a boca e criar um Pequeno Príncipe de cachecol vermelho com uma terrível cara de imbecil. O ator era o próprio padre Fábio. E o personagem agia e falava como uma voz ridícula, reafirmando pensamentos que, na visão do padre, eram as coisas insuportáveis do Pequeno Príncipe.

Primeiro, o próprio padre aparece, ele mesmo filmando em estilo *selfie*, mas sem olhar para a câmera, apresentando seu entrevistado e fazendo a pergunta.

— *Pequeno Príncipe, muito obrigado pela sua presença... a que você atribui tanto sucesso?*

A criatura surgida do próprio padre apareceu no mesmo cenário, que os espectadores podiam identificar como o quarto de um hotel, respondendo, assustada.

— *Obrigado, padre Fábio de Melo... Eu acho que eu faço muito sucesso porque eu sou um menino muito especial e muito maravilhoso. E é também porque eu venho fazendo coisas muito especiais ao longo da minha vida no coraçãozinho das pessoas.*

— *Eu li o seu livro quando você era criança e eu fiquei muito impressionado com suas ideias, principezinho...*

— *Muito obrigado* — o principezinho com voz insuportável lhe responde. — *Eu pensava que o senhor não gostava de mim.*

— *Magina... não, na verdade eu tenho um pouco de implicância de você porque algumas pessoas instrumentalizam o que você diz... e as frases do seu livro serem usadas de maneira equivocada... a partir de uma carência insuportável... aí você acaba ficando chatiiiiinho.*

Mais adiante, o padre resolve perguntar a seu personagem por que está chateado com ele.

— *Porque o senhor disse que eu sou um moleque muito chato! Desculpa... padre Fábio de Melo... eu não queria me exaltar...*

O padre queria saber qual o pensamento contido no livro de que o Pequeno Príncipe mais gostava.

— *Se tu vens às quatro da tarde, às três eu já começarei a ser feliz.*

— *Não acha que você faz uma apologia à ansiedade com essa frase?* — o padre revelava seu próprio pensamento, algo que havia muito aparecia em seus livros e palestras, mas não com tanta ironia. — *As pessoas já estão tão ansiosas... Não é melhor a gente esperar as coisas acontecerem pra depois a gente se alegrar?*

A entrevista fugiu completamente do estilo prazer precoce tão típico do Snapchat, chegou a enormes 4 minutos e 52 segundos e viralizou na internet brasileira. O padre foi aclamado por um público eufórico com a descoberta de seu lado bem-humorado, mas também criticado pelos fiéis seguidores do Pequeno Príncipe, como um homem que dizia ter *"pena desse padreco... que temporariamente está em evidência... o qual pegou trechos de uma obra publicada em 1943... dedicada à inocência!".*

Sim, em muitos sentidos, a nova postura de Fábio de Melo era um combate feroz à inocência e às dependências exageradas criadas em relacionamentos doentios, como ele já havia feito com veemência em seu livro Quem me roubou de mim?. *"Eu não faço manutenção de fé... Os carentes te olham... tu és eternamente responsável por aquilo que cativas. Não sou!",* o padre sentenciaria em conversas com amigos, reafirmando seu interminável incômodo diante das lições melancólicas contidas numa das obras mais vendidas e mais traduzidas do mundo.

Num novo vídeo, no dia 19 de fevereiro, Fábio de Melo disse que *"alguns terráqueos me acusaram de estar 'rivotrilizado'... não, minha gente, aqui não tem anestésico existencial, não... aqui a vida bate na minha cara, toda hora, todo dia".* E inaugurou o estilo que o acompanharia dali por diante: vídeos em formato de *selfie*, chamando a si mesmo de *"papai"*, chamando o público de *"terráqueos"*, revelando sua rotina de viagens, seu cansaço, noites mal-dormidas em hotéis, tiradas bem-humoradas no meio do nada, a escultura enorme de Jesus Cristo que ganhou da amiga Xuxa, os cachorros Lucca, Francesca e Enzo, enfim, era o padre Fábio de Melo revelando a parte que poderia ser revelada de sua rotina, pois ele entende que sua intimidade jamais poderá ser publicada. *"Uma coisa que pode ser especial pra você fica banal em dois tempos, porque alguém resolveu banalizar... então não é tudo que é publicável, meu caro, há situações que nunca deverão ser contadas... histórias que nunca deverão ser reveladas porque são sagradas demais."*

Fábio de Melo costuma reclamar de pessoas que entram em sua casa e logo querem tirar fotografias, *"expor sua intimidade"*. Revendo sua postura ao longo dos últimos anos, o padre reconhece que ele próprio errou diversas vezes, principalmente quando resolveu aparecer ao lado de políticos em campanha, fazendo até cartas de apoio pelo Facebook. *"Jamais faria isso hoje!"*

O fenômeno Snapchat, no entanto, chegou num momento em que o padre já havia acumulado experiência e se sentia pronto para lidar com o furacão provocado por seus vídeos, que sacudiam o Brasil inteiro, apresentando Fábio de Melo até para quem, apesar de todo o sucesso, ainda não o conhecia bem. *"Ah... o padre do Snap!"*, disseram marinheiros de primeira viagem num momento em que jornalistas e blogueiros já começavam a chamá-lo sugestivamente como *"divo do Snapchat"*. Outra novidade era que, de uma hora para outra, o padre se tornava popular também entre adolescentes, e até crianças.

No escritório da Leozinha, em Belo Horizonte, o telefone não parava de tocar. Parecia que o Brasil inteiro queria entrevistar o padre Fábio de Melo. De uma só vez, Léo e suas assistentes receberam mais de trinta pedidos de entrevista. Poucas foram aceitas. E a que mais repercutiu foi exibida no primeiro domingo de março, no Fantástico da tv Globo.

O apresentador Tadeu Schmidt começou dizendo que ele já era querido nas redes sociais e que havia descoberto um novo aplicativo. *"Pronto!"*, Tadeu concluiu falando mais alto, com sua simpatia característica. *"Ninguém mais segura o padre Fábio de Melo!"*

"Tanto desenvolvimento tecnológico e ninguém ainda inventou um spray... uma coisa assim... pessoa chata tá chegando e... tchhhhhhh!", era o padre num vídeo do Snapchat, na abertura da reportagem de Giuliana Girardi.

"Eu encerro essa transmissão explicativa com uma frase de uma vaca que eu admiro muito: mmmmmmmm", o padre dizia num outro Snap selecionado pela repórter que o chama de senhor e faz as contas para dizer que, àquela altura, somando Snapchat, Instagram e Twitter, o padre já passa dos 9 milhões de seguidores. E as pessoas ouvidas pela reportagem parecem comprovar que Fábio de Melo conseguiu o que queria.

"Isso desmistifica a imagem que as pessoas têm do padre... de ser pessoa séria", disse a atriz Fernanda Souza. Uma estudante tentou explicar por que o padre estava falando tão diretamente aos jovens, e conquistando milhões

de seguidores entre eles. *"Ele posta coisas que as pessoas pensam, todo mundo quer falar, só que ninguém fala... é supersincero, super-real."*

A repórter Giuliana notou que o padre não falava de religião e que aquilo não era problema para a diocese de Taubaté, a única à qual o padre Fábio tem obrigação de se reportar. Nas palavras do padre Jaime Lemes, era *"uma forma excelente trazer pessoas a conhecerem a realidade do padre, que também se faz próximo, também tem uma vida normal".*

Em Taubaté, no conventinho onde o padre do Snap morou nos tempos em que era ainda um estudante de Teologia, o padre Joãozinho resolveu lhe telefonar, dizendo que havia gostado de suas publicações. Mas quando foi explicar o que pensava, o teólogo-escritor, com uma forte tendência a crítico de sociedade, disse que não se importava que o padre Fábio não estivesse falando de religião no Snapchat, entendia que *"um padre pode se divertir também"*, e, pelo que disse, gostava de ver os vídeos. *"Eu não gosto de gostar porque vejo ali um humor mórbido... mistura de inteligência e sarcasmo."* Joãozinho afirmava, no entanto, que o padre Fábio tinha *"muito mais criatividade do que coloca nos livros e nos discos"* e que se não tivesse liberdade para criar... *"ele iria explodir!".*

A cantora Ziza Fernandes teria uma percepção mais fraternal da nova fase do amigo, feliz por vê-lo *"cada vez mais livre dele mesmo".*

Uma das novidades da nova fase humorística de Fábio de Melo era chamar as fãs que se metiam a controlar sua vida de "delegadas Francisquinhas". Referência à personagem de Arlete Salles na novela PEDRA SOBRE PEDRA, da TV Globo. *"Faço essa brincadeira pra quem ficar querendo mandar na minha vida!"*, ele explicou, reafirmando uma decisão antiga de se afastar de pessoas que ficavam suas amigas e, logo em seguida, se sentiam no direito de controlar seus passos e cobrar sua presença. Fábio de Melo, afinal, sempre detestou qualquer forma de aprisionamento.

No escritório da Leozinha, em Belo Horizonte, o telefone continuava tocando. E de vez em quando telefonava alguma delegada Francisquinha querendo dizer como o padre Fábio tinha que se portar. Raquel, oficialmente responsável por cuidar da agenda, extraoficialmente encarregada de fãs inconsoláveis ou indignadas, ouviu reclamações sobre as roupas que ele andava usando. Ouviu também comentários irritados, coisas como *"ele tá fazendo graça demais no Snap... isso não é postura de padre!".*

Entre críticas e elogios, o sucesso do Snapchat foi arrasador, elevando o padre Fábio de Melo a uma categoria nova em termos de popularidade.

Por mais que ele deteste o termo, era improvável que a partir daquele momento não o chamassem de celebridade.

Foi convidado a participar do programa ESTRELAS, da apresentadora Angélica, foi ao ENCONTRO, de Fátima Bernardes, ao MAIS VOCÊ, de Ana Maria Braga, e assim seguiu numa peregrinação pelos programas de entretenimento mais importantes da televisão brasileira. E como para dizer ao público por onde andava, resolveu criar no Snapchat o personagem de um assessor de imprensa desinformado que se autodenomina "sucessor de comunicação".

Foi no fim de março que aquela criatura adorável nasceu. Fábio de Melo colocou um boné sobre a cabeça e usou um filtro oferecido pelo Snapchat para aumentar muito o tamanho do seu nariz. *"Como é que fonciona isso aqui? É só falar?"*, era Cléverson Carlos, aprendendo a usar a nova rede social, e se apresentando. *"Ô gente... eu trabalho com o padre Fábio de Melo... eu tô assustado com o tanto que cêis cobra ele uai... É só continuar falando? Eu tô aqui pra falar que oceis... ele não tem tempo de fazer esses zé-prechete o tempo todo não uai... oceis, pelamordedeus, oceis fazem muita cobrança (...) Cabô ou pode continuar?"*

Fábio de Melo havia criado aquele personagem para se comunicar com o público sem precisar se expor. *"Foi uma maneira que eu arrumei de fazer a divulgação de onde eu estaria... porque as pessoas perguntam isso, né... só que eu fico muito sem graça de ficar falando: 'gente, eu vô tá no programa tal'. Eu ponho um personagem, pronto, resolve o problema!"*

O "sucessor de comunicação" Cléverson Carlos tinha tanto de simpático quanto de incompetente e, no fim das contas, era um caipira engraçadíssimo. Nas palavras de seu criador, *"o tipo de pessoa com quem eu gosto de conviver"*. Cada aparição sua era vista, em média, por 1 milhão de pessoas.

"Não, Joelma, não tô acreditando minha fia... o tanto que eu falei (...) ocê não me deixa assim na mão de novo não. (...) O pograma foi ontem gente... ah não... qual o pograma que ele foi... ah, não gente... o pograma da Angélica... meu Deus do céu! (...) Cê já imaginou o quê que a Angélica tá pensando de mim, gente, eu anuncio todos os pograma do padre Fábio de Melo... tá certo que o do Groseiman... não avisei, ué! A Soraia, aquela aburricida, a vergonheira que eu passei com o Serginho Groseiman... todo mundo sabendo, menos o Cléverson Carlos, o sucessor de comunicação."

Cléverson Carlos ficou tão popular que muitos jornalistas quiseram entrevistá-lo. Uma repórter conseguiu o celular do padre e telefonou insistentemente, conseguiu furar o bloqueio e chegou a surpreendê-lo no camarim depois de um show. Disse algo como *"faz tempo que a gente tá atrás do senhor"*. Mas o padre pediu licença para delicadamente negar a entrevista. Até mesmo a apresentadora Angélica, que queria que Fábio de Melo interpretasse seu personagem durante a gravação do programa, teve que se contentar com a explicação de que ele era um *"tímido administrado"* e não se sentiria à vontade para incorporar o "sucessor" se não estivesse completamente sozinho diante do celular. Nas ruas, nos hotéis, nos aeroportos, onde quer que o padre estivesse, os fãs se sentiriam ainda mais à vontade para abordá-lo com a mesma espontaneidade do Snapchat, de um jeito completamente diferente do que acontecia apenas alguns meses antes.

Pelo telefone, padre Joãozinho voltou a elogiar. *"Fábio, o Cléverson Carlos é melhor do que você!"* Ainda que pudesse haver uma crítica nas entrelinhas daquele elogio, ainda que em breve o Snapchat pudesse ser substituído por uma nova rede social, aquele era um caminho sem volta.

Depois de 45 anos de vida... 28 de estudos teológicos... 21 de carreira musical... e 15 de sacerdócio... o dia em que descobriu que finalmente estava livre para ser o padre que bem entendesse entrava para a lista dos momentos decisivos de sua vida. Era como os aconselhamentos com a Tia Ló na adolescência, o encontro com padre Léo diante de lágrimas e uma garrafa d'água no corredor do convento de Brusque, o dia em que ele mostrou suas músicas ao padre Joãozinho, a gravação do primeiro disco solo e a explosão do disco FILHO DO CÉU, a conquista do Brasil com o disco VIDA, a chegada ao Canecão, o reconhecimento da Igreja ao convidá-lo a receber o papa Francisco, e, mais recentemente, a chegada ao Theatro Municipal. A experiência humorística no Snapchat, que seguiria se renovando com personagens como Dioclécio, o Exausto, era *"definitivamente, um divisor de águas pra mim... se alguém tinha dúvida da minha espontaneidade, não tem mais... do que eu posso fazer para aproximar, pra estar perto e ser eu mesmo"*.

Ser ele mesmo era mais importante que tudo. O menino que precisou ser "expulso" de sua cidade natal para fugir dos problemas da família e descobrir o mundo, o adolescente que precisou aprender a controlar seus instintos masculinos para ser padre, o seminarista que nem sempre conseguiu cuidar de seu lado travesso... Se Fábio de Melo passara a vida amansando seu lado transgressor para que os críticos não se aproveitassem de seus equívocos e tentassem desqualificá-lo, chamando-o de web-celebridade ou padre-cantor... Se até Valéria, a grande amiga da adolescência, dizia que preferia ficar com suas lembranças, pois *"o padre Fábio é um e o Fábio José, filho da dona Ana, é outro"*, agora Fábio José de Melo Silva descobria que podia tudo ao mesmo tempo: teólogo e humorista, conselheiro e irônico, cantor e pregador, o que quisesse, pois as críticas não o atingiriam mais. Não precisava provar a mais ninguém que sua principal missão era divulgar os ensinamentos de Jesus Cristo, espelhando-se no modelo evangelizador do apóstolo Paulo, levando o cristianismo a quem não o conhecia, interpretando--o quando julgasse necessário, pregando em teatros, falando de religião através da arte ou da maneira que achasse melhor, ou mesmo não falando de religião quando não quisesse. Fábio de Melo passava a ser Fábio de Melo em qualquer circunstância, ou Fábio José, ou Zé da Silva, ou Fabinho, pois todos eles se reencontravam naquele padre único, que agora vive por aí sorrindo e brincando como se ainda estivesse em Formiga.

EPÍLOGO

NUM RESTAURANTE DA GALILEIA, o padre e seu biógrafo resolveram experimentar um fígado de galinha grelhado, iguaria típica do Oriente Médio, que lhes parecia exótica o suficiente para ser provada, mesmo que aquela víscera banhada em gordura não lhes parecesse a coisa mais saudável do mundo. O biógrafo queria saber o que saía das vísceras do padre sobre seu ofício incomum, que unia as habilidades de pregador, cantor, escritor e algumas outras, como conselheiro e, de alguma forma, filósofo do cotidiano, ainda que Fábio de Melo não fosse um filósofo no sentido clássico da palavra. Bebendo água e comendo fígado com purê de batata, os dois começaram a conversar.

— *Além de padre, você se define como filósofo, psicólogo, cantor, poeta...?*

— *Não sou filósofo, eu não me dedico à filosofia.*

— *Mas você divulga uma filosofia de vida* — o biógrafo insistiu, lembrando do sucesso de livros como QUEM ME ROUBOU DE MIM?, com mais de 1 milhão de cópias vendidas.

— *Um comunicador... eu acho que eu sou, né?*

— *Cantor você é...*

— *Interessante porque, quando eu tenho um programa de televisão, digamos, a Sony faz questão de me levar pra televisão pra eu cantar! Prefiro não cantar sempre... prefiro gastar o tempo conversando.*

— *Acho que a palavra que mais te define é pregador, não?*

— *Talvez sim... muito melhor que comunicador!*

— *Eu acho uma palavra bonita... uma função bonita...*

— *É* — o padre concorda.

— *É o que Jesus também era, né!?* — o biógrafo se lembra de que os dois estão naquele momento na Galileia, justamente onde Jesus fez a maior parte de sua pregação, e se lembra também de como Jesus é o exemplo que o padre Fábio sempre procura seguir.

— *O ofício da palavra, né? Trabalhar com a palavra... seja ela escrita... o fardo do "padre cantor" é terrível!*

— *Isso só vem como crítica?*

— *É a redução que eu sinto que existe de tudo aquilo que eu faço, sabe? Não me define, definitivamente não me define. Eu não sou um padre cantor... eu canto, mas eu não sou um padre cantor, não vivo pra isso!*

A garçonete israelense retira os pratos. Talvez influenciado pelos restos de comida que saem de sua frente, o padre conta que sempre se sentiu jogado *"num saco de desqualificados"* quando foi chamado de padre cantor, lembrando que o padre Marcelo, por ter sido o primeiro com grande repercussão, *"sofreu um martírio ainda pior... foi muito crucificado".*

Fábio de Melo e o biógrafo gostaram muito do fígado de galinha, ainda que carregassem alguma culpa pelo exagero gastronômico. *"Very good"*, muito bom, responderam ao questionamento da moça que agora oferecia a sobremesa, que nenhum dos dois queria comer.

— *Não conseguia parar de rir ontem* — o biógrafo comentou, se lembrando do jeito engraçado do personagem Cléverson Carlos em mais uma de suas "aparições" na rede social Snapchat. — *O Cléverson Carlos... bom demais!*

— *Cê viu ele ontem?* — o padre perguntou como quem ri da própria travessura.

— *Cê pegou ali na veia!*

— *O Cléverson sou eu na minha simplicidade... Essa compreensão ingênua...*

— *Cê diz você do passado?*

— *É, do meu passado...*

— *Então você se inspira em você mesmo?*

— *Eu acho que o Cléverson é uma pessoa que eu admiro... se eu pudesse eu conviveria com gente assim o tempo todo. Essa ingenuidade, sabe? Ele se maravilha diante de qualquer pequena coisa... de um elogio que se faz a ele. E essa simplicidade é encantadora... Mas já saiu o nariz já, não tem como fazer mais...*

— *Hein?*

— *Pois é... o filtro fica meio dia e não volta mais. Eles deixam aqueles filtros que ninguém usa, e ele sai toda hora* — o padre explicava uma característica do Snapchat de manter filtros que permitem alterar a forma física das pessoas nos vídeos. O que ele usava no Cléverson Carlos era um que o deixava com um nariz enorme.

— *Então cê não pode mais fazer?*

— *Só quando ele aparece! É por isso que ele não comunica as coisas em tempo.*

— *Escutei um boato aí... que alguém tava querendo que você fizesse um show de comédia tipo* stand up! *Vai fazer?*

— *Imagina... São muitas possibilidades, meu amigo, mas se a gente não se firma na identidade... Eu não dou conta da vida que eu tenho, imagina administrar mais uma coisa! O humor já faz parte do show* PIANO E VOZ. — o padre falava dos shows que faz acompanhado só de um piano, quando conta casos e histórias divertidas com um fundo filosófico.

A conversa seguiu pelas inúmeras criações do padre, num momento em que ele via sua popularidade se multiplicar nas redes sociais, principalmente depois que começou a falar de maneira ainda mais simples e divertida pelo Snapchat. Mas o biógrafo ainda queria fazer uma pergunta, que lhe parecia meio óbvia, até estúpida por ser tão distante da realidade, mas que achava que precisava ser feita.

— *O que você gostaria que escrevessem na sua lápide?*

— *Na minha lápide? Sei não...*

— *Queria saber como você gostaria de ser lembrado.*

— *Não tenho preocupação com isso, não. Ser esquecido é melhor, mais confortável.*

— *Mas tenho certeza de que se escreverem "foi um padre cantor" você não vai gostar...*

— *Eu quero ser lembrado como um ser humano, sabe? Como um ser humano. Mas ser esquecido é muito melhor.*

— *Discreto, como um bom mineiro...*

— *Ôôôôô* — o padre mineiro fez aquele som bem mineiro, sertanejo até, como ele muitas vezes gosta de ser, sem querer chegar a uma definição conclusiva sobre si próprio. Afinal, o padre Fábio de Melo vive se reinventando e não faz a menor ideia do que estará fazendo daqui a um ou dois anos. Sempre se achou *"um pouco escatológico"*, pensando que fosse morrer muito jovem e repetindo a quem lhe perguntasse sobre projetos futuros que não sabia nem se teria futuro, ainda que tenha clareza de que o mais importante é continuar pregando a mensagem de Jesus Cristo, da forma atual e particular como ele vem fazendo desde que falou em público pela primeira vez, num encontro de adolescentes, em sua cidade natal de Formiga.

— *Sou o filho de dona Ana!* — ele concluiu, unindo o respeito e a admiração que jamais abandonaria ao falar de sua mãe.

Desde abril de 2015, as conversas com o biógrafo haviam se tornado rotina. Pessoalmente, por telefone ou em gravações de áudio pelo WhatsApp o padre relembrava tudo o que havia vivido, os momentos difíceis e também as alegrias que tivera até então. Foi extremamente complexo rever acontecimentos desagradáveis, algumas vezes trágicos, responder a perguntas sobre coisas que ele preferia ter esquecido, rever fantasmas que preferia ter sepultado, mexer em feridas que demoraram a curar, foi tudo tão desgastante no começo que o padre chegou a pensar em desistir. Passou algumas semanas em silêncio, mas refletiu e prosseguiu.

No dia em que foi ler os manuscritos pela primeira vez, nos capítulos que falavam de seus antepassados, descobrindo histórias que nem ele mesmo conhecia sobre seus avós e seus pais, Fábio de Melo chorou sem parar. *"Gente tão simples... não sabia que viraria uma história"*, ele disse com dificuldade, pois chorava muito. Foram mais de cinco minutos de lágrimas até que ele conseguiu elaborar sobre o que sentia. *"Você tá me dando acesso ao território mais sagrado... que eu nem sabia que tinha... Não sei quanta lágrima cabe ainda nessa casa!"*, ele disse. Retomou a leitura e parou outra vez para falar. *"Eu sou muito reservado e aí, quando eu vi uma pessoa invadindo minha vida, foi me dando um desconforto, assim... era uma coisa instintiva de preservação. Mas hoje eu me senti em casa."*

Quando o livro estava praticamente pronto, no fim de setembro, no programa DIREÇÃO ESPIRITUAL, o padre fez uma nova leitura sobre os sentimentos que o estranho processo de ser biografado lhe provocava. *"Tenho que me lembrar fatos, pessoas que passaram por mim, que me ajudaram a ser quem sou... e foi muito interessante identificar algumas pessoas do passado, algumas que já morreram, inclusive, que são absolutamente responsáveis pela minha maneira de ser hoje... e eu já estava esquecido disso, foi só no ato de contar a história, de ter que revirar esse passado para que o Rodrigo entendesse a minha vida e pudesse escrevê-la... é que eu fui tomando consciência da importância dessas pessoas na configuração do meu caráter... elas arrancaram de mim sentimentos, posicionamentos, pensamentos, posturas que as outras não arrancaram... o resultado do outro em mim."*

Lista de entrevistados

Dona Ana (Ana Maria de Melo Silva)
Zita Aparecida da Silva
Cida (Aparecida Vitória da Silva †)
Lourdes (Maria de Lourdes da Silva
    Castro)
Camilo de Leles da Silva
Geraldo Donizetti da Silva
Vicente Férrer da Silva
Tia Maria (Maria das Graças Melo
    Salviano)
Tio Raimundo (Raimundo Nonato de
    Melo)
João "Bia" Batista Pacheco
José Cândido Pacheco
Vitória Caetano Pacheco
Fabiana Pacheco
Armando Bonaccorsi
Adelina Luciana da Silva (Irmãs
    Lucianas)
Marta Olívia da Silva (Irmãs Lucianas)
Wantuil Roberto de Souza
Aílton Floriano da Silva
José Ivo da Silva
Maria Rosário da Silva
Ana Cristina de Castro
Cristiane Aparecida de Castro
Flávio Henrique da Silva
Valéria Marques
Tida (Maria Aparecida Ferreira da Silva)

Tânia Maria de Oliveira
Seu Macioso (Sebastião de Carvalho)
Dona Alaíde (Alaíde Mateus
    de Oliveira)
Tia Toninha
Ila Bueno
Professora Rosângela de Castro Santos
Edna David Rosa
Alessandro Teixeira
Zé Ronaldo (José Ronaldo Ducouto)
Eniopaulo Batista Pieroni
Miguelito (Miguel Villareal Espinosa)
Brasil da Silva Torres
Biju (Sérgio Figueiredo)
Leda (Ledir Aparecida Pires)
Sandro Figueiredo
Saionara Alves Carvalho
Claudinê "Ourives" Silvio dos Santos
Padre Maurício Leão
Padre Joãozinho (João Carlos Amaro)
Padre Zezinho (José Fernandes de
    Oliveira)
Padre Mário Marcelo Coelho
Padre Cláudio Buss
Padre Marcelo Batalioto
André Luna
Renan Nascimento
Deguinho (Degnaldo de Castro)
Évila Bruzzeguez

Professor James (Carlos Alberto
    Pereira)
Professor Raimundo Welington
    dos Santos
Dona Aparecida (Maria Aparecida
    Andrade)
Lourdinha (Maria de Lourdes
    Fernandes Fonseca)
Maninho (Mário Luiz Cardoso Filho)
Walmir Alencar
Celina Borges
Ziza Fernandes
Maria do Rosário
Nelci Beldin
Gravadora Paulinas/COMEP
Luzia Santiago
Dunga (Francisco José dos Santos)
China (Luis Felipe Rigaud)
Elenice de Godói
Bárbara Fuckner
Rita Cattani
Daniel Cattani
Zezé Procópio
Leozinha (Heliomara Marques)
Ana Maria Elias Batista Soares
Neisa Augusto
Marina Elisabete Rosa Bastos Vaz
Frederico Elias Batista Soares
Renata Mesquita Batista Soares
Simone Fernanda Coelho do
    Nascimento
Dom Alberto Taveira, arcebispo de
    Belém
Mariângela Baffi

Matheus Baffi Silveira
Gustavo Floresta
Mônica Aramuni
Chicletinho (Hudson Feliciano
    Gonçalves Pinho)
Chiquinho (Francisco Maciel)
Maurício Piassarollo
Andreia Marques Ramos Mansour
Raquel Gabrich Moraes Viana
Xuxa Meneghel
Tânia Campos
Cristiana Gutierrez
Tia Alice (Maria Alice Rodrigues
    Marto — Portugal)
Miguel Cristóvão Buila (Angola)
Gilberto Gomes Barbosa
Fabiana Paula Bezerra de Oliveira
Romulo Rodrigues
Adriana Procópio
Fafá de Belém
Teka (Terezinha Alves)
Bia (Silvia Beatriz Scudeze
    de Vasconcellos)
Sérgio Bittencourt
José Milton
Cidinha (Aparecida Zarzur)
Denise Fonseca
Giuliana Leão
Sávio Viana dos Santos
Elba Ramalho
Terezinha Forato
Rosana Salles
Cláudia Fitipaldi

Discografia/dvds

2016 – dvd e cd Deus no esconderijo do verso ao vivo (Sony Music)
2015 – cd Deus no esconderijo do verso (Sony Music)
2014 – cd Solo sagrado (Sony Music)
2013 – dvd, cd e Blu-ray Queremos Deus (Sony Music)
2012 – cd Estou aqui (Sony Music)
2011 – cd, dvd e Blu-ray No meu interior tem Deus (Sony Music)
2010 – dvd, Blu-ray e cd Iluminar ao vivo (Som Livre)
2009 – cd Iluminar (Som Livre)
2009 – dvd e cd Eu e o Tempo (lgk; Som Livre)
2008 – Vida (lgk/Som Livre)
2007 – Enredos do meu povo simples (Paulinas-comep)
2007 – Grandes Momentos (Paulinas)
2007 – Filho do Céu (Canção Nova)
2006 – Sou um Zé da Silva e outros tantos (Paulinas-comep)
2005 – Humano demais (Paulinas-comep)
2004 – Tom de Minas (Independente)
2003 – Marcas do eterno (Paulinas-comep)
2001 – As estações da vida (Paulinas-comep)
1999 – Saudades do céu (Paulinas-comep)
1997 – De Deus um cantador (Paulinas-comep)

Obras Literárias

2016 – Quando o sofrimento bater à sua porta (Editora Planeta) edição atualizada
2014 – O discípulo da madrugada (Editora Planeta) edição atualizada e ampliada
2013 – Quem me roubou de mim? (relançamento Editora Planeta)

2012 – É Sagrado Viver (Planeta)

2012 – Orfandades (Planeta)

2011 – Tempo de esperas (Planeta)

2011 – O verso e a cena (Editora Globo) – Fotografias

2010 – Carta entre amigos: Sobre ganhar e perder (Editora Globo)

2009 – Mulheres cheias de graça (Ediouro)

2009 – Carta entre amigos (Ediouro)

2008 – Quando o sofrimento bater à sua porta (Canção Nova)

2008 – Mulheres de aço e de flores (Editora Gente)

2008 – Quem me roubou de mim? (Canção Nova)

2007 – Amigo – Somos muitos, mesmo sendo dois (Editora Gente)

2004 – Tempo, saudades e esquecimentos (Editora Paulinas)

AGRADECIMENTOS

UM LIVRO DESTE TAMANHO, envolvendo histórias de inúmeras vidas que se relacionam à do padre Fábio de Melo, só existe com inúmeras colaborações e muito boa vontade de quem detém aquilo que está em sua essência: o conhecimento dos fatos, das versões, dos pensamentos e sentimentos. Seja para buscar a informação escondida no fundo de uma memória, no verso de um bilhete, nas entrelinhas de uma carta, na secretaria de uma paróquia, nos corredores de um convento, nas carteiras rabiscadas de uma sala de aula, numa plantação de couve numa roça distante ou mesmo na capelinha de um seminário do Sul do Brasil, era preciso cavar fundo em algum lugar.

Começo agradecendo ao **padre Fábio de Melo**, por me abrir sua vida e seu coração sem reservas, mesmo quando precisamos tocar em questões que prefeririam ficar esquecidas em algum lugar distante de sua memória. Obrigado pela gentileza desde a primeira conversa que tivemos em Jerusalém e pela amizade que se construiu sem pressa ao longo desses quase dois anos.

Agradeço demais ao **Marcos di Genova** pela dedicação sem precedentes, ao se mudar temporariamente de cidade, primeiro para Jerusalém, depois para Berlim, com idas e vindas às cidades e roças de Minas, para me apoiar na pesquisa e fazer o trabalho essencial de reportagem, transcrições e checagem, que foi feito também, com a mesma intensidade e doação, por minha mulher, **Ana Cristina**, cada vez mais especializada em me assessorar nessas jornadas, sempre com sua primeira leitura crítica e afiada de todos os textos.

Agradeço imensamente aos profissionais da Globo Livros, em especial ao **Mauro Palermo**, amigo com quem publiquei todos os meus livros, desde o longínquo No país de Obama, em 2009, passando por Haiti, depois do inferno, Aparecida e, no ano passado, Maria.

Entre aqueles que fazem parte da história que tive o privilégio de contar, agradeço em especial a dona **Ana Maria de Melo**, pelo carinho e pela paciência ao relembrar as histórias; a **Camilo de Leles**, a quem devo mil e uma caixas de chocolate, pois, sempre brincando, as prometi, pela incansável ajuda na procura por informações e fotografias que foram essenciais, principalmente para contar sobre as origens de seu irmão; a **Maria de Lourdes da Silva Castro**, irmã do padre, pela assessoria desde o princípio; e à empresária **Heliomara Marques**, a Leozinha, que nos abriu o arquivo e o coração da Talentos na busca por informações sobre a carreira musical do padre, sempre sorridente e incansável.

Obrigado também a **Mônica Aramuni**, por sua gentileza sem fim. E, como não lembrar da **Fábia**, aquela peregrina que, em 2013, insistiu para que eu entrevistasse o padre Fábio em Jerusalém, despertando minha curiosidade sobre aquele pregador de quem até então eu conhecia muito pouco.

E gostaria de agradecer também, imensamente, a ajuda das pessoas fundamentais, pois doaram seu tempo e outras coisas preciosas, com gentileza, cafezinhos e afeto, para fazer este livro possível. Muito obrigado a **Thânia Chrystina Vieira**; **Kleber Costa Vieira**; **Claudio e Lílian Acatauassú Nunes**; **Fafá de Belém**; **José Cândido Pacheco**; **Armando Bonaccorsi**; **Wantuil Roberto de Souza**; **Fabiana Paula Bezerra de Oliveira**; **Ricardo Dourado Neto** e **Ana Cristina de Castro**; **Andreia Marques**; **Brasil da Silva Torres**; **Sandro Figueiredo**; **Heberton da Silva Gondim**, o **Beto Taxista; padre Mário Marcelo Coelho**; **Renan Nascimento**; **Frederico Elias Batista Soares**; **Deguinho**; **Évila Bruzzeguez**; **professor James**; **Maninho**; **Zezé Procópio**; **Adriana Procópio**; **Tânia Campos**; **Giuliana Leão**; **Mário Edgar Ferrari de Lima Neto**, o **Netinho**; **Filipa Clemente**; os funcionários da **Biblioteca de Formiga**; a todos os que nos ajudaram na **Canção Nova**; aos compreensivos **Chrys, Gustavo** e **Vinícius Tavares di Genova**; ao "mestre" **Sílvio Liberti**; aos queridos **Euler** e **Ângela Matheus**; a **Gel Alvarez** e, ainda, a **Marinete da Vitória Viana**, a **Nete**, pelo apoio essencial pelos quatro cantos do mundo, debaixo de chuva, neve ou sol.

Agradeço postumamente à Cida, irmã querida do padre Fábio que nos deixou quando este livro já estava quase a caminho da gráfica. Dedico este livro a você, com a lembrança do sorriso genuíno com que me recebeu em sua casinha em Formiga.

Por fim, uma biografia de alguém que vive tão intensamente, surpreendendo o biógrafo a cada instante com fatos relevantes, não se faz sem que se abra mão do tempo que seria dedicado à família, ao lazer ou ao tão necessário ócio para fazer, ler e reler mais de trezentas horas de entrevistas e revisar mais de vinte vezes um mesmo capítulo. Pela paciência, por terem me aceito muitas vezes aéreo ou ausente, brincando menos, telefonando menos, passeando menos, agradeço aos meus filhos **Hector**, **Rafo** e **Audrey**, e à minha mãe, **Vera "Vanitas" Alvarez**, pois foram extremamente compreensivos e, afinal, eles e minha amada princesa **Ana Cristina** sabem como são essenciais aos batimentos diários deste meu coração.

RODRIGO ALVAREZ
Berlim, 13 de outubro de 2016

Este livro, composto na fonte Fairfield,
foi impresso em papel Pólen Soft 70 g/m² na Intergraf,
São Paulo, novembro de 2016.